工程施工监理规范应用读本

Gongcheng Shigong Jianli Xingwei Guize

工程施工监理行为规则

苑芳圻　编　著
周绪利　蔡军旺　主　审

人民交通出版社

内 容 提 要

本书根据《中华人民共和国建筑法》、《建设工程质量管理条例》、《建设工程安全生产管理条例》和现行《建设工程监理规范》、《公路工程施工监理规范》、《铁路建设工程监理规范》、《水利工程建设项目施工监理规范》的有关规定编写。本书首先简要介绍了工程建设监理行为的概念、分类、行为后果和职业监理人的特征及其行为原则；其次详细介绍了工程施工监理过程中常见的28项监理行为的含义及其规范化实施要点；最后附列了工程建设法规中关于工程监理行为的重要条文。

本书从规范监理工作行为的独特角度对建筑、公路、铁路、水利等四大工程监理规范进行了比较解读，对做好监理工作、规范监理行为具有重要的指导意义。本书可供工程施工监理人员使用，也可供工程建设主管部门、质量监督机构、建设单位、项目管理咨询单位和施工单位的工程技术人员参考，还可作为高等院校工程监理专业的教学参考书。

图书在版编目（CIP）数据

工程施工监理行为规则 / 苑芳圻编著 .—北京：人民交通出版社，2008.12

ISBN 978-7-114-07492-9

Ⅰ. 工…　Ⅱ. 苑…　Ⅲ. 道路工程－施工监督　Ⅳ. U415.1

中国版本图书馆 CIP 数据核字（2008）第 187794 号

书　　名：工程施工监理行为规则
著 作 者：苑芳圻
责任编辑：栗光华
出版发行：人民交通出版社
地　　址：（100011）北京市朝阳区安定门外外馆斜街3号
网　　址：http：//www.ccpress.com.cn
销售电话：（010）59757969　59757973
总 经 销：北京中交盛世书刊有限公司
经　　销：各地新华书店
印　　刷：北京交通印务实业公司
开　　本：787×1092　1/16
印　　张：18.5
字　　数：437千
版　　次：2008年12月第1版
印　　次：2008年12月第1次印刷
书　　号：ISBN 978-7-114-07492-9
印　　数：0001～3000册
定　　价：40.00元

前　言

古代中国的灿烂文化闻名世界，其中土木营造的工官制度、监工制度、东家看工制度，为世人留下了万里长城、都江堰、赵州桥……新中国的建设监理制度为国人留下了鲁布革水电站、京津塘高速公路、三峡大坝、奥运会鸟巢……

新中国的建设监理工作起步于1983年，即新中国第一批世界银行贷款项目——鲁布革水电站引水工程，此工程1983年9月开工，严格按照世界银行的强制性要求试行“监理工程师”制度。新中国的公路建设监理试点开始于1987年，即第一批世界银行公路贷款项目——西安至三原一级公路。可以说，世界银行贷款工程项目奠定了建设监理制度的基础，建设监理制度给传统的建设管理体制带来了冲击。

在为新中国试行建设监理制度自豪、为新中国推行建设监理制度自豪的同时，项目监理机构是否应该思考、讨论这样一些问题：新中国的建设监理制度施行了20多年，20多年的监理之路，一路走来，取得了工程质量合格、进度按期、费用可控的骄人成绩，但是，在推行监理制度的过程中存在什么问题，又出现了什么新变化，特别是随着《中华人民共和国建筑法》、《建设工程质量管理条例》、《建设工程安全生产管理条例》等法律法规的颁布和实施，监理工程师不但承担工程质量监理责任，还要承担工程施工安全的监理责任、工程环境保护的监理责任。

另外应探索这样一些问题：为什么在工程监理走过20年之际提出规范工程监理行为，工程监理行为包括哪些，怎样规范工程监理行为，谁承担监理行为不作为、不规范的责任。

规范工程监理行为，是全面推行建设监理制度的重要内容之一，《建设工程监理规范》(GB 50319—2000)第1.0.1条明确指出“为了提高建设工程监理水平，规范建设工程监理行为，编制本规范”。

所谓工程监理行为，是指工程监理单位受建设单位委托，在工程设计或施工监理过程中依照国家有关法律法规、技术标准和工程项目的设计文件、合同文件对工程设计质量或施工质量、安全生产、环境保护与文明施工、施工进度和费用等实施监理，并承担工程监理责任的行为。

工程监理行为包括：工程监理单位的从业行为和项目监理机构、工程监理人员的执业行为。其中，工程监理单位的从业行为包括资质申报、资质年检、项目投标、合同履约、诚信登记等若干行为。项目监理机构的执业行为包括：编制文件、通知事项、请示问题、报告工作、检查工地、验收工程、档案移交等若干行为。工程监理人员的执业行为包括：现场旁站、巡视、抽检、见证、试验、计量、协商、调解、沟通、拒绝、记录、主持会议等若干行为。

工程监理人员在实施监理行为过程中，既要符合国家现行的工程建设法律法规、行政管理办法的规定，又要符合工程建设的设计标准、施工规范、监理规范等行业标准要求。作者总结20多年来从事工程监理工作的体会，学习业界监理前辈、监理同仁的工作经验，参考监理法规、规范和部分监理专著，比较国标监理规范与行业监理规范的异同，历时五年编写了这本工程监理行为及其规范化实施的知识读本。本书具有三个突出特点：

第一，强调依法监理、规范监理。本书严格按照《中华人民共和国建筑法》、《建设工程质量管理条例》、《建设工程安全生产管理条例》和《建设工程监理规范》(GB 50319—2000)、《公路工程施工监理规范》(JTG G10—2006)、《铁路建设工程监理规范》(TB 10402—2007)、《水利工程建设项目施工监理规范》(SL 288—2003)的最新规定编写，强调内容的合法性、规范性、科学性。

第二，注重针对性、实用性，简明易懂。本书首先简要介绍了工程监理行为的含义、分类、行为的后果及其责任；其次，详细介绍了工程施工监理过程中常见的28项工程监理行为的含义、行为主体及其实施的规范化要点；最后，摘录了与工程监理行为密切相关的法规条文。

第三，编写体例统一，便于阅读。首先对每一种工程监理行为的行为主体在标题中进行了定性和明确，之后在正文中首先给出了该行为的含义、行为的分类、特点及其行为人、责任主体、行为实施阶段、行为实施方式、行为结果的表达方式；其次重点给出了国标监理规范、行业监理规范中规定的监理行为内容比较一览表，最后给出了监理行为的实施依据、规范化实施要点、注意事项等。

本书编写过程中，得到了交通部质量监督总站和中国交通建设监理协会有关领导的关心，得到了人民交通出版社粟光华编辑的鼎力支持，得到了山东恒建工程监理咨询有限公司董事长蔡军旺先生、总工程师黄仁昌先生以及烟台方正公路工程监理咨询公司总经理孙洪刚先生、山东东泰工程咨询公司董事长王世庆先生、泰安至诚公路工程监理公司总经理高富申先生、潍坊市华潍公路工程监理处主任崔熙东先生、德州公路工程监理公司总经理赵华先生的指导，在此一并表示诚挚的谢意。同时，真诚感谢北京市道路工程质量监督站周绪利站长在百忙之中对书稿进行了主审和润色。

因作者水平有限，书中错漏诚望读者批评指正，以便于再版时修改。

作者

2008年10月

目　　录

1　绪　论

1.1　行为的含义及其分类

1.1.1　行为的含义

近年来，随着依法治国、科学发展、和谐发展理论研究的深入，人们越来越重视依法执政、守法诚信。而且，合法行为、法律行为、守法行为、诚信行为，执业行为、从业行为，政府行为、个人行为、集体行为，以及有作为的行为、不作为行为、违法行为、违约行为等名词也常见于报端。那么，“行为”一词到底有什么含义呢？

——《现代汉语词典》中收录了“行为”一词，解释为“受思想支配而表现在外面的活动”。例如，正义的行为，非法行为。

——在多数法律教科书上，将“行为”一词解释为“人的有意识的活动”。

——在组织学、组织行为学说中，“行为”有两种解释，即狭义的解释和广义的解释。

狭义的行为，是指人受其生理、心理支配或客观环境的刺激，而表现出能被观察到的一切外显的活动。

广义的行为除上述可以直接观察到的外显行为外，还包括人的内隐的心理活动。广义行为的含义，实际上是把人的心理活动和外在的行为统称为人的行为。

可见，“行为”是指人的有意识的、表现在外面的活动。人的活动包括大脑的思考、语言的表达和外部动作行为的实施等三大部分。

1.1.2　行为的分类

行为的分类，因划分标准、划分角度和实施划分人的不同而不同。目前，关于行为的分类有以下几种：

——按行为人的意志划分，可分为意志行为和非意志行为两种。

意志行为，是指既有明确目的，又需要人们加强意志去努力克服各种困难才能完成的行为。

非意志行为，是指有明确的目的，但不需要人们加强意志去努力克服各种困难才能完成的行为，主要表现为习惯行为。

——按行为是否是先天形成的角度进行划分，可分为本能行为和习惯行为两种。

本能行为，是先天的，主要有吃喝生存本能、防御本能、性本能等。

习惯行为，是后天的，是人们在生活、学习、工作中逐步养成的倾向性行为。

——按行为的主体不同进行划分，可分为个体行为、群体行为、国家行为等三种。

群体是指为了实现某个特定的目标，两个或两个以上相互作用、相互依赖的若干个个体按一定目标、规范、意识、分工组成的一个组织。

个体行为是指单个人的行为。群体行为是指一个组织机构或单位的行为，是个体行为的总和。国家行为是指体现国家意志的、代表国家形象的行为。

——按行为结果的责任不同划分,可分为行政行为和法律行为两种。

行政行为,是指国家机关、行政事业单位、企业单位及其工作人员(即行为人)对行为的结果应担负行政责任的行为。以行政行为权的占有方式的不同为标准,可将行政行为划分为自为行为、授权行为、委托行为。

法律行为,是指法律规范规定的具有法律意义的,能使法律关系产生、存续、变更或消灭的法律关系主体的行为。

在汉语中,法律行为中的"法律"是用来修饰"行为"的中性定语,指具有法律意义的或能引起一定法律后果的行为。

1.1.3 法律行为的分类

1.1.3.1 工程建设法律关系的构成要素

法律关系是由法律关系主体、客体和内容等三个要素构成的。三个要素中的任何一个要素发生变化,即其内涵不同,组成的法律关系也不同。例如,民事法律关系、劳动法律关系。工程建设法律关系,也是由主体、客体、内容等三个要素构成的。

——法律关系主体,是指参加或管理、监督工程建设活动,受建设工程法律、规范调整,在法律上享有权利、承担义务的自然人、法人或其他组织。例如,某一工程建设项目依法组建的项目建设办公室、依法招投标中标的工程监理咨询有限公司就是工程监理合同的法律关系主体。

——法律关系客体,是指参加法律关系的主体享有的权利和承担的义务所共同指向的对象。法学理论上,客体一般分为财、物、行为和非物质财富等几种形式。其中,法律意义上的行为是指人的有意识的活动。例如,工程施工活动、工程施工监理活动。

——法律关系的内容,是指权利和义务。权利是指法律关系主体在法定范围内有权进行各种活动。权利主体可以要求其他主体作出一定的行为或抵制一定的行为,以实现自己的权利。因其他主体的行为而使权利不能实现时,权利主体有权要求国家机关加以保护并予以其他行为主体制裁。义务是指法律关系主体必须按法律的规定或习惯的约定承担应负的责任。

引起法律关系产生、变更、终止的情况即是法律事实。依据是否包含当事人的意志划分,可以将法律事实划分为事件和行为两类。

1.1.3.2 法律行为的分类

——根据法律行为的合法与否进行划分,可分为合法行为和非法行为两种。合法行为,包括履约行为、合法行为、合规行为等。非法行为,是指不符合现行法律法规规定的行为,包括违背行政法规的行为、违背法律的行为。违背行政法规的行为也称为"不良行为"。

——根据法律行为的实施主体的不同划分,可分为自然人行为、法人行为、国家行为。

——根据法律行为主体的数量不同划分,可分为单方行为、双方行为、多方行为。

——根据法律行为主体应承担的责任不同划分,可分为民事行为、刑事行为、行政行为。

——根据法律行为的运动过程不同划分,可分为立法行为、执法行为、司法行为、守法行为,也可分为行使权力的行为、履行义务的行为。

——根据法律行为的法律效力不同划分,可分为有效行为、无效行为。

——根据法律行为是否需要以一定形式生效不同划分,可分为要式行为、非要式行为。要式民事法律行为,要求当事人必须采用法律规定的特定形式才为合法。非要式民事法律行为,要求当事人在法律允许范围内可以选择口头形式、书面形式或其他形式。

——根据法律行为是否出自和符合特定法律角色划分,可分为角色行为(职业行为)、非角色行为(非职业行为)。

在组织行为学中,角色是指人们对某个社会性单位中占有一个职位的人所期望的一系列行为模式。这个“某个社会性单位中占有一个职位的人”实施的与这个职位有关的行为,即是职业行为。例如,监理工程师的旁站行为、巡视行为。相反,在“某个社会性单位中占有一个职位的人”实施的与其职位无关的行为、不规范的行为,即是非职业行为。例如,监理工程师的编制施工组织设计的行为以及总监理工程师每月巡视一遍工地的行为(监理规范规定总监理工程师应经常巡视工地)。

——根据法律行为的积极性不同划分,可分为积极的行为、消极的行为。需要注意的是,积极的行为称为作为,消极的行为称为不作为。

——根据法律行为是否被禁止划分,可分为法律明确要求的行为,法律明确禁止的行为,法律既没明确要求也没明确禁止的行为即法律许可的行为等。

1.2 工程监理行为的含义及其分类

1.2.1 监理的含义与监理行为的含义

1.2.1.1 监理的含义

“监理”一词是外来词,是根据英文 supervision 的含义得来的,一般直译为“监督、管理、引导”等。我国《现代汉语字典》和词典中没有收录“监理”一词。

在古汉语中,“监”有两种解释:一为名词,指可以照影的明镜;一为动词,指对镜审察观看,可以理解为对某一预定的行为从旁监视、督促,是一种目的性很明确的行为。“理”指条理、准则、规律,也通“吏”,指官员或执行者;“理”还有修正、雕琢、整理、管理,以使行为规范的意思。

1.2.1.2 工程监理的含义

工程监理活动的实现,应当有明确的执行者,即监理组织机构、监理人员,应当有明确的行为准则即监理规范等工作依据,应当有明确的被监理的行为主体即监理对象,应当有明确的监理目标和行之有效的监理工作方法和手段。

(1)工程监理是针对工程建设项目实施的监督管理。工程监理是围绕着工程建设项目来展开的,离开了工程建设项目,就谈不上工程监理活动。

(2)工程监理的行为主体是工程监理单位。工程监理单位是具有专业化、社会化特点的,专门从事工程监理技术服务活动的中介组织,工程监理单位受项目建设单位的委托履行监理合同规定的职权和义务。工程监理单位是项目监理机构的母体单位,是监理工程师、监理员的执业机构。

(3)工程监理的实施需要建设单位的委托和授权。我国土木工程监理制度是经过了试点(1988—1992 年)、试行(1993—1995 年)、全面推行(1996 年开始至今)的一种现代工程管理制度,活动的开展基于工程建设单位的委托和授权,区别于政府对工程建设的强制性监督行为。

（4）工程监理的实施阶段，目前以工程施工阶段为主，项目可行性研究阶段、设计阶段、竣工试运行的后期评估阶段等尚未全面展开。

（5）工程监理是一种微观管理活动。政府从宏观上对工程建设进行管理，通过立法规定强制执行来规范工程建设市场。工程监理是针对一个具体的工程项目，围绕着工程质量、安全、环保、进度、费用等具体控制目标进行全过程的、全方位的监督管理，是一种微观的管理活动。

可见，工程监理是对工程建设有关活动的监理，是从事监理工作的人员依据工程建设的法律法规和技术标准，规范综合运用法律、经济、技术、合同等手段，对工程建设合同有关各方的行为进行必要的约束和协调，对工程质量、安全、环保、进度、费用等合同管理事项实施有效的监督管理，避免建设行为的随意性、盲目性，使工程建设目标得以“最优”地实现。

1.2.1.3　工程施工监理规范的版本

截至2008年底，在我国土木工程建设领域，国家工程建设主管部门共编写出版了四大行业工程施工监理规范，即《建设工程监理规范》和《公路工程施工监理规范》、《铁路建设工程监理规范》、《水利工程建设项目施工监理规范》。

1. 国标监理规范

国标监理规范即建设部2000年版《建设工程监理规范》。国家质量技术监督局和中华人民共和国建设部（现住房和城乡建设部）于2000年12月7日联合发布了第一版《建设工程监理规范》，该监理规范属于国家标准，编号为GB 50319—2000，自2001年5月1日起施行，以下简称《建设监理规范》。

2. 三大行业监理规范，即公路、铁路、水利工程施工监理规范

——交通部2006年版《公路工程施工监理规范》（JTG G10—2006）。中华人民共和国交通部（现交通运输部）于1995年4月发布了第一版《公路工程施工监理规范》，自1995年10月1日起实施，是我们国家颁布最早的行业工程施工监理规范。2006年11月2日颁布出版了第二版《公路工程施工监理规范》，编号为JTG G10—2006，自2007年1月1日起施行，以下简称《公路监理规范》。

——铁道部2007年版《铁路建设工程监理规范》（TB 10402—2007）。中华人民共和国铁道部于2003年1月发布了第一版《铁路建设工程监理规范》，自2003年3月1日起实施。2007年7月17日颁布出版了第二版《铁路建设工程监理规范》，编号为TB 10402—2007，自2007年7月1日起施行，以下简称《铁路监理规范》。

——水利部2003年版《水利工程建设项目施工监理规范》（SL 288—2003）。中华人民共和国水利部于2003年10月23日颁布出版了第一版《水利建设工程项目施工监理规范》，编号为SL 288—2003，自2004年1月1日起施行，以下简称《水利监理规范》。

1.2.1.4　工程监理行为的含义

《建设监理规范》和《公路监理规范》、《水利监理规范》、《铁路监理规范》等不同的工程监理规范版本中，均提到了必须规范监理行为，确保工程质量和施工安全，但是都没有将“工程监理行为”作为一个“术语”进行定义或专门解释。

同样，在《中华人民共和国建筑法》（以下简称《建筑法》）和国务院颁布的《建设工程质量管理条例》、《建设工程安全生产管理条例》等工程建设法律法规文件中均规定了工程监理单

位、工程监理人员的质量监理责任、安全监理责任，规定了工程监理单位、监理人员违法违规的处罚条文，但没有明确给出监理行为的文字性表述。

2007 年 6 月 14 日，大庆市建设局发布了《大庆市建设工程施工现场监理行为管理暂行办法》，其中，第三条写明"施工现场监理行为，是指工程监理单位受建设单位委托，在工程施工全过程中，依照有关法律法规、技术标准、设计文件及监理合同，对工程质量、安全生产与文明施工、施工进度、造价控制、合同履行等实施监理，并承担监理责任的行为。"

笔者认为，工程监理行为主要是指工程监理单位、项目监理机构、工程监理人员在工程建设监理工作过程中有意识地实施工程监督管理的活动。这种活动，是能够看得见、听得着、外显的活动，包括语言的表达和行为的实施。

工程监理行为具有目的性（行为的动机），行为动机需要有行为能力的人（行为人）去实施，行为动机一经被人实施就会产生行为的结果。行为的实施结果可能是良好的，也可能是有害的（行为后果）。

1.2.2 工程监理行为的分类

工程监理行为，是人们在社会实践活动中的一种工程管理行为。目前，在各种工程监理规范、监理教科书、监理培训教材中尚没有对工程监理行为进行定义和分类。但是，总结工程施工监理实践的若干种情况，可以将工程监理行为的种类归纳为以下几种情形。

1.2.2.1 按监理行为实施主体的不同进行划分

1. 工程监理单位的从业行为

工程监理单位的从业行为，是指依法取得工程监理从业资质证书（如公路建设甲级监理资质、房屋建筑甲级监理资质）的监理企业的监理工作行为，主要是指工程监理单位的资质申报行为、年审年检行为、资质增项行为、资质升级等行为和项目监理业务的投标行为、签约行为、履约行为等。

2. 工程监理人员的执业行为

工程监理人员的执业行为，是指依法取得工程监理上岗资格证书（如注册监理工程师证书、专业监理工程师证书、监理员培训合格证）的监理人员的监理工作行为，包括监理工程师、专业监理工程师、监理员等监理人员在工程设计或施工现场执行某一具体的项目监理业务的岗位职务行为。

工程监理执业行为，又可以分为项目监理机构的执业行为和监理人员的执业行为两种。工程监理人员的执业行为，又可分为监理工程师的执业行为和监理员的执业行为两种。

（1）项目监理机构的执业行为

项目监理机构的执业行为，是指某工程监理项目的中标工程监理单位派驻工程现场的监理工作机构的监理工作行为，如总监理工程师办公室（以下简称"总监办"）和项目监理部、驻地监理工程师办公室（以下简称"驻地办"）执行监理规范，完成某一具体的工程设计或施工项目的质量、安全、进度、环保、费用等监理工作任务。

（2）监理工程师的执业行为

监理工程师的执业行为，是针对工作在某一具体的中标监理项目的监理工程师的执业行为，仅包括持有注册监理工程师证件、专业监理工程师证件的中高级监理人员的监理工作行为。

(3)监理员的执业行为

监理员的执业行为,是针对工作在某一具体的中标监理项目的持有监理员证件或监理业务培训合格证的初级监理人员的监理工作行为。

3. 工程监理行为的行为人与责任人

(1)行为人与责任人

工程监理执业人员是工程监理行为的行为人、责任人,包括总监理工程师、总监代表、驻地工程师、专业监理工程师、监理员等全体工程监理人员。

(2)行为主体与责任主体

工程监理单位是工程监理行为的行为主体、责任主体。

某一具体的工程施工项目的监理机构是项目工程监理行为的行为主体、责任主体,包括总监办公室、总监代表处、驻地办公室、驻地监理处、项目监理部等项目监理机构。

(3)行为责任及其承担者

某一具体的工程监理行为,可能由项目监理机构实施,也可能由工程监理单位实施,但一定是由工程监理执业人员实施;行为人是某一工程监理执业人员,行为主体却不一定是某一工程监理执业人员;责任人是某一工程监理执业人员,责任主体却不一定是某一工程监理执业人员。

例如,工程监理规划的编制行为,监理规范规定由总监理工程师主持并组织专业监理工程师编写,也就是说,其行为人是总监理工程师,责任人也是总监理工程师,但行为主体应是项目监理机构,责任主体还应是项目监理机构,因为总监理工程师的行为代表项目监理机构的行为,不仅仅是个人行为。

再如,工程施工现场的监理旁站行为,监理规范规定由现场监理员负责现场旁站,也就是说,其行为人是监理员而非总监理工程师,责任人也是监理员而非总监理工程师,总监理工程师可以根据《工程监理程序》、《工程监理工作制度》的规定追究责任人——旁站监理员的工作失误、失职责任。当应该旁站的项目和应该旁站的部位,项目监理机构没有安排工程监理人员实施旁站时,建设单位可以根据《工程施工监理合同》、《工程建设管理绩效考核制度》追究责任主体——项目监理机构的监理工作失误、失职责任。当应该旁站的项目和应该旁站的部位,项目监理机构没有安排工程监理人员实施旁站或者安排了但旁站不到位而且出现了工程质量事故时,建设单位或者工程建设政府主管部门可以根据《建筑法》的规定追究责任主体——工程监理单位的监理工作失误、失职责任。

1.2.2.2 按监理行为的强制性不同进行划分

按工程监理行为的法规强制性不同,可以将监理行为划分为国家法规规定的强制性监理行为,国家或行业部门技术标准、操作规范规定的规定性监理行为和非法律强制性、非行业规范规范性的监理行为等三种。

1. 国家法规规定的强制性监理行为

国家法律法规的强制性监理行为包括执行《中华人民共和国刑法》(以下简称《刑法》)、《中华人民共和国建筑法》(以下简称《建筑法》)、《中华人民共和国安全生产法》、《建设工程质量管理条例》、《建设工程安全生产管理条例》、《中华人民共和国公路法》(以下简称《公路法》)、《中华人民共和国水利法》(以下简称《水利法》)等国家法律法规中有关工程监理单位、监理工程师的工作规定。例如,《建设工程质量管理条例》规定工程监理人员一旦存在"将不合格的建设工程、建筑材料、建筑构配件和设备按照合格签字的"监理行为,其所在工程监理单位应承担责任,将被勒令改正,处50万元以上100万元以下的罚款,降低资质等级或吊销资质证书;有违法所得的,予以没收,造成损失的,承担连带赔偿责任。

审查行为、报告行为和旁站行为、巡视行为、平行检验行为等均属于强制性监理工作行为,因为《建设工程质量管理条例》、《建设工程安全生产管理条例》中不同的条文均规定监理工程师必须审查施工组织设计中的安全方案,发现重大质量(安全)隐患经下达监理暂停指令施工单位拒不执行时必须报告建设主管部门等。

2. 行业标准、规范的规定性监理行为

国家标准、行业标准的规范规定性监理行为包括落实《建设监理规范》和行业规范,如《公路监理规范》、《公路路基施工技术规范》(JTG F10—2006)、《公路桥梁施工技术规范》(JTJ 041—2000)等规范、标准中有关工程监理单位、监理工程师的工作规定。

3. 非法律强制性、非规范的监理行为

非法律强制性、非规范的监理行为即除去国家法律法规规定的强制性监理行为、国家或行业标准规范的规定性监理行为的其他监理行为。如工程监理的提示行为。

1.2.2.3 按监理行为的合同内容不同进行划分

按监理行为的合同内容不同,可以将监理行为划分为合同管理主体事项的监理行为、合同管理其他事项的监理行为。合同管理主体事项的监理行为,包括工程质量监理行为、进度监理行为、费用监理行为等。

2004年2月1日实施《建设工程安全生产管理条例》之后颁发的《公路监理规范》、《铁路监理规范》中又增加了安全监理行为和环保监理行为。

1.2.2.4 按监理行为的现场实施内容不同进行划分

按监理行为的现场实施内容不同,可以将监理行为划分为现场监督行为、现场监督的辅助行为。

现场监督行为,包括现场旁站行为、现场巡视行为、质量抽检行为、工程测量行为、工程试验行为、抽样见证行为、实地计量行为、全面验收行为等。

现场监督的辅助行为,包括监理的编制行为、调查行为、审查行为、审核行为、审批行为、通知行为、指令行为、报告行为、记录行为、建立工程监理台账的行为、编写监理日记(志)的行为、参加(或主持)有关会议的行为、参加调解或作证的行为、监理的请示或建议行为、约见项目经理(或法人代表)的行为、协调沟通行为、拒绝回避行为等。

1.2.2.5 按监理手段、监理方法的不同进行划分

根据监理手段、监理方法的不同,可以将监理行为划分为监理文件编审行为、现场监督行为、监理指令行为、监理协调沟通行为、监理调解作证行为、监理记录行为等行为。

1. 编审监理文件的行为

文件编审行为,主要包括编制(监理规划、实施细则)、审查与审核(工程分包、工程变更等)、审批(施工组织设计、进度计划)、编写监理月报和监理日记(志)等行为。

2. 现场监督的行为

现场监督行为,主要包括调查、检查、旁站、巡视、抽检、测量、试验、见证取样、计量、验收等

行为。

3. 监理指令、协商、调解行为

指令、协调行为，主要包括印发监理工作通知、下达监理工作指令、参加或主持有关会议、参加调解或作证等行为。

4. 监理记录行为

监理记录行为，主要包括旁站记录、巡视记录、抽检记录、见证取样记录、会议记录、建立监理工作台账、整理监理资料等行为。

1.2.3 与工程监理行为相关的责任主体及其相互关系

1.2.3.1 与工程监理行为相关的责任主体

与工程监理行为相关的责任主体，主要包括工程建设单位、施工单位、工程监理单位、设计单位、工程质量监督单位、政府工程建设主管部门、工程现场项目监理机构等。

1. 工程建设单位

建设单位也称业主、雇主、项目法人、发包人、委托人、业主单位，是指某一个具体的工程建设项目的投资者或资金筹集者、项目占有者，并在工程建设项目的前期及其实施阶段对工程建设的质量、安全、环保、进度、投资等重大问题进行决策，拥有工程建设规模、标准、功能的确定权，拥有选择施工单位、工程监理单位、设计单位的招投标权、费用支付权的单位。

2. 工程施工单位

工程施工单位也称施工单位、施工企业、承建单位、承包单位、承包商、承包人、承包单位，是指通过投标或其他合法方式取得某一项工程的施工权或者材料、设备的制造权和供应权的经济组织，其在保证工程质量、安全、环保的前提下追求企业利润最大化。

3. 工程监理单位

工程监理单位也称监理企业、监理公司、监理咨询公司、项目管理公司，是指具有独立法人资格并取得建设行政主管部门颁发的某类工程的设计监理或施工监理、工程项目管理从业资质证书的中介组织。在《刑法》、《建筑法》、《建设工程质量管理条例》等国家法规中，均使用“工程监理单位”的字样，而非“监理单位”的字样；另外称呼“施工单位”，而非“工程施工单位”。因而本书以下均使用“工程监理单位”的字样。

4. 工程设计单位

设计单位也称设计院、设计咨询公司，是指具有独立法人资格并取得建设行政主管部门颁发的某类工程的设计从业资质证书的经济组织。

5. 工程质量监督单位

工程质量监督单位是指工程建设质量监督总站、工程建设质量监督局等一类部门代表政府专门监督管理工程建设质量、监督管理与工程建设质量有关的政府管理机构。

6. 工程现场项目监理机构

项目监理机构是指工程监理单位派驻工程项目负责履行监理委托合同的组织机构，根据现行监理规范的规定，一般设置为总监办、总监代表处、高级驻地办、驻地办、监理部等。

1.2.3.2 工程监理行为各主体之间的相互关系

工程监理行为的实施，与各方主体之间有一定的关系，主要包括工程监理单位与建设单位的关系，建设单位与施工单位的关系，工程监理单位与施工单位的关系，工程监理单位与项目监理机构的关系，项目监理机构与其监理人员的关系等。

1. 工程监理单位与建设单位的关系

建设单位与工程监理单位之间的关系是委托、被委托的合同关系。建设单位首先应对中标的工程监理单位明确授权，授权之后不得干预监理的正常工作，否则视为侵权和违约。工程监理单位必须在建设单位的授权范围内有效地实施监理行为，必须坚持“守法、诚信、公正、科学”的从业准则，不得与施工单位、材料供应单位等有经济关系，更不得与施工单位串通侵犯建设单位和国家的利益，否则，建设单位和政府质量监督单位将利用合同、经济、行政、法律等手段追究工程监理单位的责任。

2. 建设单位与施工单位的关系

建设单位与中标的施工单位应签订施工合同，二者是发包与承包的合同关系，违约方应承担违约责任并接受违约处罚。

3. 工程监理单位与施工单位的关系

工程监理单位与中标的工程施工投标人无合同关系，二者是监理与被监理的工作关系，这个工作关系由建设单位在施工合同中予以明确。工程监理单位代表建设单位对施工单位的施工行为进行监督管理，必须保护建设单位的权益，并维护施工单位的合法利益。同样，施工单位应按施工合同的规定接受并配合工程监理单位的监督管理，如果监理人员的行为不公正、不合法、不符合合同约定，施工单位有权向工程监理单位的法人代表和建设单位、政府质量监督等部门反映、投诉和举报。工程监理单位的管理行为具体由工程监理单位派驻现场的项目监理机构负责实施，施工单位的施工行为具体由施工单位派驻现场的项目经理部负责实施。

4. 工程监理单位与项目监理机构的关系

项目监理机构是指由工程监理单位派出并代表工程监理单位履行某工程项目监理合同的现场监理组织机构。项目监理机构依据工程监理项目而存在，工程监理项目不存在就谈不上项目监理机构。项目监理机构与工程监理单位之间的关系是全权代表的被领导、被支持的工作关系。工程监理单位首先应对项目监理机构明确授权，授权之后应指导、监督、检查项目监理机构的正常工作，协助项目监理机构处理异常事件，否则，视为失职。

项目监理机构必须在建设单位的授权范围内，在工程监理单位的内部制度约束下实施有效的监理行为，项目监理机构的工作行为必须处于受控状态和有效监督状态，项目监理机构必须及时地、经常地向工程监理单位汇报、沟通，不得脱离工程监理单位的领导，更不得“报喜不报忧”，否则，工程监理单位将利用经济、行政等手段处罚项目监理机构。项目监理机构与工程监理单位的荣辱共存、唇齿相依。

5. 项目监理机构与其监理人员的关系

项目监理机构与本项目监理机构中的工作人员之间的关系是管理、被管理的工作关系。项目监理机构首先应对监理人员明确分工、适当授权、加强监督，否则，视为失职。监理人员必须在项目监理机构负责人的统一组织、领导、协调、监督下，尽职尽责地开展岗位工作，不得违背监理职业道德、违背合同条件、违背技术规范、违背质量检验评定标准等擅自实施监理行为，必须杜绝不良的监理工作行为，必须拒绝违法的监理行为，否则，项目监理机构的负责人有权利用经济、行政等手段处罚。

6. 项目监理机构与其监理人员与政府工程建设主管部门的关系

项目监理机构及其监理工作人员与政府工程建设主管部门之间的关系是间接的管理、被管理的工作关系，项目监理机构及其监理人员应执行政府工程建设主管部门的管理规定，并配合政府工程建设主管部门的工作。当工程施工监理过程中发现了质量问题或安全隐患，指令施工单位解决而施工单位拒不执行时，或指令施工单位暂时停工而施工单位拒不执行时，项目监理机构及其监理工作人员可以立即报告政府工程建设主管部门，一是取得政府工程建设主管部门的支持，二是解脱监理责任。

1.2.3.3 工程监理行为的行为人界定规则

国标《建设监理规范》和三大行业施工监理规范要求项目监理机构和其中的执业监理人员应准确地、正确地理解和行使监理规范中规定的监理岗位职责，某一具体的监理岗位职责的行为人界定应按以下规则进行。

1. 监理工程师

监理规范中规定的“监理工程师”，应理解为该监理行为可以由专业监理工程师、驻地监理工程师、总监理工程师代表、总监理工程师等监理工程师负责实施。现场监理员和监理工作辅助人员（如驾驶员、炊事员）不得实施。

2. 专业监理工程师

监理规范中规定的“专业监理工程师”，应理解为该监理行为只能由专业监理工程师负责实施，总监理工程师、现场监理员等其他监理人员不得实施。

3. 监理人员

监理规范中规定的“监理人员”，应理解为该监理职责没有被限制，该监理行为可以由监理员、专业监理工程师、驻地监理工程师、总监理工程师代表、总监理工程师等项目监理机构中的任何一类人员负责实施。监理工作辅助人员（如驾驶员、炊事员）不得实施。

4. 监理员

监理规范中规定的“监理员”，应理解为该监理职责被限制，该监理行为应由监理员负责实施，包括工程施工现场监理员和试验监理员。应由监理员完成的工作，其他监理工作人员一般不得实施，除非为了“示范”。

5. 项目监理机构

监理规范中规定的“项目监理机构”，应理解为该工程建设监理行为应由项目监理机构组织并负责实施，而非由施工单位或建设单位组织实施，而且应将这种“行为主体明确，行为人不明确”的规定条文理解为行为人不受岗位区别、权力限制，可以由项目监理机构的负责人指派相关监理人员实施，当施工单位提出异议时，项目监理机构的负责人应经过自己的判断后决定更换与否。

1.2.4 工程监理行为不作为的含义

根据工程监理行为的作为程度，可以将监理行为划分为有作为的监理行为、不作为的监理行为。监理行为不作为是相对于监理作为而言的，目前工程监理界尚未展开研究，法学界对于监理不作为之理论研究尚属薄弱环节。

1.2.4.1 监理不作为行为的界定

对工程监理不作为行为的界定，目前处于初步探讨阶段，还没有形成一致的观点。归纳起来，大致有以下几种：

第一种观点，监理行为不作为是指项目监理机构及其工作人员有某种作为的法定或规定义务，并且具有作为的可能性，但是在程序上逾期有所不为的一种行为方式，其后果表现为项目监理机构及其工作人员未依照法律法规、行业标准、监理规范实施应作为行为的行为。

第二种观点，监理行为不作为是指项目监理机构负有某种法定的或规定的作为义务，在应当为之且可能为之的情况下，却没有履行的一种行为方式。

第三种观点，监理行为不作为是指项目监理机构依据其行为相对人(如施工项目经理部)的合法申请、合理申请，应当履行相应的法定或规定职责，却拖延履行、拒绝履行的一种行为方式。

第四种观点，监理行为不作为是指项目监理机构依据监理相对人的合法申请，应当履行，且能履行相应的法定或规定职责，但却不履行的一种行为方式。

上述四种观点，归纳起来，都是从项目监理机构与监理相对人——施工单位两者关系的角度出发来界定监理行为不作为的，所强调的是项目监理机构对监理相对人——施工单位的合法申请未履行其应负的法定或规定作为义务。很显然，项目监理机构的不作为主要表现为两种，第一是对监理相对人——施工单位的合法权益不保护甚至侵犯，第二种是有可能出现不作为行为而使得监理相对人——施工单位获得不当利益而使集体利益、国家利益受损。

1.2.4.2 监理行为不作为的含义

目前，可以这样理解监理行为的不作为，即监理行为的不作为是指项目监理机构及其监理工作人员在其所属的职责权限范围内，负有积极实施法定或规定义务而在法定或规定的期限内应当作为也可能作为的情况下，而实质上不作为的行为。它包括以下几层含义。

1. 监理行为不作为的主体

监理行为不作为的主体，既可以是工程监理单位、项目监理机构，也可以是该监理主体中的监理人员，包括总监理工程师、副总监理工程师(总监代表)、高级驻地监理工程师、驻地监理工程师、专业监理工程师和现场监理员(包括试验员)。

这里需要指出的是，由于不作为主体的职权取得的方式不同，有必要区别监理不作为的行为主体与责任主体的两个概念。简单讲，监理不作为的实施主体是指在该监理不作为中，应该“为”一定行为而没有“为”的人，而监理不作为的责任主体则是指在该违背法律法规的行为中应独立承担相应法律法规责任的机构或组织。负有积极作为义务而未履行作为的行为人，即不作为的行为人并不当然地成为不作为责任的承担主体。

2. 监理行为不作为的主体必须是对监理作为义务的不履行

监理不作为义务应符合两个条件：其一，必须是与监理行为主体的监理职责相关的监理作为义务，而非其他性质的作为义务。对于相对人提出的保护其合法权益的请求，监理行为主体只能就有关监理管理方面，在其职责权限范围内作出的行为。例如，现场监理员不认真旁站、不实地检查，就属于不作为；施工单位要求现场监理员签发计量支付证书、适时下达“暂停令”，而现场监理员未予实施的行为，就不属于监理行为的不作为。其二，必须是在监理法规、监理规范中有明确、具体规定的作为义务而非道义上的要求。例如，总监理工程师在工地发生安全伤亡事故时没有亲自抢救施工人员的行为，就不能说是监理行为不作为，只能说不符合一个公民的正常行为。

值得注意的是，工程监理行为的行为人，作为国家建设工程监理公务的执行者，同时担负着保护公共利益的双重职责，监理人员执业既要注重效率与公平，又要兼顾公益与私益。

3. 监理行为不作为的主体应该具有一定的监理职权

监理行为不作为的主体在一定范围内有合法的职责权限，这种合法的职责权限不应仅限于法定的，还有通过授权或委托方式依法取得的。

4. 监理不作为行为必须是在法定或合理期限内应予作出的行为

如果法律法规、监理规范、技术标准明确规定了做出一定行为的时间期限的，以法律、规范的规定为准。法律、规范未规定的，视具体情况而定合理期限，该合理期限应该是符合具体情况，为多数人所接受并符合常理的期限。

监理工程师在法定期限内，在合同条件的规定时限内及在监理规范的规定时间内未履行规定义务，而之后又履行的，称之为“迟到之监理行为”。从这个角度说，监理不作为行为包括完全不履行的监理行为、部分不履行的监理行为、迟到之监理行为等三种。

5. 监理行为不作为必须是“应为”也“可能为”的情况下之“不为”

监理行为不作为之前提是法律、规范规定之作为义务的存在，即“应为”的存在，同时还要考虑作为的条件是否具备，即“可能为”的问题。

只有法律、规范规定应该作为，而且条件具备可以“为”而“不为”的行为，才构成监理不作为。也就是说，监理行为不作为是一种能“为”而“不为”，非不能“为”而“不为”的行为。

1.2.5 监理行为的不作为行为的分类

监理行为的不作为行为包括三种，即违约行为、违规行为和违法行为。

1.2.5.1 违约行为

违约行为，是指工程监理单位主观上故意或非故意地不按已签合同的约定实施合同（如不按投标书的承诺提供进场的监理人员、设施等），或者项目监理机构的负责人（如总监或高级驻地）已经建议工程监理单位的领导履约而实际上仍没有按已签合同的约定实施合同，以及在工程监理过程中现场监理人员的工作不作为、失职行为、过错行为，还包括违背项目建设单位、上级项目监理机构如总监办等单位印发的各种工程管理办法、规章制度、工作程序、会议纪要等行为。

1.2.5.2 违规行为

违规行为，是指在监理工作过程中，违背国家行政法规和技术标准、技术法规的行为。例如，违背部委颁发的专业技术规范、行业技术标准、工程质量检验评定标准、监理规范、试验检测规程等。

1.2.5.3 违法行为

违背法律的行为，是指在监理工作过程中违背国家颁发的法律、法规，例如《刑法》、《建筑法》、《中华人民共和国合同法》（以下简称《合同法》）、《中华人民共和国招投标法》（以下简称《招投标法》）、《中华人民共和国公路法》（以下简称《公路法》）和《建设工程质量管理条例》、《建设工程安全生产管理条例》等。监理人员有违法的行为或者无意识地违背法律的行为，一旦形成违法结果（例如，因监理责任造成工程主体结构垮塌、死亡一人以上时），那么，监理人员个人、项目监理机构和工程监理单位就要承担经济处罚或者刑罚。法律责任的普遍原则是不论监理人员的学历、职称、职务之高低，只要监理人员的年龄达到法律规定的年龄，就必须承担法律责任。

《建筑法》、《建设工程质量管理条例》规定，在工程施工监理过程中，工程监理单位、监理人员的下列行为属于违法行为：

——工程监理单位与建设单位或施工单位串通，弄虚作假，降低工程质量的行为。

——降低工程质量标准，造成重大安全事故的行为。

——工程监理单位转让监理业务的行为。

——工程监理单位允许其他单位或个人以本单位的名义承揽工程的行为。

——工程监理人员发现工程设计不符合建筑工程质量标准，而没有报告建设单位要求设计单位改正的行为等。

1.3 工程监理行为的后果及其责任

1.3.1 行为与行为的结果

1.3.1.1 行为与行为结果的关系

法学界认为，人的有意识的活动，只要表现在大脑之外，即付诸实施，就会产生行为的结果。行为和结果之间存在因果关系、关联关系，也存在必然关系或者偶然关系。

在工程施工监理过程中，如果总监理工程师发出了错误的监理指令，施工单位没有判明并进行了落实且为此付出了时间和费用，那么，施工单位付出的时间和费用，即实施指令行为的结果就与该指令行为存在因果关系、必然关系。反之，如果总监理工程师发出了错误的监理指令，施工单位签收后、落实前经过自己的判断，认为该监理指令错误，并且立即建议总监理工程师或项目监理机构收回或修正，没有因此付出时间和费用，那么，该指令行为就属于中止状态，指令行为的结果就与该行为存在关联关系。

同样，如果总监理工程师发出了错误的暂时停工指令，施工单位签收后、落实前突降大雨，导致自然停工，而大雨停止前监理工程师又及时收回了该指令，虽然施工单位在此期间造成了时间和费用上的损失，但此损失并非与该监理指令有关，而且该指令行为属于终止状态，所以该结果与该行为之间的关系就属于偶然关系。

1.3.1.2 行为结果的种类

行为结果的种类，因行为方式的不同而不同。一般说，行为的结果可以分为好的结果和坏的结果。

1. 结果

好的结果，多称为“结果”。所谓结果，是指在一定阶段事物发展所达到的最后状态。

合法行为、正常行为、正义行为、感恩行为、履约行为等行为实施的最后结果，多为合法的、正常的结果。

2. 后果

坏的结果，多称为“后果”。所谓后果，是指最后的结果，多指坏的结果。

非法行为、过激行为、暴力行为、冲动行为、偏激行为、违约行为等行为实施的最后结果，多为非法的、不良的结果。

1.3.2 监理行为的正确结果

任何行为，一旦实施，其实施的后果可能是好的，也可能是坏的。好的行为后果来自于正确的行为，包括符合国家法律法规的监理工作行为，符合部门、行业行政管理规定的监理工作行为，符合部门、行业技术业务管理规范的监理工作行为，符合某一具体的工程建设项目的招标文件、施工合同、监理合同的监理工作行为等。

1.3.3 监理行为的零责任

工程监理人实施的监理行为适时、合理、正确、规范，不会对施工单位、建设单位造成任何经济损害、人格伤害、声誉侵害等，监理行为的责任人、行为主体就无需承担任何责任，即监理行为的零责任。

1.3.4 不作为监理行为的后果及其责任

人的行为，如果不作为，就会出现不作为的后果。实施了不作为行为，但不是一定会造成经济损失、人员伤亡、工程主体结构垮塌等。例如，监理工程师非故意地将桥梁墩台顶面的实际高程比设计高程降低了 2cm，这一行为的实施后果并不一定出现经济损失、人员伤亡。但是，在其他条件的促使下很有可能造成经济损失、人员伤亡及工程主体结构垮塌。所以，工程监理单位应认真从业，监理人员应严格执业。

当工程监理行为存在着违约、违规和违法的行为时，就有可能导致委托人在费用或时间上受损。根据权责对等的原则，工程监理单位或监理个人就应承担相应的合同责任（如继续履约、处违约罚金）和法律责任（如行政处罚、罚金或者刑事处罚）。

1.3.4.1 违约行为的合同责任

在工程监理过程中，工程监理人员个人对聘用的工程监理单位可能存在违约行为，对建设单位则不存在违约问题。工程监理单位可能对建设单位存在违约行为。

为建设单位服务的工程监理单位，如果没有给委托人造成损失的，可在承担支付违约罚金的责任的同时，必须及时履约。例如，没有到位的监理人员立即到位，没有到岗的驻地工程师立即到岗，没有配齐的试验检测仪器立即足额到位等。如果给委托人造成了实际损失时，应承担赔偿责任。委托人有权根据工程监理招标文件、监理委托合同等直接处罚违约的工程监理单位。

因工程监理人员个人岗位不作为、失职、过错而导致工程监理单位违约的，由工程监理单位处罚监理人员个人，如待岗、调离现有工作岗位、停发工资奖金、罚款、免评先进、降职，甚至解聘、开除等。

如因不可抗力导致委托监理合同不能全部或部分履行，工程监理单位不承担责任。如果委托人受到损失不是监理不作为、违约、违法引起的，工程监理单位也不承担责任。

1.3.4.2 违法行为的法律责任

监理违背法律的行为包括工程监理单位的违法行为和工程监理人员的违法行为两种。

1. 工程监理单位的违法责任

工程监理单位违背法律的行为，如果降低了工程质量，应承担《建筑法》、《招投标法》、《公路法》和《建设工程质量管理条例》等规定的罚款、停业整顿、降低资质等级或吊销资质证书的责任；如果有违法所得，应予没收；如果给委托人造成了损失，应承担（连带）赔偿责任。

《刑法》第 137 条规定工程监理单位违反国家规定，降低工程质量标准，造成重大安全事故的，对直接责任人处 5 年以下有期徒刑或拘役，并处罚金；后果特别严重的，处 5 年以上 10 年以下有期徒刑，并处罚金。

《建设工程质量管理条例》对工程监理单位应予承担的责任，在第 67 条中给出了规定，工程监理单位有下列行为之一的,将勒令改正,处50万元以上100万元以下的罚款,降低资质等级或吊销资质证书;有违法所得的,予以没收,造成损失的,承担连带赔偿责任:

——与建设单位或施工单位串通,弄虚作假,降低工程质量的;

——将不合格的建设工程、建筑材料、建筑构配件和设备按照合格签字的。

2. 工程监理人员的违法责任

监理人员个人的违法行为,由其个人承担违法责任,可能是吊销其监理工程师资格证书、5年内不予注册以及处以拘役、徒刑等;甚者由其所在工程监理单位承担连带责任。

《建设工程质量管理条理》对监理人员个人行为导致的违法、违规的处罚,包括3部分规定:

(1)第73条的规定

第73条规定给予工程监理单位处罚的,对单位直接负责的主管人员和其他直接责任人处单位罚款数额5%以上10%以下的罚款。

(2)第72条的规定

第72条规定监理工程师等注册执业人员因过错造成质量事故的,责令停止执业1年;造成重大质量事故的,吊销执业资格证书,5年以内不予注册;情节特别恶劣的,终身不予注册。

(3)第77条的规定

第77条规定工程监理单位的工作人员因工作调动、退休等原因离开该单位后,被发现在该单位工作期间违反国家有关建设工程质量管理规定,造成重大工程质量事故的,仍应当依法追究法律责任。

对监理人员个人来说,违背法律行为的极限是犯了“工程重大安全事故罪”。如果是项目监理机构的负责人、工程监理单位的负责人,还可能犯“重大安全事故罪”、“重大责任事故罪”。就工程施工项目经理而言,还可能犯“重大劳动安全事故罪”。

3. 构成“工程重大安全事故罪”的条件

作为工程监理人员,构成“工程重大安全事故罪”的条件有以下3点,而且只有这3点同时具备时才构成“工程重大安全事故罪”。

(1)监理人员个人有违反国家规定的行为

主要是与建设单位或施工单位串通,弄虚作假,降低工程质量时;以及监理人员将不合格的建设工程、建筑材料、建筑构配件和设备按照合格签字时。

这种串通、降低工程质量和签字应该是事故之前所为。如果这种串通和签字是事后所为,是为了掩盖已发生的事实真相,与事故并无因果关系,不应构成本罪。

(2)现场已经发生了重大安全事故

重大安全事故是指一次事故重伤3人以上、死亡1人及其以上的安全事故,而不是工程质量事故。如果不是重大安全事故则不构成本罪;如果此重大安全事故是由于工程监理人员人为降低工程质量标准而引起的,二者存在着必然的因果关系,则构成重大安全事故罪。

(3)监理人是直接责任人

直接责任人应是指具有一定权力、负有法定责任的签字人,不管监理人员是疏忽大意、受他人指使,还是不知情的情况下签的字,只要是监理人员签的字,监理人员就要对其后果负责。

1.3.5 规范实施监理行为的原则

项目监理机构及其全体监理人员应牢记业主、承包人和监理工程师三方之间的关系不是领导与被领导的关系，而是以合同为准则互相约束的合同职责分工关系。监理与承包人之间虽是监督与被监督的关系，但应建立起良好的互信、合作、共事关系。

今将国际咨询工程师联合会公认的、推荐的工程施工监理行为准则摘引如下，供大家参考。

(1)在工程施工过程中，只要能够正常地、顺利地进行施工，承包人可以用他自己的施工方法。监理人员应注意在任何情况下都不要指令承包人用监理人员自己的方法去完成工程。如果监理人员能够证实承包人的施工方法是危险的，由此可能造成工程损害时，则可以提出要求或以书面形式要求承包人自己对可能造成工程损害的施工方法进行纠正或者对已经造成的工程损害进行补救。

(2)监理人员应与承包人保持良好的工作关系，在处理问题时切不可忽视承包人的存在，并应在其职权范围内尽可能地关心和帮助承包人减少损失。

(3)监理人员不应受任何行政命令的干预，更不能有任何偏见，应听取业主和承包人及其代表的合理意见，严格执行合同才是监理人员的最基本准则。无论处理哪些工作，最主要的是熟悉合同，了解和掌握监理工作的重点，及时处理发生的问题，否则，监理工作会处于忙乱的困境之中。

(4)合同执行时，如果承包人希望分包工程的非主体部分，监理工程师应对推荐的分包人进行认真审查，否则，会因分包人的工作失误给整个工程合同的顺利执行带来困难。

(5)监理人员不应容许承包人产生质量上达不到标准要求的工程，但又不可剥夺承包人在确保质量的前提下通过技术手段获得利润的机会。施工过程中，监理人员不可过多地留意琐碎事项，也不可过分坚持己见，应靠自身正确公正的判断能力进行监理，切不可低估承包人自身的技术水平和完成工程的能力。

(6)要求承包人就小的质量缺陷进行补救比较易于接受，但要求承包人对工程的主要部分做出改正，往往会导致长期的纠纷甚至索赔争议。因此，经验丰富的监理工程师及其助理在察觉缺陷工程与低劣工艺的危险信号方面应有敏锐的洞察力。监理人员与承包人因对工程质量的判断发生分歧时，应以合同文件和检测、试验资料为依据，用科学的数据以理服人，切忌感情用事或凭个人的看法和经验做出决定。

(7)无论什么原因，当发现工程质量已经受到危害时，监理人员应迅速地通知承包人，然后采用劝告、提示的方法引导承包人进行纠正。当确有证据证明质量已经低于规范要求而承包人又不听劝阻继续施工时，必须果断地指令暂停施工并进行检查。暂停施工指令可以用口头或书面的形式通知承包人的现场主管。

(8)工程质量的优劣既要以试验、检测数据为依据，又要按照规范的要求对试验、检测数据进行综合评价才能做出结论。绝对不能因个别数据不符合标准就做出质量不符合要求的结论，这很难使承包人接受，也达不到质量控制的最佳效果。

(9)监理工程师在进度计划监控中仅告诉承包人实际进度不能令人满意是不够的，还必须有充分的根据去论证，令承包人了解实际进度已经滞后，必须采取措施加快进度。

(10)在工程计量时，监理人员应严格按照合同条款与工程计量规则进行。

(11)监理人员必须定期检查和记录承包人的人员、机械变动情况,以及材料和机械运转情况,并做好监理记录,以便于在承包人要求额外支付和延长工期时能提供一个有价值的完整记录。

(12)监理人员在管理合同时需要多方面的经验,否则,施工中提供了不成熟的图纸或发布了不符合合同的指令,均可能导致要求额外支付而引起合同纠纷。

(13)监理工程师在给承包人指令时一定要慎重。非合同内的事项在未与承包人协商前不要发出监理指令,因为承包人没有义务接受合同规定以外的其他指令。

(14)监理工程师不能超越业主的授权范围而行使职权,只能在与业主签订的监理服务合同规定的范围内行使监理职权。

1.4 职业监理人及其监理行为的种类

1.4.1 职业人员的含义

随着改革开放的深入和市场经济体制的深化,注册执业制度越来越完善,在工程建设领域也出现并实施了注册监理工程师、注册造价师、注册建造师、注册结构工程师、注册咨询工程师等岗位。那么,工程监理执业人员与职业监理人的含义是什么,两者之间又有什么区别,要认识这个问题,必须先明确劳动者、从业人员、执业人员、注册执业人员和职业人的概念。

1.4.1.1 劳动者与从业人员的含义

1. 何谓劳动者

所谓劳动者,是指具有劳动能力的自然人。在我国,每一个具有劳动能力的公民都有劳动的资格,劳动就有报酬,多劳则多得。

2. 何谓从业人员

所谓从业人员,是指从事一定的社会劳动并取得劳动报酬或经营收入的人员。从业人员必须具有劳动能力,还要具有一定的知识和技能,一个人可以从事一个、两个甚至多个职业,甚至可以某一个时期身兼数职。

1.4.1.2 职业与职业人员的含义

所谓职业、职业化、职业人员,职业培训教材、行为管理书籍和报刊中尚无定义,权威机构和主管部门也未给出解释。但在研究职业监理人之前,必须对这些概念进行解释。

1. 职业

《现代汉语词典》、辞书中收录了“职业”一词,有 5 种解释:①官事和士农工商四民之常业;②职分应作之事;③职务,职掌;④事业;⑤个人在服务社会中所从事的作为主要生活来源的工作。

2. 天职

神学上把“职业”定义为“天职”。

自 16 世纪上半叶开始的宗教改革运动席卷了整个欧洲大地,德国的马丁·路德、法国的加尔文成为宗教改革后基督教新教的领袖。1524 年,英国人丁道尔(William Tyndale)把新约圣经翻译成英文,他可以说是英国的第一位清教徒。清教徒并不是一种派别,而是一种态度,一种倾向,一种价值观,它是对信徒群体的一种统称。清教徒时代,人类史上才真正出现了职业这个概念,当时的职业一词是 calling。

call是呼唤、呼叫的意思。calling,含有召唤、神召的意思,意即上帝在天上呼唤你、命令你该有何种行为。这个词义中无疑含有宗教意义,职业即是天职,是上帝安排的任务,这是职业的最初定义。

在清教徒的理解中,职业就是一件被冥冥之中的神所召唤、所使唤、所命令、所安排的任务,而完成这个任务,既是每个个体天赋的职责和义务,也是感谢神的恩召的举动。

3. 职业人员

具备职业化特质的从业者就是职业化人员。所谓职业化,是一个人在职业生涯中的价值观、态度和行为规范的总和,是指顺利完成某项工作所具备的观念、行为、技能的稳定状态。职业化人员简称为职业人员。

1.4.2 执业人员与职业监理人员的含义

1.4.2.1 执业人员与注册执业人员的含义

1. 执业人员

所谓执业人员,是指获得执业资格的从业人员。执业人员不但必须具有劳动能力和一定的专业知识和综合技能,具有一定的学历,具有一定年限的从业经历,具有一定层次的技术职称,还必须经过国家人事部和行业主管部门的联合考核或考试获得执业资格。一个执业人员在某一个时期只能从事一个执业岗位,不可以兼职。

2. 注册执业人员

所谓注册执业人员,是指经过注册的执业人员。

执业人员未经注册,可以从业,但不能上岗执业(例如,某个具备工程师职称的人通过了国家建设部组织的监理工程师考试,尚未注册,他就不能在监理工程师岗位上开展工作,但可以开展现场监理员的工作),也不具有相应岗位的签字权。只有通过了注册,持有注册执业证书,才能正式从业,才能实施签字权,签字才有效。

一个注册执业人员在某一个时期只能在一个岗位注册和从事岗位执业工作(例如,某个在2008年1月至12月期间注册执业有效的注册造价师,就不能有效地从事监理工程师的工作)。但是,可以兼职。《建设监理规范》第3.2.1条规定:一名总监理工程师只宜担任一项委托监理合同的项目总监理工程师工作。当需要同时担任多项委托监理合同的项目总监理工程师工作时,须经建设单位同意,且最多不得超过三项。

1.4.2.2 职业监理人员的含义

具备监理职业化特征的注册执业监理人员就是职业监理人员。

具体地讲,职业监理人,是指一部分通过注册的执业监理人员,就是那些专门从事工程监理工作,视工程监理工作为“天职”,在行为上长时间甚至终生为之奋斗和探索,始终维护监理工作的尊严和地位,努力学习工程建设理论和工程监理业务知识,具有丰富监理工作经验和良好的监理职业道德的注册监理人员。也就是注册监理人员中的“佼佼者”。

1.4.2.3 职业监理人员的特征与条件

1. 职业监理人员应具备的特征

(1)目的性,以获得工程监理费用等报酬为最初目的。

(2)社会性,工程监理从业人员在特定社会生活环境中所从事的一种与其他社会成员相互关联、相互服务的社会活动,即工程建设监理活动。

(3)稳定性，必须在一定时间内是相对稳定的，工程建设监理作为一项工程管理制度自1988年开始试行，之后全面推行，现在继续执行，将来会继续推行和深化。

(4)规范性，必须符合国家工程建设的法律法规和社会道德规范。

(5)群体性，必须具有一定的从业人数，自1991年5月国家建设部和人事部联合考核确认首批监理工程师100人之后，1992年、1993年又通过考核确认了300多名监理工程师，1994年开始实行考试注册监理工程师制度，截至目前，注册监理工程师队伍已发展至十万多人，监理工程师队伍是一个庞大的从业群体。

从这些特征可以看出，职业化监理人员是以开展监理工作换取经济效益，并具备相应道德和素质的人。或者说，他们具备执行工作所需的标准化、规范化、制度化，能够在合适的时间、地点，用合适的方式，说合适的话，做合适的事。

2. 职业监理人员应具备的条件

(1)良好的职业道德。道德是基础，职业人员必须遵守职业行为准则，接受职业行为规范的约束，维护执业尊严，捍卫执业阵地，长时间甚至终生为之奋斗。

(2)端正的职业意识。意识来源于社会、家庭、工作和生活环境，受制于性格、思想、身体等方面的影响。作为职业化员工，应该具备比较健全、科学的专业观念和意识。观念决定意识，意识决定思路，思路决定行为。观念和意识是行为的本源。

(3)扎实的职业技能。从事职业工作所必需的理论知识、专业技术、操作技能、实践经验等是干好工作的基础。监理工程师必须具备全面的、扎实的监理理论水平和操作能力、工作经验。

(4)规范的职业行为。职业行为包括职业语言和职业动作，开展工程监理工作的监理人员必须依据国家工程建设法律法规、部门或行业技术标准、监理规范和施工合同、监理合同去按时或及时完成监理工作任务，行为公正、科学、严谨、合理。

(5)健康的体魄。工程建设监理活动，多为露天作业、野外工作，又加之土木工程多与土石、机械打交道，需要动手检测、动笔编写，甚至付出血汗，没有充沛的精力和健康的体质是不行的。

1.4.3 规范实施监理行为的重要性

1.4.3.1 四大监理规范要求执业监理人员必须规范监理行为

——《建设监理规范》第一章“总则”第一条中明确强调“为了提高建设工程监理水平，规范建设工程监理行为，编制本规范”。可见，颁布《建设监理规范》的目的有两个，一是为了提高建设工程监理水平，二是为了规范监理行为。

——《公路监理规范》第一章“总则”的第一条中明确强调“为落实公路工程施工监理制度，使监理工作标准化、规范化，制订本规范”。可见，颁布《公路监理规范》的目的有两个，一是为了落实公路工程施工监理制度，二是为了使监理工作标准化、规范化。

——《铁路监理规范》第一章“总则”第一条中明确强调“为了提高铁路建设工程监理水平，规范铁路建设工程监理行为”。可见，颁布《铁路监理规范》的目的有两个，一是为了提高建设工程监理水平，二是为了规范监理行为。

——《水利监理规范》第一章“总则”第一条中明确强调“为了加强水利工程建设工程监理单位和监理人员施工监理活动的管理，保证监理工作质量，提高项目管理水平”。在其条文说明第 1.0.1 条称水利水电工程建设监理的探索与实践已有 20 多年的历程，为进一步规范水利工程施工监理行为，明确工程监理单位和监理人员的职责，提高监理工作水平，特制定本规范。可见，颁布《水利监理规范》的目的也是为了规范监理行为。

1.4.3.2　推行建设监理制度 20 年的实践经验和体会证明，规范监理行为具有重要意义

我们国家改革开放之后试点、推行建设监理制度 20 年的实践经验和体会表明，工程施工监理过程必须规范项目监理机构、监理人员的监理行为。工程监理走过了风雨 20 年，认真实施现场旁站、巡视和测量、试验的监理工地，工程施工质量就有保证；严格计量、认真审查的工程量，就能确保工程费用的合理支付；及时提示、及时指令纠偏的工程项目，工程质量和进度就能达到合同的要求；监理记录认真、齐全、准确的项目，事后检查评估工程质量、分析质量问题的原因就有依据。那些不认真编制监理规划、监理实施细则的工地，监理工作就不会顺利，工地管理就不会处于受控状态，就会受到项目业主的批评，时常听到业主这样对监理说：质量、进度、费用三大控制，你一个也没控制好！以后如何在监理市场立足可想而知。

工程监理行为不规范，该旁站的没旁站，该审核的没审核，该指令的没指令，该记录的没记录，导致工程质量、进度、费用控制出现问题，甚至出现质量和安全事故的工地不胜枚举，有的总监因出现了质量事故而被判刑，有的监理员因旁站检查不到位出现了返工现象而被清除出场，有的项目监理机构因审核计量疏忽导致重复计量而被业主罚款和亮黄牌。归根到底，就是没有把规范监理工作行为提到足够的高度去认识、去实施。

实践证明，工程监理行为的规范与否，直接关系到工程建设质量、安全、环保和工程进度、投资的有效控制与否。工程建设过程，离不开高水平的工程监理单位，离不开监理人员规范化的监理行为。如果工程施工行为不规范，即使工程监理行为规范，也不一定不出现工程质量事故、工程延期现象；但是，如果工程施工行为不规范，再加上工程监理行为不规范，那么，就一定会出现工程质量问题甚至是事故，也可能出现工程安全问题和工程延期等不良现象。

1.4.4　监理行为的主要种类

可以这样讲，某一个时期参加工程监理工作的人，其监理工作行为应该规范，但可以谅解其不规范的监理工作行为。某一个时期专门从事工程监理工作的注册执业监理人员，其监理工作行为应该规范，而且应该规范化地实施。而那些视执业监理工作为终身职业的“职业监理人员”，应当而且必须规范其监理工作行为，不但自己规范地实施监理行为，而且应带动或感动整个工程监理行业去规范地实施监理行为。

工程监理行为有若干种，按照一个工程监理项目的开始—实施—结束的过程进行划分，从施工准备阶段的设置项目监理机构至施工过程检查、旁站，直到工程施工项目结束时的业主回访，职业监理人应予规范实施的监理行为主要包括以下 15 大类：

（1）设置监理机构的行为；

（2）编制监理文件的行为；

（3）调查、检查、审查行为；

（4）测量、试验、验收、计量、质量评定行为；

（5）工作提示、通知、审批、报告、请示、总结行为；

（6）现场旁站、巡视、抽检、见证检验行为；

（7）指令行为；

(8)主持会议、参加会议的行为；
(9)记录、日记、日志、建立监理台账的行为；
(10)参与调解、作证的行为；
(11)协商、沟通、拒绝行为；
(12)档案资料移交行为；
(13)督促、告知行为；
(14)约见、回避行为；
(15)用户回访行为等。

1.4.5 监理行为之间的关系

工程监理行为有多种,各监理行为之间存在着关联关系。实施任何一个工程监理行为,必须依据一定的形式或手段。把某一项监理行为当作主行为实施时,与之相关的其他行为就是它的辅助行为,也是其实施的必要手段。例如,《建筑法》、《建设工程质量管理条例》、工程施工监理规范中经常提到“监理工程师应要求施工单位……”,这个“要求行为”的实施,监理工程师就要通过口头的语言表达、书面文件的印发、召开会议、甚至约见施工单位项目经理或法人代表等手段去完成。具体地讲,“要求行为”的实施,涉及印发监理工作提示、印发监理工作通知、下达监理工作指令、主持召开监理工作会议等行为以及约见行为、监理记录等行为。再如,旁站行为的实施,仅仅依靠现场观察、口头督促、现场指令是不够的,还必须采用现场测量、试验手段和填写旁站监理记录、填写旁站日记等监理手段。

工程监理行为有多种,某一监理工作行为与另一监理工作行为可能是相近行为,也可能是相反行为。相近行为之间既存在着联系,也存在着一定的区别。例如,监理工程师“受理”施工单位提出的工程费用索赔要求和“拒绝”施工单位提出的工程费用索赔要求就是一对相反的监理行为;而“旁站”与“巡视”就是一对相近的监理行为,“旁站”行为注重施工现场“点”上的质量控制,“巡视”行为注重施工现场“面”上的质量控制;“旁站”发现“点”上的质量问题通过“巡视”去观察、解决“面”上的质量问题等,这就是“旁站”与“巡视”监理行为的区别与联系。

2 设置项目监理机构的行为

2.0.1 设置的含义

2.0.1.1 《现代汉语词典》中的有关解释

【设置】《现代汉语词典》中收录了“设置”一词，指：①设立。例如，这座剧院是为儿童设立的。②安放，安装。例如，设置障碍。③ 成立组织、机构等。

可见，“设置”一词是行为动词，多强调行为人设立、组建或成立组织、机构。

2.0.1.2 工程监理规范中的有关解释

1. 国家标准中的有关解释

在《建设监理规范》第2章“术语”中，第一个术语就给出了“项目监理机构”一词，并定义为：工程监理单位派驻工程项目负责履行委托监理合同的组织机构。

同时，在相关条文中也明确给出了项目监理机构设置的规定。例如，第3.1.1条规定工程监理单位履行施工阶段的委托监理合同时，必须在施工现场建立项目监理机构。项目监理机构在完成委托监理合同约定的监理工作后方可撤离施工现场。

2. 行业标准中的有关解释

(1)《公路监理规范》的解释

在其第2章“术语”中也给出了“监理机构”一词，并定义为：由工程监理单位派出并代表工程监理单位履行监理合同的现场监理组织。

同时，在相关条文中明确给出了监理机构设置的规定。例如，第3.0.1条规定高速公路和一级公路可设置二级监理机构，即总监理工程师办公室（以下简称“总监办”）和驻地监理工程师办公室（以下简称“驻地办”）。开工里程在20km以下的，宜设置一级监理机构，即总监办。

(2)《铁路监理规范》的解释

在其第2章“术语”中将“项目监理机构”明确提出，并将“项目监理机构”定义为：工程监理单位派出并代表其履行委托监理合同的现场项目监理机构。

但是，在相关条文中没有规定项目监理机构的层级名称，一般设置为一级项目监理机构，即总监办。第3.2.3条规定现场监理人员按总监理工程师、专业监理工程师和监理员三个层次配备。

(3)《水利监理规范》的解释

在其第2章“术语”中也给出了“监理机构”一词，并定义为：工程监理单位依据监理合同派驻工程现场，由监理人员和其他工作人员组成，全面履行监理合同的机构。

但是，在相关条文中没有规定监理机构的层级名称，一般设置为一级监理机构，即总监办。

总之，不论是《建设监理规范》、《铁路监理规范》中的“项目监理机构”，还是《公路监理规范》、《水利监理规范》中的“监理机构”，以及习惯称谓中的“现场监理机构”，都是工程监理单

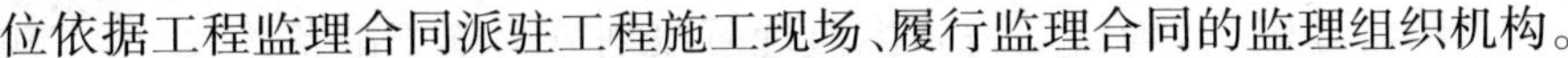

位依据工程监理合同派驻工程施工现场、履行监理合同的监理组织机构。

为便于叙述，以下统称“项目监理机构”，引用某监理规范条文时按其规范称谓。

2.0.2 项目监理机构设置行为的内涵及其行为人、责任主体

2.0.2.1 项目监理机构设置行为的内涵

设置是一种活动行为。因为“设置”可以作为一项工作活动，而且可以由“行为人”按一定的形式、目的去实施。

设置项目监理机构是工程监理单位在工程建设项目中标后、正式开工前必须实施的、最早的、最基础的监理工作行为之一，也是工程监理单位中标后履行监理合同过程中应尽的首要义务之一。只有设置了项目监理机构，工程监理工作才能开始。

2.0.2.2 项目监理机构设置行为的行为人、责任主体

设置项目监理机构，作为一种监理执业行为，其行为人是某一工程监理项目的中标工程监理单位。在项目监理机构设置行为的具体实施过程中，由工程监理单位的负责人——董事长、总经理、副总经理或其委托人负责设置、确定。《建设监理规范》规定应在委托监理合同签订后的10天内设置完成现场项目监理机构，并书面报告建设单位。

项目监理机构设置行为的不作为行为，多数属于违背监理规范的违规行为。当工程监理单位没有按照《建设工程质量管理条例》第三十七条的规定选派具备相应资格的总监理工程师和监理工程师进驻施工现场时，就会发生违法行为。其违规、违法责任均由签订委托监理合同的工程监理单位承担。

2.0.3 项目监理机构设置行为的相近行为、实施手段

2.0.3.1 项目监理机构设置行为的相近行为

项目监理机构的设置行为具有唯一性，因监理规范版本的不同而表述为建立行为、组建行为、设立行为。项目监理机构的建立行为、组建行为的内涵、行为人、行为结果、不作为责任的承担者等与项目监理机构的设置行为相似。

《建设监理规范》第3.1.1条将项目监理机构设置行为表述为“建立项目监理机构”，而且是强制性的要求，要求工程监理单位履行施工阶段的委托监理合同时必须在施工现场建立项目监理机构。

《公路监理规范》条文说明第3.0.1条指出，建设单位不得使用总监办的名义，侵占工程监理单位的权利和费用，凡是应该招标的监理项目，总监办应由各工程监理单位投标竞争，由中标的工程监理单位组建监理机构。

2.0.3.2 项目监理机构设置行为的实施手段

工程监理单位实施项目监理机构设置行为，一般应查阅工程招标文件、监理投标文件、项目监理招投标澄清答疑补充文件，应依据国标监理规范和相应行业监理规范的规定，借助程序框图编制技术，采取编制初稿、召开会议讨论修改、送建设单位审查等监理手段。

2.0.4 项目监理机构设置行为的实施阶段、行为方式

2.0.4.1 工程施工监理阶段的划分

《公路监理规范》第3.0.6条规定公路工程施工监理阶段划分为施工准备阶段、施工阶段、交工验收与缺陷责任期阶段。公路工程施工监理的阶段期间，始于监理合同签订之日，终止于缺陷责任终止证书签发之日。

《建设监理规范》、《水利监理规范》均将工程施工监理阶段划分为施工准备阶段、施工实施阶段和工程质量保修阶段。

1. 施工准备阶段

监理合同签订之日（或其后的某日）至合同工程开工令确定的开工日之前的一个阶段为施工准备阶段。施工准备阶段是施工监理的重要工作阶段，是为施工阶段奠定良好基础的阶段。施工准备阶段监理的工作主要包括两个方面，即项目监理机构自身的准备工作和对施工单位开工前准备工作的检查督促。

2. 施工实施阶段

合同工程开工之日至合同工程交工验收申请受理之日为施工实施阶段。

3. 工程质量保修期

《公路监理规范》表述为“交工验收与缺陷责任期阶段”，交工验收是公路行业的特有规定，也就是说，公路交通行业不但规定了竣工验收，而且规定合同工程全部完成后、通车之前必须先进行交工验收，交工验收合格两年后由政府交通主管部门组织竣工验收。公路机电工程的施工监理阶段，还包括试运行期阶段。

市政建设、房屋建筑工程和水利工程、铁路工程等行业，只有竣工验收。其中，国家《建设工程质量管理条例》和《建设监理规范》将“工程缺陷责任期”称之为“工程质量保修期”。

2.0.4.2　项目监理机构设置行为的实施阶段

《建设监理规范》第 3.1.1 条规定工程监理单位履行施工阶段的监理合同时，必须在施工现场建立项目监理机构。项目监理机构在完成委托监理合同约定的监理工作后可撤离施工现场。在条文说明第 5.8.2 条中指出“在承担工程质量保修期的监理工作时，工程监理单位可不设立项目监理机构”。

《公路监理规范》第 3.0.6 条规定公路工程施工监理阶段划分为施工准备、施工、交工验收与缺陷责任期三个阶段。三个阶段均设置监理机构，但是施工准备阶段、交工验收与缺陷责任期阶段配备的监理人员、监理设施相对于施工阶段而言少一些。

《水利监理规范》第 3.1.3 条规定工程监理单位在监理合同约定的时间内组建项目监理机构。

从工程监理项目招标、签约、履约这一路径分析，项目监理机构的设置阶段又分为招标投标阶段的虚拟项目监理机构、中标前后合同谈判阶段的澄清项目监理机构、中标履约阶段的据实调整项目监理机构等。

项目监理机构的设置，不是一件一劳永逸的事情，工程监理单位或项目监理机构的负责人应根据变化的现场情况、变化的业主要求而适时进行调整，以满足监理合同规定、项目业主要求、监理工作的实际需要。

2.0.4.3　项目监理机构设置行为的行为方式

工程监理单位在设置项目监理机构时，其行为方式可以是工程监理单位的负责人组织市场开发经营部门、人力资源部门、质量管理部门，根据监理招投标文件和监理规范的规定进行设置，也可以是工程监理单位的负责人组织市场开发经营部门、质量管理部门和项目监理机构的拟任负责人（如总监理工程师、驻地监理工程师）多方共同进行设置。在设置过程中，注意

适当征求建设单位或上级项目监理机构的意见。

2.0.5 工程建设项目委托监理合同的实施程序

《公路监理规范》中将“监理”定义为“监理人员依据监理合同对工程质量、安全、环保、费用、进度实施的监督和管理活动”，将“工程监理单位”定义为“具有法人资格并取得交通主管部门颁发的公路工程施工监理资质证书的企业”。

工程监理单位在工程施工监理项目的招标、投标中一经中标，工程监理单位与建设单位的合同谈判成功，而且签订了“工程监理委托服务合同”之后，工程监理单位即进入了工程施工监理工作的实施性角色。其主要工作流程，一般包括以下10个方面。

2.0.5.1 任命项目总监理工程师

《建设监理规范》第3.1.4条规定工程监理单位应与委托监理合同签订后10天内将项目监理机构的组织形式、人员构成及对总监理工程师的任命书通知建设单位。也就是说中标监理项目的总监理工程师由工程监理单位的法人代表任命并授权。房屋、市政工程等国家建设部门规定工程监理单位负责人应根据工程项目的规模、复杂程度、技术特点以及建设单位对监理的要求，委派符合合同要求、称职的总监理工程师，代表工程监理单位全面负责工程项目的现场监理工作。

公路工程监理投标书中明确规定了总监理工程师的任职条件，而且规定工程监理单位一经中标就不得擅自更换，在第一次工地会议上由建设单位在施工项目经理、监理工程师、业主代表、设计代表、地方协调人员在场的情况下宣读任命书，同时授予其符合合同规定的监督管理权、签字权、否定权、协调权等。

2.0.5.2 组建或设置项目监理机构

项目监理机构的人员构成是监理投标书的重要内容之一，是建设单位在评标过程中认可的或是经过问题澄清、更换以后认可的。总监理工程师或驻地监理工程师负责组建现场监理班子时，必须充分考虑投标时的承诺，根据“工程监理大纲”和“工程监理委托服务合同”的有关规定、承诺去组织和建立。在施工过程中可以报请上级项目监理机构或建设单位批准后进行适当的调整。

2.0.5.3 编制项目监理规划、明确监理程序

《建设监理规范》、《水利监理规范》、《铁路监理规范》中均给出了“监理规划”的定义，统称为“监理规划”，而《公路监理规范》中规定了监理规划的内容，但称之为“监理计划”。其中，《水利监理规范》第4.1.3条规定熟悉工程建设法律法规、规章以及技术标准和工程设计文件、施工合同文件、监理合同文件之后编制项目监理规划，之后进行监理工作交底、实施监理工作等。

2.0.5.4 召开第一次工地会议、下达总体工程开工令

第一次工地会议应在施工准备阶段的后期召开，旨在检查和督促施工准备情况、合同履约情况。会议召开的目的是为工程施工监理创造一个良好的开端。

经现场检查和会议讨论、评估，认为合同工程具备开工条件的，总监理工程师可在第一次工地会议上下达总体工程开工令；如果暂时不具备开工条件，总监理工程师应要求施工单位或相关单位进一步准备，当再次检查认为具备开工条件时，由总监理工程师在第一次工地会议后的适当时间内下达总体工程开工令。

2.0.5.5　分阶段编制、报批监理实施细则

《建设监理规范》、《水利监理规范》、《铁路监理规范》中均给出了"监理实施细则"的定义,统称为"监理实施细则",而《公路监理规范》中规定了监理实施细则的内容,但称之为"监理细则"。

工程监理实施细则由项目监理机构根据已经批准的监理规划在相应分项工程开工前,分阶段编制和报批,并根据工程变更情况修改、补充相应分项工程的监理实施细则。

2.0.5.6　规范化、全过程开展工程监理工作

施工阶段的监理工作包括工程施工质量监控、安全监管、环保监管、进度监控、费用监控和合同其他事项的管理等,项目监理机构和监理人员主要通过编制监理文件、旁站、巡视、抽检、见证取样、试验、测量、指令、通知、报告、会议、协调、总结等手段规范化、全过程地开展工程监理工作。

2.0.5.7　编制、汇总工程监理资料,及时向建设单位、工程监理单位提交

工程监理项目的质量检测资料、记录资料和进度计划批复文件、费用控制报表及其文件、安全和环保管理文件以及监理工作总结、监理日志、音像资料等必须随时整理,及时汇总形成监理竣工资料文件,在交工验收、缺陷责任期结束时移交给建设单位和工程监理单位。

2.0.5.8　参加竣工验收并提交监理工作总结、签署监理方面的意见

工程竣工验收由政府建设主管部门组织,按照工程竣工验收办法的规定进行验收。项目监理机构或工程监理单位在派员参加建设单位组织的合同工程竣工验收的同时应提交监理工作总结,总监理工程师应在竣工证书上签署监理方面的意见。

《公路监理规范》规定,项目监理机构还应参加建设单位组织的合同工程交工验收,而且在此之前,项目监理机构应组织施工单位对合同工程进行交工预验收,预验收合格后方可建议建设单位组织合同工程的交工验收,总监理工程师应在交工证书上签署监理意见。

2.0.5.9　参加建设单位组织的工程缺陷责任终止的验收并签署监理意见

《公路监理规范》规定,项目监理机构或工程监理单位应派员参加建设单位组织的工程缺陷责任终止的验收,提交工程缺陷责任期监理工作总结和全部监理资料,总监理工程师应在交工证书上签署监理方面的意见。

2.0.5.10　向建设单位移交其提供的设计文件、图纸和设施设备

《建设监理规范》和《水利监理规范》均规定项目监理机构完成监理合同任务后应及时向建设单位移交其提供的设计文件、图纸资料和设施设备。公路、铁路行业监理规范没有专门规定,但也应进行移交。

2.0.6　监理规范中关于项目监理机构设置行为的规定内容

根据《建设监理规范》和《水利监理规范》、《公路监理规范》、《铁路监理规范》的规定,项目监理机构设置行为的规定内容(即规范性动作,下同)主要包括建立项目监理机构、配备监理人员、配备监理实施、划分监理职责等,如表 2-1 所示。

2.0.7　设置项目监理机构的规范化实施要点

2.0.7.1　设置项目监理机构应达到的目标或要求

《建设监理规范》第 3.1.1 条明确规定,签订委托监理合同的工程监理单位必须在施工现场建立项目监理机构。

项目监理机构设置行为的主要规定内容　　表 2-1

序号	规定的具体内容	依据的监理规范			
		国标规范	公路规范	铁路规范	水利规范
1	设置项目监理机构	第 3.1.1 条	第 3.0.1 条	第 3.2.1 条	第 3.1.3 条
2	调整保修期项目监理机构	—	—	—	第 7.2.6 条
3	监理人员配备	第 3.1.3 条	第 3.0.2 条	第 3.2.3、3.2.4 条	第 3.1.3 条
4	监理设施配备	第 3.3.2 条	第 4.1.1 条	第 3.2.7 条	第 5.1.4 条
5	监理职责划分	第 3.2 节	第 3.0.3 条	—	第 3.3 节
6	配备专兼职安全生产管理人员	—	—	第 6.1.1 条	—
7	其他	—	—	—	—

建立项目监理机构的时间，在第 3.1.4 条中规定工程监理单位应于委托监理合同签订后 10 天内将项目监理机构的组织形式、人员构成及对总监理工程师的任命书面报告建设单位。在主观上应符合适应、精简、高效的原则；在客观上应达到符合监理合同约定、符合监理规范规定、符合项目监理工作实际的目标。

项目监理机构的组成，应考虑“三个有利于”，即项目监理机构的组织形式和规模应有利于监理目标的实现、承包合同的管理，有利于监理的决策和信息的沟通，有利于监理职能的发挥和人员的分工合作。

2.0.7.2　规范设置项目监理机构的几个问题

1. 根据《建设监理规范》建立项目监理机构

(1) 建立项目监理机构的原则

第 3.1.1 条明确规定，工程监理单位履行施工阶段的委托监理合同时，必须在施工现场建立项目监理机构。项目监理机构在完成委托监理合同约定的监理工作后方可撤离施工现场。第 3.1.2 条规定项目监理机构的组织形式和规模，应根据委托监理合同规定的服务内容、服务期限、工程类别、规模、技术复杂程度、工程环境等因素确定。

(2) 建立项目监理机构的要求

工程监理单位应依照监理合同约定，组建项目监理机构，配置满足监理工作需要的监理人员，并在监理合同约定的时间内，将总监理工程师及其他主要监理人员派驻到监理工地。人员配置如有变化，应事先征得建设单位同意。项目监理机构的监理人员应专业配套、岗位完善、层级合理、数量满足工程项目监理工作的需要。

(3) 向建设单位报告项目监理机构的设置情况

第 3.1.4 条明确规定工程监理单位应于委托监理合同签订后 10 天内将项目监理机构的组织形式、人员构成及对总监理工程师的任命书面通知建设单位，即向建设单位报告。同时还规定，当调整总监理工程师时，工程监理单位应征得建设单位同意并书面告知建设单位；当专业监理工程师需要调整时，总监理工程师应书面告知建设单位和施工单位。项目监理机构必须注意，根据工程项目的进展情况调配监理人员、调换不称职的监理人员的行为人是总监理工程师，其他人员无权调换不称职的监理人员。第 3.2.4 条明确规定总监理工程师不得将调配监理人员、调换不称职的监理人员的工作委托给总监代表。

2. 根据《公路监理规范》设置项目监理机构

《公路监理规范》第1.0.3条规定项目监理机构应依据国家和地方法律、法规；国家和行业、地方有关标准、规范、规程；监理合同；施工合同；工程前期有关文件；工程设计文件和图纸；工程实施过程中有关的函件等法律、法规、文件开展工作。第1.0.5条规定工程监理单位应依据监理合同约定的职责与权限，对工程施工质量、安全、环保、费用、进度实施监督管理。

《公路监理规范》的第3章"一般规定"中规定了项目监理机构设置、人员配备、职责划分等问题，其中，第3.0.1条规定"高速公路和一级公路可设置二级项目监理机构，即总监理工程师办公室和驻地监理工程师办公室。开工里程在20km以下的，宜设置一级项目监理机构，即总监办。二级及二级以下公路和养护工程可根据工程规模、难易程度、合同工期安排、现场条件等因素设置一级或二级项目监理机构。公路机电工程可设置一级项目监理机构。"

3. 根据《水利监理规范》设置项目监理机构

《水利监理规范》第3.1.3条规定工程监理单位应依照监理合同约定组建项目监理机构，配置满足监理工作需要的监理人员并在监理合同约定的时间内将总监理工程师及其他主要监理人员派驻到监理工地，人员配置如有变化，应事先征得发包人同意。第5.1.1条规定项目监理机构要进行必要的岗前培训。第7.2.6条规定工程保修期间现场项目监理机构应适时予以调整，除保留必要的人员和设施外，其他人员和设施可以撤离。

4. 根据《铁路监理规范》设置项目监理机构

《铁路监理规范》第3.2节规定工程监理单位必须在工程施工现场设置组织机构健全、人员职责明确、岗位设置合理的项目监理机构，摘引如下。

3.2.2 项目监理机构的组织形式、人员构成纳入委托监理合同，监理单位应在委托监理合同签订后7天内将总监理工程师的任命书及专业监理工程师名单书面通知建设单位。

3.2.3 现场监理人员按总监理工程师（如监理工作需要，可配副总监理工程师）、专业监理工程师和监理员三个层次配备，并符合以下要求：

1 总监理工程师、监理工程师应具备相应的执业资格，监理员应经培训合格；

2 专业监理工程师的专业和数量应与监理工作匹配，监理人员数量应满足现场监理工作需要；

3 专业监理工程师应不少于合同约定监理人员总数的60%，其中具有高级技术职称的人员应不少于合同约定监理人员总数的20%；

4 现场监理人员年龄不得大于65岁；年龄60至65岁人员数量不得大于现场监理人员总数的20%，且身体健康能胜任现场工作。

3.2.5 项目总监理工程师一般不得更换。因特殊原因需要更换时，应在更换21天前书面通知建设单位并取得建设单位同意。

3.2.6 监理单位应根据现场工作需要，及时对现场专业监理工程师、监理员进行调整。更换专业监理工程师，应提前7天通知建设单位并取得建设单位同意。

5. 项目监理机构设置的层次模式

《公路监理规范》第3章给出了项目监理机构设置的层次模式规定，摘引如下。

3.0.1 项目监理机构设置

高速和一级公路可设置二级项目监理机构，即总监理工程师办公室（简称总监办）和驻地

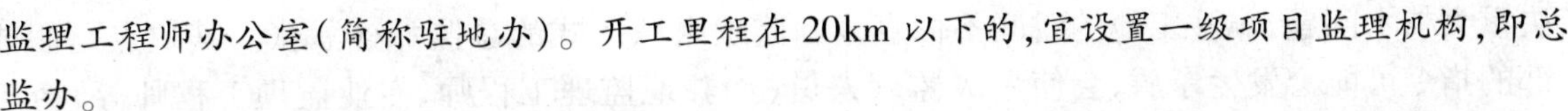

监理工程师办公室(简称驻地办)。开工里程在20km以下的,宜设置一级项目监理机构,即总监办。

二级及二级以下公路和养护工程可根据工程规模、难易程度、合同工期安排、现场条件等因素设置一级或二级项目监理机构。

公路机电工程可设置一级项目监理机构。

3.0.2 监理人员配备

项目监理机构中监理人员的数量和结构,应根据监理内容、工程规模、合同工期、工程条件和施工阶段等因素,按保证对工程实施有效监理的原则确定。高速公路、一级公路工程每年5 000万元建安费宜配备交通部核准资格的监理工程师1名;独立大桥、特长隧道工程每年每3 000万元建安费宜配备交通部核准资格的监理工程师1名。根据工程特点和实际需要,上述配置可在0.8~1.2的系数范围内调整。

高速公路机电工程,每50km每系统宜配备交通部核准资格的监理工程师1名,根据工程情况,如系统复杂或隧道机电工程内容较多,可适当增加。

如遇重大工程变更等情况,上述人员配备应根据需要进行调整,并就工程内容的变化、人员的调整事宜签订补充合同。

总监办应配备1名总监理工程师和若干名专业监理工程师。总监理工程师应具有相应专业的高级技术职称、五年以上的现场工程监理经历、担任过两项以上同类工程的驻地或总监职务。

驻地办应根据工程复杂程度配备1~2名驻地监理工程师和若干名专业监理工程师。驻地监理工程师应具有相应专业的中级或高级技术职称、同类工程三年以上监理经历。

6. 项目监理机构设置的常见组织模式

监理组织机构的模式是指工程项目监理机构具体采用的管理组织结构,应根据合同工程的特点、建设工程组织管理模式、建设单位委托的监理任务以及工程监理单位自身情况而定。常用的组织结构形式包括以下4种。

(1)直线制监理组织形式

直线制监理组织形式要求总监理工程师博晓各种业务、掌握各种业务技能,成为"全能式"人物。其优点是组织机构简单,权力集中,命令统一,职责分明。这种组织形式适用于若干个相对独立的子项目(合同包)的大、中型建设工程。这种组织形式的特点是项目监理机构中任何一个下级只接受唯一一个上级(直线上级)的命令,即命令源是唯一的,一级指挥一级,一级服从一级,下一级为上一级负责,如图2-1所示。

(2)职能制监理组织形式

职能制管理组织机构形式是在项目监理机构内设立一些职能部室,把相应的监理职责和权力分配给职能部室,各职能部室在本职能范围内有权力直接指挥下级,有义务协调上下级关系,其命令源有若干个,如图2-2所示。

职能制监理组织形式适用于大、中型建设工程。对公路工程而言,适用于路线长、跨地市或跨省市、施工段多、路桥隧项目兼有的工程项目监理机构形式。这种监理组织形式要求各职能部室为总监理工程师当好参谋、助手,工作不推诿扯皮,善于协调,为工程建设与监理的目标而集中精力工作。另外,总监理工程师可从繁杂的事务性工作中解脱出来,多做巡视调查、解决重大技术问题，靠驻工地的时间不似直线制监理组织形式的总监那样紧张。其缺点是职能部的指令可能会发生矛盾，会使下级监理人员（如驻地监理工程师、专业监理工程师等）穷于应付或无所适从。

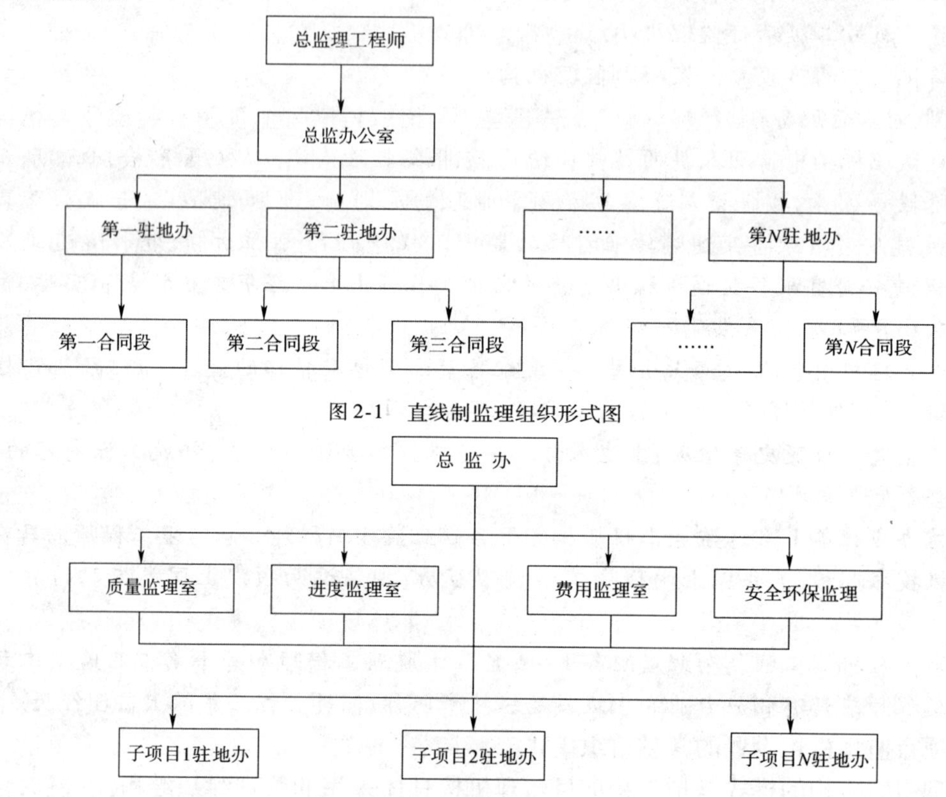

图2-1　直线制监理组织形式图

图2-2　职能制监理组织形式图

（3）直线职能制监理组织形式

直线职能制监理组织形式是吸收了直线制监理组织形式和职能制监理组织形式的优点而形成的一种组织形式。这种组织形式把管理部门和人员分为两类：一类是直线指挥部门的人员，他们拥有对下级实行指挥和发布命令的权力，并对该部门的工作全面负责；另一类是职能部门和人员，他们是直线指挥人员的参谋，他们只能对下级部门进行业务指导，而不能对下级部门直接进行指挥和发布指令。

直线职能制监理组织形式既保持了直线制组织实行直线领导、统一指挥、职责清楚的优点，也保持了职能制组织目标管理专业化的优点。其缺点是职能部门与指挥部门易产生矛盾，信息传递路线长，不利于互通信息。

（4）矩阵制监理组织形式

矩阵制监理组织形式是由纵横两套管理系统组成的矩阵型组织结构，一套是纵向的职能系统，另一套是横向的子项目系统。

矩阵制监理组织形式的优点是加强了各职能部门的横向联系，具有较大的机动性和适应性，把上下左右集权与分权实行最优的结合，有利于解决复杂难题，有利于监理人员业务能力的培养。缺点是纵横向协调工作量大，处理不当会造成扯皮现象，产生矛盾。

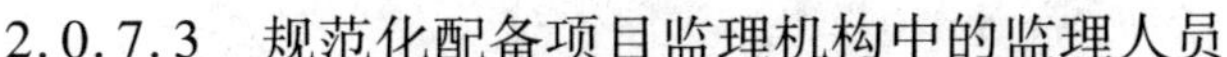

2.0.7.3 规范化配备项目监理机构中的监理人员

1. 根据《建设监理规范》配备监理人员

(1)监理人员的组成及其含义

《建设监理规范》第3.1.3条明确规定监理人员应包括总监理工程师、专业监理工程师和监理员,必要时可配备总监理工程师代表。

同时,在第2章“术语”中规定,监理工程师是指取得国家监理工程师执业资格证书并经注册的监理人员。总监理工程师是指由工程监理单位法定代表人书面授权,全面负责委托监理合同的履行、主持项目监理机构工作的监理工程师。总监理工程师代表是指经工程监理单位法定代表人同意,由总监理工程师书面授权,代表总监理工程师行使其部分职责和权力的项目监理机构中的监理工程师。专业监理工程师是指根据项目监理岗位职责分工和总监理工程师的指令,负责实施某一专业或某一方面的监理工作,具有相应监理文件签发权的监理工程师。监理员是指经过监理业务培训,具有同类工程相关专业知识,从事具体监理工作的监理人员。

(2)监理人员的配备资格规定

《建设监理规范》第3.1.3条明确规定项目监理机构的监理人员应专业配套、数量满足工程项目监理工作的需要。项目监理机构中配备的监理人员的数量和专业应根据监理任务的范围、内容、期限、专业类别以及工程的类别、规模、技术复杂程度、工程环境等因素综合考虑,并应符合委托监理合同中对监理深度和密度的要求,能体现项目监理机构的整体素质,满足监理目标控制的要求。同时,还规定总监理工程师应由具有3年以上同类工程监理工作经验的人员担任;总监理工程师代表应由具有2年以上同类工程监理工作经验的人员担任;专业监理工程师应由具有1年以上同类工程监理工作经验的人员担任。另外,第3.2.1条规定一名总监理工程师只宜担任一项委托监理合同的项目总监理工程师工作。当需要同时担任多项委托监理合同的项目总监理工程师工作时,须经建设单位同意,且最多不得超过3项。

(3)工程监理人员的最少数量

《建设监理规范》第3.1.3条的条文解释中说明项目监理机构中的监理人员数量,一般不少于3人。

《公路监理规范》等三大行业监理规范中没有做出专门规定。从实践经验看,工程监理人员的最少数量的配备原则有两个,一个是必须满足某一个时间阶段的、施工现场的全面监理工作的实际需要,以确保监理工作的质量;第二个是必须得到项目业主的批准。

(4)调整主要监理人员的规定

《建设监理规范》第3.1.4条规定总监理工程师、专业监理工程师可以随施工进展情况作相应的调整。当总监理工程师需要调整时,工程监理单位应征得建设单位同意并书面通知建设单位;当专业监理工程师需要调整时,总监理工程师应书面通知建设单位和施工单位。

工程监理单位、项目监理机构可以根据本工程监理单位的业务经营情况调整某一工程项目的监理人员,某一工程项目的某一监理人员也可以根据自己的身体适应情况、专业适应情况、另一新监理项目的有关情况向项目监理机构、工程监理单位的领导提出调岗、调换工地的要求,不论如何,调整监理人员应考虑监理工作的连续性,并必须做好书面的、现场的交接工作,包括监理资料的完善与交接。更换专业监理工程师以上的主要监理人员,应事先得到建设单位的批准或总监理工程师的批准。

2. 根据《公路监理规范》配备监理人员

(1)监理人员的组成

《公路监理规范》第2.0.5条规定监理工程师和项目监理机构中的相关专业技术人员统称为监理人员。第2.0.4条规定项目监理机构中具有交通部核准的公路工程监理工程师或专业监理工程师资格的人员统称为监理工程师。第2.0.6条规定总监理工程师是指具有交通部公路工程监理工程师资格,经项目建设单位同意,在项目监理机构中负责项目工程全部监理工作的总负责人。第2.0.7条规定驻地监理工程师是指具有交通部公路工程监理工程师资格,经总监理工程师授权,负责项目部分工程(如一个施工合同段、施工分部)监理工作的驻地监理负责人。

(2)监理人员的配备定额

《公路监理规范》第3.0.2条规定监理机构中监理人员的数量和结构,应根据监理内容、工程规模、合同工期、工程条件和施工阶段等因素,按保证对工程实施有效监理的原则确定。高速公路、一级公路工程每年5 000万元建安费宜配备交通部核准资格的监理工程师1名;独立大桥、特长隧道工程每年每3 000万元建安费宜配备交通部核准资格的监理工程师1名。根据工程特点和实际需要,上述配置可在0.8～1.2的系数范围内调整。高速公路机电工程,每50km每系统宜配备交通部核准资格的监理工程师1名,根据工程情况,如系统复杂或隧道机电工程内容较多,可适当增加。如遇重大工程变更等情况,上述人员配备应根据需要进行调整,并就工程内容的变化、人员的调整事宜签订补充合同。

(3)监理人员的配备资格规定

①总监办人员及总监理工程师的配备。总监办应配备1名总监理工程师和若干名专业监理工程师。总监理工程师应具有相应专业的高级技术职称、五年以上的工程监理经历、担任过两项以上同类工程的驻地或总监职务。

②驻地办人员及驻地监理工程师的配备。驻地办应根据工程复杂程度配备1～2名驻地监理工程师和若干名专业监理工程师。驻地监理工程师应具有相应专业的中级或高级技术职称、同类工程3年以上监理经历。

(4)调整监理人员的规定

《公路监理规范》第3.0.2条规定,如遇重大工程变更等情况,监理人员的配备应根据实际需要进行调整,并就工程内容的变化、人员的调整事宜与项目业主签订补充合同。在工程监理实践中,这里的“遇重大工程变更等情况”主要是指工程数量的增减使得现场监理人员的数量发生变化,还包括工程项目的实际施工时间因非项目监理机构的原因导致工期延长,而使得项目监理机构的服务时间延长,特别是延长3个月及其以上者。

3. 根据《铁路监理规范》配备监理人员

《铁路监理规范》第3.2.3条规定现场监理人员按总监理工程师(如监理工作需要,可配副总监理工程师)、专业监理工程师和监理员三个层次配备,并符合以下要求:

——总监理工程师、监理工程师应具备相应的执业资格,监理员应经培训合格。

——专业监理工程师的专业和数量应与监理工作匹配,监理人员数量应满足现场监理工作需要。

——专业监理工程师应不少于合同约定监理人员总数的60%。其中,具有高级技术职称的人员应不少于合同约定监理人员总数的20%。

——现场监理人员年龄不得大于65岁;年龄60至65岁人员数量不得大于现场监理人员总数的20%,且身体健康能胜任现场工作。

第3.2.4条还规定监理人员配备定额为:新建普通单线铁路每公里0.3人~0.5人,根据监理工作内容确定;双线增加20%。客运专线按普通双线增加20%。增建二线工程、电气化改造工程、既有线改造工程等参照上述标准,根据实际需要配备监理人员。独立工程以及工程简单的项目根据实际需要配备监理人员。

2.0.7.4 规范化配备监理常规检测设备和工具

1. 根据《建设监理规范》配备监理设施

(1)监理设施的内涵

《建设监理规范》第3.3节给出了监理设施的配备规定,规定监理设施包括监理办公、交通、通信、生活设施等。

(2)监理设施配备的方式

监理设施配备的方式有两种,一种是建设单位提供,一种是工程监理单位自备。由建设单位提供的,建设单位应负责提供委托监理合同约定的满足监理工作需要的办公、交通、通信、生活设施。项目监理机构应负责妥善保管和使用建设单位提供的设施,并应在完成监理工作后移交建设单位。由项目监理机构自备的,项目监理机构应根据工程项目类别、规模、技术复杂程度、工程项目所在地的环境条件,按委托监理合同的约定,配备满足监理工作需要的常规检测设备和工具。另外,监理规范规定项目监理机构在大中型项目的监理工作中应实施监理工作的计算机辅助管理。

(3)监理设施配备的要求

项目监理机构开展监理工作的监理设施应符合监理合同约定,应满足监理工作需要,并随着分项工程的施工进展情况在其开工前到位。

对于建设单位负责提供的监理设施,项目监理机构应事前登记造册,妥善使用,注意保管,适时移交。

2. 根据《公路监理规范》配备监理常规检测设备和工具

《公路监理规范》第4.1.1条给出了监理试验检测设备的配备规定。其中,规定总监办中心试验室应按监理合同要求配备常规的试验检测设备,驻地办试验室应按监理合同要求配备现场抽查常用的试验检测设备。

(1)监理试验室设备的配备原则

监理试验室应按不同监理层次分工负责、讲求实效、节约资源的原则设置和配备试验检测设备,总监办中心试验室以试验为主,驻地办试验室以现场抽查检测和试件制备为主。具体配备应按监理合同要求,原则上总监办中心试验室应按《公路水运工程监理单位资质管理规定》(交通部令2004年第5号)附件二——“公路水运工程监理单位基本试验检测能力或仪器设备配备标准”中对公路工程甲级工程监理单位的要求配备试验检测设备;驻地办试验室应按公路工程丙级工程监理单位的要求配备试验检测设备。

(2)项目监理机构应配备的常规试验检测设备

项目监理机构的常规试验项目一般包括土工、水泥及水泥混凝土、钢筋原材料及焊接、沥青及沥青混凝土、路面基层材料等,项目监理机构应配备这些常规试验项目的试验检查设备和工具。

(3)非常规试验检测设备,项目监理机构不需要配备

对于钢绞线、锚具、伸缩缝、橡胶支座等一些特殊材料,因试验检测设备的专用性、昂贵性,项目监理机构可以不配备这类试验检测设备,可以委托有资质的第三方试验。建设单位可以将监理试验全部或部分委托有资质的第三方承担,总监办也可以委托。

3. 其他监理设施的配备

其他监理设施的配备,包括工程测量仪器、交通工具、电话通信工具、照相和摄像器材、生活设施、气象设备等,首先要满足合同规定,其次要满足监理工作和生活的实际需要。

2.0.7.5 规范化确定、划分项目监理机构的职责与权限

《建设监理规范》、《铁路监理规范》均给出了总监理工程师、监理工程师、监理员的岗位监理职责,《公路监理规范》给出了总监办、驻地办的岗位职责,《水利监理规范》给出了监理机构的职责与权限,总监理工程师、监理工程师、监理员的岗位监理职责。

1. 监理机构的职责与权限

(1)项目监理机构的职责与权限

四大工程监理规范中,只有《水利监理规范》不但规定了总监理工程师、监理工程师、监理员的岗位监理职责,而且给出了项目监理机构的职责与权限,摘引如下。

3.2 监理机构

3.2.1 监理单位应根据所承担的监理任务,组建监理机构。监理机构必须进驻施工现场。

3.2.2 监理机构的职责与权限:

1. 选择工程施工、设备和材料供应等单位的建议权。

2. 对施工企业选择的分包项目和分包单位的审核权。

3. 工程建设合同文件的解释权。

4. 工程设计文件的核查权。只有经监理机构核查确认并加盖公章的工程师图纸和设计文件,才能成为有效的施工依据。

5. 工程施工组织设计、施工措施、施工进度计划和施工技术方案的审批权。

6. 按照专用合同条款规定的金额范围内,设计变更的处置权。

7. 对工程建设实施中技术问题的建议权。

8. 组织协调工程建设有关各方关系的主持权。

9. 按工程建设合同规定发布开工令、停工令、返工令和复工令。涉及关键线路和影响较长工期时,发布停工令、复工令应事先征得项目法人同意。

10. 对全部工程的所有部位及其任何一项工艺、材料、构件和工程设备以及全部工程的施工质量的检查、检验、确认权。

11. 安全生产和文明施工的检查、监督权。

12. 工程施工进度的检查、监督权以及工程建设合同工期的签认权。

13. 对施工企业按合同规定提交的设计图纸的审批权。

14. 工程款计量支付的审核和签认权。未经监理工程师签字确认,项目法人不应支付任何

工程款项。

15. 要求施工企业撤换不称职的现场施工和管理人员的建议权。

3.2.3　监理机构应将总监理工程师和项目(或专业)监理工程师和监理员的姓名、监理分工和授权范围报送项目法人并通知施工企业。需要调换监理工程师时亦应通知项目法人和施工企业。

3.2.4　监理机构须制定与监理工作内容相适应的工作制度和管理制度,并建立监理工作质量保证体系。

3.2.5　监理机构应依据监理工作需要,配备必要的办公、通信、交通、生活及检测设备和仪器,独立进行监理及检测工作。

3.2.6　监理机构未征得项目法人同意,不得泄露与本合同业务有关的技术、商务资料。

3.2.7　监理机构和工程建设各方的一切联系均以书面形式为准。项目法人对建设工程项目实施的意见和决定,应通过监理机构下达实施;施工企业应从监理机构取得工程建设的通知、指令等各种工程实施命令。

(2)总监办的岗位职责

在四大工程监理规范中,《公路监理规范》给出了总监办的岗位职责。在第3.0.4条中规定,总监办主要负责以下事项。

1. 主持编制监理计划;

2. 主持召开监理交底会、第一次工地会议;

3. 按合同要求建立中心试验室;

4. 审批施工组织设计及总体进度计划、重要工程材料及混合料配合比;

5. 签发支付证书、合同工程开工令、单位或合同工程的暂停令和复工令;

6. 审核变更单价和总额以及延期和费用索赔;

7. 协助建设单位审查交工验收申请,评定工程质量;

8. 组织编写监理月报、编制监理竣工文件、编写监理工作报告。

(3)驻地办的岗位职责

在四大工程监理规范中,《公路监理规范》给出了总监办的岗位职责,还给出了驻地办的岗位职责。《建设监理规范》、《铁路监理规范》、《水利监理规范》关于项目监理机构的建立规定中没有规定设置驻地办,因而也没有驻地办的监理职责。

公路交通工程施工监理项目的驻地办,即驻在工地现场的监理办公室的简称,是公路交通工程特有的现场监理机构,是二级项目监理机构中的第二级即基层监理工作机构。在《公路监理规范》第3.0.5条中规定,驻地办主要负责以下事项。

1. 主持编制监理细则;

2. 主持召开工地会议;

3. 按合同要求建立驻地试验室;

4. 审批一般工程原材料的混合料配合比、施工单位的机械设备、施工方案;

5. 审批施工单位测量基准点的复测、原地面线测量及施工放线成果;

6. 审批分项工程开工申请,签发分项和分部工程暂停令和复工令;

7. 日常巡视、旁站、抽检,并做好记录;

8. 核算工程量清单，负责对已完工程进行计量；

9. 组织分项、分部工程中间验收和质量评定，签发中间交工证书；

10. 审批月进度计划，编写合同段监理工作报告。

2. 总监理工程师、监理工程师、监理员的岗位监理职责

《建设监理规范》第1.0.4条规定，建设工程监理实行总监理工程师负责制。在第3章又给出了项目监理机构及其设施的规定内容，项目监理机构多以一级项目监理机构即总监办为主。其中，详细规定了总监理工程师、总监代表、专业监理工程师和监理员的监理岗位职责。

(1)总监理工程师的监理职责

1. 确定项目监理机构人员的分工和岗位职责；

2. 主持编写项目监理规划、审批项目监理实施细则，并负责管理项目监理机构的日常工作；

3. 审查分包单位的资质，并提出审查意见；

4. 检查和监督监理人员的工作，根据工程项目的进展情况可进行人员调配，对不称职的人员应调换其工作；

5. 主持监理工作会议，签发项目监理机构的文件和指令；

6. 审定施工单位提交的开工报告、施工组织设计、技术方案、进度计划；

7. 审核签署施工单位的申请、支付报表和竣工结算；

8. 审查和处理工程变更；

9. 主持或参与工程质量事故的调查；

10. 调解建设单位与施工单位的合同争议、处理索赔，审批工程延期；

11. 组织编写并签发监理月报、监理工作阶段报告、专题报告和监理工作总结报告；

12. 审核签认分部工程和单位工程的质量检验评定资料，审查施工单位的竣工申请，组织监理人员对待验收的工程项目进行质量检查，参与工程项目的竣工验收；

13. 主持整理工程项目的监理资料。

(2)总监理工程师代表的监理职责

1. 负责总监理工程师指定或交办的监理工作；

2. 按总监理工程师的授权，行使总监理工程师的部分职责和权力。

同时，《建设监理规范》规定总监理工程师不得将下列工作委托给总监理工程师代表：

1. 主持编写项目监理规划、审批项目监理实施细则；

2. 签发工程开工/复工报审表、工程暂停令、工程款支付证书、工程竣工报验单；

3. 审核签认竣工结算；

4. 调解建设单位与施工单位的合同争议、处理索赔，审批工程延期；

5. 根据工程项目的进展情况进行监理人员的调配，调换不称职的监理人员。

(3)专业监理工程师的监理职责

1. 负责编制本专业的监理实施细则；

2. 负责本专业监理工作的具体实施；

3. 组织、指导、检查和监督本专业监理员的工作，当人员需要调整时，向总监理工程师提出建议；

4. 审查施工单位提交的涉及本专业的计划、方案、申请、变更，并向总监理工程师提出报告；

5. 负责本专业分项工程验收及隐蔽工程验收；

6. 定期向总监理工程师提交本专业监理工作实施情况报告，对重大问题及时向总监理工程师汇报和请示；

7. 根据本专业监理工作实施情况做好监理日记；

8. 负责本专业监理资料的收集、汇总及整理，参与编写监理月报；

9. 核查进场材料、设备、构配件的原始凭证、检测报告等质量证明文件及其质量情况，根据实际情况认为有必要时对进场材料、设备、构配件进行平行检验，合格时予以签认；

10. 负责本专业的工程计量工作，审核工程计量的数据和原始凭证。

(4)监理员的监理职责

1. 在专业监理工程师的指导下开展现场监理工作；

2. 检查施工单位投入工程项目的人力、材料、主要设备及其使用、运行状况，并做好检查记录；

3. 复核或从施工现场直接获取工程计量的有关数据并签署原始凭证；

4. 按设计图及有关标准，对施工单位的工艺过程或施工工序进行检查和记录，对加工制作及工序施工质量检查结果进行记录；

5. 负责旁站工作，发现问题及时指出并向专业监理工程师报告；

6. 做好监理日记和有关的监理记录。

3. 特殊情况下的监理职责划分

当建设单位采用监理总承包形式对两级项目监理机构进行招标时，《公路监理规范》第3.0.3条规定，应由中标的工程监理单位划分各级项目监理机构及监理人员的职责和权限；当建设单位对项目监理机构分别招标时，应由建设单位划分确定各级项目监理机构的职责和权限。

监理职责划分由总监理工程师负责，原则上应经过总监理工程师的授权进行。注意避免交叉管理和出现管理漏洞；不得将总监理工程师的权力授予专业监理工程师或驻地监理办，也不得将总监理工程师的义务转嫁给专业监理工程师或驻地监理办。

3 编制行为

3.0.1 编制的含义

3.0.1.1 《现代汉语词典》中的有关解释

【编制】《现代汉语词典》中收录了“编制”一词，指：①把细长的东西交叉组织起来，制成器物。例如，用柳条编制的筐子。②根据资料做出（规划、计划、方案等）。例如，编制教学方案。③ 组织机构的设置及其人员数量的定额和职务分配。

可见，“编制”一词是行为动词，强调行为人把分散的事物按照一定的条理组织起来或者按照一定的顺序排列起来。

3.0.1.2 工程监理规范中的有关解释

1. 国家标准中的有关解释

《建设监理规范》第2章“术语”中没有给出“编制”一词，但在相关条文中明确要求项目监理机构、总监理工程师应该认真实施“编制（监理规划、实施细则等）”行为。例如，第4.2.1条规定对中型及以上或专业性较强的工程项目，项目监理机构应编制监理实施细则。监理实施细则应符合监理规划的要求等。再如，第7.2.2条规定监理月报应由总监理工程师组织编制，签认后报建设单位和本工程监理单位。

2. 行业标准中的有关解释

（1）《公路监理规范》的解释

在其第2章“术语”中没有给出“编制”一词，但在相关条文中明确规定了项目监理机构、监理工程师应该认真实施的“编制行为”，具体包括编制工程施工监理计划、监理实施细则、监理工作总结、监理月报、监理会议纪要等监理文件资料。例如，第4.1.4条规定总监理工程师应在合同规定的期限内主持编制监理计划，按合同规定报批后执行。再如，第8.2.8条规定监理工程师每月应向建设单位和上级项目监理机构报送工程监理月报，其中“监理工程师每月应向建设单位和上级项目监理机构报送工程监理月报”的意思即为编制并报送。

（2）《铁路监理规范》的解释

在其第2章“术语”中也没有给出“编制”一词，但在相关条文中明确规定了项目监理机构、监理工程师应该认真实施的“编制行为”，具体包括编制工程施工监理规划、监理实施细则、监理工作总结、监理月报、监理会议纪要等监理文件资料。

（3）《水利监理规范》的解释

在其第2章“术语”中也没有给出“编制”一词，但在相关条文中明确规定了项目监理机构、监理工程师应该认真实施的“编制行为”，具体包括编制工程施工监理规划、监理实施细则、监理工作总结、监理月报、监理会议纪要、协助建设单位编制控制性总体进度计划等监理文件资料。

3.0.2 监理编制行为的内涵及其行为人、责任主体

3.0.2.1 监理编制行为的内涵

“编制”可以作为一项工作行为，而且可以由行为人按一定的形式、目的去实施。监理的编制（监理实施细则、监理月报、工作总结等）行为，强调项目监理机构、监理工程师应按照一定的目的、一定的内容、一定的顺序将分散的资料、信息整理、加工成新的书面文件资料，包括编制监理计划（规划）、监理实施细则、监理工作总结、监理月报和其他证书、通知、指令、表格和监理档案资料。

编制行为是监理工程师在工程项目施工阶段必须实施的最基本、最基础的岗位工作行为之一，也是监理工程师履行监理合同过程中应尽的主要义务之一。但是，监理工程师不存在给施工单位编制施工组织设计、专项施工技术方案等方面的义务。工程监理的现实工作中，有的业主要求监理工程师编制工程施工技术方案，这时，监理工程师应委婉地向业主说明监理的职责是审查施工技术方案而不是编制。

3.0.2.2 监理编制行为的行为人、责任主体

在工程施工监理活动中，监理实施细则、监理月报、监理通知、工作总结等文件需要监理人员去编制，这些编制行为是项目监理机构的行为，也就是说，编制行为的性质既是个人行为，更是集体行为、单位行为，而非单纯的监理工程师个人行为。

项目监理机构必须注意，监理编制行为的行为人并非全体监理人员，有时会受到监理权力的限制。例如，《建设监理规范》第3.2.4条明确规定总监理工程师不得将主持编制项目监理规划的工作委托给总监代表。也就是说，主持编制工程项目监理规划的行为人是总监理工程师，其他人员无权主持编写活动，即使有编写的能力，这主要是督促和要求总监理工程师履行岗位职责。

在编制行为的具体实施过程中，项目监理机构的负责人——总监理工程师或驻地监理工程师负责组织、主持，并安排专业监理工程师具体进行编制，专业监理工程师应对项目监理机构负责，专业监理工程师的编制行为不代表个人行为。

监理文件资料的编制行为的不作为行为，属于违背监理规范的违规行为，其违规责任应由项目监理机构承担。

3.0.3 监理编制行为的相近行为、实施手段

3.0.3.1 监理编制行为的相近行为

编制行为不具有唯一性，存在着相近的行为。其相近行为包括编写行为、填报行为和制定行为、建立工作台账行为等几种。例如编写讲话材料、填报工程表格、制订规章制度、制定防范性对策等，其行为的内涵、行为的实施主体、行为结果的不作为责任的承担者等与编制行为相似。

3.0.3.2 监理编制行为的实施手段

项目监理机构实施编制行为，一般应借助有关资料、会议讨论和调查、检查、审查、测量、试验、计量、旁站、巡视、抽检、见证等监理手段。例如，根据审查的意见编制监理文件，根据计量的结果编制工程计量单和工程款支付证书，根据见证取样情况编制见证取样试验报告等。

3.0.4 监理编制行为的实施阶段、行为方式

3.0.4.1 监理编制行为的实施阶段

监理编制行为的实施阶段,处于工程的施工准备阶段、施工阶段、交工和缺陷责任期三个阶段。施工准备阶段以编制监理规划、实施细则、规章制度、监理工作程序等文件为主,施工阶段以编制监理管理文件、抽检资料为主,交工和缺陷责任期阶段以编制竣工资料、监理总结、费用结算报表为主。

3.0.4.2 监理编制行为的行为方式

按照编制主持人的不同,可将项目监理机构的编制行为划分为总监理工程师主持的编制行为、驻地监理工程师主持的编制行为、专业监理工程师主持的编制行为。按照编制单位的多少、主次,可将工程项目监理机构的编制行为分为独立进行的编制行为和联合进行的编制行为、主编和协编行为,如总监办和驻地办的联合编制行为。

3.0.5 监理编制行为的结果表达方式

监理编制行为的结果一般用法定公文件形式、书面报告形式、固定格式的报表资料等三种形式表达。

3.0.5.1 采用法定文件表达的编制行为

采用书面文件表达的编制行为结果包括项目监理机构编制、印发的通知文件、请示文件、报告文件、会议纪要文件和指令性红头文件,以及需要以红头文件作载体报送的监理规划(计划)、监理实施细则类文件。

3.0.5.2 采用报告方式表达的编制行为

编制行为的结果采用书面报告形式表达的,包括监理工程师主持编制的工程监理月报、监理工作总结、监理工作阶段性总结、监理工作专题总结等报告类材料。

3.0.5.3 采用专用监理表格表达的编制行为

表达监理编制行为的专用监理表格,包括《建设监理规范》规定的施工单位用表、工程监理单位用表、各方通用表,总计 18 种,如施工组织设计(方案)报审表、监理工程师通知回复单、工程竣工报验单、监理工程师通知单、工程暂停令、工程款支付证书、工程变更单、监理工作联系单等,包括《公路监理规范》规定的监理指令单、中间交工证书、监理日志等。

3.0.6 监理规范中关于监理编制行为的规定内容

根据《建设监理规范》和《水利监理规范》、《公路监理规范》、《铁路监理规范》的规定,监理编制行为的规定内容如表 3-1 所示。

监理编制行为的主要规定内容　　表 3-1

序号	规定的具体内容	依据的监理规范			
		国标规范	公路规范	铁路规范	水利规范
1	编制工程监理规划	第 4.1 节	第 4.1.4 条	第 3.4.1 条	第 5.1.5 条
2	编制监理实施细则	第 4.2 节	第 4.1.5 条	第 3.5.1 条	第 5.1.5 条
3	编制安全监理细则	—	第 4.1.5 条	第 6.1.2 条	—
4	制订监理工作程序	第 5.1.1 ~ 5.1.5 条	—	—	—
5	起草第一次工地会议纪要	第 5.2.11 条	—	—	—

续上表

序号	规定的具体内容	依据的监理规范			
		国标规范	公路规范	铁路规范	水利规范
6	起草工地例会纪要	第5.3.1条	—	—	—
7	编制监理召开的工地会议纪要	—	第7.1.2条	第12章	第6.7.5条
8	制定工程造价风险的防范性对策	第5.5.3条	—	—	—
9	制定工程进度风险的防范性对策	第5.6.2条	—	第7.2.1条	—
10	编制工程监理月报	第7.2.1、7.2.2条	第8.2.8条	第13.3.1条	第6.7.5条
11	编制工程监理工作总结	第7.3.1、7.3.2条	第8.2.9条	第13.4节	第6.7.5条
12	编制工程质量评估报告	第5.7.1条	—	—	—
13	其他	—	—	—	—

3.0.7 编制监理文件的实施要点

3.0.7.1 实施监理编制行为应达到的目标或要求

项目监理机构在编制各种监理文件、监理资料的过程中,在时间上应达到尽早编制、及时编制、按时编制、限时完成编制任务的要求;在主观上应达到主动编制、全面编制、依据合理的要求;在客观上应达到准确、齐全、有效和签字完善,具有针对性、可操作性、指导性、实用性,需要审批的进行报批,需要备案的按要求备案。

3.0.7.2 关于工程监理规划的编制

《建设监理规范》中第4.1节、《公路监理规范》第4.1.4条、《铁路监理规范》第3.4.1条、《水利监理规范》第5.1.5条均给出了书面规定。

《建设监理规范》中第4.1节给出了监理规划的编制程序、时间、依据、主要内容和调整等书面的规定,今摘引如下。

4.1 监理规划

4.1.1 监理规划的编制应针对项目的实际情况,明确项目监理机构的工作目标,确定具体的监理工作制度、程序、方法和措施,并应具有可操作性。

4.1.2 监理规划编制的程序与依据应符合下列规定:

1 监理规划应在签订委托监理合同及收到设计文件后开始编制,完成后必须经监理单位技术负责人审核批准,并应在召开第一次工地会议前报送建设单位;

2 监理规划应由总监理工程师主持、专业监理工程师参加编制;

3 编制监理规划应依据:

——建设工程的相关法律、法规及项目审批文件;

——与建设工程项目有关的标准、设计文件、技术资料;

——监理大纲、委托监理合同文件以及与建设工程项目相关的合同文件。

4.1.3 监理规划应包括以下主要内容:

1 工程项目概况；

2 监理工作范围；

3 监理工作内容；

4 监理工作目标；

5 监理工作依据；

6 项目监理机构的组织形式；

7 项目监理机构的人员配备计划；

8 项目监理机构的人员岗位职责；

9 监理工作程序；

10 监理工作方法及措施；

11 监理工作制度；

12 监理设施。

4.1.4 在监理工作实施过程中，如实际情况或条件发生重大变化而需要调整监理规划时，应由总监理工程师组织专业监理工程师研究修改，按原报审程序经过批准后报建设单位。

《公路监理规范》第4.1.4条也给出了“编制监理计划”的规定，要求总监理工程师应在合同规定的期限内主持编制监理计划，按合同规定报批后执行。并规定监理计划应明确监理目标、依据、范围和内容，项目监理机构各部门及岗位职责，监理人员和设备的配备及进退场计划，监理方案，监理制度，监理程序及表格，监理设施等。

关于工程施工监理规划的编制原则、方法、具体的内容、注意事项、典型案例，目前有关工程监理论文、专著多有介绍，读者可以参考《工程监理文件编写指南》等监理书刊，限于篇幅，此处不再重复。

3.0.7.3 关于工程监理细则的编制

《建设监理规范》第4.2节、《公路监理规范》第4.1.5条、《铁路监理规范》第3.5.1条、《水利监理规范》第5.1.5条均给出了书面规定。

《建设监理规范》中第4.2节给出了何种工程应编制监理实施细则及其编制程序、时间、依据、主要内容和调整等书面的规定，摘引如下。

4.2 监理实施细则

4.2.1 对中型及以上或专业性较强的工程项目，项目监理机构应编制监理实施细则。监理实施细则应符合监理规划的要求，并应结合工程项目的专业特点，做到详细具体、具有可操作性。

4.2.2 监理实施细则的编制程序与依据应符合下列规定：

1 监理实施细则应在相应工程施工开始前编制完成，并必须经总监理工程师批准；

2 监理实施细则应由专业监理工程师编制；

3 编制监理实施细则的依据：

——已批准的监理规划；

——与专业工程相关的标准、设计文件和技术资料；

——施工组织设计。

4.2.3 监理实施细则应包括下列主要内容：

1 专业工程的特点；

2 监理工作的流程；

3 监理工作的控制要点及目标值；

4 监理工作的方法及措施。

4.2.4 在监理工作实施过程中，监理实施细则应根据实际情况进行补充、修改和完善。

《公路监理规范》第4.1.5条给出了“编制监理细则”的规定，要求驻地监理工程师应根据监理计划在相应工程开工前主持编制监理细则，明确监理的重点、难点、具体措施及方法步骤，经总监理工程师批准后实施。

关于工程施工监理实施细则的编制原则、方法、主要内容、典型案例，目前有关工程监理论文、专著多有介绍，读者可以参考《工程监理文件编写指南》等监理书刊，限于篇幅，此处不再重复。

3.0.7.4 关于工程施工安全监理细则的编制

《建设监理规范》、《水利监理规范》中没有给出书面规定，原因是其编制出版于《建设工程安全生产管理条例》2004年2月1日实施之前。

《公路监理规范》第1.0.5条明确规定监理单位应按照国家法律法规文件的规定，按照监理合同约定的职责与权限，对工程质量、安全、环保、费用、进度实施监督管理。

《铁路监理规范》中也给出了书面规定，铁路工程安全生产监理工作实施细则应包括专业工程特点及其技术、质量标准；监理工作范围及重点；监理工作流程；监理工作控制要点、目标及监控手段；监理工作方法及措施；具体旁站部位和工序等主要内容。第6.1.2、6.2.1条均明确规定了安全生产监理工作实施细则的编制要求。

6.1 安全生产监理工作内容

6.1.1 项目监理机构应依据国家和铁道部规定的工程监理安全责任，建立安全生产监理工作制度，明确安全生产监理工作的范围、内容、程序、措施，确定安全生产专职或兼职监理人员及其职责。

6.1.2 项目监理机构应将安全生产监理工作内容编入监理规划，并纳入监理实施细则，对危险性较大的分部、分项工程应单独编制安全生产监理实施细则。监理实施细则应明确安全生产监理工作的方法、措施和控制要点，以及对承包单位安全技术措施的检查方案。

6.2 安全生产监理工作程序

6.2.1 总监理工程师应组织专业监理工程师编制包括施工安全监理内容的实施细则或专项安全监理实施细则，制定安全施工监理目标及措施，并将安全生产控制要点分解到各专业，形成控制网络。

3.0.7.5 关于工地会议纪要的编写

项目监理机构及其监理工程师如何编写第一次工地会议纪要、工地例会纪要、专题工地会议纪要，现行的四大工程监理规范均给出了明确要求。

《建设监理规范》中第5.2.11、5.3.1条、《公路监理规范》第7.1.2条、《铁路监理规范》第12章、《水利监理规范》第6.7.5条均给出了书面规定，此处不再摘引其条文规定，具体编写格式、内容等详见本书第10.3节“监理工程师主持会议的行为”部分。

3.0.7.6 关于工程监理月报的编写

项目监理机构及其监理工程师如何编写工程施工监理月报，现行的四大工程监理规范均给出了明确要求。

《建设监理规范》中第7.2.1条、《公路监理规范》第8.2.8条、《铁路监理规范》第13.3.1条、《水利监理规范》第6.7.5条均给出了书面规定，此处不再摘引其条文规定，具体编写格式、内容等详见本书第6.5节“项目监理机构的总结行为”部分。

3.0.7.7　关于工程监理工作总结的编写

项目监理机构及其监理工程师如何编写阶段工程监理工作总结、合同合同竣工监理工作总结等总结报告，现行的四大工程监理规范均给出了明确要求。

《建设监理规范》中第7.3.1条、《公路监理规范》第8.2.9条、《铁路监理规范》第13.4条、《水利监理规范》第6.7.5条均给出了书面规定，此处不再摘引其条文规定，具体编写格式、内容等详见本书第6.5节“项目监理机构的总结行为”部分。

3.0.7.8　关于工程质量评估报告的编制

《公路监理规范》、《水利监理规范》中没有明确给出书面规定。

《建设监理规范》、《铁路监理规范》、《建设工程质量管理条例》、《房屋建筑工程和市政基础设施工程竣工验收暂行规定》、《公路工程竣(交)工验收办法》、《建筑工程施工质量验收统一标准》均有工程监理单位、监理工程师参加竣工验收的规定，要求参加竣工验收前应编制工程质量评估报告。此处不再摘引其条文规定，关于具体的编写格式、内容等详见本书第5.3节“项目监理机构的验收行为”部分。

3.0.7.9　关于工程监理风险对策的编制

《公路监理规范》、《铁路监理规范》、《水利监理规范》中没有明确给出书面规定。

《建设监理规范》第5.5.3、5.6.2条明确规定了工程监理风险的防范性对策的编制内容。第5.5.3条规定项目监理机构应依据施工合同有关条款、施工图，对工程项目造价目标进行风险分析，并应制定防范性对策。第5.6.2条规定专业监理工程师应依据施工合同有关条款、施工图及经过批准的施工组织设计制定进度控制方案，对工程进度目标进行风险分析，并应制定防范性对策。

工程监理风险的防范性对策文件主要包括监理工作过程中可能遇见的风险种类、风险的危害或不良后果、预防措施、风险发生后损失的降低措施等。

3.0.7.10　关于工程监理其他文件资料的编制

《建设监理规范》第7.1节、《公路监理规范》第8.2节、《铁路监理规范》第13.5节、《水利监理规范》第6.7节均详细规定了监理应编制的监理文件与资料内容，具体包括监理管理文件、质量监理文件、施工安全监理与环保监理文件、费用监理文件、进度监理文件、合同管理文件。

概括地说，项目监理机构在工程项目施工全过程除了编制工程监理规划、监理细则之外，还应编制以下主要监理文件资料：编写工程监理通知、批复、报告、请示等日常监理工作文件；编写工程监理指令；编写工程监理日志；编制工程监理抽检档案资料等。

4 调查、检查、审查行为

4.1 项目监理机构的调查行为

4.1.1 调查的含义

4.1.1.1 《现代汉语词典》中的有关解释

【调查】《现代汉语词典》中收录了“调查”一词，指为了了解情况而进行考察（多指到现场）。例如，没有调查，就没有发言权。再如，事情还没有调查清楚，不能忙着处理。

可见，“调查”一词是行为动词，或主动进行或被动进行，强调行为人为了了解情况而到现场考察、询问、搜集情况，具有明显的目的性，是某一事情处理的开始。

4.1.1.2 工程监理规范中的有关解释

1. 国家标准中的有关解释

《建设监理规范》第2章“术语”中没有给出“调查”一词，但明确规定项目监理机构、总监理工程师应该认真实施“调查（施工资源投入、违约事件）”行为，并在其他条文中给出了“调查”这一监理工作行为的具体规定。例如，第6.3.3条规定施工单位向建设单位提出费用索赔时，总监理工程师应指定专业监理工程师收集与索赔有关的资料。其中，“收集与索赔有关的资料”就是要求监理人员进行调查、取证之后将与索赔有关的资料收集起来。再如，第6.5.1条规定工程项目监理机构接到合同争议的调解要求后应及时了解合同争议的全部情况，包括进行调查和取证。

2. 行业标准中的有关解释

（1）《公路监理规范》的解释

在其第2章“术语”中没有给出“调查”一词，但书面明确规定现场项目监理机构、监理工程师应该认真实施“调查（施工资源投入、违约事件等）”行为，并在其他条文中给出了“监理调查”这一监理工作行为的具体规定。例如，第5.6.9条规定违约事件已经发生，监理工程师应调查分析，掌握情况，依据合同规定和有关证据评估损失，提出处理意见。

（2）《铁路监理规范》的解释

在其第2章“术语”中也没有给出“调查”一词，但书面明确规定项目监理机构、监理人员应该认真实施“调查（施工资源投入、违约事件等）”行为，并在其他条文中给出了“监理调查”这一监理工作行为的具体规定。例如，第5.5.3条规定当发生工程质量事故时，项目监理机构应参与调查，研究事故处理方案。

（3）《水利监理规范》的解释

在其第2章“术语”中也没有给出“调查”一词，但书面明确规定现场项目监理机构、监理人员应该认真实施“调查”行为，并在其他条文中给出了“监理调查”这一监理工作行为的具体规定。例如，第6.2.13条规定了质量事故调查处理的内容。

4.1.2 调查行为的内涵及其行为人、责任主体

4.1.2.1 调查行为的内涵

监理的调查(施工资源投入、违约事件等)行为,由项目监理机构负责组织,由项目监理机构中的监理人员负责实施。强调项目监理机构、监理人员应了解情况、收集信息、掌握资料、关注动态,为工程建设项目正常施工做好准备,为正常开展监理工作提供条件,必要时还应编写调查报告报送有关单位。调查行为以集体的智慧、集体的活动来表现。

对项目监理机构而言,调查行为是监理人员在工程项目施工阶段必须实施的最基本的岗位工作行为之一,也是监理人员履行监理合同过程中应尽的主要义务之一。对施工单位而言,接受项目监理机构的调查(施工资源投入、违约事件等)是施工承包合同执行过程中应配合的义务之一。

4.1.2.2 调查行为的行为人、责任主体

调查,作为一种监理执业行为,其行为的不良后果的责任主体是项目监理机构,由项目监理机构承担调查行为的不作为责任。其行为人是全体监理人员。

在调查的具体实施过程中,项目监理机构的负责人——总监理工程师、驻地监理工程师负责组织、主持或亲自参加调查工作,专业监理工程师、监理员应为项目监理机构负责,专业监理工程师、监理员的调查行为不代表个人行为。

工程监理过程中的调查行为的不作为行为,属于违背监理规范的违规行为,其违规责任应由项目监理机构承担。

4.1.3 监理调查行为的相近行为、实施手段

4.1.3.1 监理调查行为的相近行为

监理调查行为不具有唯一性,存在着相近行为。相近行为主要包括考察、了解、走访、资料收集行为等。例如,监理人员考察碎石料场的产量情况、了解合同争议的原因、走访河道水文监测站、收集索赔原始资料等,其行为的内涵、行为人、行为结果不作为责任的承担者等与调查行为相似。

4.1.3.2 监理调查行为的实施手段

项目监理机构实施调查行为,一般应借助走访、考察、收集资料、座谈讨论和检查、审查、测量、试验、计量、旁站、巡视、抽检、见证、用户回访等监理手段。例如,根据走访收集的资料完成调查报告,根据计量结果的审查掌握工程款支付情况,根据见证取样情况调查原材料的质量等。

4.1.4 监理调查行为的实施阶段、行为方式

4.1.4.1 监理调查行为的实施阶段

监理调查行为的实施阶段,处于施工项目监理的全过程,包括工程的施工准备阶段、施工阶段、交工验收阶段和质量保修期阶段(缺陷责任期阶段)。其中,在工程施工准备阶段开展的调查工作最多。

监理调查行为的行为对象因施工阶段的不同而不同。在施工准备阶段,主要调查施工环境情况,施工材料机械设备、施工便道和水电情况,乡风民俗情况,工程地质土质、雨雪气象情况等。正常施工阶段的调查工作主要围绕质量、安全事故和工程索赔、纠纷事件。交工验收缺陷责任期阶段的调查工作主要围绕未完工程、缺陷工程的项目和数量等。

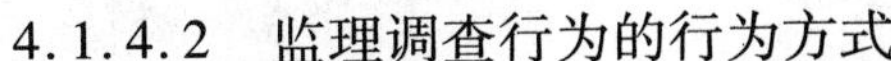

4.1.4.2 监理调查行为的行为方式

监理调查行为主要为工程施工准备、交工验收、事故处理、索赔审核、解决合同纠纷等服务。项目监理机构实施调查行为的行为方式，主要包括以下几种：综合调查和专项调查；重点调查和一般性调查；明察、暗访和夜查；事前调查和事后调查；一方独立进行调查和多方联合调查；主动调查、配合他人调查等。

4.1.5 监理调查行为的表达方式

调查，既可以作为行为的实施过程，又可以作为行为的实施结果。作为调查行为的结果的表达方式，一般采用红头文件形式和非红头文件的表格资料形式等两种。

4.1.5.1 采用红头文件表达调查结果

监理的调查行为的实施结果，应该采用红头文件的形式表达的，主要包括项目监理机构编制、印发的调查报告文件，主要是应建设单位或总监办的要求而编报，也可能是项目监理机构主动开展调查工作并报告。

4.1.5.2 采用非红头文件形式表达调查结果

《建设监理规范》中给出了监理调查行为实施结果可以采用非红头文件形式表达的有关表格，可以依据监理调查行为的最终结果编制或下达、签署监理工程师通知单、工程暂停令、工程款支付证书、工程延期审批表、费用索赔审批表、工程变更单、监理工作联系单，也可以将监理调查行为的最终结果作为监理工程师通知单、工程暂停令、工程款支付证书、工程延期审批表、费用索赔审批表、工程变更单、监理工作联系单的附件。

《公路监理规范》中没有明确规定监理调查行为实施结果采用非红头文件的表格形式表达的内容。

4.1.6 监理规范中关于监理调查行为的规定内容

根据《建设监理规范》和《水利监理规范》、《公路监理规范》、《铁路监理规范》的规定，监理调查行为的规定内容如表 4-1 所示。

监理调查行为的主要规定内容 表 4-1

序号	规定的具体内容	依据的监理规范			
		国标规范	公路规范	铁路规范	水利规范
1	收集施工和监理资料，为处理费用索赔提供证据	第 5.5.7 条	—	第 10.3.2 条	—
2	调查工程质量缺陷、质量事故的原因、责任归属等	第 5.8.3 条	—	第 5.5.3 条 第 11.1.3 条	第 6.2.13 条
3	调查施工环境条件	—	第 4.1.3 条	—	—
4	调查处理安全事故	—	—	—	第 6.5.1 条
5	调查违约事件	—	第 5.6.9 条	—	—
6	调查争端事件	—	第 5.6.10 条	—	—
7	调查合同解除原因	—	—	—	第 6.6.3 条
8	其他	—	—	—	—

4.1.7 监理调查行为的规范化实施要点

4.1.7.1 实施监理调查行为应达到的目标或要求

工程监理人员在开展调查工作的过程中，在时间上应达到及时调查、按时完成调查、经常进行调查的要求；在主观上应达到认真调查、主动调查、深入调查、带着问题调查的要求；在客观上应达到调查项目全面、内容准确、数据可靠、结论科学的目标。

4.1.7.2 关于施工环境条件的调查

1. 调查的依据

《公路监理规范》第 4.1.3 条规定，在施工准备阶段，监理工程师应对施工合同约定的施工条件进行调查，掌握有关情况。

2. 调查的实施人

对施工环境条件的调查，由总监理工程师或驻地监理工程师组织并安排监理人员开展，具体由专业监理工程师或合同段驻地办的驻地监理工程师完成调查工作。

3. 调查的重点内容

调查的内容主要是对征地、拆迁情况的调查，重点调查建设单位是否能够按照总体施工进度计划、按时向施工单位提交工程施工用地，特别是工程建设永久用地。具体包括青苗和树木的处理，电力线杆的拆移或升高、地埋情况，坟墓的迁移情况，水井塘坝的征用情况，农田灌溉渠道、水管的拆迁或升降处理情况，房屋庭院的拆迁占用情况，输油管线和军用电缆的位移处理情况等。另外，工程开工后还要持续进行施工环境条件的调查，特别是施工进度滞后的调查。

4. 调查工作的开展

总监办或驻地监理办，应在签订施工监理合同后，立即组建项目监理机构，立即在施工准备阶段的前期开展调查工作，列出调查计划表、调查统计表，要求施工单位先行调查或者与监理人员联合进行调查。调查要在施工现场实地进行，以徒步调查为主，必须对照施工平面布置图和设计图纸中的沿线调查表进行。调查清楚拆除开始时间、工作时间、结束时间、移交时间，调查清楚暂时不能拆迁、征用的原因，是否影响正常开工和持续施工。

5. 编报调查报告

不管是专项的施工环境条件调查，还是综合性的施工环境条件调查，为加强监理“痕迹化”管理，为将来发生的合同纠纷、工程索赔提供证据，调查结束后，项目监理机构应及时编写调查总结或调查报告，报送建设单位和上级项目监理机构。如果调查发现存在影响按时开工的情况，项目监理机构应及时编写书面调查报告向建设单位报送，建议建设单位尽早解决。

4.1.7.3 关于工程质量缺陷与事故、责任归属的调查

1. 调查的依据

《建设监理规范》第 5.8.3 条规定监理人员应对工程质量缺陷原因进行调查分析并确定责任归属，对非施工单位原因造成的工程质量缺陷，监理人员应核实修复工程的费用和签署工程款支付证书，并报建设单位。《公路监理规范》中没有书面规定工程质量缺陷与事故、责任归属调查的内容，但并不说明监理人员不进行调查。《水利监理规范》第 6.2.13 条规定项目监理机构应积极配合质量事故调查组进行工程质量事故调查、事故原因分析并参

与处理等。

2. 调查的实施人

专业监理工程师负责组织并完成工程质量缺陷的原因与责任归属的调查、工程质量、安全、环保事故的原因与责任归属的调查，驻地办以驻地监理工程师为主，重大的缺陷和事故以总监理工程师为主。

3. 调查的重点内容

(1)工程施工质量问题的性质，并判断是否属于一般质量问题、质量事故、质量缺陷。

(2)工程质量问题、事故、缺陷的发生时间、地点、工程部位。

(3)工程质量问题、事故、缺陷的施工合同段、施工法人单位，项目经理部的负责人、技术负责人姓名等资料。

(4)工程质量问题、事故、缺陷的费用损失值以及人员、机械、材料损耗值。

(5)工程质量问题、事故、缺陷是否持续进行，持续的时间可能性，危害的最终程度。

(6)工程质量问题、事故、缺陷的初步处理情况、控制措施的实施情况，即将采取的控制、纠偏措施和可能付出的费用、时间。

4. 编报调查报告

当施工现场发生工程质量事故时，监理工程师应督促施工单位编写事故情况报告；项目监理机构应立即安排监理工程师进行调查，调查结束后，项目监理机构应及时编写调查报告，报送建设单位和上级项目监理机构。

4.1.7.4　关于施工索赔事件的调查

1. 调查的依据

《建设监理规范》第5.5.7条规定专业监理工程师应及时收集、整理有关的施工和监理资料，为处理费用索赔提供证据。《公路监理规范》中没有书面规定工程施工索赔事件调查的内容，但监理工程师为了审批必须进行调查、核对。

2. 调查的实施人

项目监理机构的合同管理专业监理工程师负责组织并完成工程施工索赔事件的初步调查，索赔数额较大的、索赔事件性质特殊的以总监理工程师或驻地监理工程师为主。

3. 调查的重点内容

(1)调查索赔事件是工期索赔，还是费用索赔，还是既是索赔工期又是索赔费用。

(2)其次调查索赔事件的发生单位、提交单位，调查索赔事件的首次发生时间、提出索赔意向书的时间，调查索赔事件的发生原因、索赔事件的性质、索赔的数量额度。

(3)索赔报告文件资料的真实性、报送手续的合规性等。

4. 调查工作的开展

总监办或驻地监理办，应在收到施工项目经理部报送的工程索赔意向书后，立即开展调查工作，要求直至指令施工单位立即控制索赔事件的继续发生或范围扩大，要求施工单位提供进一步的证明资料，要求项目经理配合调查。调查要以事实说话，以数据说话。需要封存的原始记录资料立即封存和移交。

5. 编报调查报告

随着索赔事件的发展和调查进展情况，项目监理机构应及时编写索赔事件的调查报告或审核报告，报送建设单位和上级项目监理机构。需要补充调查的，应编写补充调查报告。整个索赔事件终止后，项目监理机构应编写全面、详细、结论性的调查报告或审核报告，报送建设单位和上级项目监理机构。建设单位、项目监理机构、施工单位三方协商一致后及早审批。

4.1.7.5　关于施工违约、争端事件的调查

1. 调查的依据

《建设监理规范》的条款中，没有规定施工违约、争端事件的调查内容。监理工程师应依据《公路监理规范》的规定处理。《公路监理规范》第5.6.9条规定，违约事件已经发生，监理工程师应调查分析，掌握情况，依据合同规定和有关证据评估损失，提出处理意见。第5.6.10条规定，监理工程师应受理争端一方或双方的协调申请，并及时调查和收集相关资料，提出解决建议，对双方进行调解。

2. 调查的实施人

监理工程师应负责完成施工违约事件、争端事件的调查，驻地办以驻地监理工程师为主组织完成。如总监办安排专业监理工程师参加，驻地监理工程师应予配合。违约和争端事件的性质特殊、数量较大的，由总监理工程师组织调查并完成调查工作。

3. 调查的重点内容

就施工违约调查而言，主要调查施工单位违背合同约定和中标承诺的行为事实、行为人、行为结果等。例如，项目经理、项目总工、生产部室主任、专职安全员等主要施工人员未按中标合同承诺到位的行为，关键施工机械设备不按投标书承诺进场的行为，建设单位支付的工程款不能专款专用的行为，未经监理工程师审查批准擅自撤离施工机械设备的行为，拒绝执行监理下达的工作指令而又不能指出监理指令错误的行为等。就施工合同争端调查而言，主要调查争端的事项、争端的起因、争端的主诉人和被诉人、争端的持续性、争端对建设单位或施工单位的工作影响程度、争端的损失额度或赔偿额度、争端是否可以根据招标文件、合同文件的规定进行协调解决等。

4. 调查工作的开展

总监办或驻地办应在施工违约、争端事件发生后的第一时间进驻工地现场立即开展调查工作，明确参加调查的单位和人员，明确调查记录人，要求直至指令施工单位配合调查。调查要在施工现场实地进行，以查阅文件记录、实地检查、走访座谈等形式为主，必须对照施工招标文件、施工合同协议书、施工投标书、监理审批的施工组织设计等文件进行。调查清楚施工违约、合同争端的发生时间、位置、原因、过程、结果、责任人等，以及是否影响正常开工和持续施工，是否属于项目监理机构正常处理的权限范围等。

5. 编报调查报告

不管是施工违约的调查，还是合同争端的调查，为加强监理"痕迹化"管理，为公平、公正、合理、迅速处理，调查结束后，项目监理机构应及时编写调查报告，报送建设单位和上级项目监理机构。

4.1.7.6　关于其他事项的调查

工程施工监理过程中的其他事项的调查，主要包括偶然性、突发性事件的调查。例如，项目监理机构发现涵洞回填部位下沉、二灰碎石基层7天无侧限抗压强度不合格、后张法预应力

混凝土梁板张拉后预拱度偏大等。再如，总监理工程师收到匿名举报信件后的调查，总监办收到省质量监督站转来的举报某某监理人员吃拿卡要、举报某某工程偷工减料的信件后的调查等。

1. 调查的依据

主要依据工程施工招标文件、施工合同、监理合同、建设法规文件以及有关举报信件、监督电话等。

2. 实施调查行为的监理要点

工程施工监理过程中的偶然性、突发性事件的调查，监理工程师应本着"依据法规和合同、尊重事实、客观公正、程序合理"的原则进行，需要回避调查的监理人员应立即回避，需要剥露的工程立即剥露检查。举报人要求参加调查和作证的，监理工程师应邀请其参加。

调查结束时，项目监理机构应编写调查报告，报告上级项目监理机构、业主单位。或者编写监理备忘录存档。经业主同意，也可直接报送省厅质监站等有关委托调查单位。

4.2　项目监理机构的检查行为

4.2.1　检查的含义

4.2.1.1　《现代汉语词典》中的有关解释

【检查】《现代汉语词典》中收录了"检查"一词，指为了发现问题而用心查看。例如，检查身体、检查工作。

可见，"检查"一词是行为动词，或主动进行或被动进行，强调行为人为了发现问题而用心查对、观看，具有明显的目的性，是某一事情处理的过程行为。检查，侧重于人的活动过程和结果，侧重于物的状态，侧重于工程施工现场的工程实体，而不是侧重于书面文件资料。

4.2.1.2　工程监理规范中的有关解释

1. 国家标准中的有关解释

《建设监理规范》第2章"术语"中没有给出"检查"一词，但明确规定监理组织机构、总监理工程师应该认真实施"检查（工程质量、施工进度等）"行为，并在其他条文中给出了"检查"这一监理工作行为的具体规定。例如，第5.4.7条规定项目监理机构应定期检查施工单位的直接影响工程质量的计量设备的技术状况。再如，第5.4.8条规定总监理工程师应安排监理人员对施工过程进行巡视和检查。

2. 行业标准中的有关解释

(1)《公路监理规范》的解释

在其第2章"术语"中没有给出"检查"一词，但书面明确规定现场项目监理机构、监理工程师应该认真实施"检查（工程质量、施工进度等）"行为，并在其他条文中给出了"检查"这一监理工作行为的具体规定。例如，第4.2.3条规定监理工程师应检查施工单位质量、安全和环保等保证体系是否落实，重点检查项目经理、技术负责人、工地试验室负责人的资格及质量、安全、环保人员的履约情况。再如，第5.5.4条规定监理工程师应根据进度计划检查工程实际进度，并通过实际进度与计划进度的比较，对每月的工程进度分析和评价，评价结论写入工程监理月报。

(2)《铁路监理规范》的解释

在其第2章“术语”中也没有给出“检查”一词,但书面明确规定项目监理机构、监理工程师应该认真实施“检查”行为,并在其他条文中给出了“监理检查”这一监理工作行为的具体规定。例如,第4.0.5条规定总监理工程师应组织专业监理人员检查承包单位复测基准点、基准线的结果,对单位工程的施工放样进行检查。

(3)《水利监理规范》的解释

在其第2章“术语”中也没有给出“检查”一词,但书面明确规定项目监理机构、监理人员应该认真实施“检查”行为,并在其他条文中给出了“监理检查”这一监理工作行为的具体规定。例如,第5.2.2条规定施工准备阶段的监理工作应检查开工前施工单位的人、机、料、法、环的准备情况。

4.2.2 监理检查行为的内涵及其行为人、责任主体

4.2.2.1 监理检查行为的内涵

监理的“检查(工程质量、合同履约情况等)”行为是项目监理机构、监理人员在工程项目施工阶段的重要岗位工作行为之一,“工程检查”活动贯穿于整个施工监理管理过程,“检查行为”为工程施工质量监理、安全监理、环保监理、费用监理、进度监理等全部合同管理工作服务,监理利用“检查”这一工作手段就可以发现工程施工合同的执行情况、施工现场是否处于有效控制状态等。

对项目监理机构而言,“检查”是监理人员履行监理合同过程中应尽的主要义务之一;对施工单位而言,接受“检查(工程质量、合同履约情况等)”是施工承包合同执行过程中应尽的义务之一。

监理的“检查行为”,强调项目监理机构、工程监理人员为确保工程质量、安全等合同目标的实现依据相应的规范、标准、合同规定而进行的检查活动。

4.2.2.2 监理检查行为的行为人、责任主体

检查作为一种监理执业行为,其行为人是全体监理人员,并不局限于总监理工程师、驻地监理工程师、专业监理工程师,由项目监理机构承担检查行为不作为的责任。

在检查的具体实施过程中,项目监理机构的负责人——总监理工程师、驻地监理工程师负责组织、主持,安排监理人员具体进行检查,专业监理工程师、监理员应为项目监理机构负责,专业监理工程师、监理员的检查行为不代表个人行为。

监理检查行为的不作为行为,既属于违背监理规范的违规行为,更属于违背《建筑法》的违法行为。《建筑法》第三十五条规定“工程监理单位不按照委托监理合同的约定履行监理义务,对应当监督检查的项目不检查或者不按照规定检查,给建设单位造成损失的,应当承担相应的赔偿责任。工程监理单位与承包单位串通,为承包单位谋取非法利益,给建设单位造成损失的,应当与承包单位承担连带赔偿责任”。其违规责任应由项目监理机构承担,其违法行为由工程监理单位、项目监理机构和监理人员共同承担。

4.2.3 监理检查行为的相近行为、实施手段

4.2.3.1 监理检查行为的相近行为

检查行为不具有唯一性,其相近行为包括抽查行为、复查行为、核查行为、检测行为、旁站行为、巡视行为等。如抽查分项工程实体质量、复查工程计量的数量等,其行为的内涵、行为的实施主体、行为结果的不作为责任的承担者等与检查行为相似。

抽查强调从总体样本中抽取一定数量进行检查而非全部检查。复查强调检查之后的重复检查，侧重于不合格品的处理情况检查。旁站、巡视、测量、试验等活动是检查行为的实施手段。

4.2.3.2 监理检查行为的实施手段

项目监理机构实施检查行为，与测量、试验、计量、旁站、巡视、见证等监理手段互为使用。例如，根据试验的结果形成检查结论，根据计量的结果掌握工程实际进度情况，根据见证取样情况确认原材料是否合格。旁站过程中要进行检查、测量等。

4.2.4 监理检查行为的实施阶段、行为方式

4.2.4.1 监理检查行为的实施阶段

监理检查行为的实施阶段，始终处在工程的施工准备阶段、施工阶段、交工缺陷责任期阶段等施工全过程。监理检查行为的主要行为对象是工程施工质量、进度、费用、安全、环保等合同管理目标。

4.2.4.2 监理检查行为的行为方式

监理检查行为主要为工程质量验收、计量支付、交竣工验收、工程总结等服务。监理检查行为的行为方式，主要包括全面检查和专项检查；重点检查和一般性巡查；预先通知式检查和突击检查；明察暗访和夜查；一方进行独立检查和多方联合检查；测量、试验、旁站、巡视、平行检验；工程实体检查和外观检查等。

4.2.5 监理检查行为的表达方式

检查，既可以作为行为的实施过程，又可以作为行为的实施结果。作为检查行为结果的表达方式，一般包括红头文件形式、非红头文件的表格资料形式等两种，主要采用专用检查表格的形式。

4.2.5.1 采用红头文件表达

监理的检查行为的实施结果，应该采用红头文件的形式表达的，主要包括项目监理机构编制、印发的检查情况报告、检查通报文件，主要是应建设单位或总监办的要求而编报，也可能是项目监理机构主动开展检查工作并报告，检查报告文件多用在总监办的巡视检查之后的通报文件或专项检查总结工作中。

4.2.5.2 采用专用检查表格形式表达

《建设监理规范》中没有规定监理检查的结果采用非红头文件形式表达的内容，《公路监理规范》中也没有规定监理检查的结果采用非红头文件形式表达的内容，但在条文说明中说明了采用检查、试验、计划、计量表格的事项，即监理进行的检查工作的结果应尽量采用灵活多样、专用、固定格式的表格形式。

4.2.6 监理规范中关于监理检查行为的规定内容

根据《建设监理规范》和《水利监理规范》、《公路监理规范》、《铁路监理规范》的规定，监理检查行为的规定内容如表4-2所示。

4.2.7 监理检查行为的规范化实施要点

4.2.7.1 实施监理检查行为应达到的目标或要求

工程监理人员在参加工程施工质量、安全、环保、费用、进度的检查过程中，在时间上应达到及时检查、定期检查、经常检查、按时完成检查任务的要求；在主观上应达到认真检查、主动

检查、带着问题检查的要求；在客观上应达到发现问题和解决问题、总结经验和推广经验的目标，检查的内容要全面、指标要具体、数据要真实、结论要科学。

监理检查行为的主要规定内容

表 4-2

序号	规定的具体内容	依据的监理规范			
		国标规范	公路规范	铁路规范	水利规范
1	检查施工单位专职测量人员的岗位证书及测量设备检定证书	第 5.2.7 条	—	—	—
2	检查测量结果、施工放样	—	—	第 4.0.4 条	—
3	检查直接影响工程质量的计量设备的技术状况	第 5.4.7 条	—	第 5.3.5 条	—
4	检查隐蔽工程	第 5.4.9 条	—	第 5.3.10 条	—
5	检查工程质量缺陷的整改情况	第 5.4.11 条	—	第 11.1.2 条	—
6	检查工程质量事故的处理情况	第 5.4.13 条	—	—	—
7	检查工程进度计划的实施情况	第 5.6.1、5.6.3 条	第 5.5.4 条	第 7.1.3 条	第 6.3.3 条
8	检查质量、安全、环保等保证体系	—	第 4.2.3 条	第 6.1.3 条	—
9	检查安全施工情况	—	第 5.2.3 条	第 6.1.7 条	第 6.5.1 条
10	检查环境保护情况	—	第 5.3.2 条	第 9.0.2 条	第 6.5.2 条
11	检查工程保险办理情况	—	第 5.6.8 条	—	—
12	其他	—	—	—	—

4.2.7.2 关于工程施工场地建设和项目经理部建设的检查

1. 检查的依据

工程施工场地建设和项目经理部建设情况，是监理工程师在组建项目监理机构的同时首先检查的项目，是工程施工准备监理阶段的重要工作内容之一。

《建设监理规范》、《公路监理规范》中没有明确规定，但是在《公路工程国内招标文件范本》(2003 年版)第 100 章中有具体规定，即施工单位的场地建设、驻地建设应编制方案报监理工程师审批，监理工程师应督促检查施工单位的驻地建设情况。

2. 检查的要点

监理工程师应检查施工单位的项目经理部的住址选择地点、时间，检查项目经理部的办公、生活、试验检测用房的建设与装修面积、进度，督促施工单位用最短的时间完成建设工作，在最早的时间内具备办公、生活、试验条件并开始正常工作、正常生活。监理工程师应检查施工单位的水泥(沥青)混凝土拌和场地、桥梁的梁板构件预制场地和其他施工场地的选址、清表、碾压、回填、硬化、隔离墙等情况，检查其场地位置、布局是否满足施工需要和施工安全、施

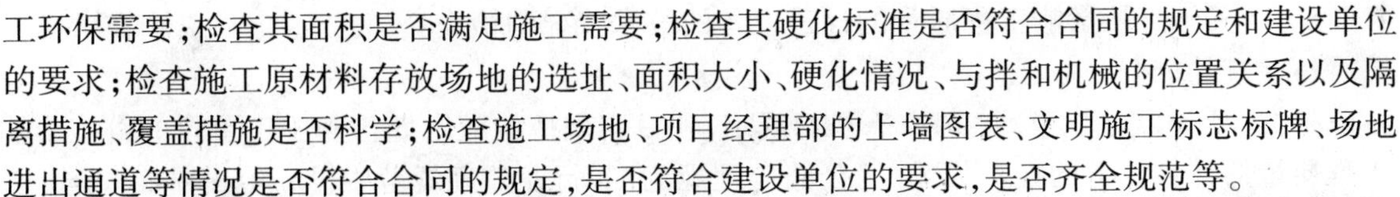

工环保需要;检查其面积是否满足施工需要;检查其硬化标准是否符合合同的规定和建设单位的要求;检查施工原材料存放场地的选址、面积大小、硬化情况、与拌和机械的位置关系以及隔离措施、覆盖措施是否科学;检查施工场地、项目经理部的上墙图表、文明施工标志标牌、场地进出通道等情况是否符合合同的规定,是否符合建设单位的要求,是否齐全规范等。

3. 注意事项

监理工程师应负责检查,要早检查早督促,绝不能因为项目监理机构的检查督促不到位而使得施工单位误认为监理工程师满意其场地建设和项目经理部建设,进而影响建设速度及建设质量。工程施工准备阶段的时间长短、准备工作的质量如何,直接关系到工程施工项目能否顺利进行、能否按期竣工。注意做好检查记录,注意不符合项的跟踪检查和问题的整改、闭合。

4.2.7.3 关于工程施工质量、安全、环境保护的保证体系的检查

1. 检查的依据

《建设监理规范》的条文中没有规定监理工程师检查工程施工质量、安全、环境保护的保证体系的内容。《公路监理规范》第4.2.3条规定监理工程师应检查施工单位质量、安全和环保等保证体系。《水利监理规范》第6.5.2条第1款规定工程项目开工前项目监理机构应督促检查施工单位对施工环境管理和保护方案的落实情况。

2. 检查的要点

监理工程师应检查施工单位质量、安全和环保等保证体系是否落实,重点检查项目经理、技术负责人、工地试验室负责人的资格及质量、安全、环保专职管理人员的履约情况。具体指标包括检查资格证件是否为原件,是否真实有效,证件与本人是否相符,检查项目经理、生产副经理、项目总工、试验室主任、质量自检工程师、安全生产管理人员、环保管理人员等主要施工人员是否与投标承诺一致。如有更换,更换手续是否完备,是否符合招标文件的规定。

3. 注意事项

监理工程师应负责检查,既要采取通知性的例行检查方式,更要使用突然的、非定期的检查方式,以确保检查的实际效果。注意做好检查记录,注意不符合项的跟踪检查和问题的闭合处理。

4.2.7.4 关于专职测量人员的岗位证书及测量设备检定证书的检查

1. 检查的依据

根据《建设监理规范》第5.2.7条的规定专业监理工程师应检查施工单位专职测量人员的岗位证书及测量设备检定证书。《公路监理规范》等行业监理规范中没有给出书面规定。

2. 检查的要点

工程施工测量作业开始之前,专业监理工程师应检查施工单位专职测量人员的岗位证书及测量设备检定证书,符合招标文件要求时方可同意其开展施工测量工作,之后根据测量现场旁站情况决定是否签认施工单位报送的施工测量成果报验申请表。如果不符合招标文件的规定,项目监理机构应通知施工单位履约或更换合格的测量人员。

3. 注意事项

专业监理工程师、监理员应加强测量人员、测量仪器的日常检查,严禁施工单位使用未经检查标定的测量仪器设备。需要经过标准计量监督部门标定的必须由标准计量监督部门标定,以确保测量数据的准确性、可靠性。

4.2.7.5 关于直接影响工程质量的计量设备的技术状况的检查

1. 检查的依据

根据《建设监理规范》第5.4.7条的规定,项目监理机构应定期检查施工单位的直接影响工程质量的计量设备的技术状况。《公路监理规范》等行业监理规范中没有给出书面规定。

2. 检查的要点

在相关工程开工之前,特别是涉及两种及其以上的材料拌和的混合料拌和设备,监理工程师应集中检查或专项检查施工单位的直接影响工程质量的计量设备的技术状况,主要检查包括水泥混凝土拌和机械、石灰类稳定土拌和机械、沥青混凝土拌和机械以及称量衡重设备等计量设备在内的设备的法定计量部门的标定证书,旁站并检查混合料的试拌质量。工程开工之后,项目监理机构应定期组织施工、监理人员对计量设备进行专项检查,督促施工单位按照招标文件、施工技术规范的规定对计量设备进行定期标定。

4.2.7.6 关于隐蔽工程的检查

1. 检查的依据

根据《建设监理规范》第5.4.9条的规定,专业监理工程师应根据施工单位报送的隐蔽工程报验申请表和自检结果进行现场检查,符合要求予以签认。对未经监理人员验收或验收不合格的工序,工程监理人员应拒绝签认,并明确要求施工单位严禁进行下一道工序的施工。《公路监理规范》中虽然没有给出书面的规定,但是,在《公路工程国内招标文件范本》合同条件一卷中给出了明确的规定。

2. 检查的要点

项目监理机构应督促施工单位编制隐蔽工程清单和隐蔽实施计划,当接到施工单位隐蔽前的验收申请时,首先确认该工程是否为隐蔽工程,其他准备进入下一道工序的工程是否为隐蔽工程。现场检查该隐蔽工程是否具备隐蔽条件,即需要隐蔽的部分工程的质量是否合格。确定具备隐蔽条件的隐蔽工程的隐蔽时间、隐蔽步骤和方式。安排专业监理工程师和监理员旁站隐蔽过程,采用照相摄像等手段记录隐蔽过程。

3. 注意事项

在需要隐蔽的工程隐蔽之前,二级项目监理机构的驻地办中的驻地监理工程师应组织专业监理工程师进行检查,视总监办的授权情况决定是否邀请总监办派员监督隐蔽过程。隐蔽工程的隐蔽工程中应注意保护其内在和外在质量。

4.2.7.7 关于工程质量缺陷的整改情况的检查

1. 检查的依据

根据《建设监理规范》第5.4.11条的规定,对施工过程中出现的质量缺陷,专业监理工程师应及时下达监理工程师通知单,要求施工单位整改,并检查整改结果。

2. 检查的要点

工程施工过程中如果出现质量缺陷问题,项目监理机构应开展的监理工作包括四项:

(1)及时书面通知施工单位,要求施工单位立即整改,要求施工单位将整改情况报告项目监理机构。

(2)审查施工单位的整改报告,拟定监理检查方案和计划。

(3)实地对质量缺陷的整改情况进行检查,检查整改的工程项目名称、地点、部位和整改

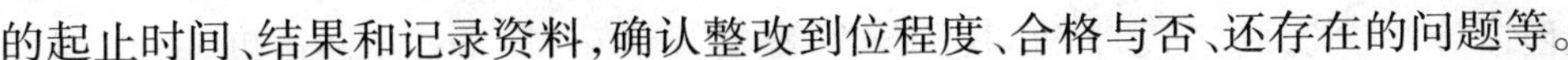

的起止时间、结果和记录资料，确认整改到位程度、合格与否、还存在的问题等。

(4)给出是否同意施工单位整改结果的意见或者继续整改的要求，给出下一步的施工要求或建议等。

3. 注意事项

项目监理机构应注意做好检查记录，根据合同规定或监理工作程序的规定，确定是否编写检查报告报送上级项目监理机构及建设单位。

4.2.7.8 关于工程质量事故的处理情况的检查

1. 检查的依据

根据《建设监理规范》第5.4.13条的规定，对需要返工处理或加固补强的质量事故，总监理工程师应责令施工单位报送质量事故调查报告和经设计等相关单位认可的处理方案，项目监理机构应对质量事故的处理过程和处理结果进行跟踪检查和验收。《公路监理规范》等行业监理规范中没有给出书面规定。

2. 检查的要点

工程施工过程中如果出现工程质量事故，项目监理机构应开展的监理工作包括四项：

(1)由总监理工程师指令施工单位报送质量事故调查报告和经设计等相关单位认可的处理方案，要求施工单位立即整改处理，要求施工单位将处理情况报告项目监理机构。

(2)审查施工单位的处理情况报告，拟定监理检查方案和计划。

(3)实地对质量事故的处理情况进行检查，检查处理的工程项目名称、地点、部位和处理的起止时间、结果和记录资料，确认处理到位程度、合格与否、还存在的问题等。

(4)给出是否同意施工单位处理结果的意见或者继续处理的要求，给出下一步的施工要求或建议事项等。

3. 注意事项

项目监理机构应注意做好检查记录，根据合同规定或监理工作程序的规定，确定要求编写质量事故处理报告报送上级项目监理机构及建设单位。

4.2.7.9 关于工程进度计划的实施情况的检查和评价

1. 检查的依据

根据《建设监理规范》第5.6.3条的规定专业监理工程师应检查进度计划的实施，并记录实际进度及其相关情况。根据《公路监理规范》第5.5.4条的规定，监理工程师应根据进度计划检查工程实际进度情况。

2. 检查的要点

工程施工进度监理工作是监理工程师的重要监理工作内容之一，与工程质量监理、安全环保监理工作同等重要。工程施工进度计划由监理工程师审批并实施监督控制，监督控制的方法主要是督促执行、检查评估、跟踪纠偏，必要时采取指令和报告手段。项目监理机构中的合同管理工程师或进度专业监理工程师实施具体检查时应掌握下列要点：

(1)必须根据项目监理机构批准的、包括调整后又经批准的进度计划数据进行检查。

(2)每个月甚至每旬检查一次，并做好检查记录或检查通报。

(3)进行对比分析，通过实际进度与计划进度的比较，对每月的工程进度进行分析和评价。

(4)采取监理措施解决实际进度滞后问题,当发现实际进度滞后于计划进度时,应签发"监理工程师通知单"要求施工单位采取加快措施、赶工措施。

当实际进度严重滞后于计划进度时,应及时报总监理工程师,由总监理工程师与建设单位商定采取进一步措施,包括指令分包、加大施工资源投入、调整项目经理或约见施工单位法人代表进行沟通等。

3. 注意事项

项目监理机构应审批科学合理的、符合施工合同阶段性进度控制目标的施工计划,施工过程中加强工程施工进度的统计分析,既要统计工作量(工程金额)完成情况,更要统计工程量(形象进度)完成情况,而且应以工程量指标为主进行分析。同时,注意区别"实际进度严重滞后于计划进度"的额度,因为许多施工招标文件的合同条文并没有在特殊条件中明确什么是"实际进度严重滞后于计划进度",只有极个别的公路工程施工项目的建设单位(如亚行贷款项目的山西省侯马至禹门口高速公路)在合同特殊条件中明确指出"当合同工程开工以来,施工单位每月实际完成工作量的累计值占有效合同价的百分比小于等于每月计划完成工作量的累计值占有效合同价的百分比的20%时,称之为实际进度严重滞后于计划进度。"

4.2.7.10　关于工程施工安全情况的检查

1. 检查的依据

国务院于2003年11月24日以"国务院令第393号"颁布了《建设工程安全生产管理条例》,填补了《建筑法》、《建设工程质量管理条例》、《公路法》等法规关于建设工程安全管理、安全监理的空白,明确了建设工程安全监理的职责、权利和义务、违规处罚规定。其中第十四条规定,工程监理单位应当审查施工组织设计中的安全技术措施或者专项施工方案是否符合工程建设强制性标准。工程监理单位在实施监理过程中,发现存在安全事故隐患的,应当要求施工单位整改;情况严重的,应当要求施工单位暂时停止施工,并及时报告建设单位。施工单位拒不整改或者不停止施工的,工程监理单位应当及时向有关主管部门报告。

《公路监理规范》第5.2.3条规定,监理工程师在巡视、旁站过程中应监督施工单位按专项安全施工方案组织施工,若发现施工单位未按有关安全法律、法规和工程强制性标准施工,违规作业时,应予制止。对危险性较大的工程作业等要定期巡视检查,如发现安全事故隐患,应立即书面指令施工单位整改;情况严重的应签发"工程暂停令",要求施工单位暂停施工,并及时报告建设单位。施工单位拒不整改或者不停止施工的,监理工程师应及时向有关主管部门报告。

2. 检查的实施人

《公路监理规范》第5.2.3条规定,监理工程师在巡视、旁站过程中应监督施工单位按专项安全施工方案组织施工。国务院2003年版《建设工程安全生产管理条例》规定工程监理单位和监理工程师应当按照法律、法规和工程建设强制性标准实施监理,并对建设工程安全生产承担监理责任,也就是说安全监理工作由项目监理机构中的总监、总监代表、驻地监理、专业监理工程师实施,将监理员排除在外。实际上,工程监理人员作为国家的公民,有义务参与工程建设的安全管理,只是不承担安全生产监理责任而已。

3. 检查的要点

工程建设施工项目的安全生产工作十分重要,监理工程师应该督促施工单位进行的检查

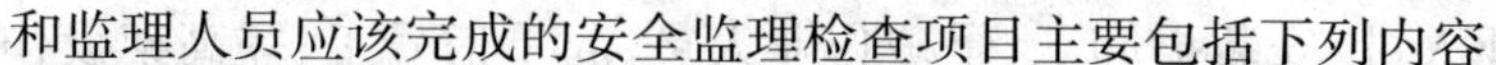

和监理人员应该完成的安全监理检查项目主要包括下列内容：

(1)检查施工单位是否设立安全生产管理机构，配备专职安全生产管理人员。分包单位是否服从总施工单位的安全生产管理。

(2)检查施工单位的主要负责人、项目负责人、专职安全生产管理人员，是否经建设行政主管部门或者其他有关部门的安全考核合格后任职。

(3)检查施工单位是否制定本单位生产安全事故应急救援预案，是否建立应急救援组织或者配备应急救援人员，是否配备必要的应急救援器材、设备，是否组织了演练。

(4)检查施工单位是否根据建设工程施工的特点、范围，对施工现场易发生重大事故的部位、环节进行监控，制定施工现场生产安全事故应急救援预案。

(5)检查施工单位是否在施工现场建立消防安全责任制度，确定消防安全责任人，制定用火、用电、使用易燃易爆材料等各项消防安全管理制度和操作规程，设置消防通道、消防水源，配备消防设施和灭火器材，是否在施工现场入口处设置明显标志。检查施工单位是否向作业人员提供安全防护用具和安全防护服装，是否书面告知危险岗位的操作规程和违章操作的危害。

(6)检查施工单位是否建立健全了安全生产责任制度和安全生产教育培训制度，是否制定了安全生产规章制度和操作规程，是否对所承担的建设工程进行定期和专项安全检查，并做好安全检查记录。检查施工单位的项目负责人是否由取得相应执业资格的人员担任。

(7)检查施工单位是否对管理人员和作业人员进行安全生产教育培训，每年至少一次。安全生产教育培训考核不合格的人员，是否在岗。检查未经教育培训或者教育培训考核不合格的人员，是否已经上岗作业。检查施工单位在采用新技术、新工艺、新设备、新材料时，是否对作业人员进行相应的安全生产教育培训。

(8)检查列入建设工程概算的安全作业环境及安全施工措施的所需费用，是否已经用于施工安全防护用具及设施的采购和更新、安全施工措施的落实、安全生产条件的改善，是否挪作他用。

(9)检查出租的机械设备和施工机具及配件是否具有生产(制造)许可证、产品合格证。出租单位应当对出租的机械设备和施工机具及配件的安全性能进行检测，在签订租赁协议时，是否出具了检测合格证明。

(10)检查工地上是否正在使用经检测不合格的机械设备和施工机具及配件。

(11)检查在施工现场安装、拆卸施工起重机械和整体提升脚手架、模板等自升式架设设施时，是否由具有相应资质的单位承担。

(12)检查安装、拆卸施工起重机械和整体提升脚手架、模板等自升式架设设施前，是否编制了拆装方案、制定了安全施工措施。施工单位安装、拆卸施工起重机械和整体提升脚手架、模板等自升式架设设施，是否由专业技术人员现场监督。

(13)检查施工起重机械和整体提升脚手架、模板等自升式架设设施安装完毕后，安装单位是否自检，并出具自检合格证明，并向施工单位进行安全使用说明，办理验收手续并签字。检查施工起重机械和整体提升脚手架、模板等自升式架设设施的使用期限，是否达到国家规定的检验检测期限。达到的，是否经具有专业资质的检验检测机构检测。经检测不合格的，检查是否继续使用。

(14)检查是否及时、如实报告生产安全事故。

(15)检查垂直运输机械作业人员、安装拆卸工、爆破作业人员、起重信号工、登高架设作业人员等特种作业人员,是否按照国家有关规定经过专门的安全作业培训,并取得特种作业操作资格证书。

(16)检查施工单位是否对深基坑、地下暗挖工程、高大模板工程的专项施工方案组织专家进行论证、审查。

(17)检查工程施工前施工单位的技术负责人是否对安全施工的技术要求向施工作业班组、作业人员作出详细说明,是否由双方签字确认。

(18)检查施工单位在施工现场入口处、施工起重机械、临时用电设施、脚手架、出入通道口、楼梯口、电梯井口、孔洞口、桥梁口、隧道口、基坑边沿、爆破物及有害危险气体和液体存放处等危险部位,是否设置了明显的安全警示标志。检查安全警示标志是否符合国家标准。

(19)检查施工单位是否根据不同施工阶段和周围环境及季节、气候的变化,在施工现场采取相应的安全施工措施。

(20)检查施工现场暂时停止施工的,施工单位是否做好现场防护。

(21)检查施工单位是否将施工现场的办公、生活区与作业区分开设置,并保持安全距离。

(22)检查办公、生活区的选址是否符合安全要求。职工的膳食、饮水、休息场所等是否符合卫生标准。施工单位是否在尚未竣工的建筑物内设置员工集体宿舍。

(23)检查施工现场使用的装配式活动房屋是否具有产品合格证。

(24)检查施工单位对因建设工程施工可能造成损害的毗邻建筑物、构筑物和地下管线等,是否采取了专项防护措施。

(25)检查在施工中发生危及人身安全的紧急情况时,作业人员是否有权立即停止作业或者在采取必要的应急措施后撤离危险区域。

(26)检查施工作业人员是否遵守安全施工的强制性标准、规章制度和操作规程,正确使用安全防护用具、机械设备等。

(27)检查施工单位采购、租赁的安全防护用具、机械设备、施工机具及配件,是否具有生产(制造)许可证、产品合格证,是否在进入施工现场前进行查验。检查施工现场的安全防护用具、机械设备、施工机具及配件是否由专人管理,是否定期进行检查、维修和保养,是否建立相应的资料档案,是否按照国家有关规定及时报废。

(28)检查施工单位是否自施工起重机械和整体提升脚手架、模板等自升式架设设施验收合格之日起30日内,向建设行政主管部门或者其他有关部门登记。登记标志是否置于或者附着于该设备的显著位置。

(29)检查施工单位发生生产安全事故,是否按照国家有关伤亡事故报告和调查处理的规定,及时、如实地向负责安全生产监督管理的部门、建设行政主管部门或者其他有关部门报告;特种设备发生事故的,是否同时向特种设备安全监督管理部门报告。施工单位发生生产安全事故后,检查其是否采取了防止事故扩大的措施,是否保护事故现场。需要移动现场物品时,是否做出标记和书面记录,妥善保管有关证物。

(30)检查施工单位是否为施工现场从事危险作业的人员办理了意外伤害保险。

4.2.7.11 关于环境保护工程和环境保护措施落实情况的检查

1.检查的依据

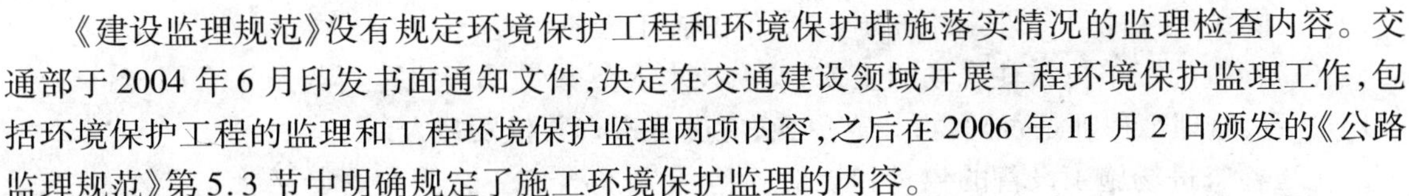

《建设监理规范》没有规定环境保护工程和环境保护措施落实情况的监理检查内容。交通部于2004年6月印发书面通知文件，决定在交通建设领域开展工程环境保护监理工作，包括环境保护工程的监理和工程环境保护监理两项内容，之后在2006年11月2日颁发的《公路监理规范》第5.3节中明确规定了施工环境保护监理的内容。

2. 检查的要点

监理工程师在巡视、旁站过程中，应随时检查施工单位制订的环境保护措施的落实情况，检查的主要内容有：

(1)检查施工单位是否遵守有关环境保护法律、法规的规定，在施工现场采取措施，防止或者减少粉尘、废气、废水、固体废物、噪声、振动和施工照明对人和环境的危害和污染。

(2)是否落实了施工环境保护责任人。

(3)是否对施工人员进行了环保教育。

(4)施工现场的布设是否符合相关环保要求。

(5)职业危害的防护措施是否健全。

(6)施工现场(含临时便道、拌和站、预制场等)和料场等是否洒水防尘。

(7)是否按有关要求采取降噪措施。

(8)材料堆场设置环境的合理性及采取措施减少运输漏撒情况。

(9)施工废水、渣土、生活污水、垃圾的处置是否合理。

(10)是否按照批准在拟定的取弃土场取弃土，取土结束后是否采取了有效的排水防护和植被恢复措施。

(11)在城市市区内的建设工程，检查施工单位是否对施工现场实行封闭围挡等。

4.2.7.12 关于工程保险办理情况的检查

1. 检查的依据

《建设监理规范》没有规定监理检查施工单位工程保险办理情况的检查内容。《公路监理规范》第5.6.8条规定监理工程师应根据合同规定对工程保险办理情况进行检查。

2. 检查的要点

监理工程师在合同工程的施工准备阶段，首先应将检查施工单位工程保险办理情况作为监理的规定动作之一，检查中注意检查工程保险的险种是否符合合同要求，办理的时间是否满足施工需要，保险的期限是否符合合同规定，工程保险资料是否按规定向项目监理机构、建设单位报备等。

4.2.7.13 关于工程开工条件的检查

1. 检查的依据

《建设监理规范》和《公路监理规范》没有规定监理检查工程开工条件的内容。但是，《水利监理规范》规定项目监理机构在施工准备阶段应检查工程开工条件，包括发包人提供的施工条件和施工单位的施工准备工作。

2. 检查的要点

监理工程师在工程的施工准备阶段，应将检查工程是否具备开工条件作为监理的规定动作之一，首先检查发包人提交的施工图纸和施工文件，检查测量基准点的移交情况，检查施工用地的征用情况，检查首次工程预付款的付款情况，检查施工合同中约定由发包人提供的道路

和供电、供水、通信情况。其次检查施工单位的施工准备情况,包括:

(1)检查施工单位派驻现场的主要管理、技术人员数量及资格是否与施工合同文件一致。如不一致,监理工程师是否同意;如需更换,应进行审查并报发包人认定。

(2)检查进场施工设备的数量和规格、性能是否符合施工合同的约定要求。

(3)检查进场原材料、构配件的质量、规格、性能是否符合技术标准的要求,原材料的储存量是否满足工程开工及随后施工需要。

(4)检查试验室的建设是否符合合同规定。

(5)检查测量基准点的复核情况。

(6)砂石料、混凝土拌和系统以及场内道路、供水、供电、供风等施工辅助设施的准备情况。

(7)检查质量保证系统。

(8)检查施工安全、环境保护措施、规章制度的制定及关键岗位施工人员的资格。

(9)检查施工单位中标后的施工组织设计、施工措施计划、施工进度计划和资金流计划等技术文件是否完成并提交项目监理机构审批。

(10)检查应由施工单位提供的设计文件和施工图纸文件是否完成并提交项目监理机构审批。

(11)检查按照施工规范要求需要进行的各种施工工艺参数的试验是否完成并提交项目监理机构审批。

4.3 项目监理机构的审查行为

4.3.1 审查的含义

4.3.1.1 《现代汉语词典》中的有关解释

【审查】《现代汉语词典》中收录了“审查”一词。检查核对是否正确、妥当(多指计划、提案、资料等)。“审”为“仔细之意”。例如,审查提案、经审查属实等。

可见,“审查”一词是行为动词,或主动进行或被动进行,强调行为人为了核对是否正确、妥当而进行检查,以室内进行审查为主,以审查书面材料为多见,具有明显的目的性。

4.3.1.2 工程监理规范中的有关解释

1. 国家标准中的有关解释

《建设监理规范》第2章“术语”中没有给出“审查”一词,但明确规定项目监理机构、总监理工程师应该认真实施“审查”行为,并在其他条文中给出了“审查”这一监理工作行为的具体规定。例如,第3.2.2条规定总监理工程师应履行的职责中包括审查分包单位的资质,并提出审查意见。再如,第5.4.1条规定在施工过程中,当施工单位对已批准的施工组织设计进行调整、补充或变动时,应经专业监理工程师审查,并应由总监理工程师签认。

2. 行业标准中的有关解释

(1)《公路监理规范》的解释

在其第2章“术语”中没有给出“审查”一词,但明确规定现场项目监理机构、监理工程师应该认真实施“审查”行为,并在其他条文中给出了“审查”这一监理工作行为的具体规定。例如,第5.1.1条规定在施工阶段的质量监理过程中监理工程师应按本规范第5.6.7条的规定

对工程分包进行审查。再如，第6.0.1条规定在交工验收与缺陷责任期监理过程中监理工程师应按合同及有关规定要求，审查施工单位提交的合同工程交工验收申请。

(2)《铁路监理规范》的解释

在其第2章“术语”中也没有给出“审查”一词，但明确规定项目监理机构、监理工程师应该认真实施“审查”行为，并在其他条文中给出了“监理审查”这一监理工作行为的具体规定。例如，第4.0.6条规定总监理工程师应组织专业监理工程师审查工程承包单位报送的“施工组织设计(方案)报审表”，提出审查意见后报建设单位。主要审查内容包括质量、安全、投资、进度、环保及水保控制目标，施工场地布置及文明施工，施工方案、施工方法、施工工艺，投入现场的施工机械设备、人员，质量、安全、环保水保管理体系，安全、消防措施，施工过渡方案，工程承包单位内部签认制度等。

(3)《水利监理规范》的解释

在其第2章“术语”中也没有给出“审查”一词，但书面明确规定现场项目监理机构、监理工程师应该认真实施“审查”行为，并在其他条文中给出了“监理审查”这一监理工作行为的具体规定。例如，第6.1.1条规定项目监理机构应严格审查工程开工应具备的各项条件。第6.3.4条规定项目监理机构应审查施工单位提交的工期索赔申请，提出索赔处理意见报发包人。

4.3.2 监理审查行为的内涵及其行为人、责任主体

4.3.2.1 监理审查行为的内涵

监理的“审查(工程分包、交工验收申请等)”行为是项目监理机构、监理工程师在工程项目施工阶段的重要岗位工作行为之一。“审查”活动贯穿于整个施工监理过程。“审查行为”为工程施工质量监理、安全监理、环保监理、费用监理、进度监理等全部合同管理工作服务，监理利用“审查”这一工作手段就可以发现工程施工合同的执行情况和施工方案等书面文字材料的编制质量、施工活动的状态和最终质量是否符合有关规范标准等。

对项目监理机构而言，“审查”是监理工程师履行监理合同过程中应尽的主要义务之一；对施工单位而言，“审查(工程分包、交工验收申请等)”是监理工程师监督施工承包执行过程中应有的监理权力之一。

监理的“审查”行为，强调项目监理机构、监理工程师为了将申请事项、方案文件等核对正确，依据相应的规范、标准、合同规定而进行的检查、核对、思考活动。

4.3.2.2 监理审查行为的行为人、责任主体

监理审查行为的行为人是专业监理工程师及其以上的监理工程师，监理员没有审查权和审查职责。“监理审查”行为是以监理工程师个人的智慧、个人的活动来表现，最终是以项目监理机构的集体智慧、集体的活动来表现。

监理审查行为的不作为行为，一般属于违背监理规范的违规行为。《建设工程安全生产管理条例》第十四条规定工程监理单位应当审查施工组织设计中的安全技术措施或者专项施工方案是否符合工程建设强制性标准，监理不审查，就属于违法行为。项目监理机构和监理人员在审查方面的违规行为、违法行为的责任应由工程监理单位、项目监理机构和监理人员共同承担。

4.3.3 监理审查行为的相近行为、实施手段

4.3.3.1 监理审查行为的相近行为

监理审查行为不具有唯一性，其相近行为包括审核、核查、审定、核定、审签、确认等几种。

如审核工程款支付申请表、核定计日工、审签中间交工证书等行为，其行为的内涵、行为的实施主体、行为结果的不作为责任的承担者等与审查行为相似。

审核，侧重于审查核定文字材料、报表，以确定是否与规定要求相符。核查，侧重于通过现场检查去核对数量。审定、核定，侧重于审核后的确定。审签，侧重于不但要审查而且要签署意见和姓名，强调审查后签字认可。确认，强调审查核对后签字表示认可。审批，强度审查认可后应口头或书面批准。审查，有时需要室内审核、室外检查。

4.3.3.2 监理审查行为的实施手段

项目监理机构实施审查行为，一般应借助资料搜集、会议讨论和现场调查、检查、测量、试验、计量、旁站、巡视、抽检、见证等监理手段。例如，根据计量的结果审查工程计量单和工程款支付报表的准确性，根据见证取样情况审查试验报告等。

4.3.4 监理审查行为的实施阶段、行为方式

4.3.4.1 监理审查行为的实施阶段

监理审查行为的实施阶段，同检查行为，始终处在工程施工的准备阶段、施工阶段、交工缺陷责任期阶段等施工全过程。

监理审查行为的主要行为对象是工程施工质量、进度、费用、安全、环保等合同管理目标的目标值和实际值的差异。

4.3.4.2 监理审查行为的行为方式

监理审查行为主要为监理工程师发表监理意见、签署项目监理机构的意见、批复施工申请事项、判断施工合同管理目标的实际值的偏差情况、报告施工合同管理情况等服务。监理审查行为的行为方式包括全面审查和专项审查；重点审查和一般性审查；内部审查和外部审查；一方独立审查和多方联合审查；签署同意与否的结论式审查意见的审查和签署详细的审查意见的审查等。

4.3.5 监理审查行为的表达方式

审查，既可以作为行为的实施过程，又可以作为行为的实施结果。

作为审查行为的结果的表达方式，一般包括红头文件形式、非红头文件的表格资料形式等两种，主要采用专用监理表格形式，如各种形式的工程报审表。

4.3.5.1 采用红头文件表达

项目监理机构的审查行为的实施结果，应该采用红头文件的形式表达的，主要包括项目监理机构编制、印发的审查报告文件。在工程施工过程中，只要施工单位报送了报审请示类文件，项目监理机构就应及时开展审查工作，总监办或建设单位制定的文件管理办法中规定使用报告文件的形式报送的，应该使用报告文件的形式；没有规定的，应将重要的审查事项的审查结果以及没有专用审查、审批表格的审查事项的审查结果以报告文件的形式报送。

4.3.5.2 采用专用监理表格形式表达

《建设监理规范》中规定了监理审查的结果采用非红头文件形式表达的内容应采用的各种审查表格形式，如施工组织设计（方案）报审表、工程延期审批表、费用索赔审批表等。《公路监理规范》等行业监理规范中没有规定监理审查的结果采用非红头文件形式表达的内容，但在条文说明中说明了监理进行的审查工作的结果，应尽量采用灵活多样的、专用的、固定格式的表格形式。

4.3.6 监理规范中关于监理审查行为的规定内容

根据《建设监理规范》和《水利监理规范》、《公路监理规范》、《铁路监理规范》的规定，监理审查行为的规定内容如表4-3所示。

监理审查行为的主要规定内容　表4-3

序号	规定的具体内容	依据的监理规范			
		国标规范	公路规范	铁路规范	水利规范
1	审查施工组织设计(方案)	第5.2.3条	—	第4.0.6条	—
2	审查调整后的施工组织设计	第5.4.1条	—	第5.3.11条	—
3	审查施工组织设计中的安全、环保措施	—	第5.2.1、5.3.1条	—	第6.5.1条
4	审查质量管理体系、技术管理体系、质量保证体系	第5.2.4条	第5.1.4条	—	—
5	审查工程分包及其分包单位的资质、安全责任、安全生产证件、专项安全方案等资料	第5.2.5、5.2.6条	第5.1.1、5.6.7、5.2.2条	第4.0.9、6.1.3、6.1.4条	第6.6.6条
6	审查工程开工报审表及相关资料	第5.2.8条	第5.1.7条	第4.0.8条	第5.2.3条
7	审查工程设计变更	第5.5.4、6.2.1条	第5.6.1条	第10.2.2条	第6.6.1条
8	审查复工申请及有关材料	第6.1.6条	—	—	—
9	审查交工验收申请	—	第6.0.1条	—	—
10	审查费用索赔申请表	第6.3.3、6.3.5条	第5.6.3条	—	第6.6.2条
11	审查工程延期申请	第6.4.2、6.4.4条	第5.6.2条	第10.4.2条	第6.3.4条
12	审核工程材料、构配件、机械设备的报审表及其质量证明资料	第5.4.6条	第5.1.5条	—	—
13	审核分项、分部、单位工程质量验评资料	第5.4.10条	—	—	第6.2.12条
14	审核工程量和支付申请表	第5.5.1条	第5.4条	—	第6.3.3条
15	审核竣工结算表	第5.5.2条	第6.0.7条	第8.0.8条	—
16	审核合同终止后施工单位的应得款项	第6.6.2、6.6.3条	—	—	—
17	审核工地试验室	—	第4.2.4条	—	—
18	审核工程量清单	—	第4.2.9条	—	—
19	审查核定价格调整	—	第5.6.4条	—	第6.4.12条
20	审查核定计日工	—	第5.6.4条	—	—
21	审查环保措施	—	—	第9.0.1条	—
22	其他	—	—	—	—

4.3.7 监理审查行为的规范化实施要点

4.3.7.1 实施监理审查行为应达到的目标或要求

监理工程师在审查工程施工方案、计划、申请文件的过程中，在时间上应达到及时审查、按时完成审查任务的要求；在主观上应达到认真审查、详细审查、带着问题审查的要求；在客观上应达到准确无误、结论科学、审查意见可行和发现问题、解决问题的目标。对审查认为不合格的施工技术方案等提出修改意见并及时退还施工单位或下级项目监理机构进行修改完善。

4.3.7.2 关于施工组织设计(方案)的审查

1. 审查的依据

(1)《建设监理规范》第5.2.3条规定，工程项目开工前，总监理工程师应组织专业监理工程师审查施工单位报送的施工组织设计(方案)报审表，提出审查意见，并经总监理工程师审核、签认后报建设单位。第5.4.1条规定，在施工过程中，当施工单位对已经监理批准的施工组织设计进行调整、补充或变动时，应经专业监理工程师审查，并应由总监理工程师审查签认。《建设监理规范》在这里表述的施工组织设计(方案)的"审查、签认"工作，实际上是监理工程师日常所说的"审批"工作。

(2)三大行业监理规范均规定项目监理机构审查或审批施工组织设计，《公路监理规范》第4.2.2条的规定为"审批施工组织设计"，是施工准备阶段监理的主要工作内容之一。

2. 审查的原则

施工组织设计应符合国家的技术政策，充分考虑工程施工承包合同规定的条件、施工现场条件及法规的要求，突出"质量第一，安全第一"的原则。

(1)全面性

施工组织设计应包含工程概况、施工组织系统与管理、施工方法、施工设备、劳动计划、施工进度计划、施工场地布置，确保工程质量、安全和文明施工的技术组织措施，以及施工现场周围环境的保护措施。

(2)可行性

施工组织设计各项主要内容的措施、计划、流水段的划分，流水节拍，各项交叉作业是否符合实际，合理可行。

(3)针对性

施工单位是否了解并掌握了本工程的特点及难点，施工条件是否分析充分。施工组织设计重点内容是否针对工程特点，如深基础、大体积混凝土，高等级混凝土，预应力张拉，转换层施工等。工程质量保证体系是否健全有效，措施是否切实可行，限期工程的赶工措施是否可行，闹市区工程的安全、文明施工和防止扰民措施是否得当。

(4)先进性

施工组织设计是否采用新工艺、新技术、新设备、新材料，注意杜绝采用落后、淘汰的工程材料、施工机械、施工方法和施工工艺。

(5)自主性

在满足合同和法规要求的前提下，对施工组织设计的审查，应尊重施工单位的自主技术决策和管理决策，监理工程师不应硬性推荐甚至强行要求施工单位采用某种施工工艺、施工方法、施工机械等。在保证工程施工质量、安全、环保、进度的前提下，施工单位有自主选择施工工艺、施工方法、施工先后顺序和施工机械、设备、材料的权力，监理工程师不要轻易地、独断地、武断地禁止使用或指令使用，除非有事实证明或经过实践证明不能保证工程施工质量和安全、进度、环保。

3. 审查的实施要点

(1)审查的实施人

施工组织设计(方案)的审查工作，由总监理工程师负责组织并完成。

(2)审查的程序

①施工单位必须完成施工组织设计的编制及自审工作，并填写施工组织设计(方案)报审表，报送项目监理机构。

②总监理工程师应在约定的时间内组织专业监理工程师审查，提出审查意见后，由总监理工程师审定批准。需要施工单位修改时，由总监理工程师签发书面意见，退回施工单位修改后再报审，总监理工程师应重新审定。

③已经审定的施工组织设计文件，由项目监理机构报送建设单位。

④施工单位应按照监理审定的施工组织设计文件组织施工。如需要对其内容做较大修改，应在实施前将变更内容书面报送项目监理机构进行审定。

⑤对规模较大、结构复杂或者属于新结构、特种结构的工程，项目监理机构应特别审查，之后报送工程监理单位技术负责人审查，其审查意见由总监理工程师签发。必要时与建设单位协商，组织有关专家会审论证。

(3)审查的基本要求

①施工组织设计应由施工单位的负责人签字。

②施工组织设计应符合施工合同要求。

③施工组织设计由专业监理工程师审核后，经总监理工程师签字认可。

④发现施工组织设计中存在问题时，专业监理工程师应提出修改意见，经总监理工程师认可后，由施工单位修改后重新报审。

4.3.7.3　关于质量管理体系、质量保证体系等“5 个体系”的审查

施工组织设计中的“5 个体系”文件包括质量管理体系、技术管理体系、质量保证体系、安全保证体系和环境保护保证体系，监理工程师应严格审查。

《建设监理规范》第 5.2.4 条规定，工程项目开工前，总监理工程师应审查施工单位现场项目管理机构的质量管理体系、技术管理体系和质量保证体系，确能保证工程项目施工质量时予以确认。《公路监理规范》第 5.1.4 条规定，分项工程开工前，监理工程师应审查该分项工程的质量保证体系。

1. 审查的实施人

一级项目监理机构，由总监理工程师负责审查。二级项目监理机构，经总监理工程师授权的驻地监理工程师应负责初步审查，提出初步审查意见后报总监办，由总监理工程师签字确认。

2. 审查的重点内容

监理工作是在施工单位建立健全质量管理体系、技术管理体系、质量保证体系、安全保证体系、环保保证体系的基础上开展和完成的。监理工程师应重点审查以下内容：

(1)质量管理、技术管理和质量保证的组织机构。

(2)质量管理、技术管理制度。

(3)专职管理人员和特种作业人员的资格证、上岗证。

3. 安全措施的审核

总体工程开工前,监理工程师应审查施工单位编制的施工组织设计中的安全技术措施或专项施工方案是否符合强制性标准,审查合格后方可同意工程开工。审查重点内容包括:

(1)安全管理和安全保证体系的组织机构,包括项目经理、专职安全管理人员、特种作业人员配备的数量及安全资格培训持证上岗情况;

(2)是否制订了施工安全生产责任制、安全管理规章制度、安全操作规程;

(3)施工单位的安全防护用具、机械设备、施工机具是否符合国家有关安全规定;

(4)是否制订了施工现场临时用电方案的安全技术措施和电气防火措施;

(5)施工现场布置是否符合有关安全要求;

(6)生产安全事故应急救援预案的制订情况,针对重点部位和重点环节制订的工程项目危险源监控措施和应急预案;

(7)施工人员安全教育计划、安全交底安排;

(8)安全技术措施费用的使用计划;

(9)审查分包合同中是否明确了施工单位与分包单位各自在安全生产方面的责任。

4. 环保措施的审核

监理工程师应审查施工组织设计是否按设计文件和环境影响评价报告的有关要求制订了施工环境保护措施,审查合格后方可同意工程开工。应审核以下内容:

(1)大气、水、声、光等环境保护措施;

(2)环境敏感点的设置与控制措施,环境工程施工管理措施;

(3)环境保护事故的应急处理预案等。

4.3.7.4　关于工程分包及其分包资质、安全责任等资料的审查

《建设监理规范》第5.2.5条规定,分包工程开工前,专业监理工程师应审查施工单位报送的分包单位资格报审表和分包单位有关资质资料,符合有关规定后,由总监理工程师予以签认。分包单位资格报审表应符合《建设管理规范》附录表A3的格式。《公路监理规范》第5.1.1条规定审查工程分包应按第5.6.7条的规定进行。

监理规范明确要求监理工程师应当加强工程分包的管理,包括分包的工程和工程的分包人。

1. 审查的实施人

允许分包的工程开工前,对于一级项目监理机构,由总监办的专业监理工程师负责组织并审查施工单位报送的分包单位资格报审表和分包单位有关资质资料,符合规定后,由总监理工程师签认。对于二级项目监理机构,首先由驻地办的专业监理工程师审查,驻地监理工程师审核同意后签认初步审查意见报送总监办,总监办二审认为符合规定后,由总监理工程师签认。

2. 审查的重点内容

《建设监理规范》第5.2.5条规定,如果施工合同中未指明分包单位,允许分包的工程开工前,项目监理机构应审查施工单位报送的分包单位资格报审表和分包单位有关资质资料。

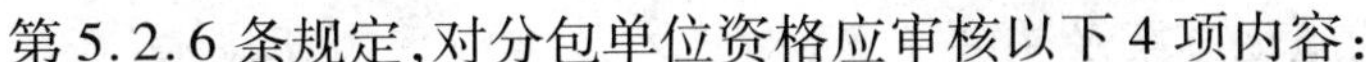

第5.2.6条规定,对分包单位资格应审核以下4项内容:

(1)分包单位的营业执照、企业资质等级证书、特殊行业施工许可证、国外(境外)企业在国内承包工程许可证;

(2)分包单位的业绩;

(3)拟分包工程的内容和范围;

(4)专职管理人员和特种作业人员的资格证、上岗证。

《公路监理规范》也明确要求监理工程师应当加强工程分包的管理,第5.6.7条规定应按照项目施工合同条件的规定,重点审查工程分包计划和分包协议书两项内容:

(1)工程分包计划。审查计划分包的工程是否是主体工程;分包的工程是否是建设单位招标时明文禁止的;拟分包工程按合同工程量清单单价计算的工作量金额占有效合同价的百分比是否超出合同条件的规定。

(2)分包协议书。审查分包协议的格式、内容是否符合法律、法规和建设单位的招标规定;审查分包单位的营业执照、企业资质等级证书和特种作业人员的资格证、上岗证是否与拟分包的工程施工相适应;审查分包协议中的工程单价、管理费率的合理性,审查分包协议中的质量、安全、环保、廉政建设的条款,审查分包协议中关于农民工的使用及其工资支付条款等。

4.3.7.5 关于工程开工报审表及相关资料的审查

《建设监理规范》第5.2.8条规定,专业监理工程师应审查施工单位报送的工程开工报审表及相关资料,具备开工条件时,由总监理工程师签发,并报建设单位。

《公路监理规范》第5.1.7条对分项、分部工程开工申请的审批进行了规定,规定监理工程师应要求施工单位提交分项、分部工程的开工申请,在合同规定的时间内重点按本规范第5.1.1~5.1.6条的规定审查其是否具备开工条件,以确定是否批复其开工申请。

1. 审查的实施人

工程开工报审,对于分项、分部工程开工申请由专业监理工程师负责审查,一级项目监理机构由总监理工程师签发,二级项目监理机构由驻地监理工程师签发。对于单位工程开工申请由专业监理工程师负责审查,一级项目监理机构由总监理工程师签发,二级项目监理机构的签发视总监理工程师的授权而定。

2. 审查的重点内容

专业监理工程师应认真审查施工单位报送的工程开工报审表及相关资料:

(1)施工许可证已获政府主管部门批准;

(2)征地拆迁工作能满足工程进度的需要;

(3)施工组织设计已获总监理工程师批准;

(4)施工单位现场管理人员已到位,机具、施工人员已进场,主要工程材料已落实;

(5)进场道路及水、电、通信等已满足开工要求。

4.3.7.6 关于新材料、新工艺、新技术、新设备的施工工艺措施和证明材料的审查

《建设监理规范》第5.4.3条规定,当施工单位采用新材料、新工艺、新技术、新设备时,专业监理工程师应要求施工单位报送相应的施工工艺措施和证明材料,组织专题论证,经审定后予以签认。

《公路监理规范》第5.1.6条对审查施工方案及主要工艺进行了规定,规定监理工程师应

审查施工单位提交的分项、分部工程的施工方案及主要工艺，对技术复杂或采用新技术、新工艺、新材料、新设备的工程，应根据试验工程结果进行审批。

1. 审查的实施人

专业监理工程师负责组织并完成审查。一级项目监理机构由总监理工程师签发，二级项目监理机构的签发视总监理工程师的授权而定。

2. 审查的重点内容

依据国务院2003 年11 月24 日以“国务院令第393 号”颁布的《建设工程安全生产管理条例》的有关规定审查：

(1)工程监理单位应当审查施工组织设计中的安全技术措施或者专项施工方案是否符合工程建设强制性标准。

(2)安装、拆卸施工起重机械和整体提升脚手架、模板等自升式架设设施，是否编制拆装方案、制定安全施工措施。

(3)安装、拆卸施工起重机械和整体提升脚手架、模板等自升式架设设施，是否由专业技术人员现场监督。

(4)垂直运输机械作业人员、安装拆卸工、爆破作业人员、起重信号工、登高架设作业人员等特种作业人员，是否按照国家有关规定经过专门的安全作业培训，并取得特种作业操作资格证书。

(5)施工单位是否在施工组织设计中编制了安全技术措施和施工现场临时用电方案。

(6)审查达到一定规模的、危险性较大的基坑支护与降水工程，土方开挖工程，模板工程，起重吊装工程，脚手架工程，拆除、爆破工程等分部分项工程是否编制了专项施工方案，审查国务院建设行政主管部门或者其他有关部门规定的其他危险性较大的工程是否编制了专项施工方案。是否附具安全验算结果，是否经施工单位技术负责人、总监理工程师审核签字后实施，是否由专职安全生产管理人员进行现场监督。

(7)对深基坑、地下暗挖工程、高大模板工程的专项施工方案，施工单位是否组织专家进行了论证、审查等。

4.3.7.7　关于工程设计变更的审查

工程变更多指工程设计变更，也包括工程施工重点工艺、方法和合同工期、支付单价的变更。

《建设监理规范》第5.5.4 条规定了工程变更方案的审查要求，第6.2.1 条规定了工程变更的管理程序。《公路监理规范》第5.6.1 条也规定了工程变更的审查事宜，规定施工单位要求工程变更时，应提交变更申报单，报监理工程师审核，按施工合同要求须由建设单位批准的隐蔽工程的变更，还应会同建设、设计、施工等单位现场共同确认；建设单位要求工程变更时，监理工程师应按施工合同规定下达工程变更令。变更费用应按施工合同约定计算，合同未约定的应由合同双方协商确定。公路工程设计变更应符合交通部《公路工程设计变更管理办法》(交通部令2005 年第5 号)的有关规定。

工程施工阶段的设计变更、数量变更、单价变更、施工顺序的变更种类较多。从变更的重要程度上又分为一般变更、重要变更、重大变更三种。从变更的提出者的不同又分为施工单位提出的工程变更、设计单位提出的工程变更、建设单位提出的工程变更、项目监理机构提出的

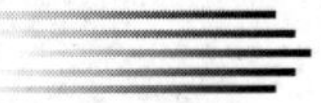

工程变更等四种。

1. 审查的实施人

对于工程变更的审查，一级项目监理机构由总监理工程师负责，专业监理工程师协助完成，由总监理工程师签发变更指令。二级项目监理机构由驻地监理工程师负责初审，专业监理工程师协助完成初审，工程变更指令的最终签发视总监理工程师的授权而定。

2. 工程变更的程序

(1)设计单位对原设计存在的缺陷提出的工程变更，应编制设计变更文件；建设单位或施工单位提出的工程变更，应提交总监理工程师，由总监理工程师组织专业监理工程师审查。审查同意后，应由建设单位转交原设计单位编制设计变更文件。当工程变更涉及安全、环保等内容时，应按规定经有关部门审定。

(2)项目监理机构应了解实际情况和收集与工程变更有关的资料。

(3)总监理工程师必须根据实际情况、设计变更文件和其他有关资料，按照施工合同的有关条款，在指定专业监理工程师确定了工程变更项目与原工程项目之间的类似程度和难易程度；确定了工程变更项目的工程量；确定了工程变更的单价或总价之后，应对工程变更的费用和工期作出评估。

(4)总监理工程师应就工程变更费用及工期的评估情况与施工单位和建设单位进行协调。

(5)总监理工程师签发工程变更单或指令表。

(6)项目监理机构应根据工程变更单或指令表监督施工单位实施。

3. 审查的重点内容

(1)审查某一具体的工程变更项目是否必须变更；变更的依据、程序、内容是否正确且结合工程施工现场实际；

(2)审查某一具体的工程变更项目的重要程度，根据工程变更审批权限的规定决定是否进行初审、上报终审；

(3)审查工程变更单或变更指令表是否符合监理规范附录规定的格式，是否包括工程变更要求、工程变更说明、工程变更费用和工期、必要的附件等内容；有设计变更文件的工程变更是否附列了设计变更文件。

4. 注意事项

(1)项目监理机构在工程变更的质量、费用和工期方面取得建设单位授权后，总监理工程师应按施工合同规定与施工单位进行协商，经协商达成一致后，总监理工程师应将协商结果向建设单位通报，并由建设单位与施工单位在变更文件上签字。

(2)在项目监理机构未能就工程变更的质量、费用和工期方面取得建设单位授权时，总监理工程师应协助建设单位和施工单位进行协商，并达成一致。

(3)在建设单位和施工单位未能就工程变更的费用等方面达成协议时，项目监理机构应提出一个暂定的价格，作为临时支付工程进度款的依据。该项工程款最终结算时，应以建设单位和施工单位达成的协议为依据。

(4)总监理工程师签发工程变更令之前，应监督施工单位不得实施工程变更。

(5)未经总监理工程师审查同意而实施的工程变更，项目监理机构不得计量，应视情况决定是否下达暂停令。

(6)项目监理机构应按照委托监理合同的约定进行工程变更的处理,不得超越建设单位或总监理工程师的授权。

(7)项目监理机构应监督并协助建设单位与施工单位签订工程重大变更的补充协议。

4.3.7.8　关于复工申请的审查

《建设监理规范》第6.1.6条规定,由于施工单位原因导致工程暂停,在具备恢复施工条件时,项目监理机构应审查施工单位报送的复工申请及有关材料,同意后由总监理工程师签署工程复工报审表,指令施工单位继续施工。《公路监理规范》中没有书面规定监理工程师审查复工申请及有关材料。《水利监理规范》在附录中规定了复工申请的审查。

工程暂时停工的种类包括因工程质量问题、质量事故、施工安全事故、施工环境保护事故导致的暂时停工,包括因施工进度障碍、资金短缺导致的暂时停工,包括因气温、雨雪冰雹、地震等天气、气候因素导致的暂时停工,包括因骚乱、战争因素导致的暂时停工等。

由于施工单位的原因导致工程暂停,当暂停的因素消除后,施工单位应向项目监理机构提交恢复施工的申请。

1. 审查的实施人

工程暂时停工后的复工审查,因暂时停工原因的不同而异。由于施工单位的原因导致工程暂停,当暂停的因素消除,在施工单位向项目监理机构提交了恢复施工的申请后,项目监理机构应立即进行审查。对于一级项目监理机构,由专业监理工程师负责审查并提出是否同意复工的意见,报总监理工程师审查签发。对于二级项目监理机构,由驻地办的专业监理工程师负责审查并提出是否同意复工的意见,报驻地监理工程师审查,驻地监理工程师视总监理工程师的授权情况决定是上报还是签发。

由于非施工单位的原因导致的工程暂停,当暂停的因素消除后,不需要施工单位向项目监理机构提交恢复施工的申请。项目监理机构应立即进行现场检查并进行必要的审查,之后决定是否签发复工通知单、复工指令。项目监理机构应本着“谁下达暂停令,谁签发复工令”的原则签发复工通知单或复工指令。

2. 审查的重点内容

如果工程暂时停工是由于施工单位的原因引起的,项目监理机构应重点审查以下内容:

(1)引起工程施工暂停的因素是否已经完全消除;没有完全消除的,剩余次要因素是否影响恢复施工。

(2)施工单位申请恢复施工的程序是否符合合同、监理规范的规定;申请文件、资料是否齐全、实事求是;内容是否正确;文件份数是否符合规定。

(3)恢复正常施工的措施是否完善;能否保证工程施工质量、安全、环保和合同进度要求;施工的主客观条件是否具备。

(4)必要时,专业监理、驻地监理、总监到施工现场进行实地检查或召开专题会议分析讨论,通过这些手段完成审查、签认工作。

如果工程暂时停工不是由于施工单位的原因引起的,就不存在复工申请的审查问题。但是,项目监理机构应重点审查引起工程施工暂停的因素是否已经完全消除。没有完全消除的,剩余次要因素是否影响恢复施工。之后,由项目监理机构下达复工通知,要求施工单位限期恢

复施工。

4.3.7.9 关于交工验收申请的审查

《建设监理规范》中没有书面规定监理工程师对交工验收申请的审查内容。《公路监理规范》第6.0.1条给出了监理工程师审查交工验收申请的规定，规定监理工程师应按合同及有关规定要求，审查施工单位提交的合同工程交工验收申请。

交工验收，是公路工程施工项目特有的验收活动。公路工程项目的交工验收申请的种类，包括能够独立发挥使用功能的区段工程、单位工程的交工验收申请和合同总体工程的交工验收申请两种。

1. 审查的实施人

对于合同工程内的区段工程、单位工程的交工验收申请，一级项目监理机构由专业监理工程师负责审查并提出初审意见报总监理工程师审查签署意见。二级项目监理机构由其专业监理工程师负责审查并提出初审意见报驻地监理工程师审查，驻地监理工程师视总监的授权情况决定签署同意与否的意见，或是提出同意与否的意见报总监审查认可。

2. 审查的重点内容

(1)合同约定的各项内容的完成情况。主要是指拟交工工程是否已经满足《公路工程竣(交)工验收办法》第八条规定的公路工程(合同段)进行交工验收应具备的六项条件，详见本书第2-8节验收行为。

(2)施工自检结果。主要是指合同约定的各项内容的施工自检结果是否合格，是否实事求是，是否符合工程质量检验评定标准。

(3)各项资料的完整性。主要审查施工质量自检资料、评定资料、试验资料以及进度计划管理资料、计量支付文件资料、安全管理资料、环保控制资料、施工日志、施工音像资料的完整性、真实性、顺序合规性、整洁性、装订合规性、签字手续齐全性等。

(4)工程数量核对情况。主要审查已经完成的工程数量是否符合工程量清单的规定；剩余的工程项目是什么；剩余的工程数量是否影响交工和使用；是否存在缺陷工程；缺陷工程的数量有多少；剩余工程完成、缺陷工程的处理计划如何。

(5)工程现场清理情况。主要通过现场检查评估施工垃圾、剩余材料、废旧机械的清场、外运、储存情况是否符合有关规定；是否影响交工验收和合同工程交工后的使用等。

4.3.7.10 关于费用索赔申请的审查

《建设监理规范》第6.3.3条规定了项目监理机构处理施工单位提出的费用索赔的程序，第6.3.5条规定了建设单位的反索赔审查要求。《公路监理规范》第5.6.3条规定了费用索赔受理、审核内容。

1. 审查的实施人

由于非施工单位原因引起的工程费用索赔，对于一级项目监理机构，由专业监理工程师负责审查并提出是否同意、同意数量的意见，报总监理工程师审查签发。对于二级项目监理机构，由驻地办的专业监理工程师负责审查并提出是否同意、同意数量的意见，报驻地监理工程师审查，驻地监理工程师视总监理工程师的授权情况决定是上报还是签发。

由于施工单位原因引起建设单位的额外费用损失，建设单位向施工单位提出费用“反索赔”时，对于一级项目监理机构，由专业监理工程师负责审查并提出是否同意、同意数量的意见，报总监理工程师审查签发。对于二级项目监理机构，由驻地办的专业监理工程师负责审查并提出是否同意、同意数量的意见，报驻地监理工程师审查，驻地监理工程师签署意见后报送总监理工程师决定。

2. 审查的重点内容

(1)施工单位提出费用索赔意向的时间是否符合合同条件规定的时限；是否在首次索赔事件发生的若干天内(如公路工程规定21天)提交了书面的意向书；意向书的报送手续、份数是否符合有关规定。

(2)审查符合合同规定条件的费用索赔意向和申请文件的提交期限和程序是否符合合同条件、监理规定。

(3)审查费用索赔发生的原因是否是由于非施工单位的责任发生的。

(4)审查所附的索赔凭证材料、补充资料是否真实、内容齐全，相互间是否矛盾。

(5)审查、复核索赔费用的计算依据、过程与结果等资料。

3. 注意事项

项目监理机构应注意费用索赔处理的程序。项目监理机构应按下列程序审查并处理施工单位向建设单位提出的费用索赔申请：

(1)施工单位在施工合同规定的期限内向项目监理机构提交费用索赔意向通知书；

(2)总监理工程师指定专业监理工程师收集与索赔有关的资料；

(3)施工单位在施工合同规定的期限内向项目监理机构提交费用索赔申请表；

(4)总监理工程师初步审查费用索赔申请表，符合规范规定的条件时予以受理；

(5)总监理工程师进行费用索赔审查，并在初步确定一个额度后，与施工单位和建设单位进行协商；

(6)总监理工程师应在施工合同规定的期限内签署费用索赔审批表，或在施工合同规定的期限内发出要求施工单位提交有关索赔报告的进一步详细资料的通知，待收到施工单位提交的详细资料后进一步进行审查、核定。

当施工单位的费用索赔要求与工程延期要求相关联时，总监理工程师在做出费用索赔的批准决定时，应与工程延期的批准联系起来，综合做出费用索赔和工程延期的决定。

由于施工单位的原因给建设单位造成了费用损失，建设单位向施工单位提出费用反索赔时，总监理工程师应接收索赔报告并进行审查，应公正地、不偏不袒地与建设单位和施工单位进行协商，并及时做出经得起合同条件和时间考验的答复。

4.3.7.11　关于工程延期申请的审查

合同工程的施工过程中，由于土木工程野外施工、恶劣天气的不可避免性、施工环境不良、工程建设用地及建设资金运作不良等原因的存在，保持正常持续、均衡地施工不是一件容易的事。有时会出现工程施工的延期情况，致使原定合同工期延长。有时因施工单位自身施工组织、管理方面的原因，致使原定合同工期延误。

《建设监理规范》第6.4.2条规定了工程施工临时延期的处理程序，第6.4.4条规定了批准工程延期的依据，第6.4.6条规定了施工单位工期延误的处理内容。《公路监理规范》第5.6.2条给出了监理工程师处理工程延期的规定。

1. 审查的实施人

由于非施工单位原因导致的工程延期，对于一级项目监理机构，由专业监理工程师负责审查并提出是否同意延期、同意延期天数的意见，报总监理工程师审查签发。对于二级项目监理机构，由驻地办的专业监理工程师负责审查并提出是否同意延期、同意延期天数的意见，报驻地监理工程师审查，驻地监理工程师视总监理工程师的授权情况决定是上报还是签发。

由于施工单位原因导致的工程延误，对于一级项目监理机构，由专业监理工程师负责审查并提出是否同意延误、同意延误天数的意见，报总监理工程师审查签发。对于二级项目监理机构，由驻地办的专业监理工程师负责审查并提出是否同意延误、同意延误天数的意见，报驻地监理工程师审查，驻地监理工程师同意后报送总监理工程师审查。

2. 审查的重点内容

监理工程师应对符合合同规定的延期意向或事件做好现场调查和记录。项目监理机构在审查工程延期时，应依下列情况确定批准工程延期的时间：施工合同中有关工程延期的约定；工期拖延和影响工期事件的事实和程度；影响工期事件对工期影响的量化程度。

在施工单位提出正式延期申请后，监理工程师应重点审查：

(1)审查工程延期要求是否符合合同条件的规定；

(2)审查延期的原因是否属于非施工单位自身造成的；具体属于外界的何方原因造成的；

(3)审查正在发生的工程延期事件的发展情况、可能的结果；

(4)审查延期计算依据、过程、结果等资料，必要时现场进行调查、取证或者召开专题会议分析、论证、评估。

3. 注意事项

(1)不论延期意向或事件是否符合合同规定，监理工程师都应做好现场调查和记录。项目监理机构在做出临时工程延期批准或最终的工程延期批准前，均应与建设单位、施工单位进行协商，最终的工程延期时间应协商一致。

(2)监理工程师对施工单位提交的工程延期申请文件进行审核后，项目监理机构应编制审核报告报建设单位。

(3)工程延期造成施工单位提出费用索赔时，项目监理机构应按监理规范的有关规定处理。

(4)当施工单位未能按照施工合同要求的工期竣工交付，造成工期延误时，项目监理机构应按施工合同规定的百分比或日罚款金额从施工单位应得的工程款项中扣除误期损害赔偿费。

4.3.7.12　关于工程材料、构配件、设备的报审表及其质量证明资料的审核

《建设监理规范》第5.4.6条规定了施工单位拟进场的工程材料、构配件、设备的审核内容。《公路监理规范》5.1.5条规定了工程施工机械、设备的审查内容。

1. 审查的实施人

对于一级项目监理机构，由专业监理工程师负责审查并提出是否认可的意见，报总监理工程师审查签认或签发。对于二级项目监理机构，由驻地办的专业监理工程师负责审查并提出是否认可的意见，报驻地监理工程师审查，驻地监理工程师视总监理工程师的授权情况决定是上报或是签认或是签发。

2. 审查的重点内容

(1)监理工程师应审查施工单位进场的施工机械、设备是否满足合同要求;包括型号、数量、新旧程度、产地等。

(2)重点审查机械、设备是否满足施工质量、安全、环保、进度等要求。

(3)审查机械、设备的生产许可证、产品合格证、检测合格证等质量证明资料是否齐全、有效、真实。

(4)审查、复核机械、设备的数量清单。

(5)施工单位如使用合同约定外的施工机械设备,监理工程师应要求施工单位另行提出使用申请,解释变动原因,对拟使用的机械设备作充分说明。监理工程师审查后认为可行的,应及时批准,否则,应提出否决意见。

3. 注意事项

施工单位如使用替代的施工机械设备,监理工程师既无充分依据批准使用,又无充分理由拒绝使用时,可通过试验工程的试验结果来决定是否批准使用。监理工程师的审查意见应包括"经审查,符合/不符合设计文件和规范的要求,准许/不准许进场,同意/不同意使用于拟定部位"等字样。

4.3.7.13　关于工程质量验评资料的审核

监理工程师对合同工程质量验评资料的审核,包括三大内容,即分项、分部、单位工程质量验评资料的审核。依据《建设监理规范》第5.4.10条的规定,即监理工程师对分项、分部、单位工程质量验评资料的审核。《公路监理规范》中没有书面给出合同工程质量验评资料的审核规定,但是,监理人员在多年的实际监理工作过程中均较好地完成了合同工程质量验评资料的审核工作。

1. 审核的实施人

分项、分部、单位工程质量验评资料的审核是项目监理机构的日常工作内容之一。对于分项工程的质量验评资料,由专业监理工程师负责审核,符合要求后签字认可。对于分部工程、单位工程的质量验评资料,一级项目监理机构,由总监理工程师组织监理人员审核和现场检查,符合要求后签字认可。对于二级项目监理机构,由驻地监理工程师组织专业监理工程师审核和现场检查,符合要求后视总监理工程师的授权情况决定是签字认可,还是上报总监办。

2. 审核的重点内容

(1)审核分项、分部、单位工程是否已经实际完成;

(2)审核已经完成的分项、分部、单位工程的质量自检记录资料是否齐全、真实;质量检验评定资料是否齐全、真实;

(3)审核已经完成的分项、分部、单位工程,监理人员是否已经完成质量抽检、质量评定。

4.3.7.14　关于工程量和支付申请表的审核

《建设监理规范》第5.5.1条规定了工程计量和工程款支付的程序。《公路监理规范》第5.4.1~5.4.7条规定了工程费用监理的条件、计量支付的原则、计量的依据、折减支付的有关内容。

1. 审核的实施人

对于正常的工程计量与支付工作,作为一级项目监理机构,由专业监理工程师负责审核并提出审核、修改意见报总监理工程师审定,需要施工单位修改的及时退修,符合要求后再签字认可。作为二级项目监理机构，由驻地办的专业监理工程师负责审核并提出审核、修改意见报驻地监理工程师再审，符合要求后签署驻地监理的意见和名字上报总监办，由总监理工程师审核签字认可。

《公路监理规范》第5.4.3条规定，对实体质量合格，存在外观质量缺陷但不影响使用和安全的工程，监理工程师可依据合同规定折减计量与支付，并报建设单位批准。

2. 审核的重点内容

监理工程师必须依据监理规范的规定和经监理工程师签发的“中间交工证书”及核定的工程量清单等资料进行工程数量的计量工作。监理工程师应对施工单位提交的工程支付申请进行审核，确认无误后编制并签发支付证书并报建设单位。审核的重点内容包括：

(1)审核施工单位申请计量的工程项目是否具备独立计量资格；是否是独立发挥作用的分项工程；如属于施工单位应该完成的附属义务、其费用已经包含在投标报价中且合同工程量清单中无此计量项目，则不予单独计量；

(2)审核分项工程是否已经实际完成；质量检测是否合格；质量自检、自评资料是否齐全、真实；“中间交工证书”是否已经签发、是否真实、是否齐全；

(3)审核施工单位提出的分项工程的计量数量是否与设计图纸或与现场实际相符；是否符合技术规范规定的计量范围、计量次数、计量比例；

(4)审核应该计量的工程项目的联合计量方式、约定的计量时间是否已经按照合同条款的规定执行；

(5)对照工程计量支付台账审核已经计量的数量、本期计量的数量、累计计量的数量之间的代数和关系，审核是否发生时间上的超前计量、数量上的超数量计量；审核工程量的计算图式、公式、几何尺寸数据、结果是否正确；

(6)对照经评标、谈判确定的中标合同工程量清单审核拟计量的工程项目的清单编号、项目名称、计量单位是否正确；

(7)监理工程师应本着“公平、公正、公开、维护各方利益”的原则审核工程计量是否发生漏计、少计、多计、重计现象；

(8)对有争议的、需要折减数量、折减单价的工程计量项目，审核是否已经会同建设、设计、施工单位现场共同确认。

3. 注意事项

(1)计量与支付的先决条件是已完分项、分部工程质量经过自检和监理检验，确认工程质量合格，且各项试验检测资料齐全有效、手续齐全；同时符合安全和环保监理的各项规定。

(2)监理工程师在计量与支付时应符合合同规定，并做到客观、公正、准确、及时。计量与支付的项目与数量应不漏、不重、不超。

(3)监理工程师收到施工单位计量申请后应及时计量，对路基基底处理、结构物基础的基底处理及其他复杂、有争议需要现场确认的项目，应会同建设、设计、施工等单位现场进行计量。

(4)根据公路工程施工的实际情况，目前一些分项、分部工程经监理工程师试验检测其工程内在质量合格，但仍有质量缺陷时，监理工程师可依据合同有关约定，组织建设单位、设计单位和施工单位联合鉴定，确认质量缺陷的部位和程度，经施工单位修整后不影响使用和安全的,监理工程师与施工单位协商折减计量与支付,报建设单位批准。上述折减计量与支付工作,监理工程师必须严格控制和掌握。

(5)监理工程师以合同工程量清单内的数量、单价、金额为基础,以经建设单位批准的清单核算为主要依据建立台账,将计量与支付随时发生的变化登账记录,实行动态管理,并与计量与支付申请、批准的数量和金额相一致。当有较大差异时应报建设单位。

4.3.7.15 关于竣工结算的审核

《建设监理规范》第5.5.2条规定了建设工程竣工结算的程序。《公路监理规范》没有给出工程竣工结算的规定,但在第6.0.4条中给出了审核交工结账证书的规定内容,在第6.0.7条中给出了审核最终支付证书的规定内容。

1.审核的实施人

作为一级项目监理机构,由专业监理工程师负责审核并提出审核、修改意见报总监理工程师审定,符合要求后签字认可。作为二级项目监理机构,由驻地办的专业监理工程师负责审核并提出审核、修改意见报驻地监理工程师再审,符合要求后签署驻地监理的意见和名字上报总监办,由总监理工程师审核签字认可。

2. 审核的重点内容

工程竣工结算的程序包括三个步骤:

(1)施工单位按施工合同规定填报竣工结算报表;

(2)项目监理机构的专业监理工程师审核施工单位报送的竣工结算报表;

(3)项目监理机构的总监理工程师审定竣工结算报表,与建设单位、施工单位协商一致后,签发竣工结算文件和最终的工程款支付证书,之后立即报送建设单位。

监理工程师应重点审核的内容包括:

(1)审核工程交工、竣工证书是否已经项目监理机构、建设单位、施工单位、设计单位签发;

(2)审核施工单位编制的交工结账申请、竣工结算或最终支付申请的依据是否正确、齐全;

(3)审核施工单位申请的结算金额计算是否正确,有无多计、冒算,有无漏计、少算,计算过程与结果是否对应;

(4)审核套用的工程预算定额标准是否作废,套用的项目、取费等是否科学合理;

(5)审核拟结算的工程变更费用、索赔补偿费用、价格调整金额、计日工费用、奖励费用等是否已经批准、确定;

(6)审核结算申请的表式、签字手续、报送份数等是否符合合同规定或监理程序的规定;

(7)驻地、总监理工程师还应审核专业监理工程师编制的交工结账证书、竣工结算报告或最终支付证书的程序合规性、手续完善性、计算准确性、格式符合要求性等。

3. 注意事项

(1)项目监理机构编制的交工结账证书、竣工结算报告或最终支付证书经驻地、总监理工程师签字认可后,应按规定时间、格式、份数等要求报送建设单位审批、支付。

(2)合同工程的交工结账、竣工结算或最终支付报表、证书应与建设单位、施工单位进行协商,直至协商一致方可签发。

(3)交工结账证书、竣工结算报告或最终支付证书属于永久存档文件,应加强档案管理。

4.3.7.16 关于合同终止后施工单位应得款项的审核

签订合同的双方应该履行合同并使之履行完结,但是,合同中止、合同终止现象也是不可避免的。合同终止的原因,主要包括三种情形:一是由于建设单位违约导致施工合同最终解除;二是由于施工单位违约导致施工合同终止;三是因战争、地震等社会风险、自然风险的存在导致施工合同不能持续进行。

《建设监理规范》第6.6.2条规定了因建设单位违约导致施工合同最终解除时,项目监理机构应就施工单位按施工合同规定应得到的款项与建设单位和施工单位进行协商的内容。第6.6.3条规定了由于施工单位自身违约导致施工合同终止后,项目监理机构清理施工单位的应得款项,或偿还建设单位的相关款项的内容。

1. 审核的实施人

作为一级项目监理机构,由专业监理工程师负责审核并提出审核、修改意见报总监理工程师审定,符合要求后签字认可。作为二级项目监理机构,由驻地办的专业监理工程师负责审核并提出审核、修改意见报驻地监理工程师再审,符合要求后签署驻地监理的意见和名字上报总监办,由总监理工程师审核签字认可。

2. 审核的重点内容

(1)当建设单位违约导致施工合同最终解除时,项目监理机构应按施工合同的规定从下列应得的款项中确定施工单位应得到的全部款项:施工单位已完成的工程量表中所列的各项工作所应得的款项;按批准的采购计划订购工程材料、设备、构配件的款项;施工单位撤离施工设备至原基地或其他目的地的合理费用;施工单位所有人员的合理遣返费用;合理的利润补偿;施工合同规定的建设单位应支付的违约金。

(2)由于施工单位违约导致施工合同终止后,项目监理机构应按下列程序清理施工单位的应得款项,或偿还建设单位的相关款项:施工合同终止时,清理施工单位已按施工合同规定实际完成的工作所应得的款项和已经得到支付的款项;施工现场余留的材料、设备及临时工程的价值;对已完工程进行检查和验收、移交工程资料、该部分工程的清理、质量缺陷修复等所需的费用;施工合同规定的施工单位应支付的违约金;总监理工程师按照施工合同的规定,在与建设单位和施工单位协商后,书面提交施工单位应得款项或偿还建设单位款项的证明。

3. 注意事项

施工合同的解除必须符合法律程序、合同约定。项目监理机构应就施工单位或建设单位按合同条件规定应得到的款项与建设单位或施工单位进行协商,协商一致后书面通知建设单位或施工单位。

4.3.7.17 关于工地试验室的审核

《建设监理规范》中没有书面给出项目监理机构审核工地试验室的内容。《公路监理规范》第4.2.4条书面给出了项目监理机构审核工地试验室的内容。

1. 审核的实施人

作为一级项目监理机构,由工程试验检测专业监理工程师负责审核并提出审核、修改意见报总监理工程师审定,符合要求后签字认可。作为二级项目监理机构,由驻地办的专业监理工程师负责审核并提出审核、修改意见报驻地监理工程师再审,符合要求后签署驻地监理的意见和名字上报总监办,由总监理工程师审核签字认可。

2. 审核的重点内容

工地试验室是施工单位控制工程质量的重要部室,也是检查、评价、验收工程质量的科学依据。通过审查,确保施工单位工地试验室合格,使其充分发挥施工自检、质量保证作用,是质量监理的基础条件之一,应认真审核、检查。

(1)施工单位工地试验室的人员是否满足合同要求;具体包括试验人员的持证上岗资格、数量、能力、经验,是否与投标书的承诺相一致;必要时进行业务理论考试和实际操作能力测试。

(2)施工单位工地试验室的仪器设备是否满足合同要求,具体包括试验检测仪器、设备、用品、用具的型号、生产厂家、仪器数量、设备数量等。审核是否建立了试验仪器、设备使用台账。

(3)施工单位工地试验室的试验检测能力是否满足合同要求,具体包括试验检测仪器、设备的功能、吨位、精度、仪器数量、设备数量等。

(4)施工单位工地试验室的管理制度是否健全;是否上墙悬挂。

(5)施工单位工地试验室的仪器、设备操作规程是否科学;版面是否上墙、是否齐全、美观。

(6)施工单位工地试验室的建筑面积是否符合合同规定;房屋之间的安全距离是否足够并确保安全;试验人员的办公室、资料室、原材料样品间、试验操作间、试件养生室、化学药品存放室等是否具备;是否符合试验操作规程、合同条件的规定及工程施工的实际需要。

(7)施工单位工地试验人员的工作服装、安全劳动保护用品是否配套、科学、齐全和安全。

(8)工地流动试验室的仪器、设备及用品的检查、审核。

(9)施工单位工地试验仪器、设备和工地流动试验仪器、设备的标定是否由法定计量部门完成;是否有效;是否有遗漏等;标定计量鉴定证书是否收到并归档。

(10)施工单位的母体即其法人单位的试验室资质是否有;是否满足等级要求;是否委托工地试验室进行试验。

3. 注意事项

(1)对于施工单位的工地试验室的正式启用,监理工程师在总体工程开工前应根据检查、审核情况决定于何时予以启用,应以项目监理机构的书面批准文件为准。

(2)在正常施工过程中,监理工程师应经常检查、审核施工单位工地试验仪器、设备、人员和工地流动试验仪器、设备、人员的变化情况,未经项目监理机构书面同意不得更换、转移、调整等。

4.3.7.18 关于工程量清单的核算

《建设监理规范》中没有书面给出项目监理机构审核工程量清单的内容。《公路监理规范》第4.2.9条“核算工程量清单”一条中规定了监理工程师复核工程量清单的内容。这也是公路工程监理者多年积累出的工程管理经验之一,通常称作工程量复核。

工程量清单是合同工程计量支付的主要依据,清单管理也是费用监理的主要工作之一。工程量清单复核是项目监理机构、施工单位在开工前必须做好的准备工作之一。

1. 复核的实施人

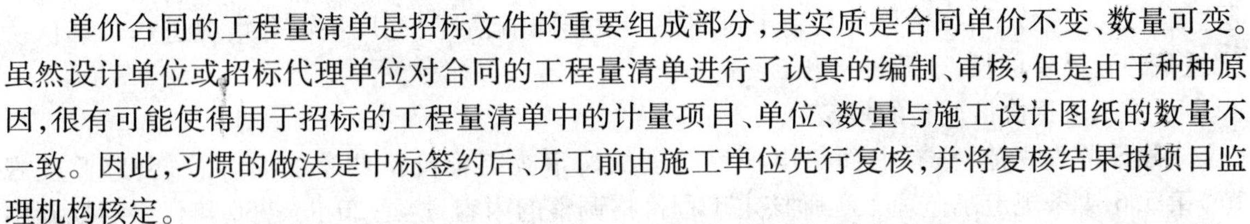

单价合同的工程量清单是招标文件的重要组成部分，其实质是合同单价不变、数量可变。虽然设计单位或招标代理单位对合同的工程量清单进行了认真的编制、审核，但是由于种种原因，很有可能使得用于招标的工程量清单中的计量项目、单位、数量与施工设计图纸的数量不一致。因此，习惯的做法是中标签约后、开工前由施工单位先行复核，并将复核结果报项目监理机构核定。

2. 核算的实施人

核算是指项目监理机构对施工单位报送的工程量清单复核结果进行核对、计算、确认。对于一级项目监理机构，由专业监理工程师负责审核并提出审核结果报总监理工程师审定，符合要求后签字认可。《公路监理规范》规定对于二级项目监理机构，由驻地办的专业监理工程师负责审核并提出审核结果报驻地监理工程师再审，符合要求后签署驻地监理的意见和名字上报总监办，由总监理工程师审核签字认可。

3. 核算的重点内容

(1)审核施工单位对工程量清单的复核依据是否正确、齐全，包括依据的施工图纸、合同条件、技术规范、工程量清单前言、招标补遗和澄清文件等。

(2)审核分项工程量的计算图纸号、计算公式、计算图式、计算过程、计算结果的正确性。工程量复核表式是否与总监办提供的一致；是否擅自采用非规定、非统一图式、算式。

(3)审核分项工程量的计算结果的单位是否统一；汇总过程、代数和的计算是否准确无误。

(4)审核施工单位对工程费用的复核过程、算式、计算汇总结果是否正确。

(5)审核施工单位对工程量复核的计算表式、汇总表式是否与总监办提供的一致；电子版是否与书面版相一致；是否同时提供。

(6)对于驻地办审核的结果与施工单位的复核结果有出入的个别项目，总监办应重点审核结果有出入的个别项目是什么；双方结果出入的比例有多大、原因何在；驻地办的核算结论是否与施工单位协商、沟通一致。

(7)工程量清单的复核进度是否影响工程的月计量工作；是否影响全线的汇总；是否影响合同工程的交工支付、竣工支付、最终支付等。

4. 注意事项

(1)工程数量的审核应严格区分不同的计量方法。有的工程数量是严格以经核对无误的图纸数量为准，如结构水泥混凝土，不考虑超出设计尺寸或损耗数量。有的工程数量是按实际发生的计量，如路基填方中“挖除非适用材料”，通过工程量清单的计量说明，还应明确每项单价所包含的工程内容。

(2)监理工程师审核工程量清单应依据合用条件、合同图纸和技术规范，按照合同规定的计量原则进行工程数量核算。

(3)审核无误后，及时对施工单位提交的工程量清单复核结果予以修改、确认，并报送建设单位备查。严禁擅自修改或销毁。

(4)项目监理机构在组织工程量核定过程中，可以按照分项工程施工先后顺序分阶段展开审核。例如，第一阶段可以将土方工程、桩基工程列为重点核算对象，开工前首先测量未经扰动的原地面以复核路基土石方挖填数量、桥梁桩基的初步延米数量，第二阶段再复核路面基层、面层的工程数量,在桥梁桩基施工过程中再根据泥渣情况、进尺快慢等情况进一步确认桥梁桩基的石质桩桩长、土质桩桩长。

4.3.7.19 关于价格调整的核定

《建设监理规范》没有书面给出项目监理机构审查工程价格调整的内容。《公路监理规范》第5.6.4条规定了监理工程师核定工程价格调整的内容,这是20世纪80年代中后期利用世界银行贷款修建西三一级公路、晏高二级公路、京津塘高速公路和济青、南九、成渝、三铜高速公路时引进FIDIC合同条件并试点工程监理制度时实践的内容,与公路工程施工的工期一般长达24个月以上有关。

1. 核定的实施人

对于一级项目监理机构,由专业监理工程师负责审核并提出审核结果报总监理工程师核定,符合要求后签字认可。对于二级项目监理机构,由驻地办的专业监理工程师负责审核并提出审核结果报驻地监理工程师再审,符合要求后签署驻地监理的意见和名字上报总监办,由总监理工程师审核签字认可。

2. 核定的重点内容

一般地,合同工期长于24个日历月的高速公路或其他土木工程,尤其是世界银行、亚洲开发银行贷款工程项目的招标文件均规定进行价格调整。监理工程师应重点审查核定:

(1)招标文件对价格调整是如何规定的;是否进行调价;调价的方法是票据法或是公式法;

(2)票据法调价有哪些规定;

(3)公式法的调价规定指标有哪些;基价和现价是怎样取值的;现价指数的公布机关是否在施工合同中明确的;现价指数是采用相对指数还是环比指数;相对指数是相对于上一个月的、还是上一个年度的;

(4)核定施工单位计算的调价基础金额是否正确;调价金额计算是否准确;

(5)审核调价的程序、表式、格式是否正确等。

3. 注意事项

(1)调价公式法中的基价和现价的来源必须合法,必须书面提供。

(2)调价基础金额的取值不应包括按现价变更的工程金额、索赔金额、计日工金额等,注意调价计算金额和汇总金额的正确性。

(3)价格调整在施工合同中有明确规定,应根据合同规定的价格调整方法及可调整的项目给予调价,并将相应的金额增加到合同价格上或从合同价格中扣除。

4.3.7.20 关于计日工的审查

《建设监理规范》没有书面给出项目监理机构审查计日工的内容。《公路监理规范》第5.6.4条规定了监理工程师审查计日工的内容。

计日工属于合同工程量清单中的内容,一般汇总在合同总价内。FIDIC合同条件(第四版)规定没有监理工程师的批准,严禁使用计日工。

1. 审查的实施人

对于一级项目监理机构,由专业监理工程师负责审核并提出审核结果报总监理工程师核定,符合要求后签字认可。对于二级项目监理机构,由驻地办的专业监理工程师负责审核并提

出审核结果报驻地监理工程师再审，符合要求后签署驻地监理的意见和名字上报总监办，由总监理工程师审核签字认可。

2. 审查的重点内容

一般来说，公路工程或其他土木工程，尤其是世界银行、亚洲开发银行贷款工程项目的招标文件均规定了使用计日工的项目。监理工程师应重点审查核定：

(1)招标文件对使用计日工是如何规定的；

(2)施工单位动用计日工是否经过监理工程师批准；批准的项目有哪些；

(3)现场计量施工单位使用计日工的数量，包括人员、机械、材料和时间等；

(4)核定施工单位计算的计日工数量是否与监理人员的现场记录相一致；计算金额是否准确；

(5)审核计日工的使用程序、表式、格式是否正确等。

3. 注意事项

(1)没有监理工程师的批准，严禁使用计日工。

(2)使用计日工必须做好现场记录，包括数量记录、计日工类别记录和现场照相、录像资料。

(3)计日工按合同已确定的单价和费率，以日计月累计形式，通过每月(期)支付申请，监理工程师审核，建设单位批准支付。

4.3.7.21 关于施工安全设施、特种作业人员、施工现场平面布置、安全施工方案的审查

自2004年2月1日起施行《建设工程安全生产管理条例》之后，工程监理单位应要求其项目监理机构必须审查工程施工安全控制中的安全技术措施、专项施工方案、安全事故应急救援预案、安全设施、大中型施工机械、特种作业人员和施工现场平面布置等内容。

1. 审查安全技术措施或者专项施工方案

——安全技术措施。安全技术措施包括防火、防毒、防爆、防洪、防尘、防雷击、防触电、防坍塌、防物体打击、防机械伤害、防溜车、防高空坠落、防交通事故、防寒、防暑、防疫、防环境污染等方面的措施。施工组织设计中的安全技术措施，具体包括进入施工现场的安全规定；地面、深坑、隧道施工作业的防护；水上、高处及立体交叉施工作业的防护；施工用电安全技术措施；机械、机具使用过程中的安全防护及夜间施工安全防护；为确保安全，对于采用新工艺、新材料、新技术制定的专项安全技术措施；预防自然灾害(台风、雷击、洪水、泥石流等)的措施等。

——专项安全施工方案。监理工程师应依据《公路水运工程安全生产监督管理办法》第二十三条所指的九项分部分项工程，督促施工单位在施工前单独编制专项安全施工方案。对于施工现场临时用电设备在5台及5台以上的或设备总容量在50kW及50kW以上的，也应督促施工单位编制临时用电专项安全方案。

对下列危险性较大的工程，工程监理人员应督促施工单位编制专项施工方案，并附安全验算结果，须施工单位的技术负责人、监理工程师审查同意并签字后实施，由安全生产管理人员进行现场监督：

(1)不良地质条件下有潜在危险性的土方、石方开挖；

(2)滑坡和高边处理；

(3)桩基础、挡墙基础、深水基础及围堰工程；

(4)桥梁工程中的梁、拱、柱等构件施工等；

(5)隧道工程中的不良地质隧道、高瓦斯隧道、水底海底隧道等；

(6)水上工程中的打桩船作业、施工船作业、外海孤岛作业、边通航边施工作业等；

(7)水下工程中的水下焊接、混凝土浇注等；

(8)爆破工程、拆除工程；

(9)大型临时工程中的大型支架、模板、便桥的架设与拆除，桥梁、码头的加固与拆除；

(10)其他危险性较大的工程。

2. 审查的方法

施工单位编写、内部经施工单位技术负责人审查同意并签字后，在开工前向监理报审。监理工程师应按下列方法主持审查：

——程序性审查。专项安全施工方案按规定必须经专家论证、审查的，是否已经论证和审查；专项安全施工方案是否经施工单位技术负责人签认；不合程序的应退回。

——符合性审查。专项安全施工方案必须符合强制性标准的规定，并附有安全验算的结果。经专家论证、审查的，应附有专家审查的书面意见，专项安全施工方案应有紧急救护措施等应急救援预案。

——针对性审查。专项安全施工方案应针对本工程的特点以及所处的环境、管理模式，具有可操作性。

专项安全施工方案经专业监理工程师审查后，填写审查意见并签字。特别复杂的专项安全施工方案，项目监理机构应报请工程监理单位技术负责人审查。

3. 事故应急救援预案的审查

《中华人民共和国安全生产法》第 33 条规定“生产经营单位对重大危险源应当制定应急救援预案，并告知从业人员和相关人员在紧急情况下应当采取的应急措施”。《公路水运工程安全生产监督管理办法》第 33 条规定“建设单位、施工单位应当针对本工程项目特点制定生产安全事故应急预案，定期组织演练”。工程监理单位应要求其项目监理机构审查应急救援体系的人员组成情况、危险源辨识结果，审查应急救援预案的针对性、可操作性、完整性，提出修改意见，督促建立健全应急救援体系。施工阶段监理人员应加强跟踪检查。

4. 安全设施的审查

监理工程师在安全设施未进入工地前可按下列步骤进行监督。

(1)施工单位应提供当地或外购安全设施的产地、厂家以及出厂合格证书，供监理工程师审查。

(2)在施工初期，根据需要对这些厂家的生产工艺等进行调查了解。

(3)必要时，可要求施工单位对安全设施取样试验，确保安全设施满足要求。

5. 大、中型施工机械的审查

重点审查施工单位进场大、中型施工机械设备一览表及合格证，对施工单位申报进入施工现场的大、中型施工机械设备数量、型号、规格、生产能力、完好率进行审查。

6. 特种作业人员的进场审查

重点审核施工单位申报的特种作业人员资格，包括垂直运输机械作业人员、安装拆卸作业

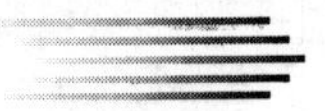

人员、起重信号工、登高架设人员、爆破作业人员、电工、预应力张拉人员、水上作业人员、大(中)型机械操作员等特种作业人员的名册、岗位证书的相符性和有效性。

7. 施工现场平面布置的审查

工程施工现场的场地布置是工程施工过程中的重要组成部分，监理工程师在审查工程施工组织设计文件时，必须从工程施工安全的角度审查施工现场平面布置图设计的合理性和符合性：

(1)施工现场的生活生产房屋、变电所、发电机房、临时油库等均应设在干燥地基上，并应符合防火、防洪、防风、防爆、防震的要求。

(2)施工现场要设置足够的消防设备。

(3)生产生活房屋应按规定保持必需的安全净距，一般情况下活动板房不小于7m，铁皮板房不小于5m。临时的锅炉房、发电机房、变电室、铁工房、厨房等与其他房屋的间距不小于15m。

(4)炸药库的设置应符合国家有关规定，工地的小型油库应远离生活区50m以外，并外设围栏。

(5)工地上较高的建(构)筑物，临时设施及重要库房，均应加设避雷装置。

(6)对环境有污染的设施和材料应设置在远离人员居住的空旷地点。

(7)场内道路应保持畅通且不泥泞、不扬尘、不颠簸。

(8)施工现场的临时设施，必须避开泥沼、悬崖、陡坡、泥石流、雪崩等危险区域，选在水文、地质良好的地段。

5 测量、试验、验收、计量、质量评定行为

5.1 项目监理机构的测量行为

5.1.1 工程测量的含义

5.1.1.1 《现代汉语词典》中的有关解释

【测量】《现代汉语词典》中收录了“测量”一词，指：①用仪器确定空间、时间、温度、速度、功能等有关数值；②有关地形、地物等的测定工作。

可见，“测量”一词是行为动词，强调行为人为了确认有关数据而进行观测、量度。测量的结果用数据表示，具有相应的计量单位。

5.1.1.2 工程监理规范中的有关解释

1. 国家标准中的有关解释

《建设监理规范》第2章“术语”中没有给出“测量”一词，但给出了项目监理机构进行“测量”方面的规定。例如：第5.4.4条规定项目监理机构应对施工单位报送的施工测量放线成果进行复验和确认。

2. 行业标准中的有关解释

（1）《公路监理规范》的解释

在其第2章“术语”中没有给出“测量”一词，但给出了监理进行“测量”方面的规定。例如，第5.1.2条“审批施工测量放线”规定监理工程师应检查施工单位使用的测量仪器是否按规定进行了校准，审查其提交的施工测量放线数据、图表及放线成果并予以批复。同时，监理工程师应对基准点引出的工程控制桩进行复测，对施工放线的重点桩位100%复测，其他桩位不低于30%抽测。

据此，可将监理的“测量”行为概括为“监理人员在施工单位自检合格的基础上按照监理规范规定的项目、规定的指标、规定的频率对工程材料、构配件、设备或工程实体的几何尺寸、受力的大小、含量的多少等进行的旨在检查、评价质量合格与否的观测、量度活动”。

（2）《铁路监理规范》的解释

在其第2章“术语”中也没有给出“测量”一词，但书面明确规定现场项目监理机构、监理工程师应认真实施“测量”行为，并在其他条文中给出了“监理测量”这一监理工作行为的具体规定。例如，第5.3.2条规定专业监理工程师应对承包单位报送的施工放线成果进行核查，合格后签认“施工测量放样报验表”。

（3）《水利监理规范》的解释

在其第2章“术语”中也没有给出“测量”一词，但书面明确规定现场项目监理机构、监理工程师应该认真实施“测量”行为，并在其他条文中给出了“监理测量”这一监理工作行为的具体规定。例如，第6.2.8条规定项目监理机构应对施工单位在工程开工前实施的施工放线测

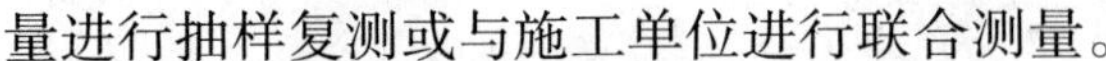

量进行抽样复测或与施工单位进行联合测量。

5.1.2 监理测量行为的内涵及其行为人、责任主体

5.1.2.1 监理测量行为的内涵

工程测量是将空间位置数字化及其逆过程的全部理论与技术体系，包括测定和测设两个过程，包括工前勘测、工中控制、工后监测三项任务。

工程测量是监理工程师在质量控制过程中对施工各部位的平面位置、立面高程、几何尺寸等进行检查和控制、评价的重要手段，包括施工放样的现场复核，施工过程中的平行测量和抽查测量，工程验收过程中的检查测量以及工程质量问题分析过程中的调查测量等。

监理的"测量"行为是监理工程师在工程项目施工阶段的重要岗位工作行为之一，也是项目监理机构的重要工作内容之一。"测量"活动贯穿于整个施工监理管理过程。"测量行为"主要是为工程施工质量监理、安全监理、环保监理、费用监理等合同管理工作服务，监理利用"测量"这一工作手段可以评估工程施工合同的执行情况，检查工程质量的控制情况等。

对项目监理机构而言，"测量"是监理人员依据监理规划、监理实施细则、履行监理合同过程中应尽的主要义务之一；施工单位应为监理人员实施"测量"提供工作方便。

工程监理人员的"测量"是一个专项检查或检测活动，也是质量监控的一种重要手段，它强调利用一定的测量仪器、工具，在施工单位自我测量、放样合格的基础上，由监理人员按照一定的比例独立进行，要求做好测量记录，发现异常事项立即逐级报告，对测量不合格项进行跟踪处理和监督。

5.1.2.2 监理测量行为的行为人、责任主体

监理的测量活动可以作为一种监理执业行为，其行为人是全体监理人员，尤其是专业监理工程师和监理员，由项目监理机构承担测量行为结果的责任。

在测量的具体实施过程中，项目监理机构的负责人——总监理工程师、驻地监理工程师负责组织、安排、监督、检查测量工作，专业监理工程师、监理员应为项目监理机构负责和服务，具体完成测量任务，专业监理工程师、监理员的测量行为不代表个人行为，由项目监理机构承担测量行为不作为的责任。

5.1.3 监理测量行为的相近行为、实施手段

5.1.3.1 监理测量行为的相近行为

工程测量行为是一种独立行为，不存在相近的行为。测量活动可以作为检查、旁站、巡视、见证检测等行为的手段之一。

5.1.3.2 监理测量行为的实施手段

项目监理机构实施测量行为，一般应依据调查、检查、审查、旁站、巡视、抽检的情况，借助编写测量通知、指令文件、计算分析等监理手段。例如，根据旁站的情况决定进行高程测量，以查验实际高程是否合格。

5.1.4 监理测量行为的实施阶段、行为方式

5.1.4.1 监理测量行为的实施阶段

监理测量行为的实施阶段，主要处于工程的施工阶段、交工缺陷责任期阶段。只要有工程项目的施工，监理工程师就必须履行工程测量职责。施工准备阶段以复测导线点、水准点为主。

5.1.4.2　监理测量行为的行为方式

监理测量行为主要为工程施工质量控制、费用控制和安全、环保服务。测量可以作为抽检、旁站、检查、试验、检测等行为的手段。监理测量行为的行为方式，主要包括：独立测量和联合测量；连续式观测和间断式观测；基本数据观测（如高程控制测量）和特殊数据观测（如结构变形测量）；全部实测和部分抽测等。

5.1.5　监理测量行为的表达方式

测量，既可以作为行为的实施过程，又可以作为行为的实施结果。

作为测量行为的结果的表达方式，一般包括红头文件形式、非红头文件的表格资料形式等两种，主要采用专用表格形式。

5.1.5.1　采用红头文件表达

监理的测量行为的实施结果，应该采用红头文件的形式表达的，主要包括项目监理机构编制、印发的测量通知、报告、审批文件。在工程施工过程中，总监办或建设单位制定的文件管理办法中规定测量结果使用报告、批复文件等形式的，应该使用文件的形式；没有规定的，应将重要的测量事项、抽检事件以报告、批复文件的形式发送。

5.1.5.2　采用专用监理表格形式表达

《建设监理规范》中没有规定监理测量的结果采用非红头文件形式表达的内容。《公路监理规范》等行业监理规范中也没有规定监理测量的结果采用非红头文件形式表达的内容，但在条文说明中说明了监理进行的测量工作的结果应尽量采用灵活多样的、专用的、固定格式的表格形式。传统的做法是采用专用表格形式表达测量结果。

5.1.6　监理规范中关于监理测量行为的规定内容

根据《建设监理规范》和《水利监理规范》、《公路监理规范》、《铁路监理规范》的规定，监理测量行为的规定内容如表5-1所示。

监理测量行为的主要规定内容　　表5-1

序号	规定的具体内容	依据的监理规范			
		国标规范	公路规范	铁路规范	水利规范
1	复验、确认施工测量放线成果	第5.4.4条	—	第5.3.2条	第6.2.8条
2	复核控制桩的校核成果、保护措施以及平面控制网、高程控制网、临时水准点的测量成果	第5.2.7条	第5.1.2条	第4.0.5条	—
3	复测原始基准点、基准线和基准高程	—	第4.2.5条	—	—
4	抽样、平行复测或联合测量	—	第4.2.5条	—	第6.2.8条
5	工程平面位置、高程测量	—	—	—	—
6	测绘原始地面地形以及计量起始位置地形图	—	第4.2.6条	—	第6.4.2条
7	工程几何尺寸测量、温度测量	—	—	—	—
8	工程变形测量	—	—	—	—
9	其他	—	—	—	—

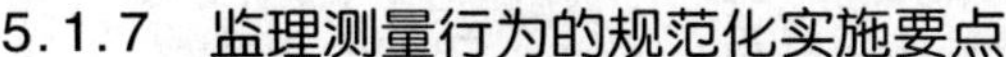

5.1.7 监理测量行为的规范化实施要点

5.1.7.1 实施监理测量行为应达到的目标或要求

工程监理人员在进行工程施工测量复核、复测、抽查等过程中，在时间上应达到及时测量、经常测量的要求；在主观上应达到认真、主动、为工程负责的要求；在客观上应达到测量方案科学、精度符合规定，数据真实可靠，测量、计算、复核等签认手续完备，发现问题、解决问题的目标。

5.1.7.2 关于控制桩、平面控制网、高程控制网、水准点的复测

根据《建设监理规范》第5.2.7条规定复核控制桩的校核成果、保护措施以及平面控制网、高程控制网、临时水准点的测量成果。《公路监理规范》第4.2.5条的规定应复测施工单位提交的原始基准点、基准线、基准高程的测量结果。

1. 测量的实施人

控制桩的校核、保护措施以及平面控制网、高程控制网、临时水准点和原始水准点的测量，首先由施工单位的专职测量人员进行实地测量，之后由项目监理机构的测量专业监理工程师进行复核性测量。

2. 监理测量的要点

控制桩、基准点的测量工作在施工准备阶段进行，项目监理机构应在施工准备阶段应做好4项工作：

(1)提示施工单位及早进行控制桩、基准点的测量并进行旁站、巡视检查。

(2)当施工单位提交了控制桩、原始基准点、基准线、基准高程的测量结果报告时，专业监理工程师应审核其测量数据的真实性、计算平差的准确性、结果可靠性、测算复核签字手续的完备性。审核合格后进行复测。

(3)当双方的复测复核结果一致并满足技术规范的误差规定时，项目监理机构应予行文批复或者由专业监理工程师在施工单位报送的施工测量成果报验申请表上签字。

(4)当双方的复测复核结果不一致或不满足技术规范的误差规定时，项目监理机构应分析原因，必要时由专业监理工程师会同施工单位的测量人员联合测量，直至满足技术规范的规定。

3. 注意事项

(1)控制桩、基准点的测量工作也可以平行进行，即在施工单位进行现场测量复核的同时，项目监理机构也进行测量，只是各自使用自备的但经过标定校准的测量仪器和工具一前一后地进行，各自独立地进行测量和计算、复核、签字认可，最后将两者的结果进行对比，双方的复测复核结果一致并满足技术规范的误差规定时即可结束野外测量。

(2)控制性桩点，应进行现场交桩，并保护好交桩成果。各类工程的平面控制测量等级应符合相关技术规范的规定。三角测量技术要求应符合相关技术规范的规定。四级GPS控制网的主要技术参数应符合相关技术规范的规定。各类工程的水准测量等级应符合相关技术规范的规定。导线测量精度应符合相关技术规范的规定。

5.1.7.3 关于施工测量放线

《建设监理规范》第5.4.4条规定项目监理机构应对施工单位在施工过程中报送的施工测量放线成果进行复测验证和确认。《公路监理规范》没有给出书面规定。

1. 测量的实施人

施工过程中的放线测量工作十分频繁，项目监理机构的专业测量监理工程师及其助理人员应跟踪复测和检查测量成果。

2. 监理测量的要点

施工过程中的测量控制工作主要包括平面位置、立面高程的测量放线工作，项目监理机构应保证专业测量监理工程师的到岗和在岗。一是旁站施工单位的测量过程、计算复核其测量结果，监督施工单位正确地使用测量结果；二是对100%的测量点位进行平行测量控制，直至双方的测量结果一致并满足规范要求；三是按照监理规范或监理招标文件的规定频率复核测量有关点位。

3. 注意事项

(1)路基工程开工前，应进行全段中线放样并固定路线主要控制桩，高速公路、一级公路宜采用坐标法进行测量放样。中线放样时，应注意路线中线与结构物中心、相邻施工段的中线闭合，发现问题应及时查明原因，进行处理。路基施工前，应对原地面进行复测，核对或补充横断面，设置标识桩，对路基用地界、路堤坡脚、路堑坡顶、取土坑、护坡道、弃土堆等的具体位置标识清楚。对深挖高填路段，每挖填3~5m或者一个边坡平台(碎落台)应复测中线和横断面。每项测量成果必须进行复核，原始记录应存档。

(2)桥梁工程施工测量应根据桥梁的形式、跨径及设计要求的施工精度，确定利用原设计网点加密或重新布设控制网点。补充施工需要的水准点、桥涵轴线、墩台控制桩。当有良好的丈量条件时可采用直接丈量法进行墩台施工定位。直接丈量，应对尺长、温度、拉力、垂度和倾斜度进行改正计算。大、中桥的水中墩、台和基础的位置，宜用校验过的电磁波测距仪测量。桥墩中心线在桥轴线方向上的位置中误差不应大于±15mm。曲线上的桥梁施工测量，应按照设计文件参照公路曲线测定方法处理。涵洞测量放样时，应注意核对涵洞纵横轴线的地形剖面图是否与设计图相符，应注意涵洞长度、涵底标高的正确性。对斜交涵洞、曲线上和陡坡上的涵洞，应考虑交角、加宽、超高和纵坡对涵洞具体位置、尺寸的影响，并注意锥坡、翼墙、一字墙和涵洞墙身顶部上下游调治构造物的位置、方向、长度、高度、坡度，使之符合技术要求。桥梁施工过程中，应测定并经常检查桥涵结构浇砌和安装部分的位置和高程，并作出测量记录和结论，如超过允许偏差时，应分析原因，并予以补救和改正。桥梁竣工后应进行竣工测量，测定桥梁中线，丈量跨径；丈量墩、台(或塔、锚)各部尺寸；检查桥面高程。平面控制网可采用三角测量和GPS测量。

(3)高程控制测量。水准测量等级的确定应符合下列要求：2 000m以上的特大桥，一般为三等，1 000~2 000m的特大桥为四等，1 000m以下的桥梁为五等。水准测量的等级划分及主要技术要求应符合相关技术规范的规定。

(4)隧道工程的测量。隧道施工时应做好下列工作：长隧道设置的精密三角网或精密导线网，应定期对其基准点和水准点进行校核；洞外水准点、中线点应根据隧道平纵面、隧道长度等定期进行复核，洞内控制点根据施工进度设定。洞内施工隧道测量，桩点必须稳定、可靠，且通视良好。水准点应设在不易损坏处，并加以妥善保护。测量仪器、工具在使用前应做检校，保证仪器具的技术状态符合使用要求。使用光测距仪时，应按其使用规定要求进行。隧道平面控制测量的精度、隧道内两相向施工中线在贯通面上的极限误差、由洞外和洞口内控制测量

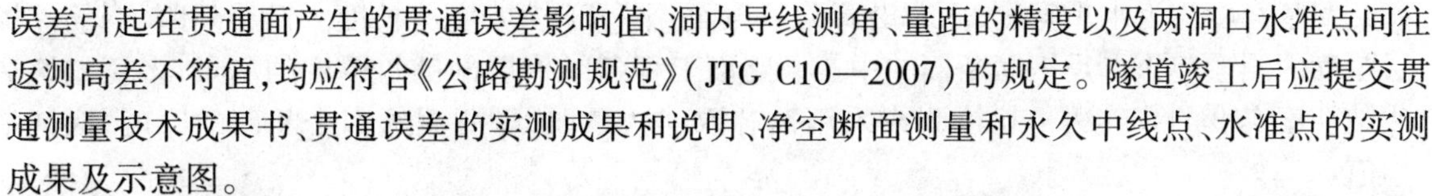

误差引起在贯通面产生的贯通误差影响值、洞内导线测角、量距的精度以及两洞口水准点间往返测高差不符值，均应符合《公路勘测规范》(JTG C10—2007)的规定。隧道竣工后应提交贯通测量技术成果书、贯通误差的实测成果和说明、净空断面测量和永久中线点、水准点的实测成果及示意图。

隧道贯通误差的测定应按下列要求进行：采用精密导线测量时，在贯通面附近定一临时点，由进测的两方向分别测量该点的坐标，所得的闭合差分别投影至贯通面及其垂直的方向上，得出实际的横向和纵向贯通误差，再置镜于该临时点测求方位角贯通误差。采用中线法测量时，应由测量的相向两方向分别向贯通面延伸，并取一临时点，量出两点的横向和纵向距离，得出该隧道的实际贯通误差。水准路线由两端向洞内进测，分别测至贯通面附近的同一水准点或中线点上，所测得的高程差值即为实际的高程贯通误差。隧道贯通后，施工中线及高程的实际贯通误差，应在未衬砌的100m地段内(即调线地段)调整。该段的开挖及衬砌均应以调整后的中线及高程进行放样。

5.1.7.4　关于原始地面线的抽测

《建设监理规范》中没有这项规定。《公路监理规范》第4.2.6条给出了明确规定，规定公路工程施工应测量路基的原始地面线高程。《水利监理规范》第6.4.2条第3款规定测量原始地面线以及计量起始位置地形图。

1. 测量的实施人

路基工程的原地面高程由项目监理机构中的专业测量监理工程师进行复核性测量验证，助理测量工程师协助进行。

2. 监理测量的要点

路基工程原地面高程测量的目的是复核路基土石方填筑或开挖的数量。在施工准备阶段，监理工程师应重点监督施工单位在原始地面线没有被扰动、破坏前测定地面线，这是第一次测量，并对该测定结果进行抽测。抽测频率应能判定施工单位测定结果是否真实可靠，且不低于施工单位测点的30%。第二次测量是在清除不适宜填筑路基的原状土、垃圾、树根等不适宜材料并进行压实后进行，即清表后填前碾压合格时的路基基准高程，这个高程数据是计算路基工程填筑数量的基础，监理工程师同样应进行抽检，抽测频率应能判定施工单位测定结果是否真实可靠，且不低于施工单位测点的30%。第三，监理工程师应对施工单位提交的土石方工程量计算资料进行审核，审核的基础还是依靠测量成果。第四，项目监理机构的负责人应注意保管原始地面线的测量高程结果、清表后填前碾压合格时的路基基准高程结果，必要时封存并移交建设单位或上级项目监理机构。

5.1.7.5　关于工程结构物的几何尺寸测量

《建设监理规范》、《公路监理规范》等监理规范没有给出工程结构物的几何尺寸测量的规定内容。但是，不论是路基工程，还是桥涵、隧道工程，工程监理人员应依据《工程测量规范》(GB 50026—93)和路基、路面、桥涵、隧道等施工技术规范中的测量要求进行工程几何尺寸的测量。测量的监理要点包括：

几何尺寸测量应注意测量工具的标定、维护、科学使用、准确测量。工程结构物几何尺寸的测量内容包括长、宽、高或者间距、厚度等。除丈量土地占用面积外，其他长度测量必须使用钢尺。

路基宽度应为水平宽度，而非沿着路基顶面、平行于横坡度的长度。钢筋间距、钢筋保护层厚度的测量起止点是钢筋断面的中心。路面工程各结构层的铺筑厚度的测量，多用挖坑法或结合压实度的灌砂法一起检测或采用钻芯取样法量取，量测周边四个断面的厚度，取其平均值。

5.1.7.6　关于工程施工物料的温度测量

《建设监理规范》、《公路监理规范》等监理规范没有给出工程施工物料的温度测量的规定内容。但是，不论是路基工程，还是桥涵、隧道工程及其他土木工程，工程监理人员应依据《工程测量规范》(GB 50026—93)和有关施工技术规范的规定进行工程使用物料的温度测量。

1. 测量的实施人

工程物料的温度测量多在施工现场或试验室进行，由项目监理机构中的现场监理人员进行抽检性测量，主要由监理员或试验员实地进行测量并验证施工单位的自检测量结果。

2. 测量的内容

需要测量温度的工程施工物料包括沥青混凝土的拌和温度、出场温度、摊铺温度、碾压温度、碾压终了温度；冬季施工时，水泥混凝土拌和前的沙石材料的温度、拌和用水的温度、拌和物的温度、混凝土入模振捣前的温度等；预应力水泥混凝土梁板的蒸汽养生过程中，升温时的时间与温度、恒温的时间与温度、降温的时间与温度等；试验室的试件养护温度等。

3. 沥青混凝土的有关温度测量

公路或城市道路用沥青混凝土的有关温度包括沥青加温的温度测量，沥青混凝土的拌和温度测量，混合料出场温度的测量，运至施工现场摊铺时的温度测量，压路机碾压的初压、复压温度和碾压终了的温度测量、开放交通前的温度测量等。测量时应使用精度合格的专业温度检测仪器，如红外线温度检测仪，注意检测的部位和时间。使用插入式温度计时，插入的角度、深度是监理控制的重点。

4. 冬季施工的水泥混凝土的有关温度测量

根据相关工程施工技术规范的规定，冬季施工桥涵工程时，尤其是寒冷的北方地区，为保证水泥混凝土的成型质量、成品质量，施工人员、监理人员必须测量混凝土灌入模板前的温度，而混凝土灌入模板前的温度又与沙石原材料的温度、拌和用水的温度密切相关。因此，监理人员尤其是监理员应检测沙石材料的温度、拌和用水的温度、拌和物的温度、混凝土入模振捣前的温度以及浇注完成后若干小时内的混凝土温度等。对于预应力梁板预制过程中的蒸汽养生，监理人员应每半个小时检测一次升温的温度和降温的温度，以确定升降温速度，防止升降温速度超出桥梁施工规范的规定，防止梁板因升降温速度不当引起温度裂缝等病害。对于滑模摊铺水泥混凝土路面应注意测量散装水泥的出场温度、混凝土拌和料的出仓温度等。

5. 养护温度的测量

试验室的试件标准养护温度的测量，一般用水银温度计即可，控制升温、恒温、降温的时间和温度值，以获得标准养护条件下的各种工程试件的强度值是科学的、可靠的。

5.1.7.7　关于工程变形测量

《建设监理规范》、《公路监理规范》均没有给出工程变形测量的规定内容。但是，不论是路基工程，还是桥涵、隧道工程、楼房工程及其他土木工程，因受大自然的特殊地质、土质、外力作用，随着时间的推移很有可能发生变形，或沉降或开裂或平移或倾斜。项目监理机构应依据

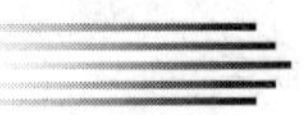

国标《工程测量规范》(GB 50026—93)和有关行业施工技术规范的规定进行工程变形测量。

1. 测量的实施人

工程沉降、开裂、平移、倾斜等变形测量由项目监理机构中的专业测量监理工程师进行复核性测量验证,助理测量工程师协助进行。

2. 监理测量的要点

(1)科学地设置变形测量点,宜分为基准点、工作基点和变形观测点。其布设应符合下列要求:每个工程至少应有3个稳固可靠的点作为基准点;工作基点应选在比较稳定的位置;对通视条件较好或观测项目较少的工程,可不设立工作基点,在基准点上直接测定变形观测点;变形观测点应设立在变形体上能反映变形特征的位置。

(2)明确变形测量的等级划分及精度要求,应符合有关技术规范的规定。

(3)决定变形测量的观测周期,应根据建筑物、构筑物的特征、变形速率、观测精度要求和工程地质条件等因素综合考虑。观测过程中,根据变形量的变化情况,应适当调整。每次变形观测时,宜符合下列要求:采用相同的图形(观测路线)和观测方法;使用同一仪器和设备;固定观测人员;在基本相同的环境和条件下工作。

(4)水平位移的测量。水平位移的测量,可采用测角前方交会法、边角交会法、导线测量法、极坐标法、小角法、经纬仪投点法、视准线法、正垂线或倒垂线法。构筑物主体的倾斜观测,应测定顶部及其相应底部观测点的偏移值。对整体刚度较好的建筑物的倾斜观测,可采用基础差异沉降推算主体倾斜值。构筑物的裂缝观测,宜在裂缝两侧设置观测标志;对于较大的裂缝,至少应在其最宽处及裂缝末端各布设一对观测标志。测定其位置、走向、长度和宽度的时间变化。水平位移测量结束后,应根据工程需要提交水平位移量成果表;观测点平面位置图;水平位移量曲线图;有关荷载、温度、位移值相关曲线图;水平位移和垂直位移综合曲线图;变形分析报告等。

(5)垂直位移测量(沉降观测)。路堤填筑高度大于等于5m的路堤施工中,必须进行沉降和稳定的动态观测。施工期间,应按设计要求进行沉降和稳定的跟踪观测,观测频率应与沉降、稳定的变形速率相适应,每填筑一层应观测一次;如果两次填筑间隔时间较长,每3天至少观测一次。路堤填筑完成后,堆载预压期间观测应视地基稳定情况而定,半月或每月观测一次。在施工路段的原地面上一般埋设沉降板进行高程观测。沉降板埋置于路基中心、路肩及坡趾的基底。沉降板观测仪器要求:往返水准测量精度1mm/km。堆载预压期间观测应视地基稳定情况而定,一般情况下,第一个月每3天观测一次,第二至第三个月每7天观测一次,从第四个月起每15天观测一次,直至预压期结束。

楼房等建筑物的沉降观测,宜采用几何水准或液体静力水准等测量方法。单个构件,可采用测微水准或机械倾斜仪、电子倾斜仪等测量方法。沉降观测点的布设,应符合下列规定:能够反映建筑物、构筑物变形特征和变形明显的部位;标志应稳固、明显、结构合理,不影响建筑物、构筑物的美观和使用;点位应避开障碍物,便于观测和长期保存。施工期间,建筑物沉降观测的周期,高层建筑每增加1~2层应观测1次;竣工后的观测周期,可根据建筑物的稳定情况确定。

沉降观测的各项记录,必须注明观测时的气象情况和荷载变化。垂直位移测量结束后,项目监理机构应根据工程需要提交垂直位移量成果表;观测点位置图;位移速率、时间、位移量曲线图;荷载、时间、位移量曲线图;等位移量曲线图;相邻影响曲线图;变形分析报告等。

5.2 项目监理机构的试验行为

5.2.1 工程试验的含义

5.2.1.1 《现代汉语词典》中的有关解释

【试验】《现代汉语词典》中收录了“试验”一词,指:①为了察看某事的结果或某物的性能而从事某种活动,例如,新办法要经过试验后才能推广;②旧时指考试。

可见,“试验”一词是行为动词,强调行为人为了察看某事的结果或某物的性能而从事的某种观察、研究活动。

5.2.1.2 工程监理规范中的有关解释

1. 国家标准中的有关解释

《建设监理规范》第2章“术语”中没有给出“试验”一词,但给出了监理人员进行试验的有关规定条文。例如,第5.4.5条规定专业监理工程师应从以下5个方面对施工单位的试验室进行考核:试验室的资质等级及其试验范围;法定计量部门对试验设备出具的计量检定证明;试验室的管理制度;试验人员的资格证书;本工程的试验项目及其要求。

2. 行业标准中的有关解释

(1)《公路监理规范》的解释

在其第2章“术语”中没有单独给出“试验”一词,但给出了“试验工程”和“标准试验”一词的定义:

【试验工程】为确认施工方案、获取控制参数所进行的试验路段或工程部位。

【标准试验】在工程开工前,为确定工程材料的最佳组合(如含水率、级配、配合比等),建立施工控制和检验标准所进行的试验。

(2)《铁路监理规范》的解释

在其第2章“术语”中不但没有给出“试验”一词,而且没有书面规定项目监理机构、监理工程师应该认真实施的“试验”行为。

(3)《水利监理规范》的解释

在其第2章“术语”中也没有给出“试验”一词,但书面明确规定现场项目监理机构、监理人员应该认真实施“检验、试验”行为,并在其他条文中给出了“监理检验、试验、检测”这一监理工作行为的具体规定。例如,第6.2.6条规定项目监理机构应监督施工单位按有关规定和施工合同约定对于工程中使用的材料、构配件进行检验。项目监理机构如对进场材料、构配件和工程设备的质量有异议时,可指示施工单位重新进行检验;必要时,项目监理机构应进行平行检测。

5.2.2 监理试验行为的内涵及其行为人、责任主体

5.2.2.1 监理试验行为的内涵

监理的“试验”行为是监理人员在工程项目施工阶段的重要岗位工作行为之一,也是项目监理机构的重要工作内容之一。监理人员的“试验”工作的质量,反映着项目监理机构乃至工程监理单位的监理工作质量,反映着项目监理机构和工程监理单位的能力、信誉。“试验”活动贯穿于整个施工监理管理过程。“试验行为”主要是为工程施工质量监理、安全监理、环保

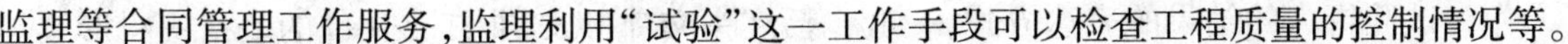

监理等合同管理工作服务，监理利用“试验”这一工作手段可以检查工程质量的控制情况等。

对项目监理机构而言，“试验”是监理人员依据监理规划、监理实施细则、履行监理合同过程中应尽的主要义务之一；施工单位应为监理人员实施“试验”提供工作方便，如原材料的取样、混合料的取样等。

工程监理人员的“试验”是一个专项检查或检测、验证活动，也是一种质量监控的重要手段，它强调利用一定的试验仪器、工具，在施工单位自我试验合格的基础上，由监理人员按照一定的比例独立进行，要求做好试验记录，发现异常事项立即逐级报告，对试验不合格项进行跟踪处理和监督。

5.2.2.2 监理试验行为的行为人、责任主体

项目监理机构的试验活动可以作为一种监理执业行为，其行为人是全体监理人员，尤其是试验检测监理工程师和试验监理员。

在试验工作的具体实施过程中，项目监理机构的负责人——总监理工程师、驻地监理工程师负责组织、安排、监督、检查试验工作，专业监理工程师、监理员应为项目监理机构负责和服务，具体完成试验任务，专业监理工程师、监理员的试验行为不代表个人行为，由项目监理机构承担试验行为不作为的责任。

5.2.3 监理试验行为的相近行为、实施手段

5.2.3.1 监理试验行为的相近行为

试验行为不具有唯一性，存在着相近的行为。主要包括见证取样行为、见证试验行为等，其行为的内涵、行为的实施主体、不作为的责任主体等与试验行为相似。

检测行为与试验行为是有区别的，检测强调对现有的、实际的物体或工程实体的检查、量测。试验强调对未来的、未知的物体或工程试件、试块的研究和确定。

见证取样、见证检验是工程试验行为的一种，强调具备见证人员资格的试验人员跟踪另一方试验人员监督取样、检测，详见本书第 7.4 节“见证取样和见证检验行为”。

5.2.3.2 监理试验行为的实施手段

项目监理机构实施试验行为，一般应依据调查、检查、审查、旁站、巡视、抽检的情况，借助编写通知、指令文件、计算分析等监理手段。例如，根据审查的意见签认试验报表，根据见证取样情况进行见证取样试验，对原材料先进行料源调查再进行取样试验等。

5.2.4 监理试验行为的实施阶段、行为方式

5.2.4.1 监理试验行为的实施阶段

监理试验行为的实施阶段，主要处于工程施工准备阶段、施工阶段、交工缺陷责任期阶段。只要有工程项目的施工活动，监理工程师就必须履行工程试验监理职责。

监理试验行为的主要行为对象是工程施工质量、安全、环保指标。

5.2.4.2 监理试验行为的行为方式

监理试验行为主要为工程施工质量控制、安全管理、环保监理服务。试验可以作为监理抽检、旁站、巡视、检查、评估等行为的手段。监理试验行为的行为方式，主要包括标准试验和验证试验；工艺试验和验收试验；见证试验和抽样试验；无损检测试验和破坏性试验等。

5.2.5 监理试验行为的表达方式

试验，既可以作为行为的实施过程，又可以作为行为的实施结果。

作为试验行为的结果的表达方式,一般包括红头文件形式、非红头文件的表格资料形式等两种,主要采用专用监理表格形式。

5.2.5.1 采用红头文件表达

监理试验行为的实施结果,应该采用红头文件的形式表达的,主要包括项目监理机构编制、印发的试验通知、审批文件。在工程施工过程中,总监办或建设单位制定的文件管理办法的规定试验结果使用报告、批复文件的形式的,应该使用文件的形式;没有规定的,应将重要的试验事项、试验事件以报告、批复文件的形式发送。

5.2.5.2 采用专用监理表格形式表达

《建设监理规范》中没有规定监理试验的结果采用非红头文件形式表达的内容。传统的做法是采用专用表格形式表达试验结果。《公路监理规范》等行业监理规范中也没有规定监理试验的结果采用非红头文件形式表达的内容,但在条文说明中说明了监理工程师进行的试验工作的结果应尽量采用专用的、固定格式的表格形式。

5.2.6 监理规范中关于监理试验行为的规定内容

根据《建设监理规范》和《水利监理规范》、《公路监理规范》、《铁路监理规范》的规定,监理试验行为的规定内容如表 5-2 所示。

监理试验行为的主要规定内容 表 5-2

序号	规定的具体内容	依据的监理规范			
		国标规范	公路规范	铁路规范	水利规范
1	考核施工单位的试验室	第 5.4.5 条	第 4.2.4 条	第 4.0.13 条	—
2	平行检验	第 5.4.6 条	第 5.1.3 条	第 5.2.1 条	第 6.2.6 条
3	配备监理试验室的检验设备	—	第 4.1.1 条	第 3.2.7 条	—
4	混合料的验证试验	—	第 5.1.3 条	—	—
5	混合料的标准试验	—	第 5.1.3 条	—	—
6	试验检测工程实体质量指标	—	第 5.1.11 条	—	—
7	交工、竣工验收试验	—	—	—	—
8	委托试验、仲裁试验	—	—	—	—
9	其他	—	—	—	—

5.2.7 监理试验行为的规范化实施要点

5.2.7.1 实施监理试验行为应达到的目标或要求

工程监理人员在对工程原材料、混合料等进行试验的过程中,在时间上应达到超前试验、按时试验、经常试验的要求;在主观上应达到认真、主动,为工程质量、安全、环保、进度负责的要求;在客观上应达到试验方案科学、试验指标齐全、试验精度符合规定,数据真实可靠,试验、计算、复核等签认手续完备,发现问题、解决问题的目标。

5.2.7.2 项目监理机构试验人员的主要任务

(1)旁站监督施工单位的室内试验,主要项目是各种原材料检验和施工配合比试验,使其操作步骤和方法符合试验规程的要求,确保试验结果的准确性和可靠性。必要时向施工单位发出指令,责成其及时进行各项试验、纠正试验错误。

(2)与施工单位共同对拟试验的项目进行现场取样,以保证所取试样具有代表性,旁站监督施工单位的试验过程。

(3)对施工单位施工现场的试验进行监督,确保每一工序的质量控制指标符合技术规范的要求。

(4)按监理规范规定的抽检频率或20%的比例或上级项目监理机构的规定,独立进行抽样项目的检测。不得借用施工单位的试验资料作为监理试验资料,也不能以旁站代替抽检与试验。

(5)定期检查施工单位试验检测仪器的准确性和可靠性,督促施工单位完成试验仪器、设备的按时标定工作,并对其操作人进行定期考核。

(6)监督施工单位使用自己的仪器、设备和人员进行施工所需的所有试验,以证明其提供的材料、施工工艺、工程质量是合格的,达到合同要求的标准。提示施工单位必须在进行取样和试验之前的合理时间内通知监理人员。试验结果须经双方人员签字方可有效。注意重大试验(例如,C40及以上高强混凝土配合比,特殊要求混凝土配合比,基层、沥青路面混合料配合比等)驻地办审核后,实行二级审核,报总监办审批。

5.2.7.3 关于施工单位的试验室考核、检查

根据《建设监理规范》第5.4.5条的规定考核施工单位的试验室,根据《公路监理规范》第4.2.4条的规定审核工地试验室。

1. 考核的实施人

专业监理工程师负责考核、审核,二级项目监理机构中的驻地监理工程师负责初审,总监理工程师完成审批工作。

2. 考核的内容

试验检测专业监理工程师应从以下5个方面对施工单位的试验室进行考核:试验室的资质等级及其试验范围;法定计量部门对试验设备出具的计量检定证明;试验室的管理制度;试验人员的资格证书;本工程的试验项目及其要求。另外,还应审核试验设备和试验检测能力是否满足合同要求。

3. 注意事项

专业监理工程师应在合同规定的时间内尽早进行检查、考核,项目监理机构应及早批复。不能满足要求的,书面要求施工单位进行整改并报请项目监理机构验收。工地试验室的建设和配置,应符合招标文件、施工合同文件的要求,监理工程师应重点审核、检查工地临时试验室的面积、布局及其试验人员、仪器、设备是否满足工地施工需要。

5.2.7.4 关于监理试验室的仪器设备的配备

《建设监理规范》没有给出书面规定。《公路监理规范》第4.1.1条规定了监理试验设备的配备内容。

驻地监理工程师或总监理工程师应负责督促工程监理单位按照监理合同的规定和承诺配备。对于近期不能施工的分项工程项目所需的试验仪器设备,经上级项目监理机构或建设单位同意可以暂时不进行配备。对于合同规定由建设单位提供的试验仪器设备,项目监理机构应督促建设单位及时按照规定的数量、型号清单进行配备,项目监理机构应做好登记,建立仪器设备台账。另外,后期配备的试验仪器设备应有计划地进行配备,确保工程施工需要。

5.2.7.5　关于混合料标准试验、验证试验

《建设监理规范》没有给出书面规定。《公路监理规范》第5.1.3条规定了工程混合料的标准试验、验证试验要求。试验检测专业监理工程师应负责组织并完成,按照下列步骤完成以下工作:

1. 审查施工单位申报的某一工程混合料试验资料

重点审查资料的真实性、完整性,数据计算的正确性,表格审查签字手续的合规性等。

2. 进行验证试验

需要试验验证的混合料包括施工单位自己的拌和场加工生产的混合料和批准使用的商品混凝土等商品混合料。一般情况下,混合料试验资料审查合格后,项目监理机构可在施工单位标准试验的基础上进行试验验证,重点验证混合料的配合比、密度、含水率、水泥用量、强度等有关指标等。

3. 进行标准试验

监理工程师对施工单位申请使用的配合比和标准试验结果进行复核性试验后,证明施工单位所作的配合比设计不能满足合同要求时,项目监理机构有必要做标准试验,一般应要求施工单位重新进行配合比的设计和试验,并指派试验专业监理工程师和试验检测员旁站施工单位的设计和试验过程。如结果仍无改进时,项目监理机构的试验室应做平行的标准试验。重点试验原材料、设计配合比、试配并制作试块、必要的养护之后做抗压强度试验等,从而确定混合料的配合比。

5.2.7.6　关于工程实体质量的试验检测

《建设监理规范》没有给出书面规定。《公路监理规范》第5.1.11条规定了取样试验及其频率的内容,其中规定监理对已完工程实体质量的试验检查频率不低于施工单位自检频率的20%。

监理工程师应组织专业监理工程师参加并完成。监理工程师对施工单位已经实际完成的各个分项工程的实体质量的检测应在施工单位自检合格且资料完整、报请项目监理机构验收的基础上进行,严格依据《公路工程质量检验评定标准》(JTG F80/1—2004)规定的检查项目和方法进行,每一个规定的检查项目均要进行抽检或试验,检测的频率不低于施工单位自检频率的20%。经监理工程师检测合格的实体工程方可进行中间交工,批准进入下一步工序或分项工程的施工。

5.2.7.7　关于竣工验收试验

《建设监理规范》和《公路监理规范》均没有给出书面的规定,但是,工程交工、竣工验收的试验工作是正常进行的。

单位工程交工、合同工程交工和合同工程竣工的验收,不仅进行测量检查,还要借助试验手段进行检测。总监理工程师、驻地监理工程师应负责组织并完成工程交工、竣工的验收试验工作。主要的试验监理工作包括实地挖孔灌砂检测路基土石方的压实度,实地钻芯取样检测沥青混凝土路面的压实度和厚度,实地取样检测石灰、沥青的用量,实地检测路面的弯沉值,甚至实地钻芯取样试验水泥混凝土的实际强度等。

5.2.7.8　关于委托试验、仲裁试验

《建设监理规范》和行业监理规范均没有给出书面的规定,但是,工程使用的钢绞线、橡胶

支座等特殊材料还应按程序进行委托试验。

总监理工程师、驻地监理工程师应负责组织专业监理工程师参加并完成外委试验或仲裁试验工作。委托试验的监理要点是审查试验项目或指标是否应该外委,审查拟委托的试验单位是否具有相应资质,安排见证取样、指定试验监理人员与施工单位的试验人员一起到外委单位进行试验并旁站,审核外委试验结果并合理使用或据此评价工程质量。

当工程质量、安全、环保或进度等问题引起合同纠纷、社会纠纷等意外事件需要仲裁试验时,项目监理机构应予配合,按照仲裁机构或有关政法部门的合理要求公正取样、认真制作试件、正确检测试件、及时提交试验报告、注意留存试验照片等,注意做好监理日记、工作记录。

5.2.7.9　公路工程项目的监理试验工作要点

1.路基土方工程的监理试验

(1)施工准备阶段的主要试验项目包括沿线原地面土及取土场各类土的天然含水率、液限、塑限、标准击实试验、CBR 试验等,必要时应做颗粒分析、相对密度、有机质含量、易溶盐含量等。

(2)试样应由监理试验人员和施工单位共同选取。每种试样分成相同的两份,一份由施工单位在监理试验室人员监督下进行试验,一份由监理试验人员在监理试验室进行平行试验(由总监办批复的,取样时一式三份,施工单位、驻地办、总监办各一份)。

(3)施工单位应在开工前规定的时间内将试验结果报送项目监理机构审批认可。

(4)用于路基中的复合材料、土工织物等由施工单位推荐厂家,驻地办汇总审查,报总监办批准。

(5)土方工程开工前,督促施工单位进行试验路段,以检查施工单位的施工设备、施工工艺、施工组织等能否满足要求,确定施工的最佳压实厚度、最少压实遍数、最佳施工段落长度等。同时解决由于混杂土而难以确定最大干密度时如何进行质量控制等技术问题。

试验路段应由施工单位组织,驻地办试验室人员和现场监理人员应共同参加。施工前施工单位应提出该路段所用土的最大干密度、最佳含水率等控制指标。施工时,每压一遍,测一次干密度,直到干密度不再增长为止,测点应分布在试验路断面的左、中、右侧,并且不少于规范规定频率。试验结果交驻地办批准认可。

(6)现场压实度检测试验应由施工单位在现场监理人员监督下进行,并认真做好记录,试验结果经双方人员签字方可有效。测试可用核子湿度密度仪进行。在使用核子仪前,必须进行核子仪与灌砂法的对比试验,找出它们之间的相互关系。对比试验的点位应不少于 40 个点,而且这些点位应能包括各类土质,相关系数不小于 0.9。对比试验应由施工单位在监理试验人员的监督下完成。试验结果交驻地办审查批准,并抄送总监办。压实度的标准检验方法以灌砂法为准。

2.结构物及混凝土(包括预应力混凝土)的监理试验

(1)取样、试验监理的程序同上。项目监理机构应做的主要试验项目包括以下内容:

①粗集料:级配、压碎值、坚固性、针片状颗粒含量、含泥量、堆积密度、表观密度、硫化物含量、碱集料反应(每个料场做一次)。

②砂:级配、含泥量、硫化物含量、有机质含量;云母含量、堆积密度、表观密度、坚固性、轻物质含量、碱集料反应(每个料场做一次)。

③水泥:细度、标准稠度用水量、凝结时间和安定性、胶砂强度。铝酸三钙、铁铝酸四钙、烧

失量、碱含量等化学成分的试验检测可以外委。不同强度的水泥,各做一次。

④水:氯化物含量、pH 值、硫酸盐含量。

⑤钢筋:金属拉力试验、金属冷弯曲试验、钢筋焊接接头的机械性能试验。

⑥钢丝及钢绞线:拉力试验、弹性模量、松弛试验。

⑦锚具及连接器:硬度及探伤试验、静载锚固性能。

⑧张拉设备:千斤顶的压力标定和油泵压力表校定。

⑨橡胶支座:委托权威部门检测(成品的极限抗压强度、抗压弹性模量、抗剪弹性模量、橡胶的机械性能试验等)。

⑩混凝土配合比及外掺剂:混凝土配合比设计、施工配合比应符合有关技术规范。外加剂检验项目有:相容性、钢筋锈蚀、28 天抗压强度、减水率、吸气率等。

(2)重要原材料的选择(除合同文件规定的建设单位统一招标采购材料),如水泥、钢筋、沥青、钢丝及钢绞线、锚具及连接器等,由施工单位推荐厂家,驻地办批复审查后,报总监代表处备案。

(3)在材料进场过程中,每一批到场的材料,监督施工单位及时进行检验,在检验合格后,才能用于工程中,监理试验人员应督促施工单位对现场材料进行取样。在监理试验人员的监督下进行试验,并对试验结果签字认可;试验监理人员按相应抽检频率进行抽检。

(4)混凝土拌和浇注过程中,试验监理人员应配合现场监理人员监督施工单位的配合比控制、坍落度试验,监督混凝土立方体试件的制作、编号、养生。驻地办按规定频率独立抽检。混凝土试件达到养生期后,由监理人员监督和单独进行抗压强度试验或抗折强度试验。

(5)钻孔灌注桩的无破损检验、钻芯取样检测以及混凝土质量事故检测等重大试验,监理试验人员和现场监理人员应共同参加。钻孔灌注桩的无破损检验,由施工单位自费委托具有检测资质的单位进行检验,现场监理人员实行旁站。委托试验检测部门由施工单位推荐,驻地办审查,报总监办批准。

(6)施工单位应定期标定张拉设备,施工中,现场监理人员若发现钢绞线张拉设备的精度不符合要求时,应随时责令施工单位进行标定并见证;标定结果要有监理试验人员的签字认可。

(7)现场监理人员应监督施工单位进行后张预应力构件孔道压浆的泌水率、膨胀率、水泥浆稠度、立方体试件的制作等试验。水泥浆试件应及时送至施工单位的试验室拆模,放入标准养护室养生,到期由监理试验人员监督施工单位进行抗压强度试验。

3. 路面底基层和基层的监理试验

(1)督促施工单位在开工之前的规定时间内,将下列试验结果报送驻地办审查。施工准备阶段应做的主要试验项目包括:

①石灰:有效 $CaO + MgO$ 含量、未消解残渣含量、细度。

②土:液塑限、颗粒分析(有必要时)、硫酸盐及有机质含量。

③集料:压碎值、级配、含泥量、针片状颗粒含量、密度。

④粉煤灰:$SiO_2 + Al_2O_3 + Fe_2O_3$ 含量、烧失量。

⑤水泥:同上。

⑥水:同上。

⑦配合比设计:各类路面结构的底基层与基层配合比及有关技术数据应符合有关技术指

标。进行配合比设计时,要做延迟时间试验。

(2)试验路段。试验路段工作程序同上。

(3)施工过程中,加强对原材料的检测,要求同上。

(4)监理试验人员应对无机结合料的拌和质量、石灰及水泥含量、压实度、无侧限抗压强度、级配等进行抽样试验,压实度的检测以灌砂法为准,细粒土也可采用核子仪在现场进行快速评定,但使用核子仪之前,须进行核子仪与灌砂法的对比试验,结果报驻地办审查批准,并抄报总监办。压实度的标准检验方法以灌砂法为准。

4. 沥青混凝土路面的监理试验

(1)施工准备阶段应进行的试验项目包括:

①粗集料:压碎值、磨耗值、磨光值(磨耗层)、级配、针片状颗粒含量、含泥量、表观相对密度、与沥青的黏结力、吸水率、坚固性、软石含量。

②细集料:级配、含泥量、表观相对密度、坚固性、砂当量、棱角性。

③矿粉填料:级配、含水率、亲水系数、表观密度、塑性指数。

④沥青:针入度、软化点、延伸度、含蜡量、黏度、闪点、溶解质、密度、薄膜加热试验。

⑤黏合剂:抗剥离试验。

⑥混合料配合比:沥青混合料中各种矿料的比例、集料级配曲线及沥青含量,马歇尔试验的稳定度、流值、密度、空隙率及饱和率、残留稳定度、中上面层的动稳定度(车辙)试验、冻融劈裂试验。

(2)旁站试验路段。试验内容包括现场试验(如厚度、压实度、平整度、施工温度等)、室内试验(如密度、马歇尔稳定度、流值、空隙率、饱和度、沥青含量、矿料级配)。

(3)施工过程中对进场的各种原材料检测要求同上,施工过程中的现场混合料取样由施工单位在监理试验人员的监督下进行,并旁站监督施工单位试验室完成混合料的矿料级配、沥青含量试验和马歇尔试验。驻地办按规定的频率进行独立抽检试验。

(4)现场检测的项目有:厚度、压实度、平整度、渗水系数(公称最大粒径等于或小于19mm的沥青混合料)、构造深度和摩擦系数(上面层)。

5. 水泥混凝土路面的监理试验

(1)施工准备阶段应做的试验项目包括:

①细集料:级配、坚固性、含泥量、堆积密度、表观密度、空隙率、云母含量、有机质含量、轻物质含量、氯化物含量、硫化物及硫酸盐含量、碱集料反应(每个料场做一次)。

②粗集料:岩石抗压强度、级配、压碎值、坚固性、针片状含量、含泥量、堆积密度、表观密度、有机质含量、空隙率、硫化物及硫酸盐含量、碱集料反应(每个料场做一次)。

③钢筋:同上。

④水泥:同上。

⑤水:同上。

⑥外加剂:同上。

⑦配合比设计:路面(抗折)混凝土设计应符合有关技术规范要求。

(2)施工检测。施工过程中对进场的各种原材料进行检测。做好混凝土抗折强度试验。

6. 试验资料的管理

(1)试验内业资料的具体内容包括:设备台账、原材料检验(抽检)、标准试验(批复)、上级来往文件的执行情况、工作指令(回复单)、施工检验(抽检)、交工试验检测等资料。

(2)资料的真实性:即资料的内容能客观的反映整个施工过程、质量控制过程和质量状况,包括数据、签认意见、签名、日期等均应真实可靠。

(3)资料的规范性:即资料填写、表格使用、数据保留或精度要求、意见内容、填写次序、套用标准、使用的规范规程、签名及填写的位置等严格按照规范、招标文件等具体要求执行。

(4)资料的准确性:即数据准确,不能随意删除修改,不能错填,要切合实际,签认的意见要严谨,不能模棱两可。

(5)资料的完整性:即资料应齐全且贯穿工程的始终(包括原材料的检验、施工记录、交工检测验收等资料),并保证资料内容的完整性,不能少填、漏填。

(6)资料填写要清晰、认真,资料归档、保存、收集要有详细目录或索引,分类要明确。

5.2.7.10 工程试验报告的内容

监理人员进行的试验工作结束前,试验监理工程师应编写、项目监理机构应签发工程试验监理报告,主要包括以下内容:

(1)试验样品编号;

(2)要求检测试验的项目或指标名称;

(3)原材料的品种、规格和产地、使用部位、代表数量;

(4)试验日期及时间、试验人员、复核人员;

(5)试验仪器设备的名称、型号和编号;

(6)试验环境温度和湿度;

(7)试验采用的方法、执行的标准;

(8)试验各指标的数据及其结论;

(9)需要说明的其他事项;

(10)附表等。

5.3 项目监理机构的验收行为

5.3.1 工程验收的含义

5.3.1.1 《现代汉语词典》中的有关解释

【验收】《现代汉语词典》中收录了"验收"一词,指按照一定标准进行检验而后收下。例如,施工质量验收。再如,对进货数量进行验收。

可见,"验收"一词是行为动词,强调行为人为了确定是否接收工程施工项目或其他产品而按照一定的标准、规范、规定进行检验,合格或符合要求后方可接收。

5.3.1.2 工程监理规范中的有关解释

1. 国家标准中的有关解释

《建设监理规范》第2章"术语"中没有给出"验收"一词,但在有关条文中给出了监理进行工程"验收"的规定。例如,第5.4.9条规定对未经监理人员验收或验收不合格的工序,监理人员应拒绝签认,并要求施工单位严禁进行下一道工序的施工。

2. 行业标准中的有关解释

(1)《公路监理规范》的解释

在其第2章"术语"中没有给出"验收"一词,但在有关条文中给出了监理工程师进行工程"验收"的规定。例如,第4.2.6条"验收地面线"规定监理工程师应监督施工单位在原始地面线未被扰动前测定地面线,并对测定结果进行抽测验收。再如,第5.1.14条"中间交工验收"规定监理工程师收到分项工程中间交工申请后,应检查各道工序的施工自检记录、交接单及监理工程师签认的关键工序的交验单;检查分项工程的质量自检和质量等级评定资料;检查质量保证资料的完整性。

(2)《铁路监理规范》的解释

在其第2章"术语"中也没有给出"验收"一词,但书面明确规定项目监理机构、监理工程师应该认真实施"验收"行为,并在其他条文中给出了具体规定。例如,第5.2.1条规定项目监理机构应按以下程序和要求对进场材料进行验收。

(3)《水利监理规范》的解释

在其第2章"术语"中也没有给出"验收"一词,但书面明确规定现场项目监理机构、监理工程师应该认真实施"工程验收"行为。例如,第6.8节用6个条款分别规定了项目监理机构的工程验收职责、分部工程验收、阶段工程验收、单位工程验收、合同项目完工验收、竣工验收等内容。

(4)行业工程竣工验收办法的解释

建设部于2000年6月30日印发了《房屋建筑工程和市政基础设施工程竣工验收暂行规定》,虽然没有明确给出"竣工验收"的含义,但明确了竣工验收的条件、程序、备案要求等。

建设部于2001年7月20日发布的国家标准《建筑工程施工质量验收统一标准》(GB 50300—2001)第2章"术语"中给出了"验收"一词,即建筑工程在施工单位自行质量检查评定的基础上,参与建设活动的有关单位共同对检验批、分项、分部、单位工程的质量进行检验,根据相关标准以书面形式对工程质量达到合格与否做出确认。例如,第5.0.7条规定通过返修或加固处理仍不能满足安全使用要求的分部工程、单位(子单位)工程,严禁验收。

交通部于2004年3月31日印发,10月1日起执行的《公路工程竣(交)工验收办法》,不但明确给出"竣工验收"的含义,而且还给出了公路工程建设项目特有的"交工验收"及其含义,同时给出了验收的条件、程序、内容等。

5.3.2　监理验收行为的内涵及其行为人、责任主体

5.3.2.1　监理验收行为的内涵

工程验收是一项检查、评定、签字认可活动,强调利用一定的检测手段,按照规定的标准在施工单位自检合格、提交验收申请的基础上,项目监理机构与施工单位共同进行,以项目监理机构检查、评定为主,要求做好验收记录,对验收不合格项进行跟踪处理和监督,直至合格,发现异常事项立即逐级报告。项目监理机构的验收行为是监理工程师在工程施工阶段的重要岗位工作行为之一,也是项目监理机构的重要工作内容之一。监理工程师"验收"工作的质量,反映着项目监理机构乃至工程监理单位的监理工作质量,反映着项目监理机构和工程监理单位的能力和信誉。

对项目监理机构而言,验收是监理工程师依据监理规划、监理实施细则、履行监理合同过程中应尽的主要义务之一。对施工单位而言,"验收"是监理工程师监督施工承包合同执行过程中应有的监理权力之一,根据《工程施工招标文件》、《施工承包合同》等有关合同文件的具

体规定,施工单位应为监理人员实施验收提供工作方便。

5.3.2.2 监理验收行为的行为人、责任主体

监理的验收活动可以作为一种执业行为,监理验收行为的实施主体是监理工程师,其行为人是专业监理工程师及其以上的监理工程师。

在验收的具体实施过程中,项目监理机构的负责人——总监理工程师、驻地监理工程师应负责组织、安排、监督、检查,专业监理工程师应为项目监理机构负责和服务,具体完成验收任务,专业监理工程师的行为不代表个人行为。监理员无权决定是否进行验收,但有参加验收、建议验收和监督验收的义务。

监理验收质量的行为不作为,一般属于违背监理规范、质量验收评定标准等行业规定的行为。一旦将不合格的建设工程、建筑材料、建筑构配件和设备按照合格签字的行为发生,就属于违背《建设工程质量管理条例》的违法行为。由项目监理机构承担工程验收行为不作为的违规、违法责任。

5.3.3 监理验收行为的相近行为、实施手段

5.3.3.1 监理验收行为的相近行为

监理验收行为的相近行为及其辨识是工程预验收行为。

《建设监理规范》第5.7.1条规定,总监理工程师应组织专业监理工程师对工程质量进行竣工预验收,对存在的问题,应及时要求施工单位整改。施工单位整改完毕后报请总监理工程师签署"工程竣工报验单",并在此基础上提出工程质量评估报告报建设单位,申请交工验收并参加。第5.7.2条规定项目监理机构应参加建设单位组织的竣工验收。可见,项目监理机构的预验收行为是为建设单位组织正式验收服务的。

5.3.3.2 监理验收行为的实施手段

项目监理机构实施的验收行为,一般应借助现场检查、测量、审查、试验、见证、计算、分析、总结和资料搜集、会议讨论等监理手段。例如,根据会议讨论的意见形成监理验收文件,根据计算分析的结果签署工程质量验收意见,根据旁站资料验证验收项目的合格情况等。

5.3.4 监理验收行为的实施阶段、行为方式

5.3.4.1 监理验收行为的实施阶段

监理验收行为的实施阶段,主要处于工程项目的施工阶段、竣工验收阶段和质量保修、缺陷责任期阶段。只要有工程项目的施工和竣工过程,监理工程师就必须履行工程验收监理职责。

监理验收行为的主要行为对象是施工单位已经实际完成的、质量自检合格的、资料齐全规范的重要工序和分项工程、分部工程、单位工程、总体工程和合同工程。

5.3.4.2 监理验收行为的行为方式

监理验收行为的行为方式,主要包括监理工程师独立验收和监承双方联合验收;中间交工验收和分部工程验收;合同工程的竣工预验收和合同工程的竣工验收;项目监理机构组织的预验收和建设单位组织的正式验收等。

5.3.5 监理验收行为的表达方式

验收,既可以作为行为的实施过程,又可以作为行为的实施结果。

作为验收行为的结果的表达方式,一般包括红头文件形式、非红头文件的表格资料形式等

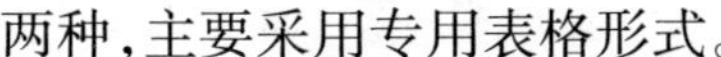

两种,主要采用专用表格形式。

5.3.5.1 采用红头文件表达

监理的验收行为的实施结果,应该采用红头文件的形式表达的,主要包括项目监理机构编写、印发的验收审批文件。在工程施工过程中,总监办或建设单位规定验收结果使用报告、批复文件的形式的,应该使用文件的形式;没有规定的,应将重要的验收事项、验收事件以报告、批复文件的形式发送。

5.3.5.2 采用专用表格形式表达

《建设监理规范》中规定了监理验收的结果采用非红头文件形式表达的内容,即采用专用的、固定格式的“工程竣工报验单”等表格。

《公路监理规范》等行业监理规范中规定了监理验收的结果采用非红头文件形式表达的内容,即采用专用的、固定格式的“中间交工证书”等表格。

5.3.6 监理规范中关于监理验收行为的规定内容

根据《建设监理规范》和《水利监理规范》、《公路监理规范》、《铁路监理规范》的规定,监理验收行为的规定内容如表5-3所示。

监理验收行为的主要规定内容 表5-3

序号	规定的具体内容	依据的监理规范			
		国标规范	公路规范	铁路规范	水利规范
1	工程竣工验收	第5.7.2条	第6.0.8条	第11.2.3条	第6.8.6条
2	工程竣工预验收	第3.2.2条	第5.1.14条	—	—
3	工程保修质量期终止的验收	第5.8节	—	—	第7.2.1条
4	公路工程缺陷责任期终止的验收	—	第6.0.6条	—	—
5	公路工程的交工验收	—	第6.0.3条	—	—
6	公路工程的中间交工验收	—	第5.1.14条	—	—
7	验收地面线	—	第4.2.6条	—	第6.4.2条
8	验收构件、配件或设备、进场材料	—	第5.1.8条	第5.2.1条	—
9	分项、分部、单位工程质量验收	第5.4.10条	—	—	第6.8.2、6.8.4条
10	工序质量验收	第5.4.9条	—	—	—
11	阶段工程验收	—	—	—	第6.8.3条
12	验收工程质量事故的处理情况	第5.4.13条	第5.1.13条	第5.5.3条	—
13	验收不合格项的处理	—	—	第5.4.3条	—
14	验收返修工程质量	—	—	第11.1.2条	—
15	其他	—	—	—	—

5.3.7 工程监理验收行为的规范化实施要点

5.3.7.1 实施监理验收行为应达到的目标或要求

监理工程师在参加工程施工的各种验收过程中，在时间上应达到及时验收、按时完成验收任务的要求；在主观上应达到客观、公正、认真的要求；在客观上应达到验收依据合法、手续完备、数据真实、结论科学、资料齐全的目标。

5.3.7.2 关于工程竣工验收

工程建设项目的竣工验收，是项目法人将已完成的建设项目交给作为社会事务管理者及公众代表的政府，同时，在政府的主持组织下对建设成果进行全面考核、总结，对建设项目及参建单位进行最终评价，是工程建设项目建设期结束、转入正式运营使用前的一个环节，属于政府与建设单位之间的一种行政行为。

竣工验收是工程建设过程的最后一环，是全面考核基本建设成果、检验设计和工程质量的重要步骤，是基本建设转入生产或使用的标志，也是保证竣工工程顺利投入生产或交付使用的一个法定手续。

竣工验收阶段评价三项工作：对工程质量评价；对建设项目综合评价；对建设管理、设计、监理、施工管理进行最终综合评价。其中，工程质量竣工验收的结论，一般为工程优良、合格、不合格三级。

1. 监理应邀参加工程竣工验收工作

工程建设项目施工即将结束时，一般首先成立竣工验收委员会组织竣工验收。

《建设工程质量管理条例》第十六条规定，建设单位收到建设工程竣工报告后，应当组织设计、施工、工程监理等有关单位进行竣工验收。

《公路工程竣(交)工验收办法》第十九条规定，公路工程施工项目的竣工验收委员会由交通主管部门、公路管理机构、质量监督机构、造价管理机构等单位代表组成。项目法人、设计单位、监理单位、施工单位、接管养护等单位参加竣工验收工作。第二十条规定参加竣工验收工作各方的主要职责是：

竣工验收委员会负责对工程实体质量及建设情况进行全面检查。按交通部规定的办法对工程质量进行评分，对各参建单位进行综合评价，对建设项目进行综合评价，确定工程质量和建设项目等级，形成工程竣工验收鉴定书。

项目法人负责提交项目执行报告及验收所需资料，协助竣工验收委员会开展工作；

设计单位负责提交设计工作报告，配合竣工验收检查工作；

监理单位负责提交监理工作报告，提供工程监理资料，配合竣工验收检查工作；

施工单位负责提交施工总结报告，提供各种资料，配合竣工验收检查工作。

2. 监理参加工程竣工验收的工作依据

《建设监理规范》第5.7.2条、《公路监理规范》第6.0.8条、交通部《公路工程竣(交)工验收办法》、《铁路监理规范》第11.2.3条、《水利监理规范》第6.8.6条均给出了书面规定。

《建设工程质量管理条例》、《房屋建筑工程和市政基础设施工程竣工验收暂行规定》和《公路工程竣(交)工验收办法》均有监理工程师参加竣工验收的规定。

《建筑法》第六十一条规定，交付竣工验收的建筑工程，必须符合规定的建筑工程质量标准，有完整的工程技术经济资料和经签署的工程保修书，并具备国家规定的其他竣工条件。建

筑工程竣工经验收合格后，方可交付使用；未经验收或者验收不合格的，不得交付使用。

3. 工程竣工验收的依据

《公路工程竣(交)工验收办法》第五条中给出了工程竣工验收的工作依据：

(一)批准的工程可行性研究报告；

(二)批准的工程初步设计、施工图设计及变更设计文件；

(三)批准的招标文件及合同文本；

(四)行政主管部门的有关批复、批示文件；

(五)交通部颁布的公路工程技术标准、规范、规程及国家有关部门的相关规定。

4. 参与审查竣工验收的条件

《建设工程质量管理条例》规定建设工程竣工验收应当具备下列条件：

(1)完成建设工程设计和合同约定的各项内容；

(2)有完整的技术档案和施工管理资料；

(3)有工程使用的主要建筑材料、建筑构配件和设备的进场试验报告；

(4)有勘察、设计、施工、工程监理等单位分别签署的质量合格文件；

(5)有施工单位签署的工程保修书。

《公路工程竣(交)工验收办法》第十六条规定，公路工程进行竣工验收应具备以下条件：

(一)通车试运营2年后；

(二)交工验收提出的工程质量缺陷等遗留问题已处理完毕，并经项目法人验收合格；

(三)工程决算已按交通部规定的办法编制完成，竣工决算已经审计，并经交通主管部门或其授权单位认定；

(四)竣工文件已按交通部规定的内容完成；

(五)对需进行档案、环保等单项验收的项目，已经有关部门验收合格；

(六)各参建单位已按交通部规定的内容完成各自的工作报告；

(七)质量监督机构已按交通部规定的公路工程质量鉴定办法对工程质量检测鉴定合格，并形成工程质量鉴定报告。

《房屋建筑工程和市政基础设施工程竣工验收暂行规定》第五条规定，工程符合下列要求方可进行竣工验收：

(一)完成工程设计和合同约定的各项内容。

(二)施工单位在工程完工后对工程质量进行了检查，确认工程质量符合有关法律、法规和工程建设强制性标准，符合设计文件及合同要求，并提出工程竣工报告。工程竣工报告应经项目经理和施工单位有关负责人审核签字。

(三)对于委托监理的工程项目，监理单位对工程进行了质量评估，具有完整的监理资料，并提出工程质量评估报告。工程质量评估报告应经总监理工程师和监理单位有关负责人审核签字。

(四)勘察、设计单位对勘察、设计文件及施工过程中由设计单位签署的设计变更通知书进行了检查，并提出质量检查报告。质量检查报告应经该项目勘察、设计负责人和勘察、设计单位有关负责人审核签字。

(五)有完整的技术档案和施工管理资料。

（六）有工程使用的主要建筑材料、建筑构配件和设备的进场试验报告。

（七）建设单位已按合同约定支付工程款。

（八）有施工单位签署的工程质量保修书。

（九）城乡规划行政主管部门对工程是否符合规划设计要求进行检查，并出具认可文件。

（十）有公安消防、环保等部门出具的认可文件或者准许使用文件。

（十一）建设行政主管部门及其委托的工程质量监督机构等有关部门责令整改的问题全部整改完毕。

5. 工程竣工验收的程序

《公路工程竣（交）工验收办法》第十八条规定，公路工程竣工验收的主要工作内容包括：

（一）成立竣工验收委员会；

（二）听取项目法人、设计单位、施工单位、监理单位的工作报告；

（三）听取质量监督机构的工作报告及工程质量鉴定报告；

（四）检查工程实体质量、审查有关资料；

（五）按交通部规定的办法对工程质量进行评分，并确定工程质量等级；

（六）按交通部规定的办法对参建单位进行综合评价；

（七）对建设项目进行综合评价；

（八）形成并通过竣工验收鉴定书。

《房屋建筑工程和市政基础设施工程竣工验收暂行规定》第六条规定，工程竣工验收应当按以下程序进行：

（一）工程完工后，施工单位向建设单位提交工程竣工报告，申请工程竣工验收。实行监理的工程，工程竣工报告须经总监理工程师签署意见。

（二）建设单位收到工程竣工报告后，对符合竣工验收要求的工程，组织勘察、设计、施工、监理等单位和其他有关方面的专家组成验收组，制定验收方案。

（三）建设单位应当在工程竣工验收 7 个工作日前将验收的时间、地点及验收组名单书面通知负责监督该工程的工程质量监督机构。

（四）建设单位组织工程竣工验收。

（1）建设、勘察、设计、施工、监理单位分别汇报工程合同履约情况和在工程建设各个环节执行法律、法规和工程建设强制性标准的情况；

（2）审阅建设、勘察、设计、施工、监理单位的工程档案资料；

（3）实地查验工程质量；

（4）对工程勘察、设计、施工、设备安装质量和各管理环节等方面作出全面评价，形成经验收组人员签署的工程竣工验收意见。

（五）参与工程竣工验收的建设、勘察、设计、施工、监理等各方不能形成一致意见时，应当协商提出解决的方法，待意见一致后，重新组织工程竣工验收。

6. 提供相关监理资料并参加竣工验收

一般来说，工程监理单位或项目监理机构应参加由建设单位组织的竣工验收，并提供相关监理资料。对验收中提出的整改问题，项目监理机构应要求施工单位进行整改。

作为公路工程的竣工验收，一般应在合同工程的交工验收、通车试运行 2 年后进行。在合

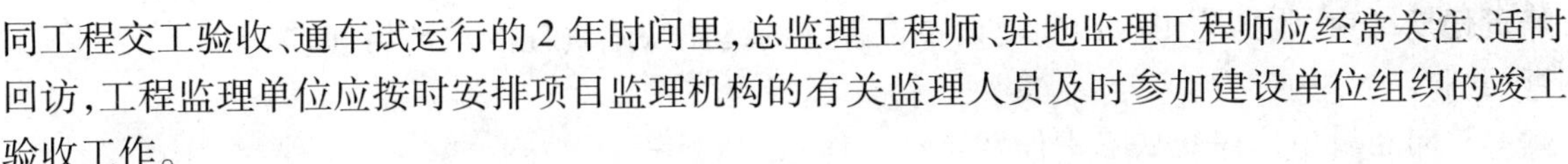

同工程交工验收、通车试运行的2年时间里，总监理工程师、驻地监理工程师应经常关注、适时回访，工程监理单位应按时安排项目监理机构的有关监理人员及时参加建设单位组织的竣工验收工作。

7. 参与讨论建设单位编写的竣工验收报告

《房屋建筑工程和市政基础设施工程竣工验收暂行规定》第七条规定，工程竣工验收合格后，建设单位应当及时提出工程竣工验收报告。工程竣工验收报告主要包括工程概况，建设单位执行基本建设程序情况，对工程勘察、设计、施工、监理等方面的评价，工程竣工验收时间、程序、内容和组织形式，工程竣工验收意见等内容。工程竣工验收报告还应附有施工许可证，施工图设计文件审查意见、施工单位的竣工总结报告、监理单位的质量评估报告与总结、公安消防与环保部门的认可文件以及施工单位签署的工程质量保修书等有关文件。监理工程师应参与讨论并提出监理单位的修改建议。

8. 签署竣工验收报告中监理单位的意见

经全面验收和讨论，工程质量及其他工作均符合要求时，总监理工程师应在竣工验收报告中签署监理单位的意见。

5.3.7.3　关于工程竣工的预验收

《建设监理规范》第3.2.2条、第5.7.1条和《公路监理规范》第5.1.14条，以及交通部《公路工程竣(交)工验收办法》(交通部令2004年第3号)均规定在建设单位组织工程竣工验收前，项目监理机构应进行预先检查验收。这是一项重要的监理工作。

《建设监理规范》第3.2.2条规定总监理工程师应组织监理人员对待验收的工程项目进行质量检查。第5.7.1条规定总监理工程师应组织专业监理工程师，依据有关法律、法规、工程建设强制性标准、设计文件及施工合同，对施工单位报送的竣工资料进行审查，并对工程质量进行预先检查验收。对存在的问题，应及时要求施工单位整改。整改完毕由总监理工程师签署工程竣工报验单，并应在此基础上提出工程质量评估报告建议业主正式组织工程竣工验收。项目监理机构编制的“工程质量评估报告”应经项目监理机构的总监理工程师和工程监理单位的技术负责人审核签字。

5.3.7.4　关于工程质量保修期终止的验收

《建设监理规范》第5.8节规定了工程质量保修期终止验收的内容，《公路监理规范》第6.0.6条规定工程缺陷责任期终止的验收要求。

1.《建设监理规范》的规定

第5.8节规定，工程监理单位应依据委托监理合同约定的工程质量保修期的时间、范围和内容开展监理工作。承担质量保修期监理工作时，工程监理单位应安排监理人员对建设单位提出的工程质量缺陷进行检查和记录，对施工单位进行修复的工程质量进行验收，合格后予以签认。

2.《公路监理规范》、《水利监理规范》的规定

《公路监理规范》第6.0.5条规定在合同工程的缺陷责任期内，《水利监理规范》第7.2节规定在合同工程质量保修期内，监理工程师应检查施工单位剩余工程的实施情况；巡视检查已完工程；记录发生的工程缺陷，指示施工单位进行修复，并对工程缺陷发生的原因、责任及修复费用进行调查、确认；督促施工单位按合同规定完成竣工资料；第6.0.6条规定在合同工程缺

陷责任期结束，收到施工单位向建设单位提交的终止缺陷责任的申请后，监理工程师应进行检查、验收。

3. 向建设单位提交缺陷责任期监理工作总结

缺陷责任期的工程质量、资料等验收合格后，经建设单位同意，监理工程师应在合同规定的时间内签发合同工程缺陷责任终止证书，项目监理机构应按监理规范的规定和建设单位的要求向建设单位提交缺陷责任期监理工作总结。

5.3.7.5 关于公路工程的中间交工验收

《公路监理规范》第5.1.14条规定监理工程师应进行中间交工验收。

专业监理工程师负责组织并完成中间交工验收。项目监理机构应根据施工单位的自检结果和申请进行现场检查。检查的步骤是监理工程师收到分项工程中间交工申请后，应检查各道工序的施工自检记录、交接单及监理工程师签认的关键工序的检验单；检查分项工程的质量自检和质量等级评定资料；检查质量保证资料的完整性。

驻地办应按合同规定对交工的分项工程进行质量等级评定，并填写、签发分项工程的"中间交工证书"。以公路工程路基填筑为例，如表5-4所示。

中间交工证书

表5-4

施工单位：××建设集团公司××公路工程3合同项目经理部　　合同号：3

工程监理单位：××省诚信工程监理公司××公路工程3合同驻地监理办　　编　号：3-22

<table>
<tr><td colspan="6">下列工程已完，申请交验，以便于进行下一步的路面底基层施工作业。
工程内容：
K56+000~K57+000段1 000m路基填筑工程的施工已经完成，自检合格，申请中间交工，以便于进行下一道工序的施工。</td></tr>
<tr><td>桩　号</td><td>K56+000~K57+000</td><td>日　期</td><td>2008年7月3日</td><td>承包人签字</td><td>李××</td></tr>
<tr><td colspan="6">结论：
经检验，各项质量指标符合设计及规范要求，同意进行路面底基层工序的施工。

监理工程师：孙××　　日期：2008年7月4日</td></tr>
<tr><td colspan="6">承包人收件日期：2008年7月5日

承包人签字：高××</td></tr>
</table>

另外，在"中间交工证书"之后附列路基工程的质量检查表，包括检验申请报验单（监表05）、施工放样报验单（监表01）、土方路基现场质量检验报告单（检验表1）、石方路基现场质量检验报告单（检验表2）、压实度试验记录表（记录表1）、回弹弯沉值测定检验记录表（记录表2）、纵断高程检验记录表（记录表3）、中线偏位检验记录表（记录表4）、路基宽度检验记录表（记录表5）、路基平整度检验记录表（记录表6）、路基横坡度检验记录表（记录表7）。

5.3.7.6 关于公路工程的合同工程交工验收

房屋建筑工程和市政基础设施工程、铁路建设工程、水利建设工程等三大行业没有合同工程的交工验收工作。

合同工程的交工验收，是公路行业特有的对合同工程完成情况的考核、检查、总结和评价活动，是施工单位向项目法人（即建设单位）移交合同工程，属于建设单位、施工单位双方之间的一种经济行为。《公路工程竣（交）工验收办法》第四条规定公路工程验收分为交工验收和竣工验收两个阶段，并明确指出“交工验收是检查施工合同的执行情况，评价工程质量是否符合技术标准及设计要求，是否可以移交下一阶段施工或是否满足通车要求，对各参建单位工作进行初步评价。”

1. 公路工程（合同段）进行交工验收应具备的条件

《公路工程竣（交）工验收办法》第六条规定交工验收由项目法人负责，第八条规定交工验收应具备以下条件：

（一）合同约定的各项内容已完成；

（二）施工单位按交通部制定的《公路工程质量检验评定标准》及相关规定的要求对工程质量自检合格；

（三）监理工程师对工程质量的评定合格；

（四）质量监督机构按交通部规定的公路工程质量鉴定办法对工程质量进行检测（必要时可委托有相应资质的检测机构承担检测任务），并出具检测意见；

（五）竣工文件已按交通部规定的内容编制完成；

（六）施工单位、监理单位已完成本合同段的工作总结。

2. 公路工程（合同段）进行交工验收的程序

《公路工程竣（交）工验收办法》第九条规定，公路工程各合同段符合交工验收条件后，经监理工程师同意，由施工单位向项目法人提出申请，项目法人应及时组织对该合同段进行交工验收。其工作程序包括：施工单位自检→监理工程师独立抽检评定→质监机构质量检测→项目法人组织交工验收→项目法人完成项目交工验收报告并向政府主管部门报备等几个步骤。

3. 公路工程（合同段）进行交工验收的工作内容

公路工程交工验收阶段的评价工作包括两项，一是对工程质量评价；二是对工程设计、监理、施工管理工作进行初步评价。

《公路工程竣（交）工验收办法》第十条规定，交工验收的主要工作内容是：

（一）检查合同执行情况；

（二）检查施工自检报告、施工总结报告及施工资料；

（三）检查监理单位独立抽检资料、监理工作报告及质量评定资料；

（四）检查工程实体，审查有关资料，包括主要产品质量的抽（检）测报告；

（五）核查工程完工数量是否与批准的设计文件相符，是否与工程计量数量一致；

（六）对合同是否全面执行、工程质量是否合格作出结论，按交通主管部门规定的格式签署合同段交工验收证书；

（七）按交通部规定的办法对设计单位、监理单位、施工单位的工作进行初步评价。

《公路工程竣（交）工验收办法》第十一条规定，项目法人负责组织公路工程各合同段的设计、监理、施工等单位参加交工验收。拟交付使用的工程，应邀请运营、养护管理单位参加。参加验收单位的主要职责是：

——项目法人负责组织各合同段参建单位完成交工验收工作的各项内容，总结合同执行

过程中的经验,对工程质量是否合格作出结论;

——设计单位负责检查已完成的工程是否与设计相符,是否满足设计要求;

——监理单位负责完成监理资料的汇总、整理,协助项目法人检查施工单位的合同执行情况,核对工程数量,科学公正地对工程质量进行评定;

——施工单位负责提交竣工资料,完成交工验收准备工作。

4. 审查交工验收申请并参加交工验收活动

《公路监理规范》第6章规定了交工验收与缺陷责任期的监理工作,项目监理机构及其监理人员在合同工程的交工验收过程中主要完成以下工作:

6.0.1 审查交工验收申请

监理工程师应按合同及有关规定要求,审查施工单位提交的合同工程交工验收申请。重点检查:合同约定的各项内容的完成情况;施工自检结果;各项资料的完整性;工程数量核对情况;工程现场清理情况。

6.0.2 评定工程质量与编制监理工作报告

监理工程师应及时汇总、整编监理资料,对工程的质量等级进行评定,按有关规定编制监理工作报告,并提交建设单位。

6.0.3 参加交工验收

监理工程师应参加建设单位组织的合同工程交工验收,接受对监理独立抽检资料、监理工作报告及质量评定资料的检查,协助建设单位检查施工单位的合同执行情况,核对工程数量,评定各合同段的工程质量。

6.0.4 签认交工结账证书

合同工程交工验收证书签发后,监理工程师应认真审核施工单位提交的合同工程交工结账单,并在规定期限内签认合同工程交工结账证书,报建设单位审批。

《公路工程竣(交)工验收办法》第十二条规定项目监理机构根据独立抽检资料对工程质量进行评定,当监理人员按规定完成的独立抽检资料不能满足评定要求时,可以采用经监理确认的施工自检资料。工程质量等级评定分为合格和不合格,工程质量评分值大于等于75分的为合格,小于75分的为不合格。

项目法人根据对工程质量的检查及平时掌握的情况,对工程监理单位所做的工程质量评定进行审定。

5. 项目监理机构督促施工单位完成质量缺陷的修复和未完工程的施工

《公路工程竣(交)工验收办法》第十四条规定,公路工程各合同段验收合格后,项目法人应按交通部规定的要求及时完成项目交工验收报告,并向交通主管部门备案;质量监督机构应向交通主管部门提交项目的检测报告;交通主管部门在15天内未对备案的项目交工验收报告提出异议,项目法人可开放交通进入试运营期。

第十五条规定,交工验收过程中提出的工程质量缺陷等遗留问题,由项目监理机构督促施工单位限期完成。

5.3.7.7 关于工程原始地面线的验收

(1)《建设监理规范》、《铁路监理规范》均没有给出地面线验收的书面规定。

(2)《公路监理规范》第4.2.6条规定监理工程师应验收原始地面线。

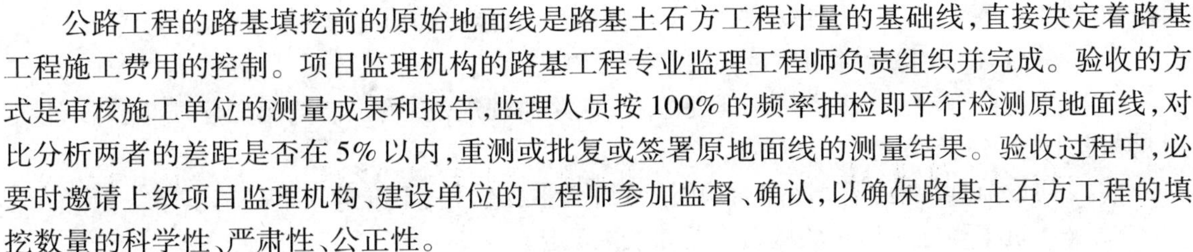

公路工程的路基填挖前的原始地面线是路基土石方工程计量的基础线，直接决定着路基工程施工费用的控制。项目监理机构的路基工程专业监理工程师负责组织并完成。验收的方式是审核施工单位的测量成果和报告，监理人员按100%的频率抽检即平行检测原地面线，对比分析两者的差距是否在5%以内，重测或批复或签署原地面线的测量结果。验收过程中，必要时邀请上级项目监理机构、建设单位的工程师参加监督、确认，以确保路基土石方工程的填挖数量的科学性、严肃性、公正性。

(3)《水利监理规范》的规定。

第6.4.2条第3款规定工程项目开工前，项目监理机构应监督施工单位按有关规定或施工合同约定完成原始地面地形的测绘以及计量起始位置地形图的测绘，并审核测绘成果。

水利工程项目开工前，项目监理机构应监督施工单位按有关规定或施工合同约定完成原始地面地形的测绘以及计量起始位置地形图的测绘，审核测绘成果，并进行监理平行检验，根据监理检验结果决定是否签认原始地面地形的测绘以及计量起始位置地形图的测绘成果。

5.3.7.8　关于工程使用的构配件或设备、进场材料的验收

(1)《建设监理规范》、《水利监理规范》中没有给出书面的规定。

(2)《公路监理规范》的规定

第5.1.8条规定了工程构件配件或设备的验收内容，其中规定对施工单位外购或订做用于永久工程的构配件或设备，监理工程师应要求施工单位提交产品合格证和自检报告。可采用常规仪器设备进行检测的，监理工程师应按不低于施工单位自检频率的20%进行抽检，合格后方可准予使用。对于进口材料、构配件和设备，项目监理机构应要求施工单位报送进口商检证明文件，并按合同约定由建设单位、施工单位、供货单位、项目监理机构及其他有关单位进行联合检查。

(3)《铁路监理规范》的规定

第5.2.1条、第5.2.2条规定了工程使用的构配件或设备、进场材料的验收内容：

5.2.1　项目监理机构应按以下程序和要求对进场材料进行验收：

1　对材料、构配件和设备的外观、规格、型号和质量证明文件进行检查验收；进口材料和设备应有国家商检部门的商检资料；

2　审查新材料、新产品、新工艺的鉴定证明和确认文件；

3　督促承包单位对进场材料、构配件和设备按规定进行检验、测试，承包单位自检合格后向项目监理机构提交《进场材料/构配件/设备报验表》(附录A中TA6表)，由专业监理工程师予以审核并签认；

4　对进场材料，主要是地材和混凝土外加剂，应进行检验或平行检验，检验数量必须满足相关工程质量验收标准的要求；

5　对进场的构配件和设备进行见证检验，检查数量必须满足相关工程质量验收标准的要求；

6　审核混凝土、砂浆配合比，对承包单位申请使用的商品混凝土配合比进行检查。

5.2.2　对未经专业监理工程师验收或验收不合格的材料、构配件和设备，专业监理工程师应拒绝签认，并应签发《监理工程师通知单》(附录A中TB1表)，通知承包单位严禁在工程中使用或安装，并限期将不合格的工程材料、构配件、设备撤出现场。承包单位应在规定的时间内

对监理工程师通知的内容进行处理，并填报《监理工程师通知回复单》(附录A中TA12表)。

5.3.7.9 关于工序、检验批的质量验收

(1)《水利监理规范》、《公路监理规范》、《铁路监理规范》均没有给出工序质量验收、检验批质量验收的书面规定。

(2)《建设监理规范》第5.4.9条规定，工序验收不合格，不准进入下一道工序。

(3)《建筑工程施工质量验收统一标准》的规定。

2002年1月1日起施行的《建筑工程施工质量验收统一标准》规定验收检验批。其中，规定对检验项目中的性能进行量测、检查、试验等，并将结果与标准规定要求进行比较，以确定每项性能是否合格所进行的活动为“检验”。

1.“检验批”的含义

《建筑工程施工质量验收统一标准》将“检验批”定义为“按同一的生产条件或按规定的方式汇总起来供检验用的，由一定数量样本组成的检验体”。检验批是工程验收的最小单位，是分项工程乃至整修建筑工程质量验收的基础。检验批是施工过程中条件相同并有一定数量的材料、构配件或安装项目，由于其质量基本均匀一致，因此，可以作为检验的基础单位，并按批验收。

2.“检验批”的划分

检验批可根据施工及质量控制和专业验收需要，按照楼层、施工段、变形缝等进行划分。分项工程可以由一个或若干个检验批组成。

3.检验批质量验收合格的规定条件

检验批合格质量应符合下列规定：一是主控项目和一般项目的质量经抽样检验合格；二是具有完整的施工操作依据、质量检查记录。

检验批的合格质量主要取决于对主控项目和一般项目的检验结果。主控项目是对检验批的基本质量起决定性影响的检验项目，因此，必须全部符合有关专业工程验收规范的规定。这意味着主控项目不允许有不符合要求的检验结果，即这种项目的检查具有否决权。质量控制资料反映了检验批从原材料到最终验收的各施工工序的操作依据，检查情况以及保证质量所必需的管理制度等。对其完整性的检查，实际是对过程控制的确认，这是检验批合格的前提。

4.检验批质量验收的程序和组织

检验批的质量验收，在施工单位自检合格的基础上由项目监理机构的专业监理工程师负责组织并完成。专业监理工程师根据施工单位向项目监理机构报送的“检验批质量验收记录”，在规定的时间内组织施工单位的技术负责人、专职质检人员进行现场检查验收，检验批的检查验收包括实物检查、资料检查两部分，检查合格后共同签认“检验批质量验收记录”。

5.检验批质量验收的注意事项

在检验批的检查验收过程中，专业监理工程师应重点检查工序、检验批是否已经完成，检查工序、检验批的各个质量指标的合格情况，检查质量资料的整理情况和报验手续的合规性。注意未经监理人员验收的或验收不合格的工序、检验批不准进入下一道工序、检验批的施工，同时，不签署报验资料，并做好监理记录进行重点监督。已经监理人员验收的而且验收合格的工序，应予认可签字，当下一道工序的施工准备到位，具备施工条件时，应同意施工单位进行下一道工序的施工。

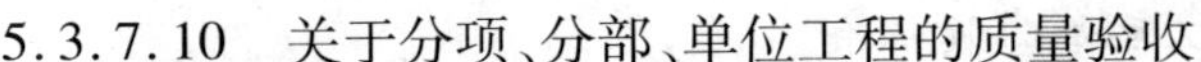

5.3.7.10 关于分项、分部、单位工程的质量验收

1.《公路监理规范》没有给出分项、分部、单位工程质量验收的书面规定。

2.《建设监理规范》第5.4.10条和《建筑工程施工质量验收统一标准》、《公路工程质量检验评定标准》(JTG F80/1—2004)均给出了分项、分部、单位工程质量的验收规定。

(1)分项、分部、单位工程的划分

分项工程应按主要工种、材料、施工工艺、设备类别等进行划分。

分部工程应按专业性质、建筑部位确定。当分部工程较大或较复杂时,可按材料种类、施工特点、施工程序、专业系统及类别等划分为若干子分部工程。

单位工程,具备独立施工条件并能形成独立使用功能的建筑物及结构物为一个单位工程。建筑规模较大的单位工程可将其能形成独立使用功能的部分划分为一个子单位工程。

(2)分项、分部、单位工程质量验收合格的规定条件

分项工程的质量符合下列规定时为合格:分项工程所含的工序、检验批均应符合合格质量的规定;分项工程所含的检验批的质量验收检查记录应完整。

分部工程的质量符合下列规定时为合格:分部工程所含的各个分项工程必须已经验收合格,而且相应的质量控制资料文件必须完整,这是验收的基本条件。地基与基础、主体结构和设备安装等分部工程有关安全、使用功能的检验和抽样检测结果应符合有关规定。外观质量、观感质量验收应符合要求。

单位工程的质量符合下列规定时为合格:单位工程所含的分项工程质量均应验收合格;质量控制资料完整;单位工程所含分部工程的安全、功能指标的检测资料完整;主要功能项目的抽检结果应符合相关专业质量验收规范的规定;外观质量、观感质量验收应符合要求。

(3)分项、分部、单位工程质量验收的程序和组织

公路工程的分项工程质量检验内容包括基本要求、实测项目、外观鉴定、质量保证资料四大部分。只有在其使用的原材料、半成品、成品及其施工工艺符合基本要求的规定,而且无严重外观缺陷、质量保证资料真实并基本齐全时,才能对分项工程质量进行验收。

分项工程的验收在工序、检验批质量合格的基础上进行,由专业监理工程师组织施工单位的项目技术负责人、专业质量工程师共同进行验收。

分部工程的验收在其所含各个分项工程验收合格的基础上进行,由总监理工程师组织施工单位的项目负责人、技术负责人、质量负责人共同进行验收,涉及地基基础工程的设计单位项目负责人、技术负责人也应参加验收。

单位工程的验收在其所含各个分部工程验收合格的基础上进行,由项目监理机构进行预先验收,最终由建设单位的负责人组织施工单位、设计单位、工程监理单位的项目负责人、技术负责人参加验收。

(4)分项、分部、单位工程质量验收的注意事项

当参加验收各方对工程质量验收意见不一致时,可请当地建设行政主管部门或工程质量监督机构协调处理。

通过返修或加固处理仍不能满足安全使用要求的分部工程、单位工程,严禁验收。

3.《铁路监理规范》的规定

第5.4.2条给出了检验批、分项、分部、单位工程质量的验收规定:

5.4.1 工程施工质量验收执行铁路工程施工质量验收标准。

5.4.2 项目监理机构应按以下程序对工程施工质量进行验收：

1 检验批验收：承包单位自检合格后填写《检验批质量验收记录》，向项目监理机构报验；专业监理工程师在规定的时限内组织承包单位专职质检人员等进行验收，检验批的质量验收应包括实物检查和资料检查两部分，验收合格后签认《检验批质量验收记录》。

2 分项工程验收：专业监理工程师应在分项工程的所有检验批验收合格后，及时组织承包单位分项工程技术负责人等进行验收，验收合格后签认《分项工程质量验收记录》。

3 分部工程验收：专业监理工程师应在分部工程的所有分项工程验收合格后，及时组织承包单位项目负责人和技术、质量负责人等进行验收，验收合格后签认《分部工程质量验收记录》。

4 单位工程验收：总监理工程师应参加由建设单位组织的单位工程施工质量验收，验收合格后签认《单位工程质量验收记录》。

5 工程施工质量验收标准规定工程验收中应有勘察设计人员参加或确认时，专业监理工程师应通知勘察设计单位相关人员参加。

6 特殊的检验批、分项工程、分部工程验收应由总监理工程师组织进行。

5.3.7.11 关于水利工程的阶段工程验收

《建设监理规范》、《公路监理规范》、《铁路监理规范》中均没有给出阶段工程质量验收书面的规定。阶段工程质量验收，是水利工程建设项目专有的工程验收工作之一。

《水利监理规范》第6.8.3条明确规定项目监理机构应在工程建设进展到基础处理完毕、截流、水库蓄水、机组启动、输水工程通水以及堤防工程汛前、除险加固工程过水等关键阶段之前，提请建设单位进行阶段验收的准备工作。验收的监理要点包括：

《水利监理规范》第6.8.3条明确规定项目监理机构应在阶段验收工作中做好以下监理工作：

1.项目监理机构应在工程建设进展到关键阶段之前，提请建设单位进行阶段验收的准备工作。工程建设进展到关键阶段之前的工程项目包括工程基础处理完毕、截流、水库蓄水、机组启动、输水工程通水以及堤防工程汛前、除险加固工程过水等。

2.督促施工单位提交验收报告、资料并进行审核。在初步验收前，项目监理机构应督促施工单位按时提交“阶段验收施工管理工作报告”和相关资料，并进行审核，指示施工单位对报告和资料中存在的问题进行补充、修正。

3.参加验收并提供资料。建设单位认为需要进行技术性初步验收，项目监理机构应按时提交“阶段验收监理工作报告”和相关监理资料，按时参加阶段验收，做好监理记录。

4.督促整改，为合同项目完工验收做好准备。项目监理机构应根据初步验收过程中提出的遗留问题处理意见，督促施工单位立即进行整改，及时进行处理，以满足合同项目完工验收、竣工验收的要求。

5.3.7.12 关于工程质量验收不合格项的处理

《建设监理规范》、《公路监理规范》、《水利监理规范》中均没有给出工程质量验收不合格项的处理规定。《建筑工程施工质量验收统一标准》专门给出了书面的规定，其中第5.0.6条规定，当建筑工程质量不符合要求时，应按下列规定进行处理：

1.经返工重做或更换器具、设备的检验批,应重新进行检验。

2.经有资质的检测单位检测鉴定能够达到设计要求的检验批,应予以验收。

3.经有资质的检测单位检测鉴定达不到设计要求,但经原设计单位核算认可能够满足结构安全和使用功能的检验批,可予以验收。

4.经返修或加固处理的分项、分部工程,虽然改变外形尺寸但能满足安全使用要求,可按技术处理方案和协商文件进行验收。

《铁路监理规范》第5.4.3条规定验收不合格的,项目监理机构应指示承包单位返工处理,重新向项目监理机构报验,返修或加固处理后仍不能满足安全和使用功能要求的,项目监理机构严禁验收。

5.3.7.13 关于工程质量事故处理情况的验收

1.《建设监理规范》的规定

第5.4.13条给出了书面的规定,其中规定对需要返工处理或加固补强的质量事故,总监理工程师应责令施工单位报送质量事故调查报告和经设计单位等相关单位认可的处理方案,项目监理机构应对质量事故的处理过程和处理结果进行跟踪检查和验收。总监理工程师应及时向建设单位及本工程监理单位提交有关质量事故的书面报告,并应将完整的质量事故处理记录整理归档。

2.《公路监理规范》的规定

第5.1.13条给出书面的规定,其中规定:①当发生可由监理工程师机构处理的质量缺陷、质量隐患时,监理工程师应立即向施工单位发出工程暂时停工指令,并要求其立即书面报告质量缺陷、质量隐患的发生时间、部位、原因及已采取的措施和进一步处理方案;监理工程师应对处理方案进行审核后报建设单位批准,对处理方案的实施进行监理并予以验收,处理合格、隐患消除的可发出复工指令。②当发生不属于监理机构处理的质量事故时,监理工程师应要求施工单位按规定速报有关部门。监理机构应和施工等单位一起保护事故现场,抢救人员和财产,防止事故扩大,积极配合调查。对加固、返工或重建的工程,除特殊规定外,应视同正常施工工程进行监理。③总监办应建立专门台账,记录质量事故发生、处理和返工验收的过程和结果。

3.《铁路监理规范》的规定

第5.5节规定项目监理机构和其监理人员应认真对待工程质量缺陷与工程质量事故的处理。

5.5 工程质量缺陷与工程质量事故的处理

5.5.1 监理人员发现施工过程中存在质量缺陷时,监理工程师应及时下达通知,责令承包单位进行整改,并对整改过程和结果进行检查验收。

5.5.2 施工过程中存在工程质量事故隐患或发生工程质量事故时,总监理工程师应下达工程暂停令,责令承包单位停工处理和整改。处理和整改完毕经专业监理工程师验收后,由总监理工程师签署工程复工报审表。总监理工程师在下达工程暂停令或签署工程复工报审表前,应向建设单位报告。

5.5.3 当发生工程质量事故时,项目监理机构应做好以下工作:

1 责令承包单位立即采取措施保护事故现场,同时向建设单位报告;

2　责令承包单位尽快进行事故分析，及时报送《工程质量事故报告单》（附录A中的TA9表）；

3　参与质量事故调查，研究事故处理方案；

4　对工程质量事故的处理过程进行检查，对工程处理结果进行验收；

5　向建设单位及时提交由总监理工程师签署意见的质量事故报告，并将质量事故处理记录整理归档。

5.3.8　关于公路工程交工验收报告的编制

5.3.8.1　交工验收报告的表式

交通部以“交公路发〔2004〕446号”文件印发的《关于贯彻执行公路工程竣交工验收办法有关事宜的通知》中规定，公路工程交工验收报告的格式如表5-5所示。表格中对填写的内容规定得较为具体，由项目法人负责填写。

××公路工程交工验收报告　　表5-5

一	工程名称	
二	工程地点及主要控制点	
三	建设依据	
四	技术标准与主要指标	
五	建设规模及性质	
六	开工日期	年　月　日
	交工日期	年　月　日
七	批准概算	
八	工程建设主要内容	
九	实际征用土地数（亩）	
十	建设项目工程质量交工验收结论	
十一	存在问题处理措施	
十二	附件	1.各合同工程质量评分一览表 2.各合同段交工验收证书

5.3.8.2　交工验收报告的编制要点

交工验收报告是对建设项目相关内容的全面反映。报告中的主要内容包括工程项目的地点、建设依据、工程造价、建设性质、工程项目包含的主要建设内容、交工验收结论以及存在的问题和处理措施。其核心是工程质量情况和存在的问题。在报告中要体现项目法人对工程质量情况的确认，也要表述清楚所建成的公路工程项目是否达到了合格标准，是否按照批准的建设规模进行了建设。

对于工程项目较为复杂或建设过程中存在其他特殊情况的，在编写交工验收报告时均应表述清楚，使工程建设主管部门能够了解工程项目的基本情况，能够掌握工程质量状况，有利于主管部门正确判断是否能够投入试运营。

工程项目所有合同段交工验收结束后，项目法人负责及时编写整个项目的交工验收报告。

5.3.8.3　交工验收时各参建单位的工作报告

1.编写工作报告的意义

工程参建单位的工作报告,是对本单位在该工程项目中所有工作的一次全面系统的总结回顾,同时也是对本单位管理制度落实情况、工作成果的全面检查。这对于单位整体管理水平及技术人员业务能力的提高具有重要意义,也对本地区相似工程项目的管理、设计、施工、监理等工作具有指导意义和参考价值。

为了更好地总结工程建设过程中的各项工作,减少各参建单位总结内容的重复,真正起到总结经验、汲取教训的目的,交通部《关于贯彻执行公路工程竣交工验收办法有关事宜的通知》的附件5,对各单位的工作总结报告的格式进行了具体的规定。

2. 参建单位工作报告的种类

工程参建单位工作报告的种类,包括以下5种:

(1)建设单位编写的工程项目执行报告;

(2)设计单位编写的工程设计工作报告;

(3)质量监督机构编写的工程质量监督报告;

(4)项目监理机构编写的工程监理工作报告;

(5)项目施工单位编写的工程施工总结报告。

3. 项目监理机构编写的监理工作报告

监理工作报告由项目监理机构在工程交工验收前完成。工程竣工验收前根据缺陷责任期的工作情况对其进行补充、修改完善,竣工验收前提交项目法人。

项目监理工作报告的主要内容包括7大部分,具体如下:

1. 监理工作概况

简要说明合同工程段工程主要内容、项目监理机构组织形式及人员配备情况。

2. 工程质量管理

总结本合同工程质量控制措施及运行情况,施工过程中质量检查、抽查汇总情况,工程质量问题和事故处理情况;简要说明交工验收工程质量评定结果、试运营后工程质量变化情况,对提高工程质量提出建议、措施。

3. 计量支付、工程进度和合同管理情况

概述计量支付情况,说明计量支付、造价控制的方法;简要说明本合同段施工组织安排、进度控制的措施和实际进度;阐述施工单位履行情况,是否存在工程分包情况,对分包人如何进行审查、管理,对分包工程质量如何控制。

4. 设计变更情况

概述设计变更管理程序、设计变更汇总情况、变更后工程造价变化情况等,并分析发生设计变更的主要原因。

5. 交工验收中存在的问题及处理情况

介绍交工验收报告中指出的问题和质量监督机构交工验收前的检测意见中指出问题的处理情况,简要阐述交工验收后出现的问题及处理情况。

6. 对设计单位、施工单位和建设单位的评价

以交工验收时对设计、施工单位综合评价表中考核的内容为主,体现各单位合同履行情况、管理水平、配合情况、工作质量,指出各单位在本项目建设过程中的成绩和存在的问题,可提出建设性建议。

7. 监理工作体会

通过对监理工作情况的回顾，总结在工程质量控制、进度控制、投资控制、安全管理、环保管理、合同管理等方面所取得的成绩、经验和教训，指出在本项目中监理工作存在的问题，对今后监理工作提出建议。

5.3.8.4 交工验收报告表格的填写要点

(1)工程名称：为工程项目的全名，并与工程可行性研究报告批复的工程项目名称一致。

(2)工程地点及主要控制点：说明路线的起讫位置，项目所在区域、路线的主要控制点等与工程可行性研究报告的批复意见或初步设计批复意见相一致。

(3)建设依据：工程可行性研究报告，初步设计，施工图设计，开工报告批准的时间、部门和文号。分段或分期批复的设计文件应逐段说明，需将与整个工程建设项目有关的建设依据全部提供。

(4)技术标准与主要指标：指设计时采用的技术标准、主要技术指标的运用情况。一般可按照初步设计文件中主要经济技术指标表的内容填写。

(5)建设规模及性质：建设规模主要指公路等级、长度，属独立的桥梁工程、隧道工程应写明桥梁、隧道的长度。性质按新建、改建等选择填写。

(6)开工日期：指项目最早的合同段开工的日期。若项目开工典礼召开后因全面开工的条件并不具备，可填写为具体开工的日期。

(7)交工日期：指最后一个合同段交工验收的时间，或所有合同段交工验收完成后，项目法人在进入试运营阶段前组织进行的全面交工验收日期。

(8)批准概算：指上级主管部门批复的初步概算(或上级主管部门批准的修正概算)。

(9)工程建设主要内容：整个建设项目所完成的主要工程数量，包括路基石方、排水工程、小桥、通道、涵洞工程、路面工程、桥梁工程、隧道工程、交叉工程、沿线设施、房建工程等内容。

(10)实际征用土地数：土地面积应与征地合同、土地使用证数量一致。

(11)建设项目工程质量交工验收结论：是对整个项目的工程质量进行综合评定，对建筑主体工程、安装工程、附属工程进行评价。对公路工程包括路线、路基、路面、桥梁、隧道、交叉工程、沿线设施、绿化工程等的评价，明确是否满足设计要求，是否通过交工验收，整个建设项目交工验收工程质量情况。由项目法人负责对所有合同段交工验收证书中关于工程质量的内容进行总结和归纳，提炼出能够说明工程质量总体情况的内容。

(12)存在问题及处理措施：将各合同段在交工验收阶段提出的存在问题、质量缺陷，以及质量监督机构交工验收前的检测意见的处理情况进行归纳汇总，在报告中必须详细说明存在的主要问题和处理措施、处理结果。

(13)附件：将各合同段(或分部工程)工程质量评分一览表(表5-6)、交工验收证书、对参建单位的初步评价表进行整理，按合同段次序编排，作为交工验收报告的附件。

5.3.8.5 合同段(或分部工程)交工验收证书

1. 交工验收证书的表格

交工验收证书的格式见表5-7。表格中对填写的内容规定得较为具体，也容易理解，填写的内容和方法如下：

各合同段(或分部工程)工程质量评分一览表　　表5-6

项目名称：

合同段	实得分	备注
合同段1		
合同段2		
……		
合同段 N		

××工程(××合同段)交工验收证书　　表5-7

交工验收时间：　　　　　　　　　　合同段交工验收证书第　　号

<table>
<tr><td colspan="3">工程名称：</td><td colspan="2">合同段名称及编号：</td></tr>
<tr><td colspan="3">项目法人：</td><td colspan="2">设计单位：</td></tr>
<tr><td colspan="3">施工单位：</td><td colspan="2">工程监理单位：</td></tr>
<tr><td colspan="5">本合同主要工程量：</td></tr>
<tr><td>本合同价款</td><td>原合同</td><td></td><td>实际</td><td></td></tr>
<tr><td>本合同工期</td><td>原合同</td><td></td><td>实际</td><td></td></tr>
<tr><td colspan="5">对工程质量、合同执行情况的评价，遗留问题、缺陷的处理意见及有关决定(内容较多时，可用附件)</td></tr>
<tr><td colspan="5">施工单位的意见
施工单位法人代表或授权人(签字)　　单位盖章　年　月　日</td></tr>
<tr><td colspan="5">工程监理单位对有关问题的意见
工程监理单位法人代表或授权人(签字)　　单位盖章　年　月　日</td></tr>
<tr><td colspan="5">设计单位的意见
设计单位法人代表或授权人(签字)　　单位盖章　年　月　日</td></tr>
<tr><td colspan="5">项目法人的意见
项目法人代表或授权人(签字)　　单位盖章　年　月　日</td></tr>
</table>

2. 交工验收证书表格的填写要点

(1)交工验收时间：填写交工验收具体日期。若几个合同段一并验收时，各合同段填写时间相同。

(2)合同段(或分部工程)交工验收证书编号:由项目法人自行编号,最好与合同段标号一致。

(3)工程名称:填写工程项目的全称,所有合同段填写的名称必须统一。

(4)合同段(或分部工程)名称及编号:填写施工合同段(或分部工程)的具体名称、编号。

(5)本合同段(或分部工程)主要工程量:填写完成的主要工程项目数量,将本合同段建安工程数量按照计量支付约定的主要章、节分类如实填写。

(6)合同段(或分部工程)价款:合同段(或分部工程)价款中填写两组数据,"原合同"是指签订合同时本合同段的工程造价,"实际"是指工程完成后本合同段实际的工程投资额。

(7)合同段工期:"原合同"是指合同中约定的施工工期,以天或月为单位;"实际"是指完成该合同段所有工程内容所用的实际时间,其单位应与"原合同"的表达方式一致。

(8)对工程质量、合同执行情况的评价、遗留问题、缺陷的处理意见及有关决定。这些内容实际为交工验收的结论和有关决定,也可根据工程项目的实际情况增加需说明的内容,是交工验收时各有关单位对完成工程的工程质量所做的总体评价和遗留问题的处理意见。形成的验收结论中应明确是否通过交工验收,对交工验收时发现的问题、遗留问题应明确由谁负责限期完成。

(9)施工单位意见:由施工单位自己签署。应明确是否同意交工验收结论以及存在问题、遗留问题的处理意见等。

(10)工程监理单位对有关问题的意见:由工程监理单位填写(实际是由项目监理机构的负责人填写)。表明是否同意验收结论、有关问题的处理意见和决定,是否存在其他问题并明确工程监理单位的处理意见,简明说明工程质量是否达到合格标准,是否完成合同规定的工作内容。

(11)设计单位的意见:由设计单位签署。明确工程质量是否满足设计要求,是否扩大或缩小建设规模,是否存在明显缺陷,是否同意验收结论,是否同意验收中有关问题的处理意见和决定,也可对下一阶段的工作提出建议。

(12)项目法人的意见:由项目法人填写。明确是否同意验收结论、有关问题的处理意见和决定,可对下一阶段的工作提出要求,对遗留问题、工程质量缺陷等提出处理意见。

3. 交工验收证书的填写要求

(1)交工验收由项目法人组织,交工验收证书可由项目法人负责起草。起草的内容包括工程建设的基本情况,工程质量情况,合同执行情况的评价,遗留问题以及有关问题的处理意见,其他参建单位的意见不能代拟。对通过交工验收的合同段,交工验收后由项目法人签发合同段交工验收证书,生效后进入缺陷责任期。

(2)交工验收时的参加人员以工地现场管理人员为主,参建各单位应严肃认真,充分发表意见,客观地评价工程质量和合同执行情况,对于存在的问题,特别是影响工程正常使用的质量缺陷要明确提出,并提出处理方案和负责单位及完成时间。

(3)项目法人、设计、施工、监理等单位的意见,填写时应依据各自的主要职责,认真填写。按照工程质量终身负责制的原则,各参建单位对于出现的质量问题、存在的质量隐患应慎重讨论,明确负责单位和处理期限。

5.4　项目监理机构的计量行为

5.4.1　工程计量的含义

5.4.1.1　《现代汉语词典》中的有关解释

【计量】《现代汉语词典》中收录了“计量”一词，指：①把一个暂时未知的量与一个已知的量做比较。例如，用体温计量体温。②指计算。例如，影响之大，是不可计量的。

可见，“计量”一词是行为动词，强调行为人为了确认某未知的量而借用一定的工具、手段进行测量、计算。

5.4.1.2　工程监理规范中的有关解释

1. 国家标准中的有关解释

《建设监理规范》第2章“术语”中给出了“计量”一词，即：

【工程计量】根据设计文件及承包合同中关于工程量计算的规定，项目监理机构对施工单位申报的已完成工程的工程量进行的核验。

例如，第3.2.5条专业监理工程师应履行的职责中规定：专业监理工程师负责本专业的工程计量工作，审核工程计量的数据和原始凭证。

2. 行业标准中的有关解释

(1)《公路监理规范》的解释

在其第2章“术语”中没有给出“计量”一词，但在有关条文中给出了监理进行“计量”的规定。例如，第5.4.5条规定监理工程师收到施工单位计量申请后应及时计量，对路基基底处理、结构物基础的基底处理及其他复杂、有争议需要现场确认的项目，应会同建设、设计、施工等单位现场计量。再如，第5.4.6条规定监理工程师须依据本规范第1.0.3条规定和经监理工程师签发的“中间交工证书”及核定的工程量清单等资料进行计量。

在公路工程监理培训教材的费用监理一书中，工程计量是指监理工程师按照《技术规范》规定的方法对施工单位符合要求的已完工程的实际数量所进行的测量、计算、核查和确认的过程。

(2)《铁路监理规范》的解释

在其第2章“术语”中给出了“计量”一词，与建设监理规范的定义相近，即：

【工程计量】根据审核合格的施工图及承包合同中工程量计算规定，对承包单位申报的已完合格工程的数量进行的核验。

(3)《水利监理规范》的解释

在其第2章“术语”中没有给出“计量”一词，但书面明确规定现场项目监理机构、监理工程师应该认真实施“工程计量”行为。例如，第6.4.2条规定了工程计量的有关条件、计量的程序等。

5.4.2　监理计量行为的内涵及其行为人、责任主体

5.4.2.1　监理计量行为的内涵

工程计量行为是监理工程师在工程项目施工阶段的重要工作行为之一，也是项目监理机构的重要工作内容之一。工程计量是项目监理机构的一项关于实际完成的工程数量的检测、核验、计算活动，强调利用一定的检测工具、核验手段，在施工单位提交工程计量数据的基础

上，独立进行或联合进行的测算复验活动，要求做好计量记录，发现异常事项立即逐级报告。计量行为主要是为工程施工费用监理、进度监理等合同管理工作服务，监理利用计量这一工作手段可以加强工程质量的控制、评估工程进度情况、控制工程实际的费用和检测资料的整理等。

工程计量的任务是确定实际完成的工程数量的多少。工程量有预估工程量和实际工程量之分，工程量清单中的工程量是估算工程量，相对准确，但不能作为施工单位应予完成的工程之实际的工程数量，实际工程数量的多少，只有通过计量才能确定。

对项目监理机构而言，计量是监理人员依据监理规划、监理实施细则、履行监理合同过程中应尽的主要义务之一。对施工单位而言，工程计量是监理人员监督施工承包合同执行过程中应有的监理权力之一，FIDIC 合同条件（第四版）和大部分工程施工招标文件都规定施工单位应为监理人员实施计量行为提供工作方便。

5.4.2.2 监理计量行为的行为人、责任主体

监理的计量活动可以作为一种监理执业行为，其行为人是专业监理工程师及其以上的监理人员，主要是专业监理工程师。由项目监理机构承担计量行为不作为的责任。

在计量的具体实施过程中，项目监理机构的负责人——总监理工程师、驻地监理工程师负责组织、安排、监督、检查计量工作，专业监理工程师应为项目监理机构负责和服务，具体完成计量工作，专业监理工程师的计量行为不代表个人行为。监理员在工程计量活动中的作用，主要是服从和服务于专业监理工程师，做一般性查找施工图纸，测量工程几何尺寸，计算工程数量和复核、质检资料等基础工作。监理员不具有工程数量的确定权。

5.4.3 监理计量行为的相近行为、实施手段

5.4.3.1 监理计量行为的相近行为

工程计量行为是一种独立行为，不存在相近的行为。

编制工程计量支付报表以及工程款支付行为是工程计量行为的后续行为，施工单位应依据项目监理机构计量的结果计算净支付金额，项目监理机构应依据施工单位的支付申请编制支付证书并报项目业主审批，办理支付工程款手续。

5.4.3.2 监理计量行为的实施手段

项目监理机构实施工程计量行为，一般应依据测量、检查、审查和现场旁站、巡视、抽检、见证的情况，借助编写通知、指令文件和测量、评估、计算分析等监理手段。例如，根据审查的意见签署工程计量单，根据现场测量确认的结果填写工程计量单并编制工程款支付证书等。

5.4.4 监理计量行为的实施阶段、行为方式

5.4.4.1 监理计量行为的实施阶段

监理计量行为的实施阶段，主要处于工程项目的施工阶段、交工缺陷责任期阶段。只要有工程项目施工的投资控制，监理工程师就必须履行工程计量职责。监理计量行为的主要行为对象，是施工单位已经实际完成的、质量合格的、资料齐全规范的分项工程项目的工程数量。

5.4.4.2 监理计量行为的行为方式

监理计量行为主要为建设单位控制工程费用服务，既为施工单位服务又为建设单位服务。监理计量行为的行为方式主要包括监理工程师独立计量；施工单位计量，监理工程师审核确认计量结果；监承双方联合计量；室内计量和野外现场计量；断面法计量和体积法计量；估算比例

计量和实际数量计量等。

5.4.5 监理计量行为的表达方式

计量，既可以作为行为的实施过程，又可以作为行为的实施结果。

工程计量行为的结果是签认工程计量单，表达方式一般包括红头文件形式、非红头文件的表格资料形式等两种，主要采用专用表格形式，如计量单、支付报表。

5.4.5.1 采用红头文件表达

工程计量行为的结果，应该采用红头文件的形式表达的，主要包括项目监理机构编写、印发的计量支付工作通知、计量支付审批文件。在施工过程中，总监办或建设单位规定计量结果使用报告、批复文件的形式的，应该使用红头文件的形式。

一个项目监理机构监理一个以上的施工合同段时，因工程计量支付涉及各个合同段的合同价和实际的工程费用控制，各个施工合同段的计量支付审核（批）文件应分别审核（批），不应在一份红头文件中同时审核（批）。这不同于审核（批）工程施工进度计划文件，工程施工进度计划可以用一份红头文件审核（批）若干个施工合同段的，以起到交流借鉴督促作用。

5.4.5.2 采用专用监理表格形式表达

《建设监理规范》、《公路监理规范》中没有规定监理计量的结果采用非红头文件形式表达的内容，但在条文说明中说明监理进行的计量工作应尽量采用灵活多样的、专用的、固定格式的表格形式，如工程计量单、中间计量表、托付证书等，如表5-8所示。一般经过施工单位的项目经理、计量工程师和项目监理机构的总监或驻地工程师、计量监理工程师、相关专业监理工程师等人计算、审核、签字认可。

工 程 计 量 单 表5-8

施工单位： 合同号：
监理单位： 编　号：

工程量清单编号		工程部位	
工程项目名称		桩　号	
计量单位		地　点	
图纸编号		中间交工证书号	
计算草图、几何尺寸、计算公式、计算结果	项目经理： 年　月　日		计量工程师： 年　月　日
监理审核意见、确认的结果	专业监理或驻地监理： 年　月　日		计量监理： 年　月　日

5.4.6 监理规范中关于监理计量行为的规定内容

根据《建设监理规范》和《水利监理规范》、《公路监理规范》、《铁路监理规范》的规定，监理计量行为的规定内容如表5-9所示。

监理计量行为的主要规定内容　　表 5-9

序号	规定的具体内容	依据的监理规范			
		国标规范	公路规范	铁路规范	水利规范
1	计量原则的规定	—	—	第 8.0.3 条	—
2	计量程序的规定	—	—	第 8.0.4 条	第 6.4.2 条
3	现场计量验收合格的工程量	第 5.5.1、5.5.5 条	第 4.2.4 条	—	—
4	建立月完成工程量和工作量统计表	第 5.5.6 条	第 5.4.4 条	—	—
5	计量已经审批的工程变更项目的工程量	第 6.2.1 条	第 5.6.1 条	—	—
6	计量已经审批的工程索赔项目的工程量	第 6.3.3 条	第 5.6.3 条	—	—
7	计量计日工数量	—	第 5.6.4 条	—	—
8	核算工程量清单	—	第 4.2.9 条	—	—
9	计算价格调整费用	—	第 5.6.4 条	—	—
10	其他	—	—	—	—

5.4.7　工程计量行为的规范化实施要点

5.4.7.1　工程计量行为应达到的目标或要求

项目监理机构在进行工程计量、支付管理过程中，在时间上应达到及时计量、按时计量、先计量后支付的要求；在主观上应达到认真、公正、维护工程建设各方利益的要求；在客观上应达到计量支付的条件符合规定、计量支付的项目符合规定，计量数据真实可靠，计算、复核、签署等签认手续完备的目标。

2003 年版《公路工程国内招标文件范本》的合同条件第 57 条明确规定无论通常和当地的习惯如何（除非合同中另有规定），工程计量必须以净值为准。

5.4.7.2　关于工程计量的条件与原则

1. 计量与支付的先决条件

根据国标监理规范和三大行业工程施工监理规范的有关规定，监理工程师必须以质量合格、验收资料齐全，且符合安全和环保要求，作为计量与支付的先决条件。

计量合同中规定的计量项目，如工程量清单中的工程项目、合同文件规定的项目、经过总监理工程师或建设单位审批的工程变更项目等。监理工程师没有义务计量为完成这些工程而进行的辅助工程、属于施工单位附属义务的项目。

2. 工程计量的原则

工程计量由施工单位向项目监理机构提出并附有必要的中间交工验收资料、质量合格证明。监理工程师对工程的任何部分进行计量时，应事先通知施工单位，施工单位应立即委派合格的计量人员前往协助，应提供必要的人员、设备和交通工具。如果施工单位收到项目监理机构的计量通知后不参加计量工作，根据通用条件第 56 条的规定可以由工程监理人员单方面进行计量并作为正确的、最终的监理结果。如果施工单位收到项目监理机构的计量通知后派员参加计量工作,单对计量结果有异议,应在7天之内向监理提出申辩,之后监理和施工双方进行计量查对、核实、修改、确认。

根据《公路监理规范》第5.4节的有关规定,监理工程师实施工程计量行为的原则包括“一个根据,符合合同,可以折减,动态管理,现场计量”,即:

5.4　费用监理

5.4.1　监理工程师必须以质量合格、手续齐全,且符合安全和环保要求,作为计量与支付的先决条件。未经总监理工程师批准不得支付。

5.4.2　监理工程师在计量与支付时应符合合同规定,并做到客观、公正、准确、及时。计量与支付的项目与数量应不漏、不重、不超。

5.4.3　对实体质量合格,存在外观质量缺陷但不影响使用和安全的工程,监理工程师可依据合同规定折减计量与支付,并报建设单位批准。

5.4.4　监理工程师应建立计量与支付台账,根据施工单位申请和有关规定及时登账记录,实行动态管理。当有较大差异时应报建设单位。

5.4.5　监理工程师收到施工单位计量申请后应及时计量,对路基基底处理、结构物基础的基底处理及其他复杂、有争议需要现场确认的项目,应会同建设、设计、施工等单位现场计量。

5.4.6　监理工程师须依据本规范第1.0.3条规定和经监理工程师签发的《中间交工证书》及核定的工程量清单等资料进行计量。

5.4.7　监理工程师应对施工单位提交的工程支付申请进行审核,确认无误后签发支付证书并报建设单位。

5.4.7.3　关于工程计量的内容

工程计量的内容包括现场计量验收合格的工程量;计量已经审批的变更设计项目的工程量;计量已经审批的工程索赔项目的工程量;计量计日工数量;计算价格调整费用等。

5.4.7.4　关于工程计量的方法

1. 实地测量计算法

此方法是采用工程测量仪器工具对已完成的土石方开挖/回填等分项工程进行实地量测并计算的一种计量方法。监理工程师拟对工程的任何部位进行量测计量时,应先通知施工单位,施工单位应立即派人协助监理工程师进行计量。量测工作按合同中有关规定进行,量测计算后双方签字确认。

如果施工单位收到监理工程师发出的计量通知后,不参加或未派人参加实地量测计量工作,监理工程师自己量测或经监理工程师批准的测量结果,即为正确的计量,可作为支付的依据。

2. 记录、图纸计算法

此种方法是根据工程图纸和已完工程的记录进行工程计量的一种工程计量方法。如对钢筋、工程结构物等,通常可采用此法计算工程量。

当采用记录和图纸计算法计量时,监理工程师应准备记录和图纸,并通知施工单位。按照FIDIC条款(第四版)的规定,施工单位应在通知发出14天内派人参加记录和图纸的确认,若施工单位不参加或不派人参加记录和图纸的确认,而且在确认后14天内未提出异议,则监理工程师记录和图纸计算的工程量应认为准确无误。若施工单位在14天内对记录和图纸提出异议,监理工程师应复查这些记录和图纸,或予以确认或予以修改。无论采用何种方法,其结果必须经监理工程师和施工单位双方同意,签字确认,方可进入费用支付环节。

《公路工程国内招标文件范本》(2003 年版)第 56 条规定的时间为 7 天。

工程数量的计算、确认规则,原则上依据《工程项目招标文件》中技术规范的计量规定,但注意具体项目的招标文件的特别规定。

3. 票据报销法、按月均摊计量法

此种方法是针对工程施工准备项目、施工管理项目,例如工程保险费、竣工文件编制费、施工环保费、临时道路维护费、承包人驻地建设费等。其中,工程保险费采用票据实报实销法一次性计量;竣工文件编制费、施工环保费、临时道路维护费、承包人驻地建设费等施工单位每月均要投入,监理工程师应按月均摊计量,也可按季度分摊计量,也可按实际完成的进度百分比进行计量。

5.4.7.5　工程计量行为的实施方式

工程计量行为的实施方式一般包括监理工程师独立计量、施工单位独立计量、项目监理机构与施工单位联合计量等三种方式。无论如何,工程计量必须符合合同文件的规定,计量结果必须由监理工程师、项目监理机构确认。

工程达到规定的计量单位、计量条件时,监理工程师应审查施工单位提供计量所需的资料,并与其共同计量。监理工程师必须对计量结果做出准确的记录,并将记录的副本抄送施工单位。工程计量时,监理工程师可根据工程特殊情况增加计量次数,但应提前向施工单位发出通知,写明监理工程师准备何时对何工程进行何种计量。对施工单位申请增加计量次数,应要求其提前填写计量申请单,写明要求计量的原因,计量的工程部位和计量时间,监理工程师应视情况作出计量或暂不计量的决定。

5.4.7.6　工程计量的程序和主要文件

某一分项工程已经签发“中间交工证书”,便可对其工程数量实施计量。其程序为:

(1)施工单位提供计量原始报表和计量申请或监理工程师向施工单位发出计量通知,监理工程师必须检查施工单位为计量准备的有关资料,发现问题或资料不齐全,应退还施工单位暂不进行计量,或计量后暂不予以支付。

(2)监理人员与施工单位共同进入现场测定计量。为了保证计量的准确性,监理人员必须对所计量的工程进行复核修正,共同签字确认。若施工单位对修正不同意,可按合同规定的时间向监理工程师提出书面申述,经双方协商一致后再签字确认。

(3)施工单位填写“中间计量单”后报项目监理机构,由项目监理机构组织审核。

(4)根据“中间交工证书”、监理工程师与施工单位共同签认的计量单、监理工程师签认的计日工、价格变更、索赔等填写“中期支付证书”,报上一级项目监理机构审批。

工程计量过程中的主要文件有“中间支付计量表”、“工程分项开工申请批复单”、“检验申请批复表”及有关的质量自检资料,包括工程质量检验表、试验报表及有关的质量评定意见、“工程变更令”、“中间交工证书”等。

5.5　项目监理机构的质量评定行为

5.5.1　工程质量评定的含义

5.5.1.1　《现代汉语词典》中的有关解释

【评定】《现代汉语词典》中收录了“评定”一词,意指经过评判或审核来决定。例如,考试

成绩已经评定完毕。

可见,“评定”一词是行为动词,强调行为人借助一定的标准或评论或审核,对比之后判定、决定分数、等级、价值、是非、胜负等定性值、定量值。

5.5.1.2 工程监理规范中的有关解释

1. 国家标准中的有关解释

《建设监理规范》第2章“术语”中没有给出“评定”一词,但在相关条文中给出了“质量评定”的规定内容。例如,第5.4.10条规定专业监理工程师应对施工单位报送的分项工程质量验评资料进行审核,符合要求后予以签认;总监理工程师应组织监理人员对施工单位报送的分部工程和单位工程质量验评资料进行审核和现场检查(评定),符合要求后予以签认。

2. 行业标准中的有关解释

(1)《公路监理规范》的解释

在其第2章“术语”中没有单独给出“评定”一词,但给出了“质量评定”的相关规定条文。例如,第5.1.15条规定监理工程师应按有关规定及时对已经完成的工程进行质量评定。

在《公路工程质量检验评定标准》(JTG F80/1—2004)第2章“术语”中分别给了工程质量“检验、评定”的定义。“检验”是对检验项目中的性能进行量测、检查、试验等,并将结果与标准规定要求进行比较,以确定每项性能是否合格所进行的活动。“评定”是依据检验结果对工程质量进行评分并确定其等级的活动。

(2)《铁路监理规范》的解释

在其第2章“术语”中不但没有给出“评定”一词,而且没有书面规定现场项目监理机构、监理工程师应该认真实施的“质量评定”行为。

(3)《水利监理规范》的解释

在其第2章“术语”中也没有给出“评定”一词,但书面明确规定现场项目监理机构、监理工程师应该认真实施“质量评定”行为,并在其他条文中给出了“工程质量评定”这一监理工作行为的具体规定。例如,第6.2.12条规定项目监理机构应监督施工单位真实、齐全、完善、规范地填写质量评定表。项目监理机构应按规定参与工程项目外观质量评定和工程项目施工质量评定工作。

5.5.2 监理质量评定行为的内涵及其行为人、责任主体

5.5.2.1 监理质量评定行为的内涵

项目监理机构的质量评定行为是监理工程师在工程施工阶段的重要岗位工作行为之一,也是项目监理机构的重要工作内容之一。对项目监理机构而言,质量评定是监理工程师依据监理规划、监理实施细则和《公路工程质量检验评定标准》(JTG F80/1—2004)履行监理合同过程中应尽的主要义务之一;施工单位应为监理工程师实施质量评定提供方便,如自检评定工程质量并向项目监理机构报送质量验评资料、协助监理审核和现场检查等。

监理工程师实施的质量评定行为是项目监理机构的重要的专项检查或检测、量测、试验验证活动,主要是检验评定工程施工质量,是质量控制的重要手段,它强调利用一定的检查、测量、试验仪器和工具,在施工单位自检合格的基础上,由监理工程师按照一定的比例独立进行,要求实事求是地进行,做好检查验收记录,并将检查结果与标准规定要求进行比较,进一步确定工程质量评分和工程质量等级。发现异常事项立即逐级报告,对评定不合格项进行跟踪处

理和监督，及时形成监理的独立检查评定表格和文件。

5.5.2.2　监理质量评定行为的行为人、责任主体

监理的质量评定活动可以作为监理执业行为之一，其行为人是监理工程师，一般不包括监理员。

在工程质量评定的具体实施过程中，项目监理机构的负责人——总监理工程师、驻地监理工程师应负责组织、安排、监督、检查、总结，专业监理工程师应对施工单位报送的分项工程质量验评资料进行审核，符合要求后予以签认。总监理工程师应组织监理工程师对施工单位报送的分部工程和单位工程质量验评资料进行审核和现场检查（评定），符合要求后予以签认。

工程质量评定行为的责任主体是项目监理机构，由项目监理机构承担工程质量评定行为不作为的责任。

5.5.3　监理质量评定行为的相近行为、实施手段

5.5.3.1　监理质量评定行为的相近行为

监理工程师进行的工程质量评定行为应该是一种独立行为。如果说存在相近行为的话，那就是工程交工验收活动中的质量验收行为。

5.5.3.2　监理质量评定行为的实施手段

项目监理机构实施质量评定行为，一般应依据工程施工技术方案审批情况和现场检查、旁站、巡视、抽检、试验、验收的情况，借助现场测量、取样试验的数据计算、分析比较、审查施工单位的自评资料等监理手段。例如，根据审查施工单位的自评资料判定施工单位的评定结论是否准确，根据日常旁站、巡视情况确定工程质量是否满足基本要求，根据数据计算的结果与质量检验评定标准对比，根据取样试验情况进一步判定工程实体的强度、压实度是否合格等。

5.5.4　监理质量评定行为的实施阶段、行为方式

5.5.4.1　监理质量评定行为的实施阶段

工程建设项目的施工质量评定行为的实施阶段，主要处于工程的施工阶段、交工验收和竣工验收阶段。质量评定行为的行为对象主要是分项工程、分部工程、单位工程和合同工程，乃至整个建设项目。

5.5.4.2　监理质量评定行为的行为方式

监理工程师实施的工程质量评定行为既是为工程施工项目的中间交工验收，确定是否合格、是否可以进行下道工序的施工服务，更是为合同工程交工验收、竣工验收服务。

监理工程师进行的质量评定工作是项目监理机构在工程施工监理的若干工作中比较靠后进行和完成的一项监理工作，监理工程师可以用质量评定手段去检验已经实施的监理调查、检查、试验、测量、旁站、巡视等行为的作为程度或不作为程度。

监理工程师实施的工程质量评定行为的行为方式包括一级项目监理机构的独立评定方式和两级项目监理机构的联合评定方式。包括评定分项工程质量、分部工程质量、单位工程质量和合同工程质量；评定路基路面压实度、水泥混凝土弯拉强度、水泥混凝土抗压强度、水泥砂浆强度、半刚性基层材料强度、路面机构层厚度、路基路面弯沉值等。

5.5.5　监理质量评定行为的表达方式

工程质量评定，既可以作为行为的实施过程，又可以作为行为的实施结果。

作为质量评定行为的结果的表达方式，一般不用红头文件形式，多用专用的质量评定表格

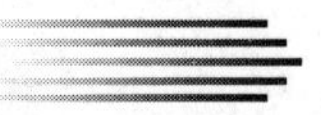

形式，即分项工程质量检验评定表格、分部工程质量检验评定表格、单位工程质量检验评定表格和合同工程质量检验评定表格等，《公路工程质量检验评定标准》（JTG F80/1—2004）附录J中给出了规定表式。

5.5.6 监理规范中关于监理质量评定行为的规定内容

根据《建设监理规范》和《水利监理规范》、《公路监理规范》、《铁路监理规范》的规定，监理工程师进行的质量评定行为的规定内容如表5-10所示。

监理评定行为的主要规定内容　　表5-10

序号	规定的具体内容	依据的监理规范			
		国标规范	公路规范	铁路规范	水利规范
1	对已完工程进行质量验收评定	—	第5.1.15条	第5.4.1条	第6.2.12条
2	接受建设单位对质量评定资料的检查	—	第6.0.3条	—	—
3	对分项工程进行质量等级评定	—	第5.1.14条	—	—
4	检查验收分项、分部、单位工程质量情况	第5.4.10条	—	第5.4.2条	第6.8节
5	其他	—	—	—	—

5.5.7 工程质量评定行为的规范化实施要点

工程施工项目的质量评定工作，一般包括工程项目划分、质量评分、质量指标评定、质量等级评定等4大部分内容。

5.5.7.1 实施监理质量评定行为应达到的目标或要求

工程监理人员必须依据《公路工程质量检验评定标准》（JTG F80/1—2004）的规定实施质量检验评定行为。在主观上应达到认真、主动、严格，切实为工程质量、安全负责的要求；在客观上应达到检验评定方案科学，评定指标齐全，检验精度符合规定，数据真实可靠，结论客观公正，检验、计算、复核等签认手续完备的目标。

5.5.7.2 工程项目划分

在工程施工准备阶段，项目监理机构应依据《建筑工程施工质量验收统一标准》、《公路工程质量检验评定标准》（JTG F80/1—2004）附录A的规定和《公路工程国内招标文件范本》（2003年版）第100章的规定指导施工单位划分、审批划分结果、监督实施。《水利监理规范》第5.2.5条规定项目监理机构应按工程施工质量评定规程的要求，组织进行工程项目划分，征得建设单位同意后，报工程质量监督机构认定。

工程施工质量评定、验收应划分为单位工程（子单位工程）、分部工程（子分部工程）、分项工程和检验批。

1. 单位工程的划分

单位工程的划分应按下列原则确定：具备独立施工条件并能形成独立使用功能的建筑物及构造物为一个单位工程；建筑规模较大的单位工程，可将其能形成独立使用功能的部分归为一个子单位工程。

2. 分部工程的划分

分部工程的划分应按下列原则确定：应按专业性质、建筑部位确定；当分部工程较大或较复杂时，可按材料种类、施工特点、施工程序、专业系统及类别等划分为若干个分部工程。

3. 分项工程的划分

分项工程的划分应按下列原则确定：应按主要工种、材料、施工工艺、施工设备类别进行划分；分项工程可由一个或若干个检验批组成；检验批可根据施工及质量控制、专业验收的需要按楼层、施工段、变形缝等进行划分。

5.5.7.3　公路工程质量评定的有关问题

公路工程建设项目施工质量的评定指标有许多，采用数理统计方法评定的项目，一般包括压实度、强度、厚度、弯沉值等。

根据《公路工程质量检验评定标准　土建工程》（JTG F80/1—2004）的规定，公路工程施工项目需要评定的质量指标具体包括路基路面的压实度、水泥混凝土路面的弯拉强度、水泥混凝土结构物的抗压强度、水泥砂浆的抗压强度、半刚性基层材料的强度、路面结构层的厚度、路基路面的弯沉值等 7 大指标。

1. 路基、路面的压实度评定

（1）检验评定的依据

根据《公路工程质量检验评定标准　土建工程》（JTG F80/1—2004）附录 B 的规定，路基和路面基层、底基层的压实度以重型击实标准为准，沥青面层的压实度以《公路沥青路面施工技术规范》（JTG F40—2004）的规定为准。

标准密度应做平行试验，求其平均值作为现场检验的标准值，对于均匀性差的路基土质和路面结构层材料，应根据实际情况增补标准密度试验，求得相应的标准值，以控制和检验工程施工质量。

（2）检验评定的方法

路基、路面压实度以 1 ~ 3km 长的路段为检验评定单元，按照规定的检测频率进行现场压实度抽样检查，求算每一个测点的压实度。细粒土现场压实度检查可以采用灌砂法或环刀法，粗粒土及路面结构层压实度检查可以采用灌砂法、水袋法、钻孔取样法，用核子密度仪检查时，必须进行对比试验，确认其可靠性。

（3）检验评定的标准

①对于路基、路面的基层和底基层：检验评定路段的压实度代表值为 K，即

$$K = \overline{K} - \frac{t_\alpha S}{\sqrt{n}} \geqslant K_0$$

当 $K \geqslant K_0$ 且单点压实度 K_i 全部大于等于规定值减 2 个百分点时，评定路段的压实度合格率为 100%；当 $K \geqslant K_0$ 且单点压实度 K_i 全部大于等于规定极值时，按测定值不低于规定值减 2 个百分点的测点数计算合格率。当 $K < K_0$ 或某一单点压实度 K_i 小于规定极值时，该评定路段压实度为不合格，相应分项工程评为不合格。当路堤施工路段较短时，分层压实度每点都应符合要求，且样本数不少于 6 个。

②对于沥青面层：当 $K \geqslant K_0$ 且全部测点压实度大于等于规定值减 1 个百分点时，评定路

段的压实度合格率为100%；当$K \geqslant K_0$时，按测定值不低于规定值减1个百分点的测点数计算合格率。当$K < K_0$时，该评定路段压实度为不合格，相应分项工程评为不合格。

2. 水泥混凝土路面的弯拉强度评定

(1)检验评定的依据

根据《公路工程质量检验评定标准　土建工程》(JTG F80/1—2004)附录C的规定检验评定水泥混凝土弯拉强度。

(2)检验评定的方法

水泥混凝土弯拉强度试验方法应使用标准小梁法或钻芯劈裂法，试件使用标准方法制作，标准养生时间为28天。高速公路和一级公路每工作班制作2~4组；其他公路每工作班制作1~3组。每组3个试件的平均值作为一个统计数据。

(3)检验评定的标准

①试件组数大于10组时，平均弯拉强度f_{cs}合格判断式为：

$$f_{cs} \geqslant f_r + k\sigma$$

当试件组数为11~19组时，允许有一组最小弯拉强度小于$0.85f_r$，但不得小于$0.80f_r$。当试件组数大于20组时，其他公路允许有一组最小弯拉强度小于$0.85f_r$，但不得小于$0.75f_r$；高速公路和一级公路均不得小于$0.85f_r$。

②试件组数等于或少于10组时，试件平均强度不得小于$1.10f_r$，任何一组的强度均不得小于$0.85f_r$。

③当标准小梁合格评定平均弯拉强度和最小弯拉强度中有1个不符合上述要求时，应在不合格路段每公里每车道钻取3个以上直径为150mm的芯样，实测劈裂强度，通过各自工程的经验公式换算弯拉强度，其合格评定平均弯拉强度和最小弯拉强度必须合格，否则，应返工重铺。

④实测项目中，水泥混凝土弯拉强度评为不合格时，相应分项工程评为不合格。

3. 水泥混凝土结构物的抗压强度评定

(1)检验评定的依据

根据《公路工程质量检验评定标准　土建工程》(JTG F80/1—2004)附录D的规定检验评定水泥混凝土抗压强度。

(2)检验评定的方法

评定水泥混凝土的抗压强度，应以标准养生28天龄期的试件为准。试件为边长150mm的立方体。试件3个为一组，制取组数应符合下列规定：①不同强度等级、不同配合比的混凝土试件，应在浇筑地点或拌和地点分别随机制取；②浇筑一般体积的结构物时，如基础、墩台身等，每一单元结构物应制取2组；③连续浇筑大体积结构时，每80~200m^3或每一工作班应制取2组；④上部结构，主要构件长16m以下应制取1组，16~30m应制取2组，31~50m应制取3组，50m以上不少于5组，小型构件每批或每工作班至少应制取2组；⑤每根钻孔桩至少应制取2组；桩长20m以上者不应少于3组；桩径大、浇筑时间很长时，不少于4组；如换工作班时，每工作班应制取2组；⑥小桥涵、挡土墙等构筑物，每座、每处或每工作班制取不少于2组，当原材料和配合比相同，并由同一拌和站拌制时，可几座或几处合并制取2组。

(3)检验评定的标准

①试件大于等于 10 组时,应以数理统计方法按下述条件评定:

$$R_n - K_1 S_n \geqslant 0.9R$$

$$R_{min} \geqslant K_2 R$$

②试件小于 10 组时,可用非数理统计方法按下述条件评定:

$$R_n \geqslant 1.15R$$

$$R_{min} \geqslant 0.95R$$

③实测项目中,水泥混凝土抗压强度评为不合格时,相应分项工程评为不合格。

4. 水泥砂浆的强度评定

(1)检验评定的依据

根据《公路工程质量检验评定标准　土建工程》(JTG F80/1—2004)附录 F 的规定检验评定水泥砂浆抗压强度。

(2)检验评定的方法

评定水泥砂浆的抗压强度,应以标准养生 28 天龄期的试件为准。试件为边长 70.7mm 的立方体。试件 6 个为一组,制取组数应符合下列规定:①不同强度等级、不同配合比的水泥砂浆试件,应在浇筑地点或拌和地点分别随机制取;②重要及主体砌筑物,应每工作班制取 2 组;③一般及次要砌筑物,每工作班可制取 1 组。

(3)检验评定的标准

①同强度等级试件的平均强度,不低于设计强度等级;②任意一组试件的强度最低值,不低于设计强度等级的 75%;③实测项目中,水泥砂浆抗压强度评为不合格时,相应分项工程评为不合格。

5. 半刚性基层和底基层的 7 天无侧限抗压强度评定

(1)检验评定的依据

根据《公路工程质量检验评定标准　土建工程》(JTG F80/1—2004)附录 G 的规定检验评定半刚性基层、底基层的强度。

(2)检验评定的方法

评定半刚性基层和底基层的强度,应以规定温度下保湿养生 6 天、浸水 1 天后的 7 天无侧限抗压强度为准。制取组数应符合下列规定:①在施工现场按规定频率取样,按工地现场预定达到的压实度制备试件;②每 2 000m^2 或每工作班制备 1 组试件,试件的个数与偏差系数有关。不论稳定细粒土、中粒土、粗粒土,当多次偏差系数小于等于 10% 时,可为 6 个试件;当多次偏差系数大于 10% 小于等于 15% 时,可为 9 个试件;当多次偏差系数大于 15% 时,可为 13 个试件。

(3)检验评定的标准

①试件的平均强度应满足下式要求:

$$\overline{R} \geqslant R_d / (1 - Z_\alpha C_V)$$

②评定路段内,强度评为不合格时,相应分项工程评为不合格。

6. 路面结构层的厚度评定

(1)检验评定的依据

根据《公路工程质量检验评定标准　土建工程》(JTG F80/1—2004)附录 H 的规定检验评

定路面结构层厚度。

(2)检验评定的方法

评定路面结构层厚度,按代表值和单个合格值的允许偏差进行;按规定频率采用挖验或钻取芯样法测定厚度。

(3)检验评定的标准

①厚度代表值为厚度的算术平均值的下置信界限值,应满足下式要求:

$$X_{\mathrm{L}}=\overline{X}-\frac{t_{\alpha}}{\sqrt{n}}S$$

②当厚度代表值大于等于设计厚度减去代表值允许偏差时,则按单个检查值的偏差不超过单点合格值来计算合格率;当厚度代表值小于设计厚度减去代表值允许偏差时,则相应分项工程评为不合格。

③沥青面层按沥青铺筑层的总厚度进行评定。高速公路和一级公路分2~3层铺筑时,还应进行上面层的厚度检查评定。

7. 路基、柔性基层、沥青路面的弯沉值评定

(1)检验评定的依据

根据《公路工程质量检验评定标准　土建工程》(JTG F80/1—2004)附录I的规定检验评定路基、柔性基层、沥青路面的弯沉值。

(2)检验评定的方法

评定路基、柔性基层、沥青路面的弯沉值,应用贝克曼梁或自动弯沉仪测量。每一双车道评定路段(不超过1km)检查80~100个点,多车道公路必须按车道数与双车道之比增加测点。

(3)检验评定的标准

①弯沉代表值为弯沉测量值的上波动界限,用下式计算:

$$L_{\mathrm{r}}=\overline{L}+Z_{\alpha}S$$

②当路基和柔性基层、底基层的弯沉代表值不符合要求时,可以将弯沉特异值舍去,重新计算平均值和标准偏差。对于舍弃的弯沉值大于实测平均值加2~3倍标准差的点,应找出其周围界限,进行局部处理。

③弯沉代表值大于设计要求的弯沉值时,相应分项工程评为不合格。

④在非不利季节测定时,应考虑季节影响系数。

5.5.7.4　公路工程质量评分

1. 评分的依据

项目监理机构应依据《公路工程质量检验评定标准　土建工程》(JTG F80/1—2004)的规定或最新的规定对已经施工完毕、自检合格的工程进行质量评分。

2. 评分的项目

工程质量评分的项目包括分项工程质量评分、分部工程质量评分、单位工程质量评分、合同段和建设项目工程质量评分等五部分内容。

3. 评分的监理要点

(1)分项工程质量检验与评分

分项工程质量检验评定是建设项目质量评定的基础。分项工程质量检验内容包括基本要

求、实测项目、外观鉴定和质量保证资料等4大部分。只有在其使用的原材料、半成品/成品及施工工艺符合基本要求的规定，且无严重外观缺陷、质量保证资料真实并基本齐全时，才能进行质量检验评定。涉及结构安全和使用功能的重要实测项目为关键项目，其合格率不得低于90%（属于工厂加工制造的桥梁金属构件不低于95%，机电工程为100%），且检测值不得超过规定极值，否则，必须进行返工处理。实测项目的规定极值是指任何一个检测值都不能突破的极限值，不符合要求时该实测项目为不合格。

分项工程的评分值满分为100分，按实测项目采用加权平均法计算，存在外观缺陷或资料不全时，应予减分。

分项工程得分 = ∑[检查项目得分 × 权值]/∑检查项目权值

分项工程评分值 = 分项工程得分 - 外观缺陷减分 - 资料不全减分

①基本要求检查。分项工程应达到的基本要求，对施工质量优劣具有关键作用，监理工程师应按基本要求的规定严格对工程项目进行检查，经检查不符合基本要求规定时，任何人不得进行工程质量的检验和评定。例如，水泥混凝土路面质量评定标准中将“水泥强度、物理性能和化学成分应符合国家标准及有关规范的规定；接缝的位置、规格、尺寸和传力杆、拉力杆的设置应符合设计要求”列为基本要求之一。

②实测项目计分。对规定检查项目采用现场抽样方法，按照规定频率和下列计分方法对分项工程的施工质量直接进行检测计分。检查项目除按数理统计方法评定的项目以外，均应按单点（组）测定值是否符合标准要求进行评定，并按合格率计分。

检查项目合格率 = 检查合格的点（组）数/ 该检查项目的全部检查点（组）数 ×100%

采用数理统计方法评定的项目，如路基路面的压实度、弯沉值、路面结构层厚度、水泥混凝土抗压和抗弯拉强度、半刚性材料强度等，均作为关键项目。关键项目（建筑系统称为主控项目）的权值高于一般项目，例如沥青混凝土路面面层实测项目中，压实度、厚度均为3，平整度、弯沉值、渗水系数、抗滑均为2，而中线偏位、纵断高程、宽度、横坡度均为1。

③外观缺陷减分。对工程外表状况应逐项进行全面检查，如发现外观缺陷，应进行减分。对于较严重的外观缺陷，施工单位必须采取措施进行整修处理。

④资料不全减分。分项工程的施工资料和图标残缺，缺乏最基本的数据或有伪造涂改者，不予检验和评定。资料不全者应予减分，减分幅度可按“质量保证资料”的规定逐款检查，视资料不全情况，每款减1～3分。

（2）分部工程和单位工程质量检验与评分

《公路工程质量检验评定标准》（JTG F80/1—2004）附录J所列分项工程、分部工程均区分为一般工程和主要（主体）工程，分别给以1和2的权值进行计分，进行评分时采用加权平均值计算法确定相应的评分值。

分部（单位）工程评分值 = ∑[分项（分部）工程评分值 × 相应权值]/∑分项（分部）工程权值

（3）合同段和建设项目工程质量评分

合同段和建设项目工程质量评分值按交通部《公路工程竣（交）工验收办法》计算。

（4）质量保证资料

项目监理机构负责提交齐全、真实和系统的监理资料，并审查、签认施工单位的资料。施工单位应有完整的施工原始记录、试验数据、分项工程自查数据等质量资料，并进行整理分析，

负责提交齐全、真实和系统的施工资料和图表。

质量保证资料应包括以下6个方面:①所用原材料、半成品和成品质量检验结果;②材料配比、拌和加工控制检验、试验数据;③地基处理、隐蔽工程施工记录和大桥、隧道施工监控资料;④各项质量控制指标的试验记录和质量检验汇总图表;⑤施工过程中遇到的非正常情况记录及其对工程质量的影响分析;⑥施工过程中如发生质量事故,经处理补救后,达到设计要求的认可证明文件。

5.5.7.5 公路工程质量等级评定

1. 评定的依据

项目监理机构必须依据《公路工程质量检验评定标准　土建工程》(JTG F80/1—2004)的规定对已经施工完毕的工程项目进行质量等级评定。

2. 评定等级的项目

工程质量等级评定的项目包括分项工程质量评定、分部工程质量评定、单位工程质量评定、合同段和建设项目工程质量评定等5部分内容。

3. 评定的监理要点

公路工程质量评定的等级分为两个档次,即合格和不合格。

(1)分项工程质量等级评定

分项工程评分值不小于75分者为合格,小于75分者为不合格。机电工程、属于工厂加工制造的桥梁金属构件不小于90分者为合格,小于90分者为不合格。评定为不合格的分项工程,经加固、补强或返工、调测,满足设计要求后,可以重新评定其质量等级,但计算分部工程评分值时按其复评分值的90%计算。

(2)分部工程质量等级评定

所属分项工程质量全部合格,则该分部工程评为合格;所属任何一个分项工程不合格,则该分部工程为不合格。

(3)单位工程质量等级评定

所属各分部工程质量全部合格,则该单位工程评为合格;所属任何一个分部工程不合格,则该单位工程为不合格。

(4)合同段和建设项目质量等级评定

合同段和建设项目所含单位工程质量全部合格,其工程质量等级为合格;所属任何一个单位工程不合格,则合同段和建设项目为不合格。

6 提示、通知、审批、报告、总结行为

6.1 项目监理机构的提示行为

6.1.1 提示的含义

6.1.1.1 《现代汉语词典》中的有关解释

【提示】《现代汉语词典》中收录了“提示”一词，指把对方没有想到或想不到的事情提出来，引起对方注意。

可见，“提示”一词是行为动词，强调行为人本着为对方负责的原则，把对方已经想了但没有想到的事项以及对方无能力想到的事项告诉对方，以引起注意，防止发生不良后果。

6.1.1.2 工程监理规范中的有关解释

1. 国家标准中的有关解释

《建设监理规范》第2章“术语”中没有给出“提示”一词，但在有关条文中给出了项目监理机构提出要求、印发提示、“通知”文件、表格的规定。例如，第5.4.2条规定专业监理工程师应要求施工单位报送重点部位、关键工序的施工工艺和确保工程质量的措施，审核同意后予以签认。

2. 行业标准中的有关解释

(1)《公路监理规范》的解释

在其第2章“术语”中没有给出“提示”一词，但在有关条文中给出了项目监理机构提出要求、印发提示、“通知”文件的规定。例如，第5.6.9条规定监理工程师认为违约事件可能发生时，应及时提示施工单位和建设单位。再如，第4.2.2条规定项目监理机构应要求施工单位编制技术复杂或采用新技术、新工艺或在特殊季节施工的分项、分部工程和危险性较大的分部工程的专项施工方案，其中的“要求”，应通过监理提示、通知类文件来完成。

(2)《铁路监理规范》的解释

在其第2章“术语”中也没有给出“提示”一词，但书面明确规定项目监理机构、监理工程师应该认真实施“提示”行为，并在其他条文中给出了具体规定。例如，第11.2.1条规定，在施工过程中，项目监理机构应提醒承包单位按专业和工点建立单位工程的施工技术档案。

(3)《水利监理规范》的解释

在其第2章“术语”中也没有给出“提示”一词，也没有书面明确规定现场项目监理机构、监理工程师应该认真实施的“提示”行为。

6.1.2 监理提示行为的内涵及其行为人、责任主体

6.1.2.1 监理提示行为的内涵

监理工作提示是工程监理制度引进和实施以来被各级项目监理机构应用和推广的一种监理工作方法，以体现超前监理、预见性监理、预防性监理。同时，作为监理文件写作中运用最广

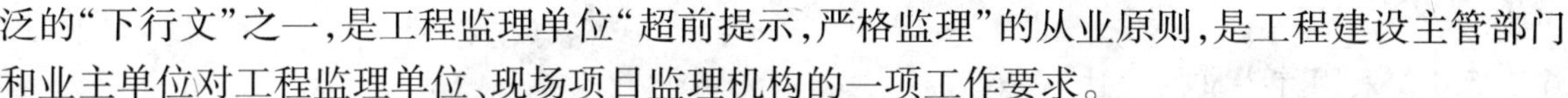

泛的"下行文"之一,是工程监理单位"超前提示,严格监理"的从业原则,是工程建设主管部门和业主单位对工程监理单位、现场项目监理机构的一项工作要求。

在工程施工监理过程中,随着工程施工进展情况,在分项工程开工、重要工序施工之前,工程监理人员以口头或书面的形式要求施工单位注意的有关事项,这一过程即是监理工作提示。监理工作提示文件不是一个法定的公文文种,但其性质等同于指导性通知、指示性通知。

6.1.2.2　监理提示行为的行为人、责任主体

监理的提示工作可以作为一种执业行为,其实施主体是监理人员,其行为人是专业监理工程师及其以上的监理人员,由项目监理机构承担提示行为不作为的责任。监理不会因为不提示而违规、违法,但可能受到社会公德的谴责。

在提示活动的具体实施过程中,项目监理机构的负责人——总监理工程师、驻地监理工程师负责组织、安排、监督、检查和签发,专业监理工程师、监理员应为项目监理机构负责和服务,在施工现场随时提示施工单位注意有关事项,重要事项的提示除口头进行外,还应以书面的监理工作提示文件形式印发,专业监理工程师和监理员均有权力进行提示,发出监理工作提示也是一种工作义务。

6.1.3　监理提示行为的相近行为、实施手段

6.1.3.1　监理提示行为的相近行为

监理提示行为不具有唯一性,存在着相近的行为。其相近行为包括监理通知行为、监理指令行为,其行为的内涵、行为的实施主体、行为结果的责任承担者等与提示行为不一样。

监理提示,只是一种善意的、想工程之所想、急工程之所急的事前行为,是否认可、接受或执行监理提示,是施工单位的行为。通知,强调的是告知义务,接受通知的一方应该落实和执行,但不要求回复落实情况。指令,具有强制性、严肃性及办毕的回复性。

6.1.3.2　监理提示行为的实施手段

项目监理机构实施提示行为,一般应依据调查、检查、审查、测量、试验、计量、旁站、巡视、抽检、见证的情况,借助现场口头要求、室内编写监理提示单、召开会议等监理手段。

6.1.4　监理提示行为的实施阶段、行为方式

6.1.4.1　监理提示行为的实施阶段

工程监理人员的现场口头提示行为、项目监理机构编写监理提示文件的行为,始终贯穿于工程施工的准备阶段、施工阶段、交工缺陷责任期阶段等施工全过程。

监理提示行为的主要行为对象是工程施工单位,主要是关于工程施工质量、进度、费用、安全、环保等合同管理事项的注意事项、可能出现的问题、建议处理的措施等。但是,有时也存在着上下级项目监理机构之间的工作提示问题,如总监办提示下级项目监理机构(如驻地办)近期监理工作的注意事项。

6.1.4.2　监理提示行为的行为方式

监理提示行为的行为方式,主要包括现场口头提示和书面的提示;监理专用的监理工程师通知单;直发性通知和转发性通知等。

6.1.5　监理提示行为的表达方式

提示,既可以作为行为的实施过程,又可以作为行为的实施结果。

作为提示行为的实施结果,一般用红头文件形式、非红头文件的专用表格等两种形式进行

表达。

6.1.5.1　采用红头文件表达

项目监理机构实施的工作提示行为,应该采用红头文件的形式表达,多用“关于某某事项的监理工作提示”作为文件的标题,主送施工单位,重要的工作提示文件应抄送上级项目监理机构和建设单位。

6.1.5.2　采用专用表格形式表达

《建设监理规范》、《公路监理规范》中没有给出监理工作提示的专用表式。但是,各工程监理单位、各建设单位均制定了固定格式的“监理工作提示单”,由监理人员现场填写或先口头提示再书面确认。

6.1.6　监理规范中关于监理提示行为的规定内容

根据《建设监理规范》和《水利监理规范》、《公路监理规范》、《铁路监理规范》的规定,监理提示行为的规定内容如表6-1所示。

监理提示行为的主要规定内容　　表6-1

序　号	规定的具体内容	依据的监理规范			
		国标规范	公路规范	铁路规范	水利规范
1	要求施工单位报送重点部位、关键工序的施工工艺和确保工程质量的措施	第5.4.2条	—	—	—
2	要求施工单位报送采用新材料、新工艺、新技术、新设备的施工工艺措施和证明材料	第5.4.3条	—	—	—
3	提示施工单位和建设单位可能发生的违约事件	—	第5.6.9条	—	—
4	提示建立技术档案	—	—	第11.2.1条	—
5	其他	—	—	—	—

6.1.7　工程监理提示行为的规范化实施要点

按表达形式分,监理工作提示可分为口头的监理工作提示和书面的监理工作提示。工程施工监理规范、招标文件合同条件等法规文件、行业标准中,没有规定口头的监理工作提示必须事后书面确认,这与监理指令不同。监理工作提示具有以下事前性、建议性、义务性三个特点,提示行为具有明显的提前性,具有未雨绸缪性。

事后进行的告知不是提示,事后提示就是“事后诸葛亮”;提示的工作内容是施工单位应予完成的工作,监理人员不进行事先督促要求,施工单位也应按照技术规范、施工图纸、合同条件、监理程序、施工承包合同协议书等规定完成。监理人员的书面提示以事前督促、建议为主;监理人员对施工单位下达书面的工作提示,不是《建筑法》、《建设工程质量管理条例》、工程施工监理规范等法律法规中的规定要求。也就是说,监理人员对施工单位下达书面的工作提示是监理人员对施工单位的友好义务,趋于工程建设目标一致而共同努力的一种义务而不是必须,更不是法律法规的规定。

6.1.7.1　实施监理提示行为应达到的目标或要求

工程监理人员在进行口头提示、项目监理机构在印发书面的监理提示文件的过程中,在时

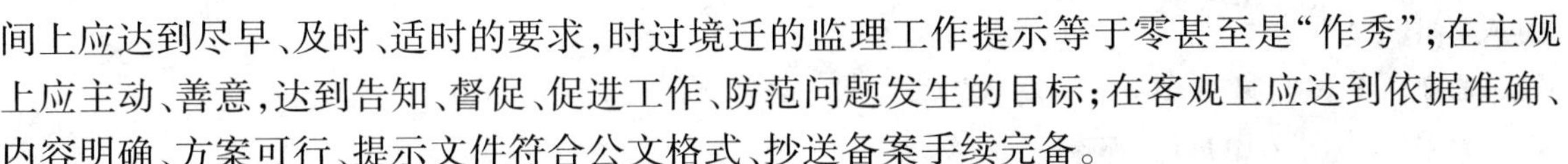

间上应达到尽早、及时、适时的要求,时过境迁的监理工作提示等于零甚至是“作秀”;在主观上应主动、善意,达到告知、督促、促进工作、防范问题发生的目标;在客观上应达到依据准确、内容明确、方案可行、提示文件符合公文格式、抄送备案手续完备。

6.1.7.2 编写监理提示文件的注意事项

1. 必须在事前编写

工程项目施工前,监理工程师应印发技术问题、工艺问题、方案问题、时限问题、合同问题的工作提示,提示是否及时、是否超前,反映一个项目监理机构、一个监理人员的执业态度,反映监理人员是否真正为工程负责和服务于建设单位、施工单位的问题。

2. 监理提示的内容必须符合行业标准、规范的规定

监理提示文件的内容是否准确、是否符合规范和图纸,文字表达是否言简意赅、要点明确、时限宽严适度,反映一个项目监理机构、一个监理人员的执业能力。监理提示文件中的内容应符合工程项目的招标文件、技术规范、监理规范等有关规定。

3. 提示文件中不得有指令性的内容

监理提示的用词、用语应是建议性、协商性的,不得带有强制色彩,不得变为强制执行的指令。提示文件中不得有指令性的内容。用语中不得独立使用“必须”、“限时”、“坚决”等词。可以用“应按照技术规范第×条的规定必须采用”、“应严格”、“应认真”、“应注意”、“应按时”、“参照执行”等词。

4. 监理提示有区别于监理通知

提示有别于通知,提示不要求什么时限内具体完成什么,而是要求注意什么。在某种程度上,有防止施工单位盲目施工、野蛮施工、错误施工之意。项目监理机构下达工作提示,是监理工程师想工程所想、尽职尽责的表现,是监理工程师免除或减轻监理责任的手段之一。

施工方施工过程中出现了质量、技术、合同、安全等问题,如果追究责任时,监理工程师在开工之前已经尽到了提示义务、告知义务和没有尽到提示义务、告知义务的处罚程度是不一样的。

6.2 项目监理机构的通知行为

6.2.1 通知的含义

6.2.1.1 《现代汉语词典》中的有关解释

【通知】《现代汉语词典》中收录了“通知”一词,指:①把事项告诉人知道。例如,你回去通知各生产队,明天就收麦。②通知事项的文书或口信。例如,你把通知发出去。③现代公文处理办法中党政机关的法定公文之一,通知是公文写作中常用的下行文之一。

2001年版《国家行政机关公文处理办法》将“通知”定义为:适用于批转下级单位的公文,转发上级机关和不相隶属机关的公文;发布规章;转达要求下级单位办理和有关单位需要周知或者共同执行的事项;任免和聘用干部。1996年版《中国共产党机关公文处理条例》给“通知”的定义是:用于发布党内法规,任免干部,传达上级机关的指示,转发上级机关和不相隶属机关的公文,批转下级单位的公文,发布要求下级单位办理和有关单位共同执行或者周知的事项。

可见,“通知”一词既属于行为动词,又属于法定公文的文种之一,强调行为人把事项告诉

他人知道(为了落实事项)。

6.2.1.2　工程监理规范中的有关解释

1. 国家标准中的有关解释

《建设监理规范》第2章“术语”中没有给出“通知”一词,但在有关条文中给出了项目监理机构提出要求、印发“通知”文件、表格的规定。例如,第5.4.2条规定专业监理工程师应要求施工单位报送重点部位、关键工序的施工工艺和确保工程质量的措施,审核同意后予以签认。再如,第5.4.11条规定对施工过程中出现的质量缺陷,专业监理工程师应及时下达监理工程师通知,要求施工单位整改,并检查整改结果。

2. 行业标准中的有关解释

(1)《公路监理规范》的解释

在其第2章“术语”中没有给出“通知”一词,但在有关条文中给出了项目监理机构提出要求、印发“通知”文件的规定。例如,第4.2.2条规定项目监理机构应要求施工单位编制技术复杂或采用新技术、新工艺或在特殊季节施工的分项、分部工程和危险性较大的分部工程的专项施工方案。其中的“要求”,应通过监理通知类书面文件来完成。

(2)《铁路监理规范》的解释

在其第2章“术语”中也没有给出“通知”一词,但书面明确规定项目监理机构、监理工程师应该认真实施“通知、要求、督促”行为,并在其他条文中给出了“通知、要求、督促”这一监理工作行为的具体规定。例如,第5.3.4条规定在关键部位或关键工序施工前,专业监理工程师认为有必要可要求承包单位报送该部位或工序的施工工艺方案和确保工程质量的措施。再如,第5.2.2条规定专业监理工程师应签发“监理工程师通知单”,通知施工单位严禁使用或安装不合格的工程材料、构配件、设备,限期将不合格的工程材料、构配件、设备撤出现场。

(3)《水利监理规范》的解释

在其第2章“术语”中也没有给出“通知”一词,但书面明确规定现场项目监理机构、监理工程师应该认真实施“通知、要求、督促”行为,并在其他条文中给出了“通知、要求、督促”这一监理工作行为的具体规定。例如,第6.1.2条规定项目监理机构应通知施工单位在约定时间内提交赶工措施报告并说明延误原因。

6.2.2　监理通知行为的内涵及其行为人、责任主体

6.2.2.1　监理通知行为的内涵

通知,本义是把事项告诉他人并使之知道。从这个含义讲,通知可以作为一种行为方式。而监理通知主要是指项目监理机构下达的监理工作通知,应该是项目监理机构或监理工程师工作行为的行为结果。

监理工程师拟写的“监理通知”文件的质量,反映着项目监理机构乃至工程监理单位的监理工作质量,反映着项目监理机构和工程监理单位的能力、作风。对项目监理机构而言,“通知施工单位可以施工什么”和“印发监理通知文件”是监理人员依据监理规划、监理实施细则、履行监理合同过程中应尽的主要义务之一。项目监理机构的“通知”活动贯穿于工程的施工准备阶段、施工阶段和缺陷责任期阶段。

对施工单位而言,“通知”是监理人员监督施工承包合同执行过程中应有的监理权力之一。本节所述的监理通知是指项目监理机构认为需要让施工单位、材料供应单位等各个方面

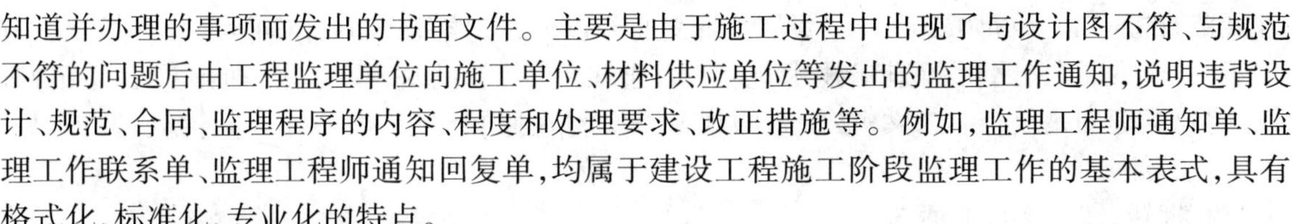

知道并办理的事项而发出的书面文件。主要是由于施工过程中出现了与设计图不符、与规范不符的问题后由工程监理单位向施工单位、材料供应单位等发出的监理工作通知，说明违背设计、规范、合同、监理程序的内容、程度和处理要求、改正措施等。例如，监理工程师通知单、监理工作联系单、监理工程师通知回复单，均属于建设工程施工阶段监理工作的基本表式，具有格式化、标准化、专业化的特点。

6.2.2.2 监理通知行为的行为人、责任主体

监理的通知活动可以作为一种执业行为，其实施主体是监理人员，其行为人是专业监理工程师及其以上的监理工程师。

在通知活动的具体实施过程中，项目监理机构的负责人——总监理工程师、驻地监理工程师负责组织、安排、监督、检查和签发，专业监理工程师应为项目监理机构负责和服务，具体完成通知文件的起草、修改、校对任务，专业监理工程师和监理员无权签发监理通知，但有执行和监督监理通知的义务，有建议总监理工程师、驻地监理工程师下达监理通知的建议权。

监理通知行为的不作为行为，一般属于违背监理规范的违规行为，但也有违法行为，如《建筑法》第三十二条规定工程监理人员认为工程施工不符合工程设计要求、施工技术标准和合同约定的，应当要求施工单位改正；《建设工程安全生产管理条例》第十四条规定工程监理单位在实施工程监理过程中，发现存在安全事故隐患的，应当要求施工单位整改；情况严重的，应当要求施工单位暂时停止施工。应当要求的没有要求，工程监理单位就应承担违法责任，由项目监理机构和工程监理单位共同承担。

6.2.3 监理通知行为的相近行为、实施手段

6.2.3.1 监理通知行为的相近行为

通知行为不具有唯一性，存在着相近的行为。其相近行为是监理指令行为，其行为的内涵、行为的实施主体、行为结果的不作为责任的承担者等与通知行为相似，只是强制执行的程度有所区别。

6.2.3.2 监理通知行为的实施手段

项目监理机构实施通知行为，一般应依据现场调查、检查、审查、测量、试验、计量、旁站、巡视、抽检、见证的情况，借助项目监理机构的红头文件载体。例如，根据检查的情况为强调某事项而下达监理通知单、根据试验的结果编写试验工作通知等。

6.2.4 通知类文件的分类

作为法定公文之一的通知，可分为发布指示的通知、颁布规章的通知、批转文件的通知、晓谕性的通知、任免通知、会议通知等6种。

1. 发布指示的政策性通知

这类通知用来发布工作指示、布置工作。凡是需对某一事项进行处理、对某问题作出指示，又不适合用命令、决定、指示的形式行文的时候，均可用通知的形式进行办理。例如，某总监办印发的《关于加强箱形构造物基底强夯质量控制的通知》。

2. 颁发规章的通知

除重要的法律法规文件用命令颁布之外，条例、制度、规定、规划、计划、办法、细则、实施方案等都适合用通知颁发、发布、印发。其中，比较重要的规章用“颁发、发布”。例如，2000年12月7日建设部以“建标〔2000〕277号”文件的形式印发了“关于发布国家标准《建设工程监

理规范》的通知”。再如,2000 年 8 月 24 日交通部以“交公路发〔2000〕434 号”文件的形式印发了“关于发布《公路桥涵施工技术规范》的通知”。一般的规章、办法、细则等文件用“印发”。这类通知是复合体公文,被发布的规章全文附在通知之后,但不作为附件处理,而是正件的组成部分。

3. 批转、转发文件的通知

上级机关将某一下级单位抄送来的文件(主要是建议性报告、工作报告或重要工作通知、监理工作指令等)转发给有关的下级单位,叫做批转。下级单位将上级机关发下来的文件,或不相隶属机关发来的文件(主要是指示、意见、通知等)印发给再下一级单位,叫做转发。

批转、转发文件的通知,正文有时十分简短,主要有转发对象、转发决定、执行要求组成。但这类通知的正文并不总是这样简短,一般在批转对象和批转决定表述完毕之后,还对时代背景、现实状况、性质意义、原则要求、基本任务等进行了进行了说明和论述。

4. 晓谕性通知

这类通知一般只有告知性,没有指导性,其用途较广泛。机构变化、人事调整,启用公章、作废公章,机构名称变更,机关隶属关系变更,迁移办公地址,安排假期等,都可使用这种通知。

5. 任免通知

任免领导干部的职务,根据职务的重要程度的不同,可分别采用不同的文种,最高可用任免令,其次可以用决定,再次用通知,最低用公布任免名单的方式。由此可见,任免基层干部时,通常用通知。任免通知,只需写明什么会议决定,或直接任命什么人担任什么职务,免去什么人的什么职务即可,不必说明原因。例如,项目监理机构任命专业监理工程师的通知就应直接任命某甲为合同管理工程师、某乙为道路专业监理工程师。

6. 会议通知

这是一种常见的通知,既可用于下行,也可用于平行。一般包括下列内容:

(1)召开会议的单位、会议的名称、时间、地点;

(2)会议的中心议题、主要程序和与会的主要领导;

(3)对与会人员的人数、级别层次的要求;

(4)对与会人员会前准备工作的要求(如准备会议材料等);

(5)会议报到的时间、地点及联络人的联系电话、传真、地点等;

(6)其他需要事先说明的事项,如会务费、接送站或订返程车船机票等。

6.2.5 监理通知行为的相近行为及其辨识、实施手段

6.2.5.1 监理通知行为的相近行为及其辨识

项目监理机构的通知行为的相近行为及其辨识包括监理提示行为、要求行为、安排行为、联系行为、督办行为、答复行为、告知行为、指令行为等多种,如事前提示可能发生工程临时延期事件,明确要求报送何种资料,联系检验隐蔽工程质量,督促钢绞线张拉,告知检测指标的合格与否等。其行为的内涵、行为的实施主体、行为责任的承担者等与书面通知行为相似。其中,提示,侧重于事前进行,体现监理的超前服务、避免损失;告知,侧重于监理人员的口头表达,属于口头告知的公民义务。

6.2.5.2 监理通知行为的实施手段

项目监理机构实施通知行为,一般应借助资料搜集、会议讨论和调查、检查、测量、试验、计

量、旁站、巡视、抽检、见证等监理手段形成的意见和资料。例如,根据调查的意见编制监理通知文件,根据计量的结果编制加快工程施工进度控制的通知,根据旁站情况编制工序质量控制的监理通知等。

6.2.6 监理通知行为的实施阶段、行为方式

6.2.6.1 监理通知行为的实施阶段

监理通知行为的实施阶段,处于工程的施工准备阶段、施工阶段、交工缺陷责任期阶段等施工全过程。

监理通知行为的主要行为对象是工程施工单位,主要是关于工程施工质量、进度、费用、安全、环保等合同管理问题的安排事项、纠偏事项、注意事项等。但是,有时也存在着上下级项目监理机构之间的工作通知问题,如总监办通知下级项目监理机构(如驻地办)完成何种工作、何时参加何种会议等。

6.2.6.2 监理通知行为的行为方式

监理通知行为的行为方式,主要包括红头文件通知和非红头文件的通知;专用的监理工程师通知单;直发性通知和转发性通知等。

6.2.7 监理通知行为的表达方式

6.2.7.1 监理工程师通知单

《建设监理规范》规定了监理工作用表的基本样式,其中监理工程师通知单属于工程监理单位用表,即项目监理机构用表,对施工单位发出工程暂停令和各种报审表之外的一切要求均采用此表,监理工程师发出的口头指令的确认也应采用此表,如表6-2所示。“监理工程师通知单”是项目监理机构签发的责任文件,项目监理机构应加盖公章、总/专业监理工程师应亲自手签,不得代签,不得加盖手章。

监理工程师通知单 表6-2

工程名称: 编号:

致: 事由: 内容: 项目监理机构:____________ 总/专业监理工程师:____________ 日期:____________

关于监理工程师通知单的发送份数,《建设监理规范》给出了明确规定,规定“监理工程师通知单”由总监理工程师或者专业监理工程师签发,本表一式四份,主送施工项目经理部两份,抄送建设单位一份,项目监理机构存档一份。

6.2.7.2 通知类红头文件

公路建设工程由于路线长、工程量大,自第二批世界银行贷款公路项目——京津塘高速公路、第三批世界银行贷款公路项目——济南青岛高速公路工程开始,项目监理机构使用红头文件的形式印发监理通知,类似于一般机关、企事业单位的正式公文,至今公路建设项目的建设单位、施工单位、工程监理单位之间的工作往来联系还是如此,使用正式的红头文件印发工程

监理工作通知,就必须严格执行国家行政机关公文处理办法的规定。

6.2.8 监理规范中关于工程监理通知行为的规定内容

根据《建设监理规范》和《水利监理规范》、《公路监理规范》、《铁路监理规范》的规定,监理通知行为的规定内容如表6-3所示。

监理通知行为的主要规定内容　　表6-3

序号	规定的具体内容	依据的监理规范			
		国标规范	公路规范	铁路规范	水利规范
1	通知施工单位将不合格的工程材料、构配件、设备撤出现场	第5.4.6条	—	—	—
2	通知整改施工过程中存在的质量缺陷	第5.4.11条	—	—	—
3	通知施工单位采取纠偏措施解决实际进度滞后问题	第5.6.1条	—	—	第6.1.2条
4	通知施工单位做好交(竣)工验收工作准备,对存在的问题要求施工单位整改	第5.7.1条	—	—	—
5	通知施工单位提交索赔报告的进一步详细资料	第6.3.3条	—	—	—
6	通知施工单位参加监理交底会议	—	第4.2.11条	—	—
7	通知有关单位参加第一次工地会议	—	第4.2.12条	—	—
8	要求报送关键部位、工序的施工工艺和质保措施	—	—	第5.3.4条	—
9	进场通知,开工通知,警告通知,整改通知,变更通知,暂停施工通知,复工通知,工程移交通知	—	—	—	项目监理机构用表附录
10	其他	—	—	—	—

6.2.9 工程监理通知行为的规范化实施要点

6.2.9.1 实施监理通知行为应达到的目标或要求

项目监理机构在编发监理通知文件、履行告知义务的过程中,在时间上应达到尽早通知、及时通知、按时通知的要求;在主观上应主动、善意,达到告知、提示、督促的目标;在客观上应达到要求明确、可行,通知文件符合法定公文格式,抄送备案手续完备。

工程监理单位按照中标承诺组建完项目监理机构后,项目监理机构首先印发的监理文件中包括监理通知、监理批复和监理报告。

项目监理机构印发给施工单位的第一个监理通知,应是通知施工单位划分分项工程、分部工程、单位工程,或者是通知要求施工单位组建项目经理部,或者是通知要求施工单位组建工地试验室,或者是通知施工单位办理动员预付款保函等。上级项目监理机构印发给下级项目监理机构的第一个监理通知,应是召开工程监理交底会议的通知,或者是抓紧组建驻地办的通知,或者是抓紧组建驻地办试验室的通知,或者是抓紧进行导线点、水准点复测的通知等。

6.2.9.2 关于召开监理交底会议的通知

根据《公路监理规范》第4.2.11条的规定,项目监理机构应通知施工单位参加监理工程师主持召开的监理交底会议。

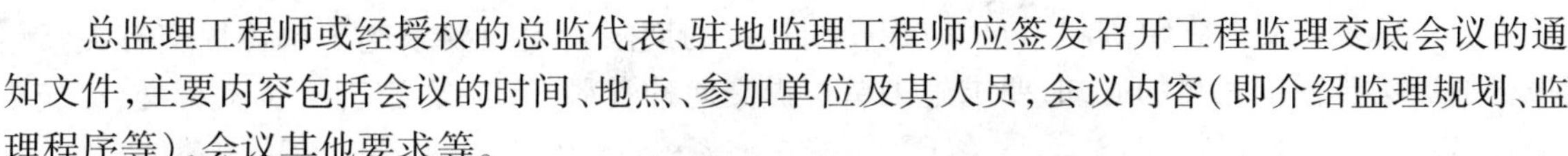

总监理工程师或经授权的总监代表、驻地监理工程师应签发召开工程监理交底会议的通知文件，主要内容包括会议的时间、地点、参加单位及其人员，会议内容（即介绍监理规划、监理程序等），会议其他要求等。

6.2.9.3 关于报送重点部位、关键工序的施工工艺和确保工程质量的施工措施的通知

根据《建设监理规范》第5.4.2条的规定通知施工单位。

专业监理工程师应要求施工单位报送重点部位、关键工序的施工工艺和确保工程质量的措施，审核同意后予以签认。

6.2.9.4 关于报送新材料、新工艺、新技术、新设备的工艺措施和证明材料的通知

根据《建设监理规范》第5.4.3条的规定通知施工单位。

当施工单位采用新材料、新工艺、新技术、新设备时，专业监理工程师应要求施工单位报送相应的施工工艺措施和证明材料，组织专题论证，经审定后予以签认。

6.2.9.5 关于召开第一次工地会议的通知

根据《建设监理规范》第5.4.3条的规定通知施工单位。根据《公路监理规范》第4.2.12条的规定由项目监理机构通知或邀请有关单位参加。

总监理工程师应负责签发召开第一次工地会议的通知文件，主要内容包括会议的时间、地点，参加单位及其人员，会议其他要求，邀请单位及其人员，会议主要议程等。

6.2.9.6 关于限期将不合格的工程材料、构配件、设备撤出现场的通知

根据《建设监理规范》第5.4.6条的规定通知。

对未经监理人员验收或验收不合格的工程材料、构配件、设备，监理工程师检查发现后应签发监理工程师通知单，书面要求施工单位在规定时间或限定时间内将不合格的工程材料、构配件、设备撤出现场，并妥善埋置或覆盖等。

6.2.9.7 关于整改施工过程中的工程质量缺陷的通知

根据《建设监理规范》第5.4.11条的规定通知。

对施工过程中出现的工程质量问题、质量缺陷，专业监理工程师应及时编写监理工程师通知单经总监理工程师签发，要求施工单位整改，提出整改的时间要求、质量要求、措施要求、报验要求、记录要求等。

6.2.9.8 关于采取纠偏措施解决实际进度滞后问题的通知

根据《建设监理规范》第5.6.1条的规定通知。

FIDIC合同条款（第四版）第46.1节“工程进度过慢”中明确规定当工程实际施工进度滞后于计划进度时，监理工程师应及时编写监理工程师通知经总监理工程师签发，指出实际进度滞后的数量、严重性，要求施工单位采取纠偏措施，要求施工单位限期编报纠偏措施报告文件，经项目监理机构批准后实施，以便于加快工程进度，确保工程能在预定的工期内竣工。如果施工单位接到监理工程师通知后的14天内没能采取加快工程进度的措施，致使实际工程进度进一步滞后或采取了措施但仍然无法按期交工时，监理工程师应立即通知业主并抄送施工单位，由业主向施工单位发出书面警告通知。

6.2.9.9 关于提交索赔报告的进一步详细资料的通知

根据《建设监理规范》第6.3.3条的规定通知。

当施工单位向建设单位提出费用索赔的申请后，项目监理机构应按程序进行审查。如果

认为施工单位提交的索赔资料不足,应在合同规定的期限内发出要求施工单位提交有关索赔报告的进一步详细资料的通知,要求施工单位提交何种资料,何时提交完毕,何人提交,提交至何处,提交多少份资料等。

6.2.9.10 关于做好交(竣)工验收工作准备的通知

根据《建设监理规范》第5.7.1条的规定通知。

为确保工程项目的交竣工验收工作一次顺利通过,项目监理机构应在验收工作没有正式开始前的一定时间内,如一周或两周,提前书面通知施工单位做好交(竣)工验收工作准备,包括准备工程现场、准备图纸资料、准备检查人员和仪器、准备施工总结等,包括自检存在的问题并及时进行整改等。

6.2.9.11 其他监理通知

其他监理通知,是指《建设监理规范》、行业版工程施工监理规范中没有规定项目监理机构应印发的监理通知,主要包括以下几项:

(1)通知施工单位划分分项工程、分部工程、单位工程;

(2)通知施工单位组建项目经理部;

(3)通知施工单位组建工地试验室;

(4)通知施工单位办理动员预付款保函;

(5)关于工程施工安全控制的监理通知;

(6)关于工程施工环保控制的监理通知;

(7)关于工程监理工作内部管理的通知等。

6.2.10 工程监理通知文件的编写

1. 监理通知文件的标题

通知的标题,一般采用公文标题的全称写法,即“发文机关名称+关于+主要内容+的+文种(通知)”。也可以省略发文机关名称,由“关于+主要内容+的+通知”组成标题,即“关于……的通知”。发布规章的通知,所发布的规章名称要出现在标题的主要内容部分,注意书名号的使用。批转和转发文件的通知,所转发的文件内容要出现在标题中,不要求使用书名号,但也没有禁止使用书名号。

2. 监理通知文件的主送单位

通知的发文对象比较广泛,主送一个单位的情况比较少,主送多个单位的情况比较多。因此,要注意主送机关的排列次序及其规范性。

级别相对较高的单位排列在先,同级单位之间用顿号排列,不同级和不同类的单位之间用逗号或者分号分隔排列,最后用冒号。

作为工程监理工作来讲,监理工程师办公室印发的监理工作通知的主送单位就比较简单。例如,某高速公路工程总监代表处印发的《关于加强桥涵台背回填质量控制的通知》的主送单位有两类单位,简单地写是这样的:“各驻地监理办、各合同段项目经理部:”;如果要详细地写,该工程有五个施工合同段、三个驻地监理办,通知的主送单位也可以写成“第一、二、三驻地监理办,第一、二、三、四、五合同段项目经理部:”。

3. 监理通知文件的正文

通知的正文,一般包括通知的缘由、通知的具体事项、执行的具体要求等三大部分。

(1)通知的缘由

发布指示、安排工作的通知,这部分的写法与决定、指示的开头很接近,主要用来表述有关背景、根据、目的、意义等。但多数情况下直接表达转发对象和转发内容、要求,无需说明缘由。发布规章的通知,多数情况下篇段合一,无明显的开头部分,一般也不交代缘由。

通知开头的写法,参见交通部办公厅2006年4月25日以"厅体法字〔2006〕126号"文件印发的下例通知的开头,开头中首先强调了重要性,之后又以"根据……"引领开头语,将意义、根据、背景等交代得十分清楚。

关于2006年交通产品质量监督抽查工作的通知

各省、自治区、直辖市、新疆生产建设兵团交通厅(局、委),天津市市政工程局、上海市市政工程管理局:

加强交通产品质量监督是贯彻落实科学发展观、推进交通事业又快又好发展的一项重要措施。根据《国家高速公路网规划》、《农村公路建设规划》和2006年全国交通工作会议精神,2006年交通产品质量监督抽查的重点仍是公路建设所用材料、产品、设施等。按照国家质监总局《关于同意交通部2006年度行业产品质量抽查计划的函》(质监办监督函〔2006〕122号),部定于2006年5月~12月对道路用沥青(包括农村公路用)、道路用标线涂料等6类产品进行监督检查。现将有关事宜通知如下:

(2)通知的具体事项

这是通知的主体部分,所发布的指示、安排的工作、强调的事情、工作的方法、措施和步骤等,都在这一部分中有条理地组织表达。内容复杂的知照性通知、政策性通知、指挥性通知需要分条详列。

晓谕性的通知,有时需要列出新成立的组织的成员名单,以及改变名称或隶属关系之后职权的变动等。

(3)执行的具体要求

发布指示、安排工作的通知,一般在结尾处提出贯彻执行的有关要求。如无必要,也可以没有这一部分,另起一行,写"特此通知。"即可结尾。

4.监理通知单的填写

《建设监理规范》附录中给出了"监理工程师通知单"的样式,如表6-4所示。

监理工程师通知单 表6-4

工程名称: 编号:

致: 事由: 内容: 项目监理机构 总/专业监理工程师 日期

监理工程师通知单的填写要点包括以下4点：

(1)“致:”即主送单位,应填写施工单位的全称;

(2)“事由”应填写通知的标题,如关于某某事项的通知;

(3)“内容”应填写通知的目的(或根据)、通知的要求等,相当于通知类公文的正文部分;

(4)项目监理机构中的总监、专业监理工程师有权填写或下发书面监理通知。

6.3 项目监理机构的审批行为

6.3.1 审批的含义

6.3.1.1 《现代汉语词典》中的有关解释

【审批】《现代汉语词典》中收录了“审批”一词,指①审查批示(多指下级呈报给上级的书面计划、申请材料、建议报告等)。例如:审批工程施工预算、审批延期报告等。②现代公文处理办法中对审查后需要批复的请示文件多用批复文种。批复,是公文写作中最常用的下行文种之一,是上级机关答复下级单位请示事项时使用的法定公文,批复属于被动性的下行文,它依赖于请示而存在。批复也是行政公文和党的机关公文中常见的文种。

2001年版《国家行政机关公文处理办法》将“批复”定义为:适用于答复下级机关的请示事项。

1996年版《中国共产党机关公文处理条例》对“批复”功能的界定几乎与上完全相同:用于答复下级机关的请示。

可见,“审批”一词是行为动词,属被动行为,有下级单位的申请、请示才有审批,强调行为人认真审查、正式批示或批复下级的请示事项,强调既要审查又要批复,以室内进行审查核定为主、以审查书面材料为多见,具有明显的对应性、闭合性。

6.3.1.2 工程监理规范中的有关解释

1. 国家标准中的有关解释

《建设监理规范》第2章“术语”中没有“审批”一词,因为多用固定的、专用的监理表格传递,而非使用法定公文,但在有关条文中也明确规定项目监理组织机构、总监理工程师应该认真实施“审批(工程计划、工程开工申请等)”行为。例如,施工组织设计(方案)报审表,工程临时延期审批表。这些报审表、审批表,实际上就是审核、批复行为,只不过是因经常使用而采用了格式化、固定的表式而已。

2. 行业标准中的有关解释

(1)《公路监理规范》的解释

在其第2章“术语”中没有给出“审批”一词,但书面明确规定现场项目监理机构、监理工程师应该认真实施“审批(工程计划、工程开工申请等)”行为,并在其他条文中给出了“审批”这一监理工作行为的具体规定。

例如,第4.2.4条规定总监理工程师应在合同规定的期限内及时审批施工单位提交的施工组织设计,重点包括:

①施工组织设计的审批手续是否齐全有效。

②施工质量、安全、环保、进度、费用目标是否与合同一致。

③质量、安全和环保等保证体系是否健全有效。

④安全技术措施、施工现场临时用电方案及工程项目应急救援抢险方案是否符合要求。

⑤施工总体部署与施工方案和安全、环保等应急预案是否合理可行。

技术复杂或采用新技术、新工艺或在特殊季节施工的分项、分部工程和危险性较大的分部工程,应要求施工单位编制专项施工方案,并由驻地监理工程师审核,总监理工程师批准后实施。

再如,第5.5.3条规定监理工程师应在合同规定的期限内审批施工单位提交的进度计划。总体进度计划应由总监理工程师审批;月进度计划等应由驻地监理工程师审核并报总监办。经批准的进度计划作为进度监理的依据。

(2)《铁路监理规范》的解释

在其第2章"术语"中也没有给出"审批"一词,但书面明确规定项目监理机构、监理工程师应该认真实施"审批"行为,并在其他条文中给出了具体规定。例如,第4.0.8条规定总监理工程师应审查签认"施工组织设计(方案)报审表"。其中的审查签认就是审查批复。

(3)《水利监理规范》的解释

在其第2章"术语"中也没有给出"审批"一词,但书面明确规定现场项目监理机构、监理工程师应该认真实施"审批"行为,并在其他条文中给出了"审批"这一监理工作行为的具体规定。例如,第6.1.3条规定项目监理机构应审批施工单位报送的每一分部工程的开工申请,确认后签发分部工程开工通知。

6.3.2 监理审批行为的内涵及其行为人、责任主体

6.3.2.1 监理审批行为的内涵

监理审批(工程计划、工程开工申请等)行为是项目监理机构、监理工程师在工程项目施工阶段的重要岗位工作行为之一。审批活动贯穿于整个施工监理管理过程,只要存在请示、申请活动。审批行为为工程施工质量监理、安全监理、环保监理、费用监理、进度监理等全部合同管理工作服务,监理利用审批这一工作手段可以指导工程施工合同的执行、有效控制施工活动的状态和最终质量等。对项目监理机构而言,审批(工程计划、工程开工申请等)是监理工程师履行监理合同过程中应尽的主要义务之一;对施工单位而言,审批(工程计划、工程开工申请等)是监理工程师监督施工承包合同执行过程中应有的监理权力之一。

监理的审批(工程计划、工程开工申请等),强调项目监理机构、监理工程师为了将申请事项、方案文件等核对正确依据相应的规范、标准、合同规定而进行的检查、核对、批复活动。

6.3.2.2 监理审批行为的行为人、责任主体

监理审批行为的行为人是专业监理工程师及其以上的监理人员,监理员没有审批权。监理审批行为的实施主体是项目监理机构,由项目监理机构向项目建设单位、施工单位承担批复行为不作为的责任。

项目监理机构必须注意,审批项目监理实施细则的行为人是总监理工程师。《建设监理规范》第3.2.4条明确规定总监理工程师不得将审批项目监理实施细则的工作委托给总监代表。

项目监理机构必须注意,签发工程开工/复工报审表、工程暂停令、工程款支付证书、工程竣工报验单的行为人是总监理工程师,其他人员无权签发。《建设监理规范》第3.2.4条明确

规定总监理工程师不得将签发工程开工/复工报审表、工程暂停令、工程款支付证书、工程竣工报验单的工作委托给总监代表。

6.3.3 监理审批行为的相近行为及其辨识、实施手段

6.3.3.1 监理审批行为的相近行为及其辨识

审批行为不具有唯一性，存在着相近的行为。其相近行为包括批复、审核行为、签认行为、签发行为、签署行为、核定行为、决定行为等多种，如批复工程临时延期，签发工程暂停令，审核签认分部工程和单位工程的质量检验评定资料，签署工程竣工报验单，决定工程延期等行为。其行为的内涵、行为的实施主体、行为结果的不作为责任的承担者等与审批行为相似。

其中，批复，侧重于审核后的行文，批复是法定公文的一种，旨在答复下级单位的请示事项，采用带有红色版头的专用文件纸印发。审核，侧重于审查后签字认可。签发，侧重于主要负责人经审核同意文件、证书等书面材料，签上姓名和时间后打印，或以红头文件格式或以非红头文件格式对外发送至有关上下级单位或人员，说明签发的文件、证书、证件比较重要，涉及权限问题。而确认、签认，侧重于承认事实，表示肯定，签认不但表示确认，而且还亲自签字认可，直接在确认的报表文件、事件材料上签署姓名和时间，以示严肃和认真。签署，同签发，但专用于总监理工程师签字认可。

6.3.3.2 监理审批行为的实施手段

项目监理机构实施审批行为，一般应依据调查、检查、审查、测量、试验、计量、旁站、巡视、抽检、见证和会议讨论的情况，借助编写文件、填报表格等监理手段。例如，根据审查的意见进行批复，根据计量的结果审批工程计量单和工程款支付证书，根据巡视情况审批分项工程开工申请等。

6.3.4 监理审批行为的实施阶段、行为方式

6.3.4.1 监理审批行为的实施阶段

监理审批行为的实施阶段，同审查行为，在工程的施工准备阶段、施工阶段、交工缺陷责任期阶段等施工全过程中只要存在申请行为、报批行为，就存在审批行为。

监理审批行为的主要行为对象是工程施工单位关于工程施工质量、进度、费用、安全、环保等合同管理问题的请示事项。

6.3.4.2 监理审批行为的行为方式

监理审批行为主要为工程施工单位服务。但是，有时也存在着项目监理机构之间的批复问题，如总监办批复下级项目监理机构（如驻地办）的请示事项。

监理审批行为的行为方式，主要包括红头文件审批和非红头文件的专用监理表格审批，肯定性审批和否定性审批等。

6.3.5 监理审批行为的表达方式

审批，既可以作为行为的实施过程，又可以作为行为的实施结果。

作为审批行为的实施结果，一般采用红头文件形式、非红头文件的专业表格等两种形式表达，主要采用专用监理表格形式。

6.3.5.1 采用红头文件表达

监理的审批行为的实施结果，应该采用红头文件的形式表达的，主要包括项目监理机构编制、印发的审批文件。在工程施工过程中，只要施工单位报送了报审、请示类文件，项目监理机

构就应及时开展审查工作，总监办或建设单位制定的文件管理办法规定使用审批文件的形式的，应该使用审批文件的形式；没有规定的，应将重要审查事项的审查结果以及没有专用审查、审批表格的审查事项的审查结果以审批文件的形式发送。

6.3.5.2　采用专用监理表格形式表达

《建设监理规范》中规定了监理审批的结果采用非红头文件形式表达的内容应采用的各种审批表格形式，如施工组织设计（方案）报审表、工程延期审批表、费用索赔审批表等。

《公路监理规范》中没有规定监理审批的结果采用非红头文件形式表达的内容，但在条文说明中说明了监理进行的审批工作的结果应尽量采用专用的、固定格式的表格。《水利监理规范》中也规定了若干监理审批表。

6.3.6　监理规范中关于监理审批行为的规定内容

根据《建设监理规范》和《水利监理规范》、《公路监理规范》、《铁路监理规范》的规定，监理审批行为的规定内容如表6-5所示。

监理审批行为的主要规定内容　　表6-5

序　号	规定的具体内容	依据的监理规范			
		国标规范	公路规范	铁路规范	水利规范
1	审批施工组织设计、专项施工方案	第5.2.3条	第4.2.2条	第4.0.6条	—
2	审批复测结果	—	第4.2.5条	—	—
3	审批工程划分	—	第4.2.7条	—	—
4	审批施工测量放线成果	第5.2.7条	第5.1.2条	—	—
5	审批工程原材料与混合料试验结果	—	第5.1.3条	—	—
6	审批分项、分部工程开工申请	第5.2.8条	第5.1.7条	第4.0.8条	第6.1.3条
7	审批总体进度计划、月进度计划	第5.6.1条	第5.5.3条	—	第6.3.2条
8	签认关键工序质量	—	第4.2.1条	—	—
9	签认交工结账证书	—	第6.0.4条	—	—
10	签认最终支付证书	第5.5.1条	第6.0.7条	—	—
11	签认分包单位资格报审表	第5.2.5条	—	第4.0.9条	—
12	签认分项、分部、单位工程质量验评资料	第5.4.10条	—	—	—
13	签发开工预付款支付证书	—	第4.2.10条	—	—
14	签发合同工程开工令	—	第4.2.13条	—	—
15	签发中期支付证书	第5.5.1条	第5.4.7条	—	—
16	签发工程暂时停工令/复工令	第5.4.12条	第5.6.5、5.6.6条	—	—
17	签发中间交工证书	—	第5.1.14条	—	—
18	签发缺陷责任终止证书	—	第6.0.6条	—	—
19	签发工程变更令	第6.2.1条	第5.6.1条	—	—
20	签署工程竣工报验单	第5.7.1条	—	—	—
21	签署竣工验收报告	第5.7.2条	—	—	—
22	签署费用索赔审批表	第6.3.3条	—	—	—
23	签署临时延期审批表	第6.4.2条	—	—	—
24	其他	—	—	—	—

6.3.7 工程监理审批行为的规范化实施要点

6.3.7.1 实施监理审批行为应达到的目标或要求

项目监理机构在审批施工单位的申请事项或下级项目监理机构的报批事项过程中，在时间上应达到及时审批、按时完成审批工作的要求；在主观上应达到认真、严格、公正、公平、尊重实际的要求；在客观上应达到态度明确、批复意见可行、批复文件符合法定公文格式、抄送备案手续完备的要求。

6.3.7.2 关于工程划分的审批

《建设监理规范》中没有给出工程划分的规定。根据《公路监理规范》第4.2.7条、《公路工程施工招标文件范本》(2003年版)第100章第104节的规定进行工程划分的审批。《水利监理规范》第5.2.5条规定项目监理机构应组织工程项目划分。

1. 审批的实施人

对于一级项目监理机构，由专业监理工程师负责审核并提出审核结果报总监理工程师核定，符合要求后批复。对于二级项目监理机构，由驻地办的专业监理工程师负责审核并提出审核结果报驻地监理工程师再审，符合要求后驻地办视总监理工程师的授权情况决定直接审批，还是将初审意见上报总监办，由总监理工程师审核、总监办批复。

2. 审批的重点内容

公路工程施工项目的工程划分是施工单位依据《公路工程质量检验评定标准》(JTG F80/1—2004)附录A的规定将合同工程划分为若干个分项工程、分部工程、单位工程的活动。监理工程师应重点审查：

(1)划分的时间是否及时。《公路工程施工招标文件范本》(2003年版)第100章第104节规定施工单位应在总体工程开工前进行划分。

(2)划分的依据是否正确。是否依据《公路工程质量检验评定标准》(JTG F80/1—2004)附录A的规定进行。

(3)划分的程序是否科学。是否先将总体合同工程划分为若干个单位工程，再将某一个单位工程划分为若干个分部工程，最后将某一个分部工程划分为若干个分项工程。

(4)划分的结果是否正确。是否便于质量评分，是否便于整理竣工资料。

审批的注意事项包括督促施工单位在总体工程开工前进行划分，并将划分结果报项目监理机构审批，应在第一次工地会议召开之前完成批复完毕。

对于水利工程项目的划分，《水利监理规范》第5.2.5条规定，由项目监理机构组织工程项目划分，并报发包人同意后报工程质量监督机构认可。项目监理机构审批工程划分结果前应与建设单位沟通，并将审批文件抄送建设单位、省(市)工程质量监督站备案。

6.3.7.3 关于施工组织设计、专项施工方案的审批

根据《建设监理规范》第5.2.3条的规定和《公路监理规范》第4.2.2条的规定审批施工组织设计。根据《建设工程安全生产管理条例》第14条的规定，审批施工组织设计中的安全技术措施、专项安全施工方案。

施工组织设计(方案)是施工单位编制的、用以指导合同工程科学、合理、经济、安全、环保施工的综合性施工技术指导文件。由监理工程师负责审核，项目监理机构进行审批。

1. 审批的实施人

对于一级项目监理机构，由专业监理工程师负责审核并提出审核意见报总监理工程师审定，符合要求后总监办行文批复。对于二级项目监理机构，由驻地办的专业监理工程师负责审核并提出审核意见报驻地监理工程师再审，驻地办视总监理工程师的授权情况决定直接审批，还是将初审意见上报总监办，由总监理工程师审定、总监办行文批复。

2. 审批的重点内容

审批施工组织设计(方案)的重点是审，即审核、审查，其次才是批复。批复是一种形式，也是一个结果。

(1)总监理工程师应在合同规定的期限内及时审批施工组织设计，也就是要在总体工程开工前完成审核、退修、审批工作；

(2)重点审核施工组织设计的审批手续是否齐全有效；

(3)重点审核施工质量、安全、环保、进度、费用目标是否与合同一致；

(4)重点审核质量、安全和环保等保证体系是否健全有效；

(5)重点审核安全技术措施、现场临时用电方案及工程项目应急救援抢险方案是否符合要求；

(6)重点审核施工总体部署与施工方案和安全、环保等应急预案是否合理可行；

(7)危险性较大的施工方案的审批与专家论证手续是否健全，计算结果是否完整、正确，安全、环保、消防和文明施工措施是否符合有关规定；

(8)季节性施工方案和专项施工方案的可行性、合理性和先进性等。

审批的注意事项包括：技术复杂或采用新技术、新工艺或在特殊季节施工的分项、分部工程和危险性较大的分部工程，项目监理机构应要求施工单位编制专项施工方案，并由(驻地)监理工程师审核，总监理工程师批准后实施。依据《建设工程安全生产管理条例》第二十六条的规定，危险性较大的工程是指下列7大类工程：

(一)基坑支护与降水工程

基坑支护工程是指开挖深度超过5m(含5m)的基坑(槽)并采用支护结构施工的工程；或基坑虽未超过5m，但地质条件和周围环境复杂、地下水位在坑底以上等工程。

(二)土方开挖工程

土方开挖工程是指开挖深度超过5m(含5m)的基坑、槽的土方开挖。

(三)模板工程

各类工具式模板工程，包括滑模、爬模、大模板等；水平混凝土构件模板支撑系统及特殊结构模板工程。

(四)起重吊装工程

(五)脚手架工程

1. 高度超过24m的落地式钢管脚手架；

2. 附着式升降脚手架，包括整体提升与分片式提升；

3. 悬挑式脚手架；

4. 门形脚手架；

5. 挂脚手架；

6. 吊篮脚手架；

7. 卸料平台。

(六)拆除、爆破工程

采用人工、机械拆除或爆破拆除的工程。

(七)其他危险性较大的工程

1. 建筑幕墙的安装施工;

2. 预应力结构张拉施工;

3. 隧道工程施工;

4. 桥梁工程施工(含架桥);

5. 特种设备施工;

6. 网架和索膜结构施工;

7. 6m以上的边坡施工;

8. 大江、大河的导流、截流施工;

9. 港口工程、航道工程;

10. 采用新技术、新工艺、新材料,可能影响建设工程质量安全,已经行政许可,尚无技术标准的施工。

模板工程方案的审核重点包括模板及其支架设计、验算、选型、选材、制作、进场验收及组装,模板及支架拆除顺序及安全措施,发生异常情况的处理措施等,模板设计后要对模板面板、支撑龙骨、模板对拉螺栓的强度、刚度等进行验算。

脚手架工程方案的审核重点包括脚手架类型的合理选用、脚手架形式与材料选择;搭设高度要求;底部立杆的基础情况;扫地杆的设置;步距的设置;小横杆的间距;连墙件的设置;安全网的设置;脚手架的铺设;各类荷载的计算;材料的选择;高大脚手架、工具式脚手架的安全保险措施是否可靠并有针对性;检查与验收是否符合要求;搭设、使用、拆除过程中的安全保证措施是否得力等,构造、安全防护要求等。

3. 审核过程中应掌握的原则

(1)落实总承包单位的职责,对专业分包单位编制的施工方案,应由总承包单位审核后报工程监理单位。总承包单位应组织落实施工部署、主要施工方法、主要管理措施、施工总平面布置等,并及时进行修订、补充,负责施工组织设计文件的总体实施。施工组织设计文件审批后,在工程开工前应要求施工项目负责人组织对项目部全体管理人员进行交底。重大工程由施工企业的技术负责人进行交底,交底对象还应包括专业分包单位。在实际工作中经常发生总承包单位对分包工程方案"不闻不问"或充当"二传手"的情况,总监对此应严肃对待,指出总承包单位应负的责任,落实总承包单位履行审批责任后方可进行审核。

(2)全面履行合同文件,总监在审核中应特别重视以合同文件(包括技术文件及商务文件)为依据,审核施工组织设计文件能否保证全面履行合同约定,包括工期安排、管理体系、施工措施等各方面的内容。

(3)审核与优化相结合,审核中进行把关是重要而基本的工作。总监如果仅仅提出"同意"、"修改后再报"、或"重新编制"的审定结论是不够的。在审核意见中一般应包括意见和建议两部分内容,施工组织设计文件应实现目标优化、技术可行、措施可行的要求。不仅依靠总监等的经验与能力,还要在审核工作中树立从工程总体出发,充分考虑风险因素,避免追求局部最优等意识。

(4)管理与技术相结合,施工组织设计文件内容包含了施工全过程的部署、选定技术方案、进度计划和相关资源计划安排、各项组织保障措施;涵盖了组织管理科学和专业技术学科两个范畴的理论知识,各专业技术方案及组织管理措施相辅相成。审核施工组织设计和技术方案应包含管理与技术两方面内容,不可偏废其一。只有管理与技术相结合,才能充分体现总监作为复合型人才开展综合管理协调的能力与价值。

(5)程序性与实质性审核相结合,法规及规范对施工组织设计文件的编制、审批、修改等程序都进行了明确的规定,即“法定性程序”。施工组织设计文件在编制和审核前应进行政府审批、施工图审核、招标等工作,相关工作成果是审核的技术、经济基础。总监在进行实质性审核前应首先进行程序性审核,以把握审核条件、审核时机,以便达到应有的审核深度的作用。

(6)注重交流、沟通及听取专家的意见。审核施工组织设计文件是技术性很强的综合性工作。俗话说“尺有所短、寸有所长”,总监理工程师在审核工作中应避免草率、经验主义、生冷、强硬,注意与施工单位的平等交流、听取其合理的意见,尊重其经验与能力;对于新材料、新技术、新工艺、新产品应本着科学的态度对待,并采取考察试验检测等综合手段进行审核。当涉及设计等内容时应邀请设计人员参加方案论证及评审工作。

6.3.7.4 关于复测结果、测量放线成果的审批、签认

《建设监理规范》第5.2.7条规定监理工程师应对施工单位报送的测量放线控制成果及保护措施进行检查,对施工测量成果报验申请表予以签认。《公路监理规范》第4.2.5条规定了审批复测结果的内容,第5.1.2条规定了施工测量放线的审批内容。

1. 审批的实施人

对于一级项目监理机构,由专业监理工程师负责审核并提出审核意见报总监理工程师审定,符合要求后总监办批复。对于二级项目监理机构,由驻地办的专业监理工程师负责审核并提出审核意见报驻地监理工程师再审,驻地办视总监理工程师的授权情况决定直接审批,还是将初审意见上报总监办,由总监理工程师审定、总监办批复。

施工测量放线数据、图表及放线成果使用报审表形式审批的,由专业监理工程师对施工单位报送的施工测量成果报验申请表予以签认。

2. 审批的重点内容

(1)审查施工单位专职测量人员是否持有岗位证书;测量设备是否具有检定证书;检查施工单位使用的测量仪器是否按规定进行了校准。

(2)复核控制桩的校核成果、控制桩的保护措施以及平面控制网、高程控制网和临时水准点的测量成果是否真实;是否符合技术规范规定的误差标准。

(3)审查施工测量成果报验申请表是否符合监理规范附录的表式;或者是否符合项目监理机构编制的规定表式。

(4)审查施工测量放线数据、图表及放线成果、附件是否齐全、真实等。

监理工程师应对施工单位提交的原始基准点、基准线和基准高程的复测结果进行审核和平行复测。当复测结果一致并满足规范要求时,监理工程师应在合同规定的期限内批复。另外,监理工程师还应监督施工单位在原始地面线未被扰动前测定地面线,并对测定结果进行抽测。

6.3.7.5　关于工程原材料、混合料配合比试验结果的审批

《建设监理规范》中没有书面给出监理工程师审批工程原材料与混合料配合比试验结果的规定。《公路监理规范》第5.1.3条规定了工程原材料与混合料配合比试验结果的审批规定。

工程原材料与混合料配合比试验及其结果审批是公路工程施工过程中极其重要的工作之一。

1. 审批的实施人

对于一级项目监理机构，由专业监理工程师负责审核并提出审核意见报总监理工程师审定，符合要求后总监办批复。对于二级项目监理机构，由驻地办的专业监理工程师负责审核并提出审核意见报驻地监理工程师再审，驻地办视总监理工程师的授权情况决定直接审批，还是将初审意见上报总监办，由总监理工程师审定、总监办批复。

2. 审批的重点内容

（1）审查施工单位申报的原材料、混合料试验资料。

（2）监理工程师应审查施工单位申报的原材料、混合料试验资料。

（3）对混合料可在施工单位标准试验的基础上进行试验验证，必要时做标准试验。

必要时做标准试验，是指监理工程师对施工单位申请使用的配合比设计和标准试验结果进行复核性试验后，证明施工单位所做的配合比设计不能满足合同要求，一般应要求施工单位重新进行配合比设计和试验，并指派监理工程师和试验检测人员旁站施工单位的设计和试验过程。

（4）监理工程师应对施工单位申请使用的商品混凝土或商品混合料配合比进行审查，并进行试验验证。

3. 审批的注意事项

监理工程师应在合同规定的期限内尽早批复。监理工程师在"必要时做标准试验"，如果其结果仍无改进时，可由监理试验室做平行的标准试验。监理工程师进行的验证试验，一般只对其具有出厂合格证的商品混合料进行复核性试验。不再对其原材料进行检查和试验。如对一些直接影响混合料质量的主要原材料有疑问时，可对该原材料进行抽查检验。

6.3.7.6　关于施工进度计划的审批

工程施工进度计划包括四大进度计划，即施工总体进度计划和年度进度计划、季度进度计划和月度进度计划。旬工程施工计划应该编制，一般情况下不单独审批，除非工期短而且紧张。

《建设监理规范》第5.6.1条规定监理工程师应审批施工总进度计划和年、季、月度施工进度计划。《公路监理规范》第5.5.3条规定监理工程师应审批施工进度计划。

编制和实施工程施工进度计划是施工单位的责任，监理工程师对施工进度计划的审查、批准，并不能解除施工单位对施工进度计划的责任和义务。但是，为完成施工进度计划的监理任务，监理工程师在审核、批准施工进度计划的过程中应掌握以下几点。

1. 审批的实施人

施工总体进度计划和年、季、月度进度计划的审批工作，对于一级项目监理机构，由专业监理工程师负责审核并提出修改意见，退修符合要求后送总监理工程师审定，由总监办批复。对

于二级项目监理机构,由驻地办的专业监理工程师负责审核并提出审核意见报驻地监理工程师再审,驻地办视总监理工程师的授权情况决定直接审批,还是将初审意见上报总监办,由总监理工程师审定、总监办批复。施工进度计划实施过程中,可以由专业监理工程师负责检查、评估、纠偏。

2. 审批的主要内容

(1)施工进度计划是否符合施工合同中开竣工日期的规定。

(2)施工进度计划中的主要工程项目是否有遗漏,分期施工是否满足分批动用的需要和配套动用的要求,总承包、分包单位分别编制的单项工程进度计划之间是否相协调。

(3)施工顺序的安排是否符合施工工艺的要求。

(4)施工工期是否进行了优化,进度安排是否合理。

(5)劳动力、材料、构配件、设备和施工机具、水、电等生产要素供应计划是否能够保证施工进度计划的需要,供应是否均衡。

(6)合同文件中规定的建设单位提供的施工条件(征地拆迁、资金、特殊材料),施工单位在进度计划中所列的到位时间、数量是否明确、合理,是否有脱节的可能。

6.3.7.7 关于工程开工申请的审批

工程开工申请的审批包括四大部分,即总体工程开工申请的审批、单位工程开工申请的审批和分项、分部工程开工申请的审批。

《建设监理规范》第5.2.8条规定专业监理工程师应审查施工单位报送的工程开工报审表及相关资料,由总监理工程师签发,并报建设单位。《公路监理规范》第5.1.7条规定监理工程师应审批分项、分部工程开工申请。

1. 审批的实施人

分项、分部工程开工申请的审批,对于一级项目监理机构由专业监理工程师审查、总监理工程师签发。对于二级项目监理机构,总体工程开工申请由合同段驻地监理工程师审查、总监理工程师审批;单位工程开工申请和分项、分部工程开工申请由合同段专业监理工程师审查,驻地监理工程师审批。

2. 审批的重点内容

(1)对于总体工程开工申请,应重点审查:施工许可证已获政府主管部门批准;征地拆迁工作能满足工程进度的需要;施工组织设计已获总监理工程师批准;施工单位现场管理人员已到位,机具、施工人员已进场,主要工程材料已落实;进场道路及水、电、通信等已满足开工要求。

(2)对于单位工程、分部工程、分项工程开工申请,应重点审查:是否由分包单位施工;测量放线是否检验合格;工程原材料、混合料配合比是否试验、验证合格;施工组织包括项目负责人、技术负责人及质量、安全、环保等施工管理人员及主要施工操作人员的配备是否符合合同要求并满足施工实际需要;施工方案及主要工艺是否符合合同要求并满足施工实际需要;施工进度计划是否科学;是否满足合同工期要求;特种作业人员是否持证上岗等。

6.3.7.8 关于支付证书的签发

工程款支付证书包括四大证书,即工程施工项目的开工预付款支付证书、中期支付证书、交工结账支付证书、最后(终)支付证书。

《建设监理规范》第5.5.1条规定，项目监理机构应按下列程序进行工程计量和工程款支付工作：施工单位统计经专业监理工程师验收质量合格的工程量，按施工合同的约定填报工程计量单和工程款支付申请表；工程款支付申请表应符合附录A5表的格式。专业监理工程师进行现场计量，按施工合同的约定审核工程量清单和工程款支付申请表，并报总监理工程师审定。总监理工程师签署工程款支付证书，并报建设单位。

根据《公路监理规范》第4.2.10条的规定签认开工预付款支付证书；根据第5.4.7条的规定签认中期支付证书；根据第6.0.4条的规定签认交工结账支付证书；根据第6.0.7条的规定签认最终支付证书。签发的监理要点包括以下几点。

1. 签发的实施人

工程款支付证书的签发，对于一级项目监理机构由专业监理工程师审查，总监理工程师签发，并报建设单位。对于二级项目监理机构，由合同段驻地监理工程师审查签字，总监理工程师签发。

2. 签发的内容

工程款支付证书的签发，包括工程款支付申请的审核、工程款支付证书的编制、工程款支付证书的审核和工程款支付证书的签发等4个工作程序。

(1)工程款支付申请的审核，应由计量专业监理工程师初步审核，总监或驻地监理工程师再次进行详细审核，应重点关注支付项目的质量合格否，资料齐全否，计量数量准确否，支付单价符合工程量清单否，应扣除的款项扣除否，有无重复计量，有无重复支付。

(2)工程款支付证书的编制，应由计量专业监理工程师负责编制，应重点关注清单项目的支付是否合规，工程变更和索赔、计日工、调价项目的计算以及应扣除的款项的计算。

(3)工程款支付证书的审核，应由总监或驻地监理工程师进行审核，应对比同期支付申请、支付证书，重点关注支付项目、支付依据、支付计算、支付签字手续等。

(4)工程款支付证书的签发，经审核支付报表无误后，总监理工程师应实施签发权，并报送建设单位。注意应逐个合同、随时、及时地签发，不要等待几个合同段的支付报表一起签发。

6.3.7.9　关于公路工程缺陷责任终止证书的签发

《建设监理规范》中将工程缺陷责任期表述为工程质量保修期，没有明确规定工程质量保修期终止证书的内容。《公路监理规范》第6.0.6条给出了工程缺陷责任期监理的书面规定。《水利监理规范》将工程缺陷责任期表述为工程保修期，第7.2.4条明确规定监理工程师签发《工程保修责任终止证书》。

《公路监理规范》第6.0.5条、第6.0.6条规定，在合同工程的缺陷责任期内，监理工程师应检查施工单位剩余工程的实施情况；巡视检查已完工程；记录发生的工程缺陷，指示施工单位进行修复，并对工程缺陷发生的原因、责任及修复费用进行调查、确认；督促施工单位按合同规定完成竣工资料。

在合同工程缺陷责任期结束，收到施工单位提交的终止缺陷责任的申请后，监理工程师应进行检查。符合条件时，经建设单位同意，监理工程师应在合同规定的时间内签发《工程缺陷责任终止证书》，并按规定向建设单位提交缺陷责任期监理工作总结。

6.3.7.10　关于工程变更的审批和变更令的签发

根据《建设监理规范》第6.2.1条和《公路监理规范》第5.6.1条的规定进行审批和签发

工程变更单(令)。

《建设监理规范》第6.2.1条规定项目监理机构应按下列程序处理工程变更:

(1)设计单位对原设计存在的缺陷提出的工程变更,应编制设计变更文件。建设单位或承包单位提出的工程变更,应提交项目监理机构,由总监理工程师、驻地监理工程师组织专业监理工程师审查。审查同意后,应由建设单位转交原设计单位编制设计变更文件。当工程变更涉及安全、环保等内容时,应按规定经有关部门审定。

(2)项目监理机构应了解实际情况并收集与工程变更有关的资料。

(3)监理工程师必须根据实际情况、设计变更文件和其他有关资料,按照施工合同的有关条款对工程变更的费用和工期做出评估,做出评估前应指定专业监理工程师完成下列工作:确定工程变更项目与原工程项目之间的类似程度和难易程度;确定工程变更项目的工程量;确定工程变更的单价或总价。

(4)总监理工程师应就工程变更费用及工期的评估情况与承包单位和建设单位进行协调。

(5)总监理工程师签发工程变更单或工程变更指令单。工程变更单应符合监理规范给定的格式,并应包括工程变更要求、工程变更说明、工程变更费用和工期、必要的附件等内容,有设计变更文件的工程变更应附设计变更文件。

(6)项目监理机构应根据工程变更单监督承包单位实施工程变更项目。

(7)项目监理机构处理工程变更应符合下列要求:

①在工程变更的质量、费用和工期方面取得建设单位授权后,总监理工程师应按施工合同规定与承包单位进行协商,经协商达成一致后,总监理工程师应将协商结果向建设单位通报,并由建设单位与承包单位在变更文件上签字。

②在项目监理机构未能就工程变更的质量、费用和工期方面取得建设单位授权时,总监理工程师应协助建设单位和承包单位进行协商,并达成一致。

③在建设单位和承包单位未能就工程变更的费用等方面达成协议时,项目监理机构应提出一个暂定的价格,作为临时支付工程进度款的依据。该项工程款最终结算时,应以建设单位和承包单位达成的协议为依据。

(8)注意事项。在总监理工程师签发工程变更单之前,承包单位不得实施工程变更。未经总监理工程师审查同意而实施的工程变更,项目监理机构不得予以计量。

6.3.7.11 关于工程竣工验收报验单的签署

《建设监理规范》在第5.7.1条中给出了规定,《公路监理规范》没有给出书面规定。

根据《建设监理规范》第5.7.1条的规定,监理签署工程竣工报验单的前提条件有三个。

1.审查报验申请

项目监理机构收到施工单位的工程竣工报验单后,由总监理工程师组织专业监理工程师依据有关法律法规和工程建设强制性标准、设计文件及施工合同进行审查,重点审查该工程是否符合现行的法律法规、工程建设标准、设计文件、施工合同的要求。

2.组织预先验收

由总监理工程师组织专业监理工程师对工程质量进行竣工预验收,初步确定该工程是否合格。

3. 指令整改问题

经过预先验收,如果发现存在质量问题,监理工程师应及时指令施工单位进行整改,监理人员应予旁站、检查、验收,直至质量合格。

工程竣工报验单应由总监理工程师签署,确认该工程是否合格、是否可以组织正式验收;之后提出项目监理机构的工程质量评估报告,经总监理工程师和工程监理单位的技术负责人审核签字后报建设单位。

6.3.7.12 关于工程费用索赔审批表、延期审批表的签署

《建设监理规范》第6.3.3条、第6.4.2条给出了明确规定,《公路监理规范》也给出了审批的规定,但没有给出规定表式。

项目监理机构视项目建设单位的授权情况签署工程费用索赔审批表和工程延期审批表。签署之前,总监理工程师应组织专业监理工程师进行审核,重点审核费用索赔、延期事件是否符合合同规定;事件是否属实;证据资料是否充足和真实;计算依据和结果是否正确;延期事件是否发生在监理批准的进度计划网络图的关键线路上。

审查应包括初步审查和协商过程,费用索赔、延期事件必须经过项目监理机构、建设单位、施工单位三方协商一致。

《建设监理规范》中给出了专用的"费用索赔审批表"。在费用索赔审批表中,总监理工程师根据项目监理机构的审查、评估意见,明确书明是否同意该项索赔以及理由,如果同意该项索赔,决定的金额是多少,是怎样计算的,并签署总监理工程师的姓名。

当费用索赔、延期事件存在连续性,特别是跨月、跨年度时,项目监理机构可以决定临时延期的天数、临时批准的费用金额并签署临时审批表。至工程索赔事件全部结束时,必须详细审查、计算并协商一致,之后审批工程合同工期的延期天数、工程施工费用的增减金额。

6.4 项目监理机构的报告行为

6.4.1 报告的含义

6.4.1.1 《现代汉语词典》中的有关解释

【报告】《现代汉语词典》中收录了"报告"一词。①把事情或意见正式告诉上级或群众。例如:你应当把事情的经过向领导报告。②用口头或书面的形式向上级或群众所做的正式陈述。例如:动员报告、总结报告。③现代公文处理办法中党政机关的法定公文之一。

2001年版《国家行政机关公文处理办法》规定:报告适用于向上级机关汇报工作,反映情况,提出意见或建议,答复上级机关的询问。1996年版《中国共产党机关公文处理条例》给报告的定义是:报告用于向上级机关汇报工作,反映情况、提出建议,答复上级机关的询问。

可见,"报告"一词既属于行为动词,又属于公文的文种之一,强调行为人及时将自己遇到的事情或思考的意见以口头的或书面的形式告诉上级领导、上级领导机关,由上级领导、上级领导机关做决策。

6.4.1.2 工程监理规范中的有关解释

1. 国家标准中的有关解释

《建设监理规范》第2章"术语"中没有给出"报告"一词,但在有关条文中给出了监理人员履行报告义务的规定。例如:第5.4.12条规定监理人员发现施工存在重大质量隐患,可能

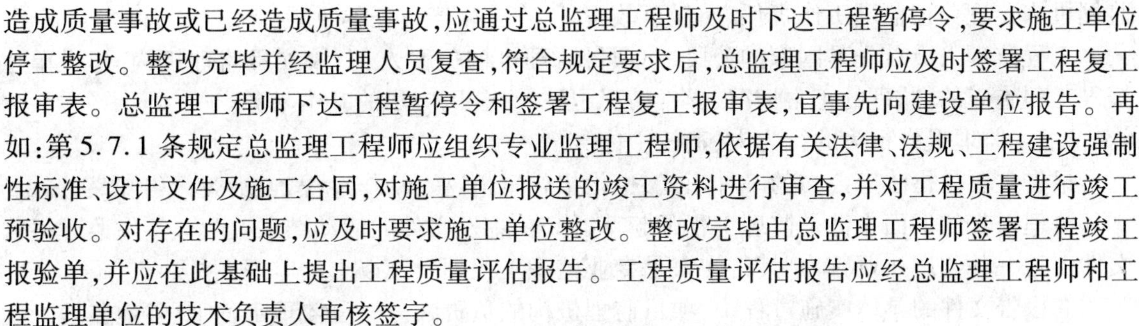

造成质量事故或已经造成质量事故,应通过总监理工程师及时下达工程暂停令,要求施工单位停工整改。整改完毕并经监理人员复查,符合规定要求后,总监理工程师应及时签署工程复工报审表。总监理工程师下达工程暂停令和签署工程复工报审表,宜事先向建设单位报告。再如:第5.7.1条规定总监理工程师应组织专业监理工程师,依据有关法律、法规、工程建设强制性标准、设计文件及施工合同,对施工单位报送的竣工资料进行审查,并对工程质量进行竣工预验收。对存在的问题,应及时要求施工单位整改。整改完毕由总监理工程师签署工程竣工报验单,并应在此基础上提出工程质量评估报告。工程质量评估报告应经总监理工程师和工程监理单位的技术负责人审核签字。

2. 行业标准中的有关解释

(1)《公路监理规范》的解释

在其第2章"术语"中没有给出"报告"一词,但在有关条文中给出了监理工程师履行报告义务的规定。例如:第4.1.2条规定项目监理机构应组织监理人员熟悉本规范第1.0.3条规定的有关法律、法规、文件,当发现有关文件不一致或有错误时,应及时书面报告建设单位。再如:第5.2.3条规定监理工程师在巡视、旁站过程中应监督施工单位按专项安全施工方案组织施工,若发现施工单位未按有关安全法律、法规和工程强制性标准施工,违规作业时,应予制止。对危险性较大的工程作业等要定期巡视检查,如发现安全事故隐患,应立即书面指令施工单位整改;情况严重的应签发《工程暂停令》要求施工单位暂停施工,并及时报告建设单位。施工单位拒不整改或者不停止施工的,监理工程师应及时向有关主管部门报告。

(2)《铁路监理规范》的解释

在其第2章"术语"中也没有给出"报告"一词,但书面明确规定项目监理机构、监理工程师应该认真实施"报告"行为,并在其他条文中给出了具体规定。例如:第6.2.3条规定了项目监理机构向有关主管部门报告施工单位拒不整改安全事故隐患或不停止施工的情况。

(3)《水利监理规范》的解释

在其第2章"术语"中也没有给出"报告"一词,但书面明确规定现场项目监理机构、监理工程师应该认真实施"报告"行为。例如:第6.5.1条规定当项目监理机构发现存在重大安全隐患时,应立即指示施工单位停工,做好防范措施,并及时向发包人报告;如有必要应向政府有关部门报告。

6.4.2 监理报告行为的内涵及其行为人、责任主体

6.4.2.1 监理报告行为的内涵

监理的"报告"行为是工程监理人员在工程项目施工阶段的重要岗位工作行为之一,也是项目监理机构的重要工作内容之一。项目监理机构的"报告"活动贯穿于工程的施工准备阶段、施工阶段和缺陷责任期阶段。项目监理机构的情况报告、监理工程师签发的"报告"文件的质量,反映着项目监理机构乃至工程监理单位的监理工作质量,反映着项目监理机构和工程监理单位的能力、作风和信誉。对项目监理机构而言,"签发报告文件"是监理工程师依据监理规划、监理实施细则,履行监理合同过程中应尽的主要义务之一。

项目监理机构印发"报告文件"是一项重要的合同管理活动,也是一种质量、进度、安全、环保等监控的重要手段。它强调利用"报告"这一书面形式向建设单位、工程监理单位及时、正确地反映工程施工、监理工作情况,期望得到有关单位重视或解决有关工作问题,也是项目

监理机构合理分担监理工作责任、质量事故责任、安全生产责任的手段。

工程监理人员首先是国家的公民，向项目监理机构负责人、上级项目监理机构、建设单位报告工程施工的、监理的正常情况、异常情况，是一个公民应尽的基本义务。

6.4.2.2　监理报告行为的行为人、责任主体

报告主要是指法定公文的一种形式，也指报告事情这一动作过程，也指履行告知义务。

监理报告的书面文件是监理工程师起草、修改、签发文件的活动结果，起草、签发监理报告文件则是一种监理执业行为，其行为人是专业监理工程师及其以上的监理人员。

在报告文件的具体实施过程中，项目监理机构的负责人——总监理工程师、驻地监理工程师应负责组织、安排、监督、检查和签发，专业监理工程师应为项目监理机构负责和服务，具体完成报告文件的起草、修改、印发任务，专业监理工程师的行为不代表个人行为。监理员无权签发监理报告，但有报告异常情况的义务和建议项目监理机构及时编制有关报告的建议权。

监理工作报告行为的不作为行为，一般属于违背监理规范的违规行为。但是，下列情况下就属于违法行为：《建筑法》第三十二条规定工程监理人员发现工程设计不符合建筑工程质量标准或者合同约定的质量要求的，应当报告建设单位要求设计单位改正。《建设工程质量管理条例》第五十二条规定建设工程发生质量事故，有关单位应当在24小时内向当地建设行政主管部门报告。《建设工程安全生产管理条例》第十四条规定工程监理单位发现存在严重安全事故隐患的，应当要求施工单位暂时停工并报告建设单位；施工单位拒不整改或不停止施工的，应当及时向有关主管部门报告。工程监理单位和项目监理机构、监理人员共同承担违规、违法责任。

6.4.3　监理报告行为的相近行为、实施手段

6.4.3.1　监理报告行为的相近行为

如果将国家党政机关的法定"报告"文件的起草、修改、签发、印发行为作为本节所述的监理报告行为的话，那么监理报告行为的相近行为及其辨识主要包括总结行为、报送行为、通报行为等，如专项工程施工进展情况总结报告、报送问题处理情况的报告、检查通报、月巡视通报等。其行为的内涵、行为的实施主体、行为结果的不作为责任的承担者等与报告行为相似。

总结，侧重于回顾过去某一时间阶段内工作或学习、生活等情况，把过程、做法、经验、体会、思考等写出来形成文字稿件，需要上报的以报告的形式报送。通报，也是一种报告，侧重于向全体下级说明检查的情况、问题的处理情况、事故的发展情况等。

6.4.3.2　监理报告行为的实施手段

项目监理机构实施报告行为，一般应依据调查、检查、审查、测量、试验、计量、旁站、巡视、抽检、见证的情况，借助编写文件、召开会议、邀请访问、面谈等监理手段。

6.4.4　报告类文件的分类、特点

6.4.4.1　法定公文中关于报告的种类

现行法定公文中将报告类文件分为工作总结报告、情况报告、建议报告、答复报告、报送报告等五种。

1. 工作报告

工作报告包括综合性工作报告、专题性工作报告，多用来向上级汇报已经完成的工作情况或向群众报告工作。其中，综合性汇报工作又可分为年度、季度、月份等工作报告。编好工作

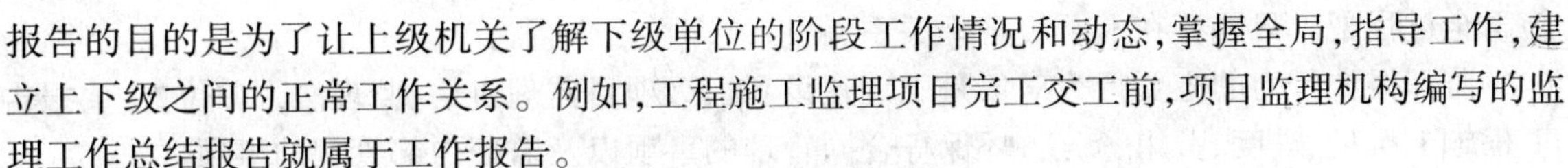

报告的目的是为了让上级机关了解下级单位的阶段工作情况和动态，掌握全局，指导工作，建立上下级之间的正常工作关系。例如，工程施工监理项目完工交工前，项目监理机构编写的监理工作总结报告就属于工作报告。

2. 情况报告

如果本单位出现了正常工作秩序之外的情况，有异常情况或新情况，对工作产生了一定影响或损失时，作为下级单位应及时编写报告，以使上级机关掌握和决策。情况报告是报告阶段工作中的突出"情况"，工作报告则注重阶段工作的"全过程"。如施工监理过程中发生的质量事故报告、工程阶段性施工进度报告就属于情况报告。

3. 建议报告

在工作实践过程中，下级单位结合工作实践和当时当地的实际情况，建议工作应如何做、做到何种程度、何时去做、何人去做比较合适时，应形成建议报告，期望上级重视或采纳，这是下级实施建议的权力。但应正确对待上级机关是否采纳、批准的问题，绝不能逼迫或要挟上级机关采纳和批准。有时，建议性报告随有关文件报送，这类建议的正文就比较简单，只要说明报送理由即可，建议的内容全部在附件中。建议报告一经上级批准，即具有权威性和约束力，下级单位应予落实。

4. 答复报告

答复上级机关询问的报告，称为答复报告，属于被动性报告行文。这种报告的针对性强，上级机关询问什么就回答什么，回答前要认真调查研究、掌握第一手材料，写成真实的报告，按时报送上级机关。

5. 报送报告

项目监理机构向上级机关报送监理规划、监理实施细则、监理工作总结等文件、材料时使用报送报告，标题通常为"关于报送××的报告"，正文内容比较简单，一般只写"今将××报上，请查收"，或"根据××，今将××呈上，请阅审"。

6.4.4.2 报告类文件的特点

1. 单向性

报告是下级单位主动地向上级机关汇报工作、反映情况、提出建议时使用的上行文，而不需要上级机关给予批复、批准。另外，报告也是下级单位被动地应上级机关要求报告情况或答复上级的询问的上行文，只是上报，请上级机关查收，不需要答复。

2. 陈述性

报告就是下级单位主动向上级机关报告本单位依据上级的指示，做了什么工作，什么时间、什么人、用什么方法做的，有什么结果与体会建议等。以上内容都要一一向上级陈述，供上级机关和领导知晓或决策参考。

3. 事后性

日常工作中有"早请示、晚汇报"之说，意即工作前请示、工作完成后汇报，这就是报告的事后性。但建议报告因类同请示，应事前建议，避免木已成舟、先斩后奏。

6.4.5 监理报告行为的实施阶段、行为方式

6.4.5.1 监理报告行为的实施阶段

监理报告行为的实施阶段，处于工程的施工准备阶段、施工阶段、交工缺陷责任期阶段等

施工全过程中。只要存在上下级管理关系,就应该存在报告行为。

监理报告行为的主要行为对象是工程建设和上级项目监理机构、监理法人单位,主要报告工程施工质量、进度、费用、安全、环保等合同管理的事项以及监理内部管理的事项。

6.4.5.2 监理报告行为的行为方式

监理报告行为的行为方式,主要包括红头文件报告和非红头文件报告、陈述性报告和建议性报告、专题报告和综合报告、主动性报告和答复性报告、月度报告和年度报告等。

6.4.6 监理报告行为的表达方式

报告,既可以作为行为的过程(即报告这一动作),又可以作为行为的结果(报告类文件)。

作为报告行为的结果的表达方式,一般包括红头文件形式、非红头文件的表格资料形式等两种,主要采用红头文件形式。

6.4.6.1 采用红头文件表达

监理的报告行为的实施结果,应该采用红头文件的形式表达的,主要包括项目监理机构编制、印发的各种报告文件。

6.4.6.2 采用专用监理表格形式表达

《建设监理规范》中没有规定监理报告行为的结果采用非红头文件形式表达的内容,即无专用的、固定格式的报告表格。《公路监理规范》中规定了部分监理报告行为的固定格式,如监理工作报告的内容要求。

6.4.7 监理规范中关于监理报告行为的规定内容

根据《建设监理规范》和《水利监理规范》、《公路监理规范》、《铁路监理规范》的规定,监理报告行为的规定内容如表6-6所示。

监理报告行为的主要规定内容　　表6-6

序　号	规定的具体内容	依据的监理规范			
		国标规范	公路规范	铁路规范	水利规范
1	向建设单位报送总监审签的施工组织设计(方案)报审表等	第5.2.3条	—	—	—
2	向建设单位报送工程开工报审表及相关资料	第5.2.8条	—	—	—
3	向建设单位报告质量事故处理情况	第5.4.13条	—	—	
4	向建设单位报告工程量完成情况	第5.5.6条	—	—	—
5	向建设单位报告实际进度的严重滞后情况	第5.6.3条	—	—	—
6	向建设单位报送进度目标的风险分析报告	第5.6.2条	—	—	—
7	向建设单位报送工程进度和所采取控制措施的执行情况	第5.6.4条	—	—	—
8	工程质量评估报告	第5.7.1条	—	—	—
9	向建设单位报送非施工单位原因造成的工程质量缺陷的修复费用	第5.8.3条	—	—	—
10	向建设单位通报工程变更协商结果	第6.2.2条	—	—	—

续上表

序　号	规定的具体内容	依据的监理规范			
		国标规范	公路规范	铁路规范	水利规范
11	向建设单位通报工程延期审批情况	第6.4.2条	第5.6.2条	—	—
12	向建设单位报送合同争议处理意见、严重违约情况	第6.5.2条	—	—	第6.6.3条
13—1	监理专题报告	—	—	—	第6.7.5条
13—2	验收监理工作报告	—	—	—	第6.7.5条
13—3	监理工作总结报告	第7.3.1条	—	第13.4.1条	第4.3.7条
14	项目监理机构内部情况报告	第3.2.5、3.2.6条	—	—	—
15	向建设单位报告合同文件错误	—	第4.1.2条	—	—
16	向建设单位报告情况严重的安全事故隐患、紧急情况	—	第5.2.3条	—	第4.3.6条
17	向有关主管部门报告施工单位拒不整改安全事故隐患或不停止施工的情况	—	第5.2.3条	第6.2.3条	第6.5.1条
18	向建设单位报告施工单位违反环保规定、未落实环保措施的情况	—	第5.3.3条	—	—
19	向有关部门、建设单位报告文物发现情况	—	第5.3.4条	—	—
20	向建设单位报告施工单位的进度严重延误情况	—	第5.5.5条	—	—
21	向建设单位报告工程费用索赔的审核情况	—	第5.6.3条	—	—
22	向建设单位报送工程暂时停工令	—	第5.6.5条	第5.5.2条	—
23	向建设单位报送工程分包计划和协议的审查情况	—	第5.6.7条	—	—
24	向建设单位报告非法分包、转包情况	—	第5.6.7条	—	—
25	向建设单位报送工程款支付证书	第5.5.5条	第6.0.2条	第8.0.8条	第6.4.5条
26	向建设单位报送交工结账证书	—	第6.0.4条	—	第6.4.9条
27	向建设单位报送最终支付证书	—	第6.0.7条	—	第6.4.10条
28	向建设单位报告设计差错	—	—	第4.0.3条	—
29	其他	—	—	—	—

6.4.8　工程监理报告行为的规范化实施要点

6.4.8.1　实施监理报告行为应达到的目标或要求

项目监理机构在向项目建设单位、建设或安全或环保行政主管部门报告事项或向上级项目监理机构报告事项的过程中，在时间上应达到及时报告、随时报告、在规定时间内完成报告的要求；在主观上应达到实事求是、客观公正的要求；在客观上应达到内容准确全面、数据真实可靠、附件齐全、报告文件符合法定公文格式、抄送备案手续完备、签收手续齐全等要求。

6.4.8.2　报送施工组织设计（方案）报审表

根据《建设监理规范》第5.2.3条的规定报送施工组织设计报审表。

项目监理机构负责向建设单位报送总监理工程师审签的施工组织设计（方案）报审表，一般由合同专业监理工程师完成报送手续,报送的前提是总监理工程师已经审核并签署了意见和名字,而且必须加盖项目监理机构的公章,报审表的份数满足规定要求。专业监理工程师应督促建设单位的签收人在监理文件报表发送登记簿上签署收到人姓名和时间等收文要素。

6.4.8.3　关于工程施工进度情况的报告

根据《建设监理规范》第5.5.6条、第5.6.3条、第5.6.4条的规定和《公路监理规范》第5.5.5条、第5.6.2条的规定实施。

总监理工程师、驻地监理工程师负责组织并安排专业监理工程师完成进度报告工作。专业监理工程师应跟踪检查和记录工程施工进度情况,当实际进度严重滞后于计划进度时,应立即报告总监理工程师,总监理工程师应立即报告建设单位并协商对策。

项目监理机构向建设单位等有关部门报告工程施工进度,主要是报告实际完成的工程量及其与计划值的对比情况;实际进度严重滞后于计划进度的情况;进度控制措施情况;工期可能延期或延误的情况报告等。工程施工进度滞后情况,可用差值法、合同进度法进行描述。

6.4.8.4　关于工程施工安全情况的报告

《建设监理规范》中没有规定安全监理的内容。《公路监理规范》第5.2节明确规定了工程施工安全监理的内容,由项目监理机构的监理工程师负责组织并完成。

《公路监理规范》第5.2.3条明确规定监理工程师应对危险性较大的工程作业定期进行巡视检查,如发现安全事故隐患,应立即书面指令施工单位整改;情况严重的应签发《工程暂停令》要求施工单位暂停施工,并及时报告建设单位。施工单位拒不整改或者不停止施工的,监理工程师应及时向有关主管部门报告。

安全隐患的整改、指令和处理情况报告,主要内容包括:

(1)整改处理过程描述。

(2)调查和核查情况。

(3)安全事故隐患原因分析。

(4)处理的依据。

(5)审核认可的安全隐患处理方案。

(6)实施处理中的有关原始数据、验收记录、资料。

(7)对处理结果的检查、验收结论。

6.4.8.5　关于工程施工环保情况的报告

《建设监理规范》中没有规定工程施工环境保护监理的内容。《公路监理规范》第5.3节明确规定工程施工环境保护监理的内容。

根据《公路监理规范》第5.3.2条、第5.3.3条的规定,监理工程师应在巡视、旁站中随时检查施工单位制定的环境保护措施的落实情况。如发现存在违反有关环保规定、未按合同要求落实环保措施的情况,监理工程师应书面指令施工单位进行整改,情况严重的应签发《工程暂停令》要求施工单位暂时停工,同时报告建设单位。

项目监理机构每月还应编制施工环境保护监理月报。环境保护监理月报应包含两大部分内容,即环保达标监理内容和环保工程监理内容。后者主要是工程内容,可以参照工程监理月报格式书写。前者应包括以下内容:

(1)本月主要施工内容。

(2)本月生态保护和污染防治情况,上月遗留的环保问题以及处理情况。

(3)环保监测的结果。一般定期监测的项目包括空气质量,监测项目有 NO_2、CO、TSP 等三项,必要时还可监测 SO_2。地表水质量,一般监测酸碱度(pH)、高锰酸盐指数(COD_{Mn})、5 日化需氧量(BOD_5)、氨氮、悬浮物(SS)、石油类等。根据工程实际情况,还可视需要加测水温、色度、重金属、总磷(TP)、总氮(TN)、砷(As)、氰化物、挥发酚、活性剂(LAS)、硫化物、溶解氧(DO)等项目。

声环境质量,监测环境噪声 L_{Aeq}。

(4)本月环境保护存在的问题,以及处理计划。

(5)下月施工计划,以及根据下月施工内容提出的污染防治计划。

6.4.8.6 工程索赔报告及其审核报告

1. 索赔报告的含义

索赔报告是工程建设合同的一方向另一方提出涉及费用、工期(时间)补偿的书面文件,它全面反映了一方当事人对客观存在的索赔事件的要求和主张,合同另一方也是通过对索赔文件的审核、分析和评价来作认可、反驳甚至拒绝的回答。索赔报告也是双方进行索赔谈判或调解、仲裁、诉讼的依据。

2. 索赔报告的种类

(1)从索赔的内容上分,可分为工程费用索赔和工期索赔。

(2)从索赔的方向上分,可分为索赔和反索赔。例如,在工程施工过程中施工单位向建设单位的索赔是常见的,我们称之为索赔,于是,建设单位向施工单位的索赔就是反索赔。

(3)从索赔的内外部区分,可分为建设单位向施工单位的索赔、施工单位向分包人的索赔、分包人向劳务队伍的索赔,以及项目监理机构与建设单位之间的索赔等。

(4)从引起索赔的原因上分,可分为工程设计变更导致的费用索赔和工期索赔,恶劣天气引起的索赔,建设单位决定工期提前使得施工单位赶工增加投入引起的索赔等等。

3. 索赔报告的写法

索赔意向的及时提出和索赔报告的及时上报,对索赔的解决有着重大影响,索赔方必须认真编写索赔文件。在合同履行过程中,一旦出现索赔事件,施工单位应该按照索赔文件的构成内容,及时地向建设单位提交索赔文件。

(1)单项索赔报告文件

①标题。索赔报告的标题应该简要、准确地概括索赔的中心内容,如“关于……事件的索赔报告”。

②事件。详细描述事件过程,主要包括事件发生的工程部位、发生的时间、原因和经过、影响的范围以及施工单位当时采取的防止事件扩大的措施、事件持续时间、施工单位已经向建设单位或工程师报告的次数及日期、最终结束影响的时间、事件处置过程中的有关主要人员办理的有关事项等。

③理由。是指索赔的依据,主要是法律依据和合同条款的规定。合理引用法律、法规和工程合同文件的有关规定,建立事实与损失之间的因果关系,说明索赔的合理、合法性。

④详细计算书(包括损失估价和延期计算两部分)。为了证实索赔金额和工期的真实性,必须指明计算依据及计算资料的合理性,包括损失费用、工期延长的计算基础、计算方法、计算

公式及详细的计算过程和计算结果。

⑤结论。指出事件造成的损失或损害及其大小,这部分只需列举各项明细数字及汇总数据,主要包括要求补偿的金额及工期。

⑥附件。包括索赔报告中所列举的事实、理由、影响等各种附有编号的证明和证据、图表。

(2)一揽子索赔报告文件

对于一揽子索赔,其格式比较灵活,它实质上是将许多未解决的单项索赔加以分类和综合整理。一揽子索赔文件往往需要很大的篇幅来描述其细节。

一揽子索赔报告文件的主要组成部分如下:

①索赔致函。

②总情况介绍(叙述施工过程、对方失误等)。

③索赔报表(将索赔总数细分、编号,每一条目写明索赔内容的名称和索赔额)。

④索赔事件详述。

⑤索赔事件结论。

⑥合同细节和事实情况。

⑦分包人索赔。

⑧工期延长的计算和损失费用的估算。

⑨各种证据材料等。

4. 索赔报告的编写要求

编写索赔报告需要实际工作经验。索赔报告的起草不当,会失去索赔的有利地位和条件,使正当的索赔要求得不到合理解决。对于重大索赔或一揽子索赔,最好能在律师、索赔专家或合同管理专家的指导下进行。编写索赔报告有以下基本要求:

(1)必须符合实际

索赔事件要真实、证据要确凿。索赔的根据和款额应符合实际情况,不能虚构和扩大,更不能无中生有,这是索赔的基本要求。这既关系到索赔的成败,也关系到施工单位的信誉。一个符合实际的索赔文件,可使审阅者看后的第一印象是合理的,不会立即予以拒绝;相反,如果索赔要求缺乏根据,不切实际地漫天要价,使对方一看就极为反感,甚至连其中有道理的索赔部分也被置之不理,不利于索赔问题的最终解决。

(2)必须有说服力

①符合实际的索赔要求,本身就具有说服力,但除此之外,索赔报告中责任分析应清楚、准确。一般索赔所针对的事件都是由于非施工单位责任而引起的,因此,在索赔报告中要善于引用法律和合同文件中的有关条款,详细、准确地分析并明确指出对方应负的全部责任,不应包含任何估计或猜测。

②强调事件的不可预见性和突发性。说明即使一个有经验的施工单位对该事件也不可能有预见或有准备,并且施工单位为了避免和减轻该事件的影响和损失已尽了最大的努力,采取了能够采取的措施,从而使索赔理由更加充分,更易于被对方接受。

③论述要有逻辑。明确阐述由于索赔事件的发生和影响,使施工单位的工程施工受到严重干扰,并为此增加了支出,拖延了工期。应强调索赔事件、对方责任、工程受到的影响和索赔之间有直接的因果关系。

(3)计算必须准确

索赔报告中应完整列入索赔值的详细计算资料,指明计算依据、计算原则、计算方法、计算过程及计算的合理性,必要的地方应作详细说明。计算结果要反复校核,做到准确无误,要避免高估冒算。计算上的错误,尤其是扩大索赔款的计算错误,会给对方留下恶劣的印象,并认为提出的索赔要求太不严肃,其中必有多处弄虚作假,从而直接影响到索赔的成功。

(4)必须简明扼要

索赔报告在内容上应组织合理、条理清楚,各种定义、论述、结论要正确,逻辑性要强,既能完整地反映索赔要求,又要简明扼要,使对方能很快地理解索赔的本质。索赔报告文件最好采用活页装订,印刷清晰。同时,用语应尽量婉转,避免使用强硬、不客气的语言。

(5)必须按合同规定的时间和格式编写

一般来说,合同条件都规定索赔的申请时间,首次索赔事件发生时,要求施工单位必须在合同规定的时限内向监理工程师先提交索赔意向书,再在规定的时间内提交正式的索赔报告及其补充报告。索赔报告的格式及其表格,应按照本工程的规定编写、报送。

对于世行、亚行贷款工程施工项目,施工单位提出的工程索赔报告文件的语言,应注意合同条件规定的是以英文为准,还是以中文为准。

对于国内城市建设施工索赔,国标监理规范规定了费用索赔、延期报审的专用表格,即 A7 表“工程临时延期申请表”、A8 表“费用索赔申请表”以及 B4 表“工程临时延期审批表”、B5 表“工程最终延期审批表”、B6 表“费用索赔审批表”。

对于公路工程施工索赔,在《公路工程施工监理规范》(JTJ 077—95)中规定了两种表格(监表 8“索赔申请单”;监表 9“索赔时间/金额审批表”),可以作为索赔报告采用的格式;在具体工程的管理中,也可以规定索赔报告格式或补充一些表格,以能更好地反映索赔和审批情况。

6.4.8.7 关于文物化石处理情况的报告

《建设监理规范》中没有规定施工现场发现文物的监理处理内容。《公路监理规范》第 5.3.4 条明确规定了工程施工监理过程中发现文物、化石的处理要求。

根据《公路监理规范》第 5.3.4 条的规定,监理工程师应在巡视、旁站中随时检查施工单位制定的环境保护措施的落实情况。当施工中发现文物时,监理工程师应要求施工单位依法保护现场,或者要求施工单位报告建设单位和有关主管部门,或者由项目监理机构报告建设单位和有关主管部门。

发现文物时,首先是采取保护措施,防止文物受损或丢失;其次是口头报告有关单位,报告的内容包括发现文物的时间、地点、人员,对文物的大体描述,对文物的暂时保护措施及其保护情况,对建设单位或文物管理部门的要求等。之后以最快的速度形成书面的报告文件。

6.4.8.8 关于报送监理工作总结的报告

《建设监理规范》第 7.3.2 条,《公路监理规范》第 6.0.2、6.0.6 条均规定了监理总结报告的内容。《水利监理规范》第 6.7.5 条规定了监理月报、监理专题报告、验收监理工作报告、项目监理工作总结报告。

项目监理机构编制的半年、年度监理工作总结,以及合同工程交工验收时和竣工验收时编写的监理工作总结,可以直接报送,也可以使用国家法定公文中的“报告”文种做载体。公文标题就是“关于报送监理工作总结的报告”，主送建设单位、上级项目监理机构、工程监理单位等，正文十分简单，只需述明报送的总结名称，请查收或请审阅即可。

1. 监理月报的编写

项目监理机构应在每月的规定时间、按规定的格式编写并向建设单位、上级项目监理机构、工程监理单位报送工程监理月报。

2. 监理专题报告的编写

监理专题报告针对某一专题、某一事件进行报告，主要内容包括：

(1)事件描述。

(2)事件分析。包括事件发生的原因及责任分析，事件对工程质量与安全的影响，对工程进度的影响，对工程费用的影响分析等。

(3)事件处理。包括施工单位对事件处理的意见，建设单位对事件处理的意见，设计单位对事件处理的意见，项目监理机构对事件处理的意见，其他单位或部门对事件处理的意见，事件的最后处理方案或结果等。

(4)对策与措施。为避免此类事件再次发生，项目监理机构的意见和建议。

(5)其他说明事项。

3. 验收前监理工作报告的编写

《水利监理规范》第6.7.5条规定项目监理机构在各类工程验收时应提交相应的验收监理工作报告，其主要内容包括：

(1)验收工程概况。包括工程特性、合同目标、工程项目组成等。

(2)监理规划。包括监理制度的建立、项目监理机构的设置与主要工作人员、检测采用的方法和主要设备等。

(3)监理过程。包括监理合同履行情况和监理工程情况。

(4)监理效果。包括质量控制监理工作成效及综合评价，投资控制监理工作成效及综合评价，进度控制监理工作成效及综合评价，施工安全与环境保护监理工作成效及综合评价等五大部分。

(5)经验与建议。

(6)其他需要说明或报告的事项。

(7)其他应提交的资料和说明事项等。

(8)附件。包括项目监理机构的设置与主要工作人员情况表、工程建设监理大事记。

4. 项目监理工作总结报告的编写

《公路监理规范》和《公路工程竣(交)工验收办法》规定项目监理机构在监理服务合同期满时应向发包人、工程监理单位提交项目监理工作总结报告，没有规定详细的内容。《水利监理规范》附录D.5为“监理报告编写要求及主要内容”，其中，明确规定了“监理工作总结报告的主要内容”。

6.4.8.9 关于项目监理机构内部之间的工作报告

《建设监理规范》第3.2.5、3.2.6条规定项目监理机构的专业监理工程师应向总监理工程师报告本专业监理工作的开展情况。

专业监理工程师应负责审查施工单位提交的工程计划、施工方案、各种申请、报审表、工程

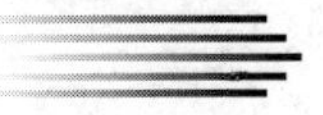

变更等,并提出审查意见,向总监理工程师书面报告,供总监理工程师参考,由总监理工程师审核、签署最终意见。

另外,监理员、专业监理工程师、驻地监理工程师等监理人员应逐级报告工作,直至向总监理工程师报告,报告工程监理过程中的正常情况和异常情况,报告的实施方式可以是口头的,也可以是书面的。向上级人员报告问题是极其重要的工作内容,也是极其重要的工作行为。有问题不报告,就是失职行为。

6.4.9 工程监理报告文件的编写

1. 标题和主送机关

(1)报告的标题

报告类文件的标题有两种写法。一种是标准式,在党的机关中常用,即"发文机关+关于+主要内容+的+文种(报告)"。另一种是省略式,在行政企事业单位的业务工作中常用,即"关于+主要内容+的+文种(报告)"。例如,总监理工程师签发的《关于第二季度工程施工计划执行情况的专题报告》。

(2) 主送机关

党政机关的报告,主送机关只有一个,直接报告自己的直接上级机关。如需其他相关的上级机关阅知,可以抄送。一般情况下不要越级报告。

技术业务部门的报告,同样只能主送一个单位,即直接上级业务部门。例如,某高速公路合同段驻地监理办的报告只能主送总监办,不应同时主送总监办、建设单位项目办,可以主送总监办,抄送建设单位项目办。

2. 报告的正文

报告类文件的正文由两部分组成,即导语部分和主体部分。

(1)报告的导语

报告的开头部分起着引导全文的作用,所以称为导语。不同类型的报告有着不同的导语,如背景式导语、根据式导语、叙事式导语和目的式导语等。

①目的式导语。将发文的目的明确写出来作为报告的第一段。

②背景式导语。交代报告写作的原因背景的导语。例如,某总监理工程师办公室在省交通质监站检查后,就问题的整改落实情况写的报告的开头是这样的:

6月下旬,省交通质量监督站对绕城高速公路的工程质量和内业资料进行了全面的、认真的检查,发现第二合同段项目经理部负责的河西大桥的钢筋加工场地混乱,发现第三监理部负责监理的两座通道桥的前后4个台背回填的石灰土压实度不合格、一段二灰碎石下基层(长度约190米)的压实厚度不够,发现第五监理部的部分监理抽检资料与施工单位的雷同等四大问题。贵站检查过后,我总监办由副总监带队组织技术室、中心试验室及相关监理部的驻地监理工程师于6月30日开始利用4天的时间共同进行了现场检查和整改。今将检查、整改情况报告如下:

③根据式导语。第一段交代根据什么而写的报告。例如:

根据××工程施工项目的《监理工作程序》和第二季度的监理工作计划,我监理办四月二十日至二十六日集中对一至四合同段项目经理部提交的土方工程、涵洞、通道、桥梁桩基的工程数量复核结果,结合施工图纸、变更图纸和总监办下发的《工程量复核规定》进行了详细审

核、计算和汇总,今将审核汇总结果报告如下:

④叙事式导语。在开头第一段说明情况的大体过程和结果,以便于上级领导阅读。例如,某驻地监理办就施工队擅自施工情况写给总监办的一份报告的开头:

9 月 23 日上午 10 时许,我监理办桥梁专业监理工程师李××巡视工地时发现王家河大桥 13 米先张预应力空心板施工队未报请现场监理旁站,擅自放张钢绞线一槽(计 5 片板),今将事件的调查情况和处理的初步意见报告如下:

(2)报告的主体

报告的内容包括前一阶段的主要工作情况、存在的问题与经验教训、今后打算等,根据不同种类的报告,内容有所侧重。

综合性报告一般分为三部分。开头写前一阶段的工作情况,包括工作计划、开展的过程、采取的措施、取得的成绩等;中间部分写存在的问题或经验教训或收获体会等,可简写;最后一部分写今后打算,可详可略。如果专门报告下一阶段工作意见,前一阶段工作情况应简写,重点写今后做什么、如何做、何时做完、需要什么支持条件等。

专题性报告的正文要针对专题而写,不能写成综合式、总结式报告,要么写清工作进展情况、取得的经验、存在的问题,要么写清事情的起因、经过、性质和处理意见、处理情况,要么将询问的事项交待清楚,要么将报送的文件、物品的缘由和名称报告清楚。

3. 报告的结尾

(1)呈报性报告的结尾

呈报性报告的结尾,常用"特此报告","以上报告,当否,请批示","特此报告,请审阅(请查收)","特此报告。如有不妥,请批示"等。

(2)呈转性报告的结尾

呈转性报告的结尾用"以上报告,如无不妥,请批转相关部门执行"等。

6.5 项目监理机构的总结行为

6.5.1 总结的含义

6.5.1.1 《现代汉语词典》中的有关解释

【总结】《现代汉语词典》中收录了"总结"一词。①把一阶段内的工作、学习或思想中的各种经验或情况分析研究,做出有指导性的结论。例如,总结经验。②概括出来的结论。例如,年终总结。③现代公文处理办法中的日常应用文之一。

可见,"总结"一词既属于行为动词,又属于公文的文种之一,强调行为人分析、研究某一个时间阶段内的情况、经验、体会,而且要得出指导性的结论。

6.5.1.2 工程监理规范中的有关解释

1. 国家标准中的有关解释

《建设监理规范》第 2 章"术语"中没有给出 "监理总结"一词,但在有关条文中给出了监理工程师履行总结义务的规定。例如:第 7.3.2 条规定施工阶段监理工作结束时,工程监理单位应向建设单位提交监理工作总结。

2. 行业标准中的有关解释

(1)《公路监理规范》的解释

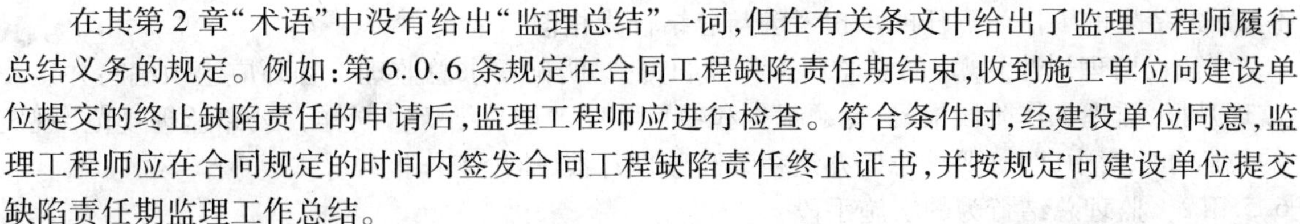

在其第2章“术语”中没有给出“监理总结”一词,但在有关条文中给出了监理工程师履行总结义务的规定。例如:第6.0.6条规定在合同工程缺陷责任期结束,收到施工单位向建设单位提交的终止缺陷责任的申请后,监理工程师应进行检查。符合条件时,经建设单位同意,监理工程师应在合同规定的时间内签发合同工程缺陷责任终止证书,并按规定向建设单位提交缺陷责任期监理工作总结。

(2)《铁路监理规范》的解释

在其第2章“术语”中也没有给出“监理总结”一词,但书面明确规定项目监理机构、监理工程师应该认真实施“总结”行为,并在其他条文中给出了具体规定。例如:第13.4.1条规定工程完工后,项目监理机构应在总监理工程师的主持下编制项目监理工作总结,报送建设单位和工程监理单位。

(3)《水利监理规范》的解释

在其第2章“术语”中也没有给出“监理总结”一词,但书面明确规定项目监理机构、监理工程师应该认真实施“总结”行为。例如:第6.7.5条规定监理合同服务期满后项目监理机构应向发包人、工程监理单位提交项目监理工作总结报告。

6.5.2 监理总结行为的内涵及其行为人、责任主体

6.5.2.1 监理总结行为的内涵

监理的“总结”行为是监理工程师在工程项目施工阶段的重要岗位工作行为之一,也是项目监理机构的重要工作内容之一。项目监理机构的“总结”活动贯穿于工程的施工准备阶段、施工阶段和缺陷责任期阶段。

项目监理机构编写、上报“总结类文件”是一项重要的合同管理活动,也是监控工程质量、进度、安全、环保的重要手段之一。它强调利用“总结”这一书面形式向建设单位、工程监理单位、上级项目监理机构及时、正确地汇报,反映工程施工、监理工作情况,期望得到有关单位重视或解决有关工作问题,也是项目监理机构合理分担监理工作责任、质量事故责任、安全生产责任的手段。

6.5.2.2 监理总结行为的行为人、责任主体

监理工作总结行为的实施主体是项目监理机构,由项目监理机构向项目建设单位、监理法人单位、上级项目监理机构承担总结行为不作为的责任。

总结,是日常应用文的一种形式,也指总结工作这一动作过程、行为过程。监理总结文件是监理工程师思考、分析、起草、修改、签发文件的活动结果,编写、签发监理总结材料则是一种监理执业行为,其行为人是专业监理工程师及其以上的监理人员,其行为的责任主体是项目监理机构,由项目监理机构承担总结行为不作为的责任。

在监理工作总结的具体实施过程中,项目监理机构的负责人——总监理工程师、驻地监理工程师负责组织、安排、监督、检查和签发,专业监理工程师应为项目监理机构负责和服务,具体完成总结报告类书面文件的起草、修改、印发任务。监理员无权编写项目监理机构的监理工作总结,但有总结现场监理工作情况的义务和建议项目监理机构及时编制监理工作总结的建议权。

6.5.3 监理总结行为的相近行为、实施手段

6.5.3.1 监理总结行为的相近行为

总结行为存在着相近的行为。其相近行为包括报告行为,其行为的内涵、行为的实施主

体、行为结果的不作为责任的承担者等与总结行为相似。

《建设监理规范》规定的总监理工程师职责中，明确要求总监理工程师应组织编写并签发监理月报、监理工作阶段报告、专题报告和项目监理工作总结等。同样，《公路监理规范》规定的总监办职责中，明确要求总监办组织编写监理月报、监理工作报告等。

6.5.3.2 监理总结行为的实施手段

项目监理机构实施总结行为，一般应依据调查、检查、审查、测量、试验、计量、旁站、巡视、抽检、见证的情况，借助编写总结文件、召开会议汇总情况等监理手段。例如，根据试验的数据编制工程质量监理总结文件，根据计量的数据编制工程计量支付总结等。

6.5.4 监理总结行为的表达方式

总结，既可以作为行为的过程（即总结这一动作），又可以作为行为的结果（总结报告类文件）。

作为总结行为的结果的表达方式，一般包括红头文件形式、非红头文件的表格资料形式等两种，主要采用红头文件、书面材料的形式。

6.5.4.1 采用红头文件表达

监理的总结行为的最终结果，应该采用红头文件的形式表达的，主要包括交工验收时编写的施工期监理工作总结，应以红头文件的形式报送。

6.5.4.2 采用专用表格形式表达

《建设监理规范》、《公路监理规范》等监理规范中没有规定监理总结报告的固定表式。但是，《水利监理规范》附录 D 中明确规定了监理报告、监理工作总结的编写内容要求。

6.5.5 监理规范中关于监理总结行为的规定内容

根据《建设监理规范》和《水利监理规范》、《公路监理规范》、《铁路监理规范》的规定，监理总结行为的规定内容如表 6-7 所示。

监理总结行为的主要规定内容 表 6-7

序　号	规定的具体内容	依据的监理规范			
		国标规范	公路规范	铁路规范	水利规范
1	监理工作总结	第 7.3.2 条	第 6.0.2、6.0.6 条	第 13.4.1 条	第 6.7.5 条
2	监理专题总结报告	—	—	—	第 6.7.5 条
3	其他	—	—	—	—

6.5.6 工程监理总结行为的规范化实施要点

6.5.6.1 实施监理总结行为应达到的目标或要求

项目监理机构在进行施工阶段的专题性监理工作总结、交工验收阶段的监理工作总结和缺陷责任期的监理工作总结的过程中，在时间上应达到及时总结、按阶段总结的要求；在主观上应达到认真、科学的要求；在客观上应达到内容全面、数据真实、格式符合监理规范或上级管理部门要求、抄送备案手续完备的目标。

6.5.6.2 总结类文件的分类、编写原则

《建设监理规范》第 7.3 节、《公路监理规范》第 8.2.9 条分别规定项目监理机构应编写工程监理工作总结，并报送建设单位、上级项目监理机构。可见，编写工程监理工作总结是项目监理机构的岗位职责之一，是若干监理工作行为中的一种重要行为，是现行工程施工监理规范

的规定监理行为。编写工程监理工作总结的行为具有书面性、严谨性、及时性和永久存档性。

1. 总结的含义

总结是各级机关、人民团体、企事业单位和个人经常使用的一种文书，主要用于对一定阶段的工作、学习、生活进行系统的回顾、分析，从中寻找出具体的经验教训，发现某些工作规律或缺点、错误及其产生的原因，以利于调整工作方向、学习方法，更加把工作做好、学习学好等。总结，也称为总结报告。总结是做好各项工作的一个重要环节，是提高工作能力、水平的一个重要手段。

2. 总结的分类

(1)根据总结内容的多少，可分为全面总结(综合总结)、专题总结。

(2)根据总结的对象，可分为工作总结、学习总结、思想总结、生产总结、会议总结等。

(3)根据总结的范围，可分为个人总结、单位集体总结。

(4)根据总结的交流形式，可分为书面上报总结、大会宣读的总结报告。

(5)根据总结的时间跨度，可分为年度总结、半年总结、季度总结、月总结、周小结或阶段性总结等。

(6)根据功能分类，可分为汇报情况的总结和推广经验的总结。

3. 总结的编写原则

(1)实事求是，切忌虚假。撰写总结要坚持从实践中来，从群众中来，不能脱离实际，夸大成绩，编选假经验等。不能只讲成绩经验，不讲缺点不足，更不能大讲成绩，少讲缺点。那种虚报数字、遮丑扬美的做法是各种总结的大忌。

(2)突出重点，切忌平淡。总结的内容要有所侧重，突出重点部分，深入总结工作经验，深入分析错误教训，不要记流水账。

(3)写出特色，切忌平庸。必须占有第一手真实材料，努力写出能很好地反映本单位、本部门或个人特点的特色，不可拘泥于固定的写作模式，不要千篇一律。

(4)平时多积累，切忌临时抱佛脚。总结的基础是了解工作发展的全过程，并注意运用工作笔记、编大事记、搞资料剪贴复印等办法收集资料。叶圣陶先生在《认真学习语文》中说“写工作总结必须参加了某项工作，对这一工作比较全面地了解，知道这一工作的优点和缺点、经验和教训，再加上语文程度不错，才能写好”。

6.5.6.3 总结类文件的编写要点

总结的正文结构，应当根据工作的实际内容灵活安排，可以采用“情况→成绩→经验→问题→意见”的顺序分部依次来写；也可以按时间顺序划分出几个阶段去写；还可以在介绍工作情况的基础上，引出经验教训；也可以先总述工作情况，然后再分若干项将主要工作逐条总结。

总结类文件的内容，一般由标题、正文、落款三部分组成。

1. 标题

全称式标题，一般由总结单位名称、时间范围、文种(总结)组成。

省略式标题，一般省略总结单位名称，仅写时间范围和总结(报告)。

双标题式，用一句主题词、句作正标题，用副标题标明单位名称、时间范围和文种(总结)。

也有的总结标题只是内容的概括，并不标明“总结”两字。如《周恩来选集》上卷第251页的《一年来的谈判及前途》。

2. 正文

总结报告常采用第一人称的写法,正文一般包括四部分:

(1)基本情况。概述基本情况,包括工作背景、基础、成绩、效果或事故教训。

(2)成绩和做法。重点写成绩、做法或错误教训、事故责任分析。

(3)存在的问题不足,分析存在的问题及其原因。

(4)下一步工作计划。

总结的语言表述要恰当,做法和效果多用概述和说明,体会多用论述展开。在说明成绩时以数字、事实为主,可辅以对比手法和表格等。主体部分写作的结构有三种:

(1)纵式结构。就是按照实践活动的过程安排内容,把总结所包括的时间分为几个阶段,分别叙述每个阶段的成绩、做法、经验、体会。这样写使得事物发展或社会实践活动的全过程清楚明白。

(2)横式结构。按事物性质和规律的不同分别展开,并列地叙述。

(3)纵横式结构。安排内容时按时间先后顺序体现事物的发展过程,又注意内在内容的逻辑性。一般是先采用纵向结构写事物发展的各个阶段的情况,然后采用横式结构总结经验教训。

主体部分的外在形式表现有贯通式、小标题式、序数式三种。

3. 落款

正文之后右下角书写总结单位的名称或总结个人的姓名,之后下一行靠右书写时间。如在标题中或标题下用括号已标明的,文后可省略。

6.5.6.4 监理工作总结的主要内容

《水利监理规范》附录 D.5 为“监理报告编写要求及主要内容”,其中明确规定了“监理工作总结报告的主要内容”,包括以下 12 项,可供项目监理机构编写监理工作总结报告参考:

(1)工程项目概况。包括工程项目的建设意义、工程项目组成、工程量、合同目标等。

(2)监理工作综述。包括项目监理机构设置与主要工作人员,监理工作内容、程序、方法,监理设备情况等。

(3)监理规划执行、修订情况的总结评价。

(4)监理合同履行情况和监理过程情况简述。

(5)对质量控制的监理工作成效进行综合评价。

(6)对投资控制的监理工作成效进行综合评价。

(7)对进度控制的监理工作成效进行综合评价。

(8)对施工安全与环境保护监理工作成效进行综合评价。

(9)工程监理的经验、教训与建议。

(10)工程监理大事记。

(11)其他需要说明或报告的事项。

(12)其他应提交的资料和说明事项等。

7 旁站、巡视、抽检、见证行为

7.1 现场监理员的旁站行为

7.1.1 监理旁站的含义

7.1.1.1 《现代汉语词典》中的有关解释

【旁站】《现代汉语词典》中没有收录“旁站”一词。截至目前，虽然国家语言文字委员会已将“房奴”、“基民”、“闪婚”等词进行了确认并收录为新词，但是，没有收录“旁站”一词。《现代汉语词典》中收录了“旁观”一词。“旁观”指置身局外，从旁观察。其中，“旁”指旁边，如旁观；“旁”也指其他的、另外的，如旁人。

“旁站”一词应该属于外来的、专用的名词或动词，起源于国际咨询工程师协会编制的《FIDIC 土木工程施工合同条件》，随着世界银行、亚洲开发银行对中国实施工程建设贷款和实施中外监理工程师联合监理制度的发展而引进的。“旁站”一词具有很强的专业性，可借用“旁观”一词的释义将其解释为“置身施工作业面之外，从旁站立观察（施工情况）”。

可见，“旁站”一词多属于行为动词，强调行为人站在工程的施工现场，但不进行施工作业，以施工作业局外人的身份观察施工作业的有关情况，并判断施工作业的方法、程序、质量、进度、用料等等是否符合合同条件、设计图纸、技术规范、验收规范等。

7.1.1.2 工程监理规范中的有关解释

1. 国家标准中的有关解释

《建设监理规范》第 2 章“术语”中给出了“旁站”一词，即：

【旁站】在关键部位或关键工序施工过程中，由监理人员在现场进行的监督活动。

例如：第 5.4.8 条规定在施工阶段的质量监理过程中，专业监理工程师应安排监理员对隐蔽工程的隐蔽过程、下道工序施工完成后难以检查的重点部位进行旁站。

2. 行业标准中的有关解释

（1）《公路监理规范》的解释

在其第 2 章“术语”中也给出了监理“旁站”一词，即：

【旁站】监理人员在施工现场对某一具体的工序、工艺或部位施工全过程进行的监理。

例如：第 5.1.10 条规定在施工阶段的质量监理过程中，监理人员应对试验工程、重要隐蔽工程和完工后无法检测其质量或返工会造成较大损失的工程进行旁站，宜旁站的项目见附录 A.1（见《公路监理规范》）。

（2）《铁路监理规范》的解释

在其第 2 章“术语”中也给出了监理“旁站”一词，即：

【旁站】监理人员在现场对关键部位或关键施工进行的全过程监督活动。

例如：第 5.3.7 条规定总监理工程师应安排监理人员对隐蔽工程的隐蔽过程、下道工序完成后难以检查的重点部位以及工程关键部位和关键工序进行旁站监理，并填写《旁站监理记录表》(附录 A 中 TB2 表)。

(3)《水利监理规范》的解释

在其第 2 章"术语"中没有给出"旁站"一词，但书面明确规定现场项目监理机构应该认真实施"旁站"行为。例如：第 6.2.10 条规定项目监理机构应严格旁站监理工作，特别注重易引起渗漏、冻融、冲刷、汽蚀等部位的质量控制。在第 4.2.3 条中将旁站监理确定为主要工作方法。

7.1.2 监理旁站行为的内涵及其行为人、责任主体

7.1.2.1 监理旁站行为的内涵

监理"旁站"是一项监督活动，强调项目监理机构、监理人员在施工现场进行，依据总监理工程师审核批准的旁站监理实施方案进行，主要是旁站工程施工质量、工程施工资源投入数量和施工进度，重点旁站某一具体工序、关键工序、关键部位的施工情况，要求做好旁站记录，发现异常情况当场责令施工技术负责人处理直至立即报告上级监理人员或项目监理机构，甚至工程项目业主、工程建设主管部门。

"监理旁站"行为是监理人员在工程项目施工阶段的岗位义务、执业行为之一，是做好工程施工监理工作的手段之一。对项目监理机构而言，"旁站"是监理人员依据旁站监理实施方案、履行监理合同过程中应尽的主要义务之一；对施工单位而言，"旁站"是监理人员依据旁站监理实施方案监督施工承包合同执行过程中应有的监理权力之一，施工单位应予以协助并配合监理人员的现场旁站。

7.1.2.2 监理旁站行为的行为人、责任主体

旁站监理活动，是工程建设领域里的一项特有活动，可作为监理执业行为，而且是国家行政法规规定的一种监理执业行为，其行为人是全体监理人员，尤其是专业监理工程师和监理员，以现场监理员为主。由项目监理机构和现场监理员共同承担现场监理旁站行为不作为的责任。

在旁站的具体实施过程中，项目监理机构的负责人——总监理工程师、驻地监理工程师应负责组织、安排、监督、检查旁站工作，专业监理工程师、监理员应为项目监理机构负责和服务，具体完成旁站监理任务，专业监理工程师、监理员的旁站行为不代表个人行为。

《建设工程质量管理条例》第三十八条规定监理工程师应当按照工程监理规范的要求，采取旁站、巡视和平行检验等形式，对建设工程实施监理。可见，监理旁站行为一旦不作为，监理员、项目监理机构和工程监理单位就应承担违背行业监理规定的责任，承担违背国家建设法规的责任。

7.1.3 监理旁站行为的相近行为、实施手段

7.1.3.1 监理旁站行为的相近行为

旁站行为存在着相近的行为，包括巡视行为、见证行为、检查行为、测量行为等。其行为的内涵、行为的实施主体、行为结果的不作为责任的承担者等与旁站行为相似。

旁站，强调关键工程、隐蔽工程的现场检查、测量、见证，关注工程"点"上的问题。巡视，强调总体工程施工的"面"上的边走边看，发现问题解决问题。

旁站"点"上发现的问题，"面"上巡视时边走边看边解决；巡视"面"上发现"点"的问题，旁站解决"点"的问题。旁站由现场监理员实施，巡视由监理工程师实施。

7.1.3.2 监理旁站行为的实施手段

工程监理人员实施旁站行为，一般应依据旁站监理方案，借助现场观察、调查、检查、审查、测量、试验、记录、报告等监理手段。例如，在旁站过程中检查构造物的几何尺寸，测量构造物的高程，计算已完工程数量等。

7.1.4 监理旁站行为的实施阶段、行为方式

7.1.4.1 监理旁站行为的实施阶段

监理旁站行为的实施阶段，主要处于工程的施工阶段、交工缺陷责任期阶段。

监理旁站行为的主要行为对象是工程施工质量、安全、环保指标，也包括进度、费用指标。监理人员利用"旁站"这一工作手段可以检查工程施工合同的执行情况、工程质量的控制情况、工程施工安全的控制情况、工程施工环保的控制情况等。

7.1.4.2 监理旁站行为的行为方式

监理旁站一般应采用现场监督、检查的方式进行。对施工过程中出现的较大质量问题或质量隐患，旁站监理人员应采用照相、摄像等手段予以记录。

监理旁站行为的行为方式，主要包括工序施工现场旁站；计量全过程现场旁站；监理员进行的全过程旁站、专业监理工程师进行的全过程旁站；驻地监理工程师、总监理工程师进行的示范性、调查性旁站；以及试验过程、见证取样过程现场旁站等。

7.1.5 监理旁站行为的表达方式

旁站，可以作为行为的过程，即旁站这一动作。

作为旁站行为的结果，其表达方式一般包括红头文件形式、非红头文件的表格资料形式等两种，主要采用专用监理表格形式。

7.1.5.1 采用红头文件表达

工程监理人员旁站行为的过程和最终结果，很少采用红头文件的形式表达，除非旁站部位的请示、旁站情况的专题报告。

7.1.5.2 采用专用监理表格形式表达

《建设监理规范》中没有给出专用的、固定格式的旁站表格。《公路监理规范》中明确规定了监理旁站行为的记录格式，即旁站记录表，如表7-1所示。

__________工程项目旁站记录　　　　表7-1

编号：

施工单位		合同号	
旁站监理		日期	
到场时间		离场时间	
质检人员		部位或桩号	
天气			
旁站工序或主要工作内容			
施工过程简述			
监理工程简述			
主要数据记录			
发现问题及处理结果			

《铁路监理规范》中明确规定了旁站监理行为的记录格式,即旁站监理记录表,如表7-2所示。

旁站监理记录表　　表7-2

工程项目名称:　　施工合同段:　　编号:

<table>
<tr><td>日　期</td><td></td><td>气候</td><td></td><td>工程地点</td><td></td></tr>
<tr><td>旁站监理部位或工序</td><td colspan="5"></td></tr>
<tr><td>旁站监理开始时间</td><td></td><td colspan="2">旁站监理结束时间</td><td colspan="2"></td></tr>
<tr><td colspan="6">施工情况:</td></tr>
<tr><td colspan="6">监理情况:</td></tr>
<tr><td colspan="6">发现问题:</td></tr>
<tr><td colspan="6">处理意见:</td></tr>
<tr><td colspan="6">备注:</td></tr>
<tr><td colspan="6">旁站监理人员签字:
日期:</td></tr>
</table>

7.1.6 监理规范中关于监理旁站行为的规定内容

7.1.6.1 《建设监理规范》的规定

根据《建设监理规范》第5.4.8条的规定,总监理工程师应安排监理人员对施工过程进行巡视和检查。对隐蔽工程的隐蔽过程、下道工序施工完成后难以检查的重点部位,专业监理工程师应安排监理员进行旁站。根据2003年7月17日开始执行的《房屋建设工程旁站管理办法》的规定,凡涉及建设工程结构安全的地基基础、主体结构和设备安装工程的关键部位和工序,均应实行旁站监理制度。下列工程部位或工序应进行旁站监理:

1. 土建专业

(1)基础工程:土方回填;混凝土灌注桩浇筑;地下连续墙、土钉墙;基础底板大体积混凝土浇筑、后浇带及其他结构混凝土;防水混凝土浇筑,卷材防水层细部构造处理。

(2)主体结构:梁柱节点钢筋绑扎和隐蔽过程;混凝土浇筑;悬挑梁、阳台板、雨篷钢筋绑扎及混凝土浇筑;预应力张拉;装配式结构安装,钢结构安装,网架结构安装。

(3)建筑装饰装修:玻璃幕安装;外墙干挂石材或装板施工作业;厕浴间防水。

(4)建筑屋面:屋面防水;屋面保温层、找平层作业。

2. 暖卫和通风空调工程(可根据专业实际情况确定)

(1)管道安装:隐蔽工程的检验情况;管道合格后回填土过程。

(2)风管:风管的第一次制作;隐蔽工程检验情况;风管及系统的各种测试情况。

(3)调试及试验:阀门、设备试验;设备单机试运转及设备调试运行;管道试压、试水、通水(通球)、冲洗(吹洗)等各种试验。

3. 电气安装工程

(1)接地装置安装分项工程中的接地电阻测试。

(2)配管及管内穿线:电气配管楼层施工;管内穿线楼层施工;绝缘电阻测试。

(3)电气照明器具及配电箱盘安装:配电箱盘楼层安装;消防联动试验;对含有电视保安

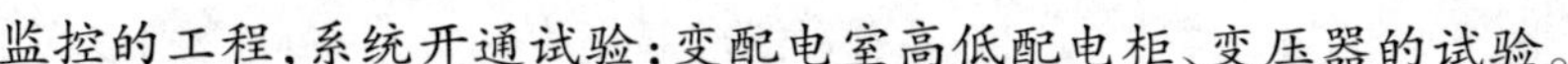
监控的工程，系统开通试验；变配电室高低配电柜、变压器的试验。

4. 电梯安装工程

(1)电梯井道样板放线。

(2)机房曳引机承重梁埋设。

(3)钢丝绳头制作浇筑。

(4)厅门地坎及钢牛腿的埋设；焊接、防腐等。

7.1.6.2 《水利监理规范》的规定

根据《水利监理规范》第6.2.10条第3款的规定，项目监理机构应严格旁站监理工作，特别注意对易引起渗漏、冻融、冲刷、汽蚀等部位的质量控制。但是，《水利监理规范》附录中没有给出旁站部位一览表。

7.1.6.3 《铁路监理规范》的规定

《铁路监理规范》附录B中给出了铁路工程旁站监理部位的详细内容。

7.1.6.4 《公路监理规范》的规定

根据《公路监理规范》的规定，工程监理人员应对试验工程、重要隐蔽工程和完工后无法检测其质量或返工会造成较大损失的工程进行旁站，宜旁站的项目见附录A.1(见《公路监理规范》)。公路土建工程监理旁站工序/部位一览表如表7-3所示。

公路土建工程监理旁站工序/部位一览表　　表7-3

单位工程	分部工程	分项工程	旁站工序或部位
路基工程	路基土石方工程	软土地基处治(碎石桩、塑排板、粉喷桩等)	试验工程
		土工合成材料处治层	试验工程
	大型挡土墙	基础	混凝土浇筑
路面工程	路面工程	底基层、基层、垫层、联结层	试验工程
		沥青面层	试验工程
		水泥混凝土面层	试验工程、摊铺
桥梁工程	基础及下部构造	桩基	试桩、钢筋笼安放、混凝土浇筑
		地下连续墙	混凝土浇筑
		沉井浇筑顶板混凝土	定位、下沉、浇筑封底混凝土
		桩的制作、墩台帽、组合桥台	张拉、压浆
	上部构造预制和安装	预应力筋的加工和张拉	张拉、压浆
		转体施工拱	桥体预制、接头混凝土浇筑
		吊杆制作和安装	穿吊杆、预应力束张拉、压浆
	上部构造现浇	预应力筋的加工和张拉	张拉、压浆
		主要构件浇筑、悬臂浇筑	主梁段混凝土浇筑、压浆
		劲性骨架混凝土拱、钢管混凝土拱	混凝土浇筑
	总体、桥面和附属工程	桥面铺装	试验工程
		钢桥面板上沥青混凝土面层	试验工程、面层铺筑
		伸缩缝安装，大型伸缩缝安装	首件安装

续上表

单位工程	分部工程	分项工程	旁站工序或部位
隧道工程	洞身衬砌	初期支护	试验工程
		混凝土衬砌	试验工程
	隧道路面	基层、面层等	同路面工程基层、面层
	辅助施工措施	小导管周壁预注浆、深孔预注浆	注浆
交通安全设施	防护栏	混凝土护栏	首段混凝土浇筑

7.1.7　工程监理旁站行为的规范化实施要点

7.1.7.1　实施监理旁站行为应达到的目标或要求

工程监理人员在进行工程施工现场的旁站过程中，在时间上应达到及时旁站、按约定时间旁站的要求；在主观上应达到认真、公正、有效、为工程质量负责的要求；在客观上应达到旁站方案科学、旁站部位准确、旁站指标明确、旁站检测数据真实可靠、旁站记录规范，发现问题、解决问题或及时报告问题的目标。

7.1.7.2　旁站监理的依据

(1)建设工程相关法律、法规。

(2)相关技术标准、技术规范、技术规程、施工工法。

(3)建设工程承包合同文件、委托监理合同文件。

(4)经批准的设计文件、施工组织设计、监理规划、监理实施细则和工程变更设计文件。

(5)旁站监理方案等。

7.1.7.3　旁站监理的主要内容

(1)是否按照技术标准、规范、规程和批准的设计文件、施工组织设计施工。

(2)是否使用合格的材料、构配件和设备。

(3)施工单位有关现场管理人员、质检人员是否在岗。

(4)施工操作人员的技术水平、操作条件是否满足施工工艺要求，特殊操作人员是否持证上岗。

(5)施工环境是否对工程质量产生不利影响。

(6)施工过程是否存在质量和安全隐患。

(7)是否正在整改已经监理指出的质量、安全、环保问题或事故。

(8)其他。

7.1.7.4　旁站监理的程序

(1)项目监理机构应根据监理规划编制旁站监理工作方案，明确旁站监理人员及职责、工作内容和程序、工程部位或工序，送建设单位的同时通知施工单位。

(2)落实旁站监理人员、进行旁站监理技术交底、配备必要的旁站监理设施。

(3)旁站监理人员熟悉相关的技术规范、设计图纸、建设工程施工合同和委托监理合同。

(4)对施工单位人员、机械、材料、施工方案、安全措施及上一道工序质量报验等进行检查。

(5)具备旁站监理条件时，项目监理机构负责人应安排旁站监理人员在预定的时间内到达施工现场。旁站监理人员应认真地实施旁站监理工作，并做好旁站监理记录。

(6)旁站监理过程中,旁站监理人员发现施工质量和安全存在隐患时,应要求施工单位立即整改并按规定及时上报。项目监理机构的负责人应督促旁站监理人员及时到位、严格检查、认真测量,并定期检查旁站监理人员的记录和旁站监理工作质量。

(7)旁站结束后,旁站监理人员应整理旁站监理记录并签字认可。

(8)工程竣工验收后,旁站监理记录应及时归档。

7.1.7.5 旁站的区域和活动行为

旁站是监理工作中较易有争议的一项工作。有关旁站范围,在《房屋建筑旁站办法》和建设工程、公路工程、铁路工程监理规范实施后已经明确,超出"办法"、"监理规范"规定范围的旁站要求,建设单位应另行支付监理费用。现在业界对监理旁站区域和旁站活动行为还是有争议的。

1. 旁站是一个区域,而不是一个点

旁站区域可以是由工艺或运输联结起来的一条线,也可以是同一工种同时开展时的若干片。点线状区域不必每点设人,层片状区域不必每层设人,仅需每个区域设一人即可。如浇筑水泥混凝土的旁站监理,就属于从搅拌站搅拌混凝土经运输过程,到达浇筑地点实施浇筑的一条线。搅拌站的旁站子项目有混凝土的配合比复检、搅拌机械的正常运转、计量复检、坍落度检验等;运输过程的旁站子项目有坍落度损失、冬季有出罐和入模温度差、离析处理等;浇筑过程的旁站子项目有钢筋等隐蔽覆盖项目的保证情况、浇筑次序、试件监制、振捣方法、施工缝处理、紧急情况的应急措施及方法等。这说明旁站要根据工程情况,划分旁站活动的位置和各活动位置的时间分配。

旁站活动的位置要视野顾及整个操作点或片,重点在易出现问题的部位,监控和记录其施工情况、持续改进情况。旁站是一个区域的概念,回答了个别建设单位认为旁站就是有人干活的地方就要站人的误解,只要旁站区域内有监理人员活动,旁站工作的安排就是到位的。

2. 旁站是监督和控制,而不是指挥施工单位施工,更不是教育施工单位怎么施工

只要承包单位一切正常,整个旁站活动不需要多少语言和肌体动作。个别行政主管部门或建设单位,以在现场等待了很久都无监理人员过来见面、陪同作为旁站到位与否的依据是没有道理的;当然,遇到此种情况,监理人员应主动向前汇报、适当跟从检查,一是汇报施工情况和监理情况,二是听取领导、专家的指导意见、批评意见。

7.1.7.6 监理旁站的主要方法

《房屋建筑旁站办法》中已明确了旁站监理人员的责任和权力,如何正确履行旁站的责任和权力,需要科学和规范的旁站方法来贯彻。

1. 旁站监理工作之前的常用方法为"三查二问一核对"

所谓"三查",一查交底记录,二查仪器、设备、工具、备用材料等,三查人员及组织。目的是确认承包单位在技术方案和文件上已完善,仪器、设备工作正常,所需工具和备用材料已齐备,操作人员持证上岗,人员有组织、有带班,质检人员已到岗。通过三查掌握承包单位对本关键部位、关键工序的施工准备情况,保证组织上能够应对施工现场的整改或应急措施。

所谓"二问",一问一线操作工人交底内容,了解交底是否已完成三级交底,落实到了班组;二问施工技术文件有关内容,以保证施工资料的及时、真实和可靠,保证施工试件等条件可靠。

所谓"一核对",是指核对施工前必须办理的手续是否齐全,是否满足监理程序要求。例如,是否编制了分项工程开工报告;分项工程开工报告是否已经监理审核批准。

当通过"三查二问一核对"发现不具备或部分不具备施工条件时,旁站监理有权要求延迟施工作业。

2. 旁站监理过程中的方法为"一核查三监督"

所谓"一核查",是指核查进场用于工程实体的材料是否与设计文件及报验资料相吻合,凡不相吻合的,旁站监理人员必须立即报告专业监理或驻地监理、总监,由总监决定暂停施工或采用何种应急措施,并据总监决定进行紧急处置。

所谓"三监督",是指现场跟班监督关键部位、关键工序的施工执行施工方案以及工程建设强制性标准情况,监督施工现场作业是否满足合格工程验收标准。如果监督过程中发现问题,旁站监理人员有权不经报告进行处置,并务必留下原始资料。处置是对施工现场发生的各种异常情况作出明确的处理意见,并监控处理过程。只要存在异常情况,留存原始资料是必要的。这是为了便于事后分析,避免事后出现不利于工程监理单位的被动局面。

为了现场及时处置和留存原始资料,旁站监理人员必须随身携带笔和文件夹,文件夹内除旁站监理记录表外,还有相关的技术文件和工作记录用表。做记录按时间顺序进行,不论是否正常施工,都要记下每一时间段所处的施工位置和进度。如旁站时间很长,必须进行旁站监理工作交接时,要将工作记录办理移交,转交下一旁站监理人员,以保证某一关键部位、关键工序记录内容的完整和连续,和保证旁站监理工作的连贯性。旁站监理人员还应随身携带检查工具,以量化所监督情况。当出现异常情况,检查工具尚不能说明问题时,还应选择录音、录像、摄像等任何一种形式,进行现场实录。旁站监理工作完成后,应及时填报旁站监理记录表,各方及时签字认可,本次旁站工作方视为结束。出现整改的、有处理措施的、存在问题的都要如实记录在案,作为质量信息的重要组成部分留存归档。

7.1.7.7　关于公路"试验工程"的监理旁站要点

《公路监理规范》第2.0.12条将"试验工程"定义为"为确认施工方案、获取控制参数所进行的试验路段或工程部位"。即指试验路段、试验梁板等首先开工的一件工程,也即常说的"首件工程认可制"、试验先行、样板引路。

公路工程施工项目的"试验工程"的旁站监理内容包括核对试验工程的项目名称和路段,开工报告的审批情况,试验路段的长度或面积或位置,试验工程的"人、机、料、法、环"五要素的准备情况及其与批复开工报告的相符性,试验过程的规范性,试验结果的科学性、可靠性,试验工程的结果是否可以接受,试验工程的总结报告是否编写、编写质量是否合格,是否可以依据试验工程的结论进行正常施工等。

7.1.7.8　关于公路工程后张法预应力构件的旁站监理要点

预应力混凝土施工的旁站监理对工程质量起着十分关键的作用,监理人员应从材料进场检验、设备、预应力筋的制作、预应力体系的安装、施加预应力、孔道压浆、锚具防护的旁站监理等方面对后张法预应力桥梁工程施工进行旁站监理。

1. 预应力材料的旁站监理

(1)材料进场检验

预应力材料包括预应力筋(简称力筋)、锚具、夹具、连接器、金属螺旋管。这些材料进场

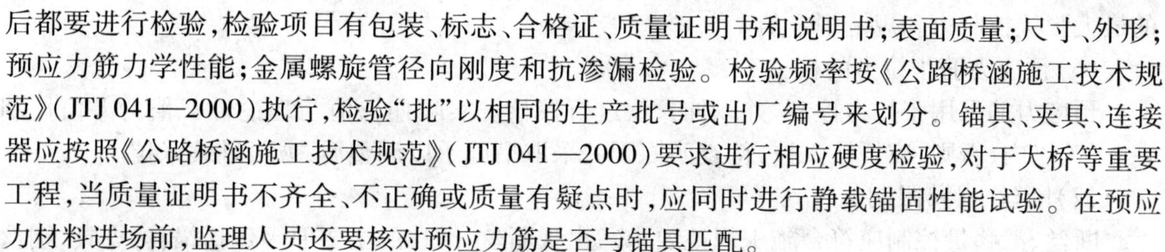

后都要进行检验，检验项目有包装、标志、合格证、质量证明书和说明书；表面质量；尺寸、外形；预应力筋力学性能；金属螺旋管径向刚度和抗渗漏检验。检验频率按《公路桥涵施工技术规范》（JTJ 041—2000）执行，检验“批”以相同的生产批号或出厂编号来划分。锚具、夹具、连接器应按照《公路桥涵施工技术规范》（JTJ 041—2000）要求进行相应硬度检验，对于大桥等重要工程，当质量证明书不齐全、不正确或质量有疑点时，应同时进行静载锚固性能试验。在预应力材料进场前，监理人员还要核对预应力筋是否与锚具匹配。

（2）预应力材料的临时防护检查

预应力材料进场直至灌浆期间应定期对材料的临时防护进行检查。临时的防护措施应不影响安装操作的效果和永久性防锈措施的实施，主要做好仓库内的干燥、防潮、通风良好、无腐蚀气体和介质，室外存放不宜超过6个月，做好防雨措施，避免锈蚀、玷污、遭受机械损伤或散失。

2. 预应力设备的旁站监理

张拉机具设备数量应满足施工进度计划和对称张拉的需要。张拉机具设备应与锚具配套使用。千斤顶与压力表的配套检验，确定张拉力与压力表读数之间的关系曲线。注意千斤顶与压力表配套检验的有效期。

3. 预应力筋的制作、预应力体系的安装的旁站监理

（1）预应力筋的制作

下料长度不能仅依设计图纸给定的长度为标准，应该按实际布置长度。下料时应经常检查力筋的切断方法，杜绝采用非机械切割。预应力筋编束应检查预应力筋强度是否相同和有无缠绕现象。

（2）管道安装

管道坐标应符合现行《公路工程质量检验评定标准》（JTG F80/1）的要求。管道固定要牢固、接头不渗水。压浆孔、排水孔、排气孔，有焊接作业时采取有效保护措施，并检查管道有无损坏。

（3）锚座（锚垫板或锚垫板加喇叭管）安装

检查有无错误和较大的误差，锚垫板与孔道是否垂直。加强钢筋布置是否准确和合理。钢筋和管道是否妨碍浇筑混凝土，如果有妨碍，在浇筑混凝土前要采取有效的技术措施。

4. 施加预应力的旁站监理

（1）构件的混凝土强度

张拉时构件的混凝土强度应符合设计要求或施工规范规定。通常以达到设计强度的100%为宜。

（2）安全作业

检查安全作业采取的措施是否到位和可靠。

（3）张拉顺序

张拉顺序应符合设计要求。当设计未规定时，采取分批、分阶段对称张拉。

（4）张拉程序

按设计和施工规范确定。

（5）张拉力控制

锚下张拉控制力按设计规定办理。预应力筋张拉控制力，任何情况下不得超过设计规定

的最大张拉控制力和规范规定值。

(6)预应力筋张拉力的校核

预应力筋采用张拉力控制,并以伸长值进行校核。实际伸长值与理论伸长值的差值控制在±6%以内,否则,应暂停张拉,待查明原因并采取措施予以调整后,方可继续张拉。

(7)断丝、滑移限制

断丝、滑移量控制应符合施工规范要求。出现断丝、滑移的主要原因包括锚具、夹具、钢丝沾有油污;锚具不良;锚具与孔道不垂直;力筋材质出现问题。原因不查出,不能继续张拉。

(8)力筋回缩产生预应力损失的补偿

力筋回缩应控制在施工规范容许值内。当回缩值较大,长度又较小时会影响到力筋的锚固性能,应予补偿。产生回缩的原因主要有:锚具、夹具、钢丝沾有油污;锚具不良等。当回缩超量比较普遍时,应更换锚具、夹具。

(9)锚固区发生裂纹紧急处理

锚固区发生局部裂纹后必须停止一切张拉和混凝土作业,查明原因并提出处理措施后方可复工。发生裂纹的主要原因有:混凝土强度不足;加强钢筋设置不当;结构断面设计不合理;张拉力过大等。

5. 孔道压浆的旁站监理

(1)准备工作的检查

①水泥浆设备齐全,均能正常运转。

②材料数量充足并通过正式验收。

③水泥浆配合比和组成材料投放顺序。

④孔道清洗情况。

⑤力筋切断方法,只允许机械切割。

⑥灌浆孔、排气孔、排水孔、出浆孔的检查。

⑦压浆端、排浆端安装情况。由于水泥浆泌水,在锚具附近可能有未被水泥浆填满的部分或锚具背后附近的空气被隔绝排不出来形成气囊,所以必须安装扣碗。实践证明,采用木楔或事先用水泥浆蘑菇头的封闭方法都是不科学和不安全的。

⑧气候适宜性检查等。

(2)灌浆操作中的检查

①观察压浆压力、检查任何渗漏。

②稳压压力、稳压时间检查。

③取样检查水泥浆28d标养抗压强度。

④排气孔、排水孔是否依次关闭。

(3)灌浆完成后的检验

①拆扣碗的时间,根据气温确定。不能压浆完毕就拆扣碗,否则水泥浆在有压情况下会流淌出来。

②逐孔检查孔道水泥浆是否灌满。如果拆碗后观察到锚环、夹具、力筋或锚环、锚塞、力筋之间有空隙或灌浆孔、出浆口有空隙,应怀疑孔道水泥浆的充满程度。

③灌浆作业试验段如出现水泥浆不饱满,应停止作业查找原因。

7.1.7.9 关于水泥混凝土路面滑模摊铺的监理旁站要点(限于篇幅,在此不再赘述)

7.1.7.10 关于预应力管道压浆工程的监理旁站要点(限于篇幅,在此不再赘述)

7.1.7.11 关于水泥混凝土浇筑工程的监理旁站要点(限于篇幅,在此不再赘述)

7.1.7.12 关于其他工程的监理旁站要点(限于篇幅,在此不再赘述)

7.2 监理工程师的巡视行为

7.2.1 监理巡视的含义

7.2.1.1 《现代汉语词典》中的有关解释

【巡视】《现代汉语词典》中收录了“巡视”一词,指到各处视察,一面走一面看。例如:邓小平南巡讲话。“巡”字,指巡查、巡视,也作为量词“遍”,如酒过三巡。古时皇上外出检查国防、体恤百姓,专用“巡视”一词,如:(皇上)二月,出巡。现在,“巡视”的行为人,多指上级首长或级别相对较高者、实施控制管理者。

“巡视”一词古已有之。但应用于工程施工监理行业,起源于国际咨询工程师协会编制的《FIDIC 土木工程施工合同条件》(第四版),随着世界银行、亚洲开发银行对中国实施工程建设贷款和实施中外监理工程师联合监理制度的发展而引进的。在工程建设过程中,“巡视”一词具有很强的专业性,强调视察、检查,强调视察、检查的方式为“巡”、“巡回”。“巡视”一词具有三重意思,即一面走一面看;来回看;按一定路线到各处查看。

可见,“巡视”一词是行为动词,强调行为人在工程的施工现场经常性地来回查看、一面走一面查看;强调行为人有计划地或随机地巡视整个工程施工现场或其局部现场,甚至半成品加工地、原材料生产厂家和试验检测点等;强调行为人巡视与旁站相结合,既要旁站“点”,又要巡视“面”。

7.2.1.2 工程监理规范中的有关解释

1. 国家标准中的有关解释

《建设监理规范》第 2 章“术语”中给出了“巡视”一词,即:

【巡视】监理人员对正在施工的部位或工序在现场进行的定期或不定期的监督活动。

例如:第 5.4.8 条规定总监理工程师应安排监理人员对施工过程进行巡视和检查。

2. 行业标准中的有关解释

(1)《公路监理规范》的解释

在其第 2 章“术语”中也给出了“巡视”一词,即:

【巡视】监理人员对施工现场进行的经常性巡回检查活动。

例如:第 5.1.9 条规定监理人员应重点巡视正在施工的分项、分部工程是否已批准开工;质量检测、安全管理人员是否按规定到岗;特种作业人员是否持证上岗;现场使用的原材料或混合料、外购产品、施工机械设备及采用的施工方法与工艺是否与批准的一致;质量、安全及环保措施是否实施到位;试验检测仪器、设备是否按规定进行了校准;是否按规定进行了施工自检和工序交接。

同时规定监理人员每天对每道工序的巡视应不少于 1 次,并按附录 B.1(见《公路监理规范》)格式详细做好巡视记录。

(2)《铁路监理规范》的解释

在其第2章“术语”中也给出了“巡视”一词，与公路监理规范的定义相近，即：

【巡视】监理人员对施工现场进行的定期或不定期的巡回检查活动。

例如：第5.3.6条规定总监理工程师应安排监理人员对施工过程进行巡视检查和检测。

(3)《水利监理规范》的解释

在其第2章“术语”中没有给出“巡视”一词，但在第4.2.4条中将巡视检查规定为主要监理工作方法之一。

7.2.2 监理巡视行为的内涵及其行为人、责任主体

7.2.2.1 监理巡视行为的内涵

工程监理人员的“巡视”是一项监督活动，强调项目监理机构、监理人员全过程、全方位地对工程施工质量、工程施工资源投入数量和施工进度、施工安全、施工环保等情况进行巡视检查，要求做好巡视记录，发现异常事项立即逐级报告。

监理“巡视”活动贯穿于工程的整个施工阶段，只要存在施工生产活动。对项目监理机构而言，“巡视”是工程监理人员履行监理合同过程中应尽的主要义务之一；对施工单位而言，“巡视”是工程监理人员应有的监理权力之一，施工单位应予以协助并接受监理的巡视。

7.2.2.2 监理巡视行为的行为人、责任主体

监理的巡视活动可以作为一种执业行为，其行为人是全体监理人员，尤其是专业监理工程师和总监理工程师，以总监理工程师、驻地（或专业）监理工程师为主。

在巡视的具体实施过程中，项目监理机构的负责人——总监理工程师、驻地监理工程师负责组织、安排、监督、检查巡视工作，专业监理工程师具体完成巡视任务，专业监理工程师的巡视行为不代表个人行为。监理员应以旁站作为主要职责，也可以进行巡视，但以交流、观摩、学习为主。

《建设工程质量管理条例》第三十八条规定监理工程师应当按照工程监理规范的要求，采取旁站、巡视和平行检验等形式，对建设工程实施监理。可见，监理巡视行为一旦不作为，监理人员、项目监理机构和工程监理单位就应承担违背行业监理规定的责任，承担违背国家建设法规的责任。

7.2.3 监理巡视行为的相近行为、实施手段

7.2.3.1 监理巡视行为的相近行为

巡视行为存在着相近的行为。其相近行为包括旁站行为、见证行为，其行为的内涵、行为的实施主体、行为结果的不作为责任的承担者等与巡视行为相似。

《建设监理规范》规定的总监理工程师职责中明确要求总监理工程师应进行巡视等。《公路监理规范》规定的总监办职责中也明确要求总监办巡视工地等。

7.2.3.2 监理巡视行为的实施手段

项目监理机构实施巡视行为，一般应依据编制的巡视监理方案，借助现场检查、审查、测量、试验、计量、巡视、抽检、见证等监理手段。例如，根据审查的施工方案文件到施工现场进行巡视检查，根据计量的结果巡视工程实际施工进度情况，根据见证取样情况巡视工地试验工作等。

7.2.4 监理巡视行为的实施阶段、行为方式

7.2.4.1 监理巡视行为的实施阶段

监理巡视行为的实施阶段，主要处于工程的施工阶段、交工缺陷责任期阶段。只要有工程项目的施工，监理人员就必须履行工程监理巡视职责。

监理巡视行为的主要行为对象是工程施工质量、安全、环保指标，也包括为施工质量、安全、环保指标提供保证的人的行为、物的状态、施工环境的允许性等。

7.2.4.2 监理巡视行为的行为方式

监理巡视行为主要为工程施工质量控制、安全管理、环保监理服务。巡视可以作为抽检、旁站、试验、检查、评估等行为的手段。监理巡视行为的行为方式，主要包括专业监理工程师的巡视、驻地监理工程师的巡视、总监理工程师的巡视；全过程巡视和重点巡视；预先通知性巡视和明察暗访性巡视；一级项目监理机构独立进行巡视、两级项目监理机构联合进行巡视等。

7.2.5 监理巡视行为的表达方式

巡视，可以作为行为的过程，即巡视这一动作。

作为巡视行为的结果的表达方式，一般包括红头文件形式、非红头文件的表格资料形式等两种，主要采用专用监理表格形式表达。

7.2.5.1 采用红头文件表达

监理的巡视行为的过程和最终结果，应该采用红头文件的形式表达的，主要包括项目监理机构编制、印发的各种请示、通知要求类、报告类文件，如巡视时间频率的请示、巡视的专题报告。

7.2.5.2 采用专用监理表格形式表达

《建设监理规范》中没有规定专用的、固定格式的巡视表格。《公路监理规范》中规定了监理巡视行为的固定格式，见附录 B.1（见《公路监理规范》）的巡视记录表，如表 7-4 所示。

________工程项目巡视记录　　表 7-4

编号：

施工单位		合同号	
巡视监理		日 期	
初始时间		终止时间	
巡视范围、主要部位、工序			
施工单位主要设施项目、人员到位、工艺合规性简述			
巡视人主要巡检数据记录			
巡视人发现的问题及处理情况简述			

7.2.6 监理规范中关于巡视行为的规定内容

根据《建设监理规范》和《水利监理规范》、《公路监理规范》、《铁路监理规范》的规定，监理巡视行为的规定内容如表 7-5 所示。

监理工程师巡视行为的主要规定内容 表7-5

序 号	规定的具体内容	依据的监理规范			
		国标规范	公路规范	铁路规范	水利规范
1	巡视施工过程	第5.4.8条	—	第5.3.6条	第4.2.4条
2	巡视正在施工的分项、分部工程是否已批准开工	—	第5.1.9条	—	—
3	巡视质量检测、安全管理人员是否按规定到岗、安全生产情况	—	第5.1.9条	第6.2.3条	—
4	巡视特种作业人员是否持证上岗	—	第5.1.9条	—	—
5	巡视现场使用的原材料或混合料、外购产品、施工机械设备及采用的施工方法与工艺是否与批准的一致	—	第5.1.9条	—	—
6	巡视质量、安全及环保措施是否实施到位	—	第5.1.9条	第9.0.2条	—
7	巡视试验检测仪器、设备是否按规定进行了校准	—	第5.1.9条	—	—
8	巡视是否按规定进行了施工自检和工序交接	—	第5.1.9条	—	—
9	巡视工程质量、安全、环保事故的处理情况	—	—	—	—
10	巡视工程合同纠纷、争端的处理情况	—	—	—	—
11	其他	—	—	—	—

7.2.7 工程监理巡视行为的规范化实施要点

7.2.7.1 实施监理巡视行为应达到的目标或要求

工程监理人员在进行工程施工现场的巡视过程中,在时间上应达到及时巡视、定期巡视的要求;在主观上应达到认真、到位、有效、为工程负责的要求;在客观上应达到巡视频率符合规定,全过程巡视、全方位巡视,巡视记录规范,发现问题、解决问题或及时报告,使施工现场处于可控状态。

7.2.7.2 监理巡视的准备工作与方法问题

1. 巡视的依据

根据《建设监理规范》第5.4.8条的规定,总监理工程师应安排工程监理人员对施工过程进行巡视和检查。

《公路监理规范》第5.1.9条规定监理人员应重点巡视:正在施工的分项、分部工程是否已批准开工;质量检测、安全管理人员是否按规定到岗;特种作业人员是否持证上岗;现场使用的原材料或混合料、外购产品、施工机械设备及采用的施工方法与工艺是否与批准的一致;质量、安全及环保措施是否实施到位;试验检测仪器、设备是否按规定进行了校准;是否按规定进行了施工自检和工序交接。监理人员每天对每道工序的巡视应不少于1次,并按附录B.1(见《公路监理规范》)格式详细做好巡视记录。

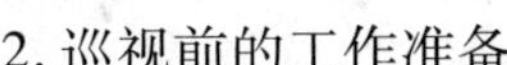

2. 巡视前的工作准备

熟悉设计文件和相关的法律法规、规范规程、标准图集以及地方规定、要求等，做到有据可依。

熟悉施工现场情况，尤其是对现阶段的施工部位、内容应了解，对计划巡视检查的重点做到心中有数。如冬季对“冬季施工方案”落实情况的巡视检查，夏季对现浇混凝土结构的养护情况和效果的巡视检查等。

做好物资的准备，如携带常用的测量工具、拍摄器材和必要的安保用品等。对于现场发现的质量、安全问题或隐患要及时拍照摄影，保存原始记录。

3. 巡视检查的内容

(1)已完成的检验批、分项、分部工程的质量。

(2)正在施工的作业面操作情况。

(3)施工现场的工程材料、构配件的制作、加工、使用情况。

(4)进场工程材料的质量检测、报验的动态控制。

(5)施工现场的机械设备、安全设施使用、保养情况。

(6)施工现场各作业面的安全操作、文明施工情况。

(7)工程基准点、控制点及环境检测点等的保护、使用情况。

4. 巡视工作的实施方案

(1)巡视监理人员分工

总监理工程师、驻地监理工程师应负责总体工程的全面巡视和重点巡视，并指导和检查监理员、专业监理工程师的巡视工作。专业监理工程师、监理员负责实施工程施工质量、工程施工进度、工程材料、构配件、设备等现场管理事项的巡视检查；专职的安全监理人员负责实施安全监理的巡视检查；专职的环保监理人员负责实施环境保护监理的巡视检查。

(2)巡视检查路线的选择

巡视检查不要搞成漫无目的的“闲逛”，而是要提前计划好巡视路线，确保巡视监控到工程质量、进度、安全文明施工、投资控制等业务范围。

巡视工作要覆盖整个工程施工现场，具体包括原材料加工采购质量、混合料拌和场地、混合料或单质材料的运输过程、施工现场的测量和施工、工程半成品或成品质量、施工资料整理、项目经理部的办公室、项目经理部的中心试验室或流动试验室、分包单位或委托单位的工作质量等。总监理工程师、驻地监理工程师每天或每周进行的一次巡视应包括上述场所、工点、内外业项目，否则，不能称之为巡视一遍。

(3)巡视检查时间和频次的安排

每天上班后要及时进行现场的巡视检查。如遇到大风、暴雨等异常天气情况要根据实际情况随时地、及时地巡视现场，以便尽早掌控现场情况，及时发现问题和解决问题；对于已经完成的检验批、分项、分部工程必须及时进行巡视检查，保证所有已完成的检验批、分项、分部工程至少经过一次巡视检查；对于正在施工的作业面(包括安全方面)，应根据其部位的重要程度和施工作业的难易程度，每天至少巡视检查一次或两次(例如，上、下午各一次)。

工程监理人员每天至少一次巡视主要工程材料的进场及进场产品的质量检测情况，特别是影响工程结构安全和使用功能的工程材料，如水泥、砂、石子、钢筋、砖、混凝土砌块、防水材料等。

(4)问题的处理

工程监理人员在巡视检查中,对于发现的问题要根据发生的时间、部位、性质及严重程度等情况采取口头(有些问题可以当场当面指出)或书面形式(必要时附上现场拍摄的照片等原始记录)及时通知施工单位相关人员进行整改处理;对于不按图施工、材料未经检测合格或擅自使用或其他存在的严重隐患,可能造成或已造成安全、质量事故的,在向建设单位报告后,及时签发《工程暂停令》,要求施工单位停工整改,以杜绝安全、质量事故的发生或延续扩大,并对处理情况进行跟踪监控直至复查合格,同时将相关问题及处理情况在《监理日志》及其他文件中做好记录,以备相关问题的处理及验证,既为工程监理例会和下次现场巡视检查提供了丰富翔实的参考资料,也是以后发生施工索赔解决争端的有利证据。

7.2.7.3　监理巡视检查的13项具体内容

1.原材料

重点检查施工现场原材料、构配件的采购和堆放是否符合施工组织设计(方案)要求;其规格、型号等是否符合设计要求;是否已见证取样,并检测合格;是否已按程序报监理验收并允许使用;有无使用不合格材料、质量合格证明资料欠缺的材料等。

2.施工人员

施工现场管理人员,尤其是质检员、安全员等关键岗位人员是否在岗到位、是否合格,其内部配合和工作协调是否正常,能否确保各项管理制度和质保体系的及时落实、稳定有效;巡视检查施工单位的特种作业人员是否持证上岗,人证是否相符,是否进行了相应的教育培训和安全、技术交底并有记录;现场施工人员组织是否充分、合理,能否符合工期计划要求,是否按业已审批的施工组织设计(方案)和设计文件施工等。

3.施工机械

重点检查机械设备的进场、安装、验收、保管、使用等是否符合要求和规定;数量、性能是否满足施工要求;运转是否正常,有无异常现象发生。

4. 深基坑土方开挖工程

土方开挖的准备工作是否到位、充分;开挖条件是否具备;土方开挖顺序、方法是否与设计工况一致,是否符合"开槽支撑,先撑后挖,分层开挖,严禁超挖"的要求;挖土是否分层、分块进行,分层高度和开挖面放坡坡度是否符合要求;垫层混凝土的浇注是否及时。

基坑边和支撑上的堆载是否允许,是否存在安全隐患。

挖土机械有无碰撞或损伤基坑围护和支撑结构、工程桩、降压(疏干)井等现象。

挖土机械如果在已浇注的混凝土支撑上行走时,设计是否允许,有无采取覆土、铺钢板等措施,严禁在底部掏空的支撑构件上行走与操作(因施工需要而设计的主栈桥除外);是否限时开挖,尽快形成围护支撑,尽量缩短围护结构无支撑暴露时间,挖土、支撑要连续施工。

对围护体表面的修补、止水帷幕的渗漏及处理是否有专人负责,是否符合设计和技术处理方案的要求。

每道支撑底面黏附的土块、垫层、竹笆等是否及时清理,避免落下伤人;每道支撑上的安全通道和临边防护的搭设是否及时、符合要求。

挖土机械是否有专人指挥,有无违章、冒险作业现象;运输车辆的倒车过程是否有专人指

挥等。

5. 施工现场拌制的砂浆、混凝土等混合料配合比检查

检查是否使用有资质的材料检测单位提供的正式配合比，是否根据实际含水率进行了配合比调整。

现场配合比标牌的制作和放置是否规范、耐用、美观，内容是否齐全、清楚、具有可操作性；是否有专人负责计量，能否做到“车车计量”，尤其是外加剂和水的掺量是否严格控制在允许范围内，计量记录是否真实、完整。

计量衡器是否有合格证，物证是否相符，是否已经法定计量检定部门鉴定合格并在有效期内使用，其使用和保管是否正常，有无损坏、人为拆卸调整现象。

6. 砌体工程

基层清理是否干净，是否按要求用细石混凝土等进行了找平；是否有质量不合格的块材正在使用的现象；是否按要求使用皮数杆，墙体拉结筋形式、规格、尺寸、位置是否正确，砂浆饱满度是否合格，灰缝厚度是否超标，有无透明缝、“瞎缝”和“假缝”；墙上的架眼、工程需用的预留孔、预埋孔等有无遗漏等。

7. 钢筋工程

钢筋有无锈蚀，有无被隔离剂和淤泥等污染现象，是否已清理干净，是否覆盖防锈；钢筋保护层的垫块规格、尺寸是否符合要求，强度能否满足施工需要；有无用木块、大理石板、石块等代替水泥砂浆(混凝土)垫块的现象；钢筋搭接长度、位置、焊接方式是否符合设计要求，搭接区段箍筋是否按要求“加密”；梁柱或梁梁交叉部位的“核心区”有无主筋被截断、箍筋漏放等现象。

8. 模板工程

模板安装和拆除是否符合施工组织设计(方案)的要求，支模前隐蔽内容是否已经监理工程师验收合格；模板表面是否清理干净、有无损坏，是否已涂刷隔离剂，模板拼缝是否严密，安装是否牢固；拆模是否事先按程序和要求向监理工程师报审并经监理工程师签认同意，拆模有无违章冒险行为；模板捆扎、吊运、堆放是否符合要求。

9. 水泥混凝土工程

现浇混凝土结构构件的保护是否符合要求，现在是否允许堆载、踩踏；拆模后混凝土构件的尺寸偏差是否在允许范围内，有无质量缺陷，其修补处理是否符合要求；现浇构件的养护措施是否有效、可行、及时等。

10. 安全文明施工

各项应急救援方案是否切实可行，是否已通过监理审批，是否已准备充分；施工现场是否存在安全隐患，各项施工有无违章、冒险作业；安保体系和设施是否齐全、有效、充分，相关安全检查和记录内容是否真实、及时。

11. 施工环境

施工环境和外界条件是否对工程质量、安全、进度、投资等造成不利影响，施工单位是否已采取相应措施，是否安全、有效、符合规定和要求等；各种基准控制点、周边环境和基坑自身监测点的设置、保护是否正常，有无被压(损)现象，被压(损)坏监测点是否有人在清理和恢复，能否及时完成，监测工作能否正常进行等。

12. 工程施工秩序

巡视检查现场施工作业的秩序与施工技术规范的规定是否一致、是否正常、是否混乱;已经检验合格的、等待报检的、检验不合格待整改的、未经检验的工程项目或检查指标是否便于识别或能够区分清楚。例如,路基填土施工项目,是否存在填筑层次不清、边压边填现象等。

13. 工程施工进度

巡视检查施工现场的施工机械、人员、工程材料等投入情况,今日施工进度数值与昨日施工进度数值的比较,今日某工程项目施工的进度结果及其与计划进度的比较等。

7.2.7.4　监理巡视应注意的问题

1. 做好原始记录

对巡视检查中发现的问题,工程监理人员应即时采取拍照、摄影、封存原样等方式留存原始记录、证据资料。

2. 讲究工作效率和工作质量

现场能立即解决处理的问题一定要即时解决,因故不能处理的也要有时间概念,限期解决,避免不负责的拖拉态度影响工作和协调配合。

3. 注意处理问题的工作态度和方法

工程监理人员处理问题的工作态度和方法要有利于问题的解决,切忌一旦发现问题,就火冒三丈,甚至话语不过筛、侮辱对方的人格、贬低施工单位的信誉,造成双方情绪对立和矛盾激化,不仅使问题解决不了,反而扰乱了全局,使监理工作陷入被动、窘困的状态。也就是说,尽量不把巡视变成"巡训"。

4. 正确判断,有的放矢

工程监理人员要有科学的态度和精神,坚持用数据说话,对事不对人。巡视过程中应携带施工图纸、招标文件、工程量清单、重要的管理文件等,以便于随时查看。对拿不准的问题不要急着表态,而是要抓紧熟悉、研究、有的放矢地做决定、表态或签发通知单等,避免似是而非。提高判断力,做到正确判断。

5. 邀请陪同,现场办公

监理工程师巡视工地,特别是总监理工程师、总监代表、驻地监理工程师等高级监理人员巡视工地时应在施工单位项目经理或总工、副经理的陪同下进行,以便于发现问题、确认问题、解决问题,避免监理一方否定问题,避免监理直接面对施工队甚至施工员、民工,这一点是十分重要的。

7.3　专业监理工程师的抽检行为

7.3.1　监理抽检的含义

7.3.1.1　《现代汉语词典》中的有关解释

【抽检】《现代汉语词典》中收录了"抽检"一词。抽检同抽查,指从中取出一部分进行检查。例如:最近抽查了一些食堂,卫生工作做得很好。

可见,"抽检"一词是行为动词,强调行为人为了确认某类事情或产品从众多样品中取出一部分进行检查。

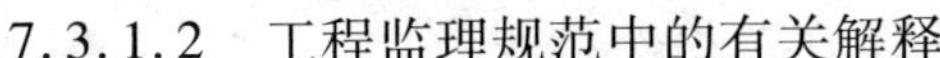

7.3.1.2 工程监理规范中的有关解释

1.国家标准中的有关解释

《建设监理规范》第2章“术语”中没有给出“抽检”一词，但给出了“平行检验”一词，即：

【平行检验】项目监理机构利用一定的检查或检测手段，在施工单位自检的基础上，按照一定的比例独立进行检查或检测的活动。例如：第5.4.6条规定专业监理工程师应对施工单位报送的拟进场工程材料、构配件和设备的工程材料/构配件/设备报审表及其质量证明资料进行审核，并对进场的实物按照委托监理合同约定或有关工程质量管理文件规定的比例采用平行检验或见证取样方式进行抽检。

2002年1月1日起施行的《建筑工程施工质量验收统一标准》中给出了“抽样方案、抽样检验”等术语。其中，规定“抽样方案”为“根据检验项目的特性所确定的抽样数量和方法”。

【抽样检验】按照规定的抽样方案，随机地从进场的材料、构配件、设备或建筑工程检验项目中，按检验批抽取一定数量的样本所进行的检验。

2.行业标准中的有关解释

(1)《公路监理规范》的解释

在其第2章“术语”中没有给出“抽检”一词，但给出了“自检”的定义。第2.0.14条规定“自检是指施工单位按合同技术规范规定的项目和频率对工程材料、构配件、设备或工程实体进行的旨在检查、评价质量合格与否的试验、检测”。可见，自检行为的主体是施工单位，而不是施工人员，施工人员是执行者。

据此，可将“监理抽检”的行为主体确定为项目监理机构，而不是监理人员。今将其定义为“现场项目监理机构在施工单位自检合格的基础上，按照监理规范规定的项目、规定的指标、规定的频率，独立地对工程材料、构配件、设备或工程实体进行的旨在检查、评价质量合格与否的试验、检测活动”。

例如：第5.1.11条规定监理工程师应按规定重点对施工过程中使用的水泥、钢材、沥青、石灰、粉煤灰、砂砾、碎石等主要原材料及各种混合料进行抽检，抽检频率应不低于施工单位自检频率的20%，其余材料应不低于10%；对已完工程实体质量的抽检频率应不低于施工单位自检频率的20%。

(2)《铁路监理规范》的解释

在其第2章“术语”中给出了监理“平行检验”一词，与建设监理规范的定义相近，即：

【平行检验】项目监理机构在承包单位自检的基础上，利用必要的试验检测手段，按照一定的比例独立进行检测或试验的活动。

(3)《水利监理规范》的解释

在其第2章“术语”中没有给出“抽检”一词，但书面明确规定现场项目监理机构、监理工程师应该认真实施“抽检、跟踪检测、平行检测”行为。例如：第6.2.11条规定施工单位应首先对工程施工质量进行自检，项目监理机构应对自检合格的工程质量进行检验，项目监理机构可采用跟踪检测、平行检测方法对施工单位的检验结果进行复核。平行检测的检测数量，混凝土试样不应少于施工单位检测数量的3%，重要部位每种标号的混凝土最少取样1组；土方试样不应少于施工单位检测数量的5%，重要部位至少取样1组。跟踪检测的检测数量，混凝土试样不应少于施工单位检测数量的7%，土方试样不应少于施工单位检测数量的10%。同时，在第4.2.6条中规定平行检测为项目监理机构的主要工作方法之一。

7.3.2 监理抽检行为的内涵及其行为人、责任主体

7.3.2.1 监理抽检行为的内涵

为确保工程施工质量,工程监理人员应对工程施工全过程的质量进行监督、控制和检查。就整个施工过程或一个具体作业技术活动而言,项目监理机构的质量控制和管理涉及到事前、事中、事后三个阶段,即作业技术准备状态的控制、作业技术活动运行过程的控制、作业技术活动结果的控制。

工程监理人员控制工程质量的手段以见证取样、旁站、巡视和平行检验为主。而质量检验的方式按被检验对象的数量划分包括全数检验、抽样检验,其检验方法一般分为目测法、量测法和试验法三种。其中,目测法包括看、摸、敲、照;量测法包括吊、量、卡、套等检验方法。

全数检验是对一批产品中的每一个产品进行检验,从而"判断"该批产品质量状况。抽样检验是从一批产品中抽出少量的单个产品进行检验,从而"推断"该批产品质量状况。公路工程等土木工程不同于一般的工厂化产品,它是一个连续的整体,且采用的质量检测手段又多属于破坏性的,所以,工程质量检验多采用抽样检验的方法。抽样是从总体中抽取样本的过程,并通过样本了解总体。

项目监理机构的"抽检"活动贯穿于整个施工过程,只要存在施工生产活动和自检活动。

工程监理人员进行的独立"抽检"是一项检查或检测活动,强调利用一定的检查或检测、试验手段,在施工单位自检合格的基础上,按照一定的比例由项目监理机构独立进行,要求做好抽检记录,发现异常事项立即逐级报告,对抽检不合格项进行跟踪处理和监督。

7.3.2.2 监理抽检行为的行为人、责任主体

从国标监理规范对平行检验的定义、从《公路监理规范》对自检的定义可以看出,监理进行的质量抽检的行为主体和责任主体都是项目监理机构。

项目监理机构的"抽检"活动可以作为一种行为,其行为人是全体监理人员,并不局限于总监理工程师、驻地监理工程师、专业监理工程师、现场监理员,以专业监理工程师为主进行现场质量抽检。由项目监理机构和专业监理工程师共同承担监理抽检行为不作为的责任。

在抽检的具体实施过程中,项目监理机构的负责人——总监理工程师、驻地监理工程师应负责组织、安排、监督、检查抽检工作,专业监理工程师、监理员应为项目监理机构负责和服务,具体完成抽检任务,专业监理工程师、监理员的抽检行为不代表个人行为。

《建设工程质量管理条例》第三十八条规定监理工程师应当按照工程监理规范的要求,采取旁站、巡视和平行检验等形式,对建设工程实施监理。可见,监理的平行检验行为一旦不作为,监理人员、项目监理机构和工程监理单位就应承担违背行业监理规定的责任,承担违背国家建设法规的责任。

7.3.3 监理抽检行为的相近行为、实施手段

7.3.3.1 监理抽检行为的相近行为

抽检行为不具有唯一性,存在着相近的行为。其相近行为主要包括平行检验行为、跟踪检验行为,其行为的内涵、行为的实施主体、行为结果的不作为责任的承担者等与抽检行为相似。

平行检验、跟踪检验是抽检行为的不同称呼,不同的行业监理规范称谓不一。监理进行抽检的时间不一定与施工单位的自检同步,公路监理规范强调抽检必须在施工自检合格的基础上进行。平行检验、跟踪检验或强调时间同步,或强调检查指标一致,只是频率不等。

7.3.3.2　监理抽检行为的实施手段

抽检是抽样检验的简称。

在数理统计学中,检验是指通过测量、试验等质量检测方法将工程产品与其质量标准相比较,并作出质量评判的过程。检验分为全数检验和抽样检验两大类。

项目监理机构实施抽检行为,一般应依据编制的抽检方案和监理规范关于抽检项目、频率的规定,借助检查、审查、测量、试验、旁站、巡视、见证等监理手段实施。例如,根据审查的开工报告决定抽检时间,抽检的数据通过试验得出等。

7.3.4　监理抽检行为的实施阶段、行为方式

7.3.4.1　监理抽检行为的实施阶段

监理抽检行为的实施阶段,主要处于工程的施工阶段、缺陷责任期阶段。只要有工程项目的施工,只要施工单位自检合格后并且报验,监理工程师都必须履行质量抽检职责。

监理抽检行为的主要行为对象是工程施工质量及其有关数量指标。

7.3.4.2　监理抽检行为的行为方式

项目监理机构的抽检行为主要为工程建设单位服务,为工程监理单位服务,为项目监理机构本身服务。监理抽检行为的行为方式,主要包括非随机抽样检查和随机抽样检查;单纯随机抽样检查和系统抽样检查、分层抽样检查;平行检验方式和见证取样的方式;一级项目监理机构独立进行的抽检和两级项目监理机构联合进行的抽检;规范规定性抽检和验证性抽检;分项工程各质量指标的全面抽检和重点指标抽检等等。

7.3.5　监理抽检行为的表达方式

抽检,既可以作为行为的实施过程,又可以作为行为的实施结果。

作为抽检行为结果的表达方式,一般包括红头文件形式、非红头文件的表格资料形式等两种,主要采用专用表格形式。

7.3.5.1　采用红头文件表达

监理的抽检行为的实施结果,应该采用红头文件的形式表达的,主要包括项目监理机构编制、印发的抽检报告、批复文件。在工程施工过程中,项目监理机构或建设单位制定的文件管理办法规定抽检结果使用报告、批复文件形式的,应该使用文件的形式;没有规定的,应将重要的抽检事项、抽检事件以报告、批复文件的形式发送。

7.3.5.2　采用专用监理表格形式表达

《建设监理规范》中没有规定监理抽检的结果采用非红头文件形式表达的内容。《公路监理规范》中也没有规定监理抽检的结果采用非红头文件形式表达的内容,但在条文说明中说明了监理进行的抽检工作的结果应尽量采用灵活多样的、专用的、固定格式的表格形式。传统的做法是采用专用表格形式表达抽检结果。

7.3.6　监理规范中关于监理抽检行为的规定内容

根据《建设监理规范》和《水利监理规范》、《公路监理规范》、《铁路监理规范》的规定,监理抽检行为的规定内容如表 7-6 所示。

监理抽检行为的主要规定内容 表7-6

序号	规定的具体内容	依据的监理规范			
		国标规范	公路规范	铁路规范	水利规范
1	抽测未被扰动的地面线	—	第4.2.6条	—	第6.4.2条
2	抽测施工测量放线成果、工程控制桩	—	第5.1.2条	—	—
3	抽检工程构配件或设备	第5.4.6条	第5.1.8条	第5.2.1条	第6.2.10条
4	对水泥、钢材等主要原材料和混凝土外加剂进行质量抽检、平行检验	第5.4.6条	第5.1.11条	第5.2.1条	第6.2.10条
5	抽检各种混合料的质量	第5.4.6条	第5.1.11条	—	—
6	抽检已完工程实体的质量	第5.4.10条	第5.1.11条	第5.3.3条	—
7	其他	—	—	—	—

7.3.7 工程监理抽检行为的规范化实施要点

7.3.7.1 实施监理抽检行为应达到的目标或要求

项目监理机构应安排工程监理人员进行质量抽检,在进行工程施工质量的抽检过程中,在时间上应达到及时抽检、定期抽检、按时完成抽检工作的要求;在主观上应达到认真、到位、公正、为工程质量负责的要求;在客观上应达到抽检频率符合规定,抽检指标符合规定,抽检方法科学,抽检数据真实可靠,抽检记录规范,发现问题、解决问题或及时报告。

工程监理人员对工程项目实体质量及形成项目实体有关因素进行现场抽检,就是运用自身拥有的科学知识、先进技术、试验仪器、测量设备和特有的监督手段、监理权力,对施工单位已经完成且自检合格的原材料、施工工序、工程质量检验批或某一分项工程进行独立检验,以验证工程质量是否达到规范标准的要求,验证施工单位的自检是否真实,从而确认下一个工序或下一个分项工程是否可以继续进行。另外,抽检资料、抽检结果也是项目监理机构向建设单位、质量监督机构提交工程质量评估报告的依据和基础资料。

7.3.7.2 关于监理抽检的几个问题

在《建设监理规范》、《公路监理规范》、《铁路监理规范》、《水利监理规范》等四大工程监理规范中,均要求工程监理人员实施质量抽检行为。

1. 监理抽检的依据

(1)工程施工监理规范。

(2)工程质量验收标准。注意是该工程招标文件中指定的部门、行业版本,指定的出版年代的版本,不得使用非本行业的、非适宜的版本。有时行业出版了最新版本的质量验收标准,但不一定可以用于该工程的检验,要看业主或总监的解释或答疑。

(3)工程项目施工的相关技术规范、标准、规程、技术指南。

(4)工程监理规划及其实施细则。

(5)工程质量监理平行检验、抽检计划。

(6)施工单位的质量自检记录资料,包括原材料试验资料、各工序或分项工程质检记录,以及工程报验申请、中间交工申报表等。

(7)监理工程师下达的有关监理通知、现场指令,以及该同一分项工程上一个检验批的抽

检记录,尤其是不合格项处置记录。

(8)建设单位、质量监督机构或上级项目监理机构的有关要求等。

2. 监理抽检的程序

项目监理机构实施质量抽检行为,一般应按下列程序进行:

(1)编制工程质量抽检计划,报上级项目监理机构审查并报建设单位备案,直至报送工程建设质量监督部门备案。

(2)实施抽检前的准备。一是项目监理机构参加工程质量抽检的人员、仪器设备、交通通信工具及抽检记录表的准备;二是核查施工单位已完成的具体分项工程、已购材料等项目的自检资料、报验申请等,审查作业技术活动是否真正结束,施工单位技术人员是否进行了自检、互检和专职检,审查报验申请表及其附件是否真实、齐全清晰等;三是有针对性地选定抽检项目、抽样方法、抽检方法,特别是重要的工程部位、工序和专业工程,以及主要原材料、半成品、构配件。

(3)现场实施抽检。在合同约定的时间内或该工程项目建设单位、总监办等机构规定的时间内到达工程施工现场,实地进行测量、取芯、试验、计算、判断评估、推算确定,填写质量抽检记录和报表。

(4)质量抽检记录资料的审核、签字与存档或报告上级。

(5)质量不合格品的处理。经监理抽检并慎重判定为不合格的工程项目,项目监理机构应立即告知施工单位并要求施工单位及时处置。经处置合格后,再复查并形成记录,使之闭合。

(6)质量抽检工作的分析、评估、总结。

3. 监理抽检的组织

工程质量抽检活动应由项目监理机构中的负责人组织并指定专人参加。一般应由总监或总监代表、驻地监理工程师组织并主持,各专业或相关专业监理工程师参加,如结构工程师、道路工程师、测量工程师、试验工程师等。为提高监理工作的质量,便于工程计量,合同工程师掌握工程情况和质量状况,工程质量抽检活动还应安排计量支付工程师、合同管理专业工程师一起参加。必要时,可邀请建设单位、质量监督机构的专业技术人员参加,以起到指导、监督和见证的作用。

项目监理机构进行并完成的工程质量抽检资料应单独立卷归档。

需要注意的是,为了公正、合理地反映工程质量的实际状况,监理人员必须注意取样的位置,取样的样本不得带有任何的倾向性,应该根据随机数表去确定现场取样的具体位置、具体样本。应用随机数表确定现场取样位置时,应事先准备好28块硬纸片,其编号为1~28,并将其装入布袋中。之后,首先确定测定区间或断面,其次确定测点位置。详见公路工程监理培训教材《工程质量监理》第二章数理统计基础及应用部分。

4. 监理抽检的内容

(1)影响工程质量的各种原材料、半成品及构配件,如砂石料、钢筋、水泥、沥青、预制梁板等。

(2)原材料的组合因素,如水泥混凝土、砂浆、沥青混凝土。这种抽检的表现方式为监理独立进行的平行试验。

(3)影响工程质量的机具设备因素,如压路机、沥青摊铺机、试验仪器设备、水泥混凝土拌和站等。

(4)施工作业人员技术岗位资格、能力以及工程分包单位资质和工程试验室运转情况审查。

(5)测量桩志、水准点、导线点的复核检查。

(6)构成工程项目实体的主控项目、一般项目及其附属工程,包括涉及安全和使用功能的地基基础、主体结构、设备安装等分部工程中的有关指标。

(7)质量控制与保护措施的审查,如工程质量控制措施中的组织、技术、经济、合同措施的制定和落实情况,以及成品保护中的覆盖、封闭、施工顺序合理安排措施等的落实情况。

(8)质量记录资料的抽查。主要包括原始记录、各种质检表、试验表等。

7.3.7.3 关于平行检验的几个问题

《建设监理规范》第5.4.6条给出了原材料的平行检验的规定,《公路监理规范》第5.1.3条也给出了平行检验的规定。

1. 平行检验的含义

《建筑工程施工质量验收统一标准》(GB 50300—2001)中将"检验"定义为"对检验项目中的性能进行量测、检查、试验等,并将结果与标准、规范和设计文件要求进行比较,以确认每项性能是否合格而进行的活动"。

"平行检验",在《建设监理规范》的第2章以"术语"的形式给出的定义是"项目监理机构利用一定的检查或检测手段,在施工单位自检的基础上,按照一定的比例独立进行检查或检测的活动"。平行检验是对同一被检验项目的性能在规定的时间里进行的两次检查验收。这是项目监理机构依据现行标准、规范和设计文件对被检验项目自行做出的判断和检查验收。这是监理工程师在施工阶段监理中实施质量控制的最重要的工作之一,也是为竣工阶段组织工程预验收及编写工程质量评估报告,为建设单位组织竣工验收提供的最重要的依据。

根据《建设监理规范》对"平行检验"给出的定义,"平行检验"有以下四层含义:

(1)"平行检验"的实施者必须是项目监理机构、监理工程师。

(2)项目监理机构实施的"平行检验"必须是在施工单位自检合格的基础上进行。

(3)"平行检验"的检查或检测活动必须是项目监理机构独立进行的。

(4)"平行检验"的检查或检测活动必须按照一定的比例或规定的比例进行。

2. 平行检验的法律依据

国务院颁布的《建设工程质量管理条例》第三十八条规定,监理工程师应当按照工程监理规范的要求,采取旁站、巡视和平行检验等形式,对建设工程实施监理。国家以法律的形式规定项目监理机构在施工阶段对工程质量控制有三大重要手段。这也就明确了控制手段之一的"平行检验"实施者必须是项目监理机构、监理工程师。第三十六条规定,工程监理单位应当依照法律、法规以及有关技术标准、设计文件和建设工程承包合同,代表建设单位对施工质量实施监理,并对施工质量承担监理责任。

3. 平行检验的监理要点

(1)监理的"平行检验"必须在施工单位自检的基础上进行。

虽然施工单位、项目监理机构同为工程项目质量的责任主体,但施工单位毕竟是建设工程

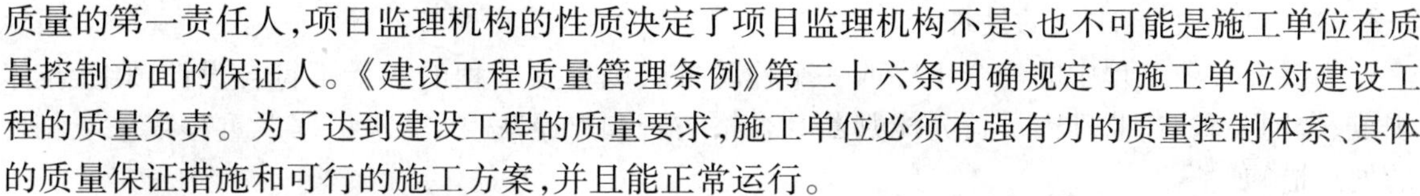

质量的第一责任人,项目监理机构的性质决定了项目监理机构不是、也不可能是施工单位在质量控制方面的保证人。《建设工程质量管理条例》第二十六条明确规定了施工单位对建设工程的质量负责。为了达到建设工程的质量要求,施工单位必须有强有力的质量控制体系、具体的质量保证措施和可行的施工方案,并且能正常运行。

质量合格的工程是施工企业“施工”出来的,质量优良的工程是项目监理机构“监理”出来的。

(2)监理人员必须独立进行“平行检验”。

项目监理机构按照公正、独立、自由的原则开展监理活动,其检查或检验活动不受其他方的左右,才能使“平行检验”获得的数据和工程质量评估结论具有真实性和可靠性。只有这种检查和验收,只有在有了这种真实、可靠的“平行检验”的数据后,监理工程师才能在施工单位报送的报验单上签字,才能对工程质量有一个正确的评估。

(3)监理的“平行检验”必须按一定比例进行。

监理工程师应根据施工单位报送的验收批、分项工程报验单、隐蔽工程验收单等自检结果进行现场复验,符合要求的予以签认,不合格的发监理工程师通知单,要求整改。这样才能落实《建设工程质量管理条例》中要求的未经监理工程师签字,建筑材料、建筑构配件和设备不得在工程上使用,分项工程检验不合格的,不得进行下一道工序施工的规定。“平行检验”项目主要是哪些对安全、卫生、环境保护和公众利益起决定性作用的“主控项目”[《公路工程质量检验评定标准》(JTG F80/1—2008)称之为“关键项目”]和一部分“一般项目”。对于代表重要部位、关键工序的“主控项目”和一部分“一般项目”,监理工程师都必须严格控制。

(4) 注意平行检验的结论是“合格”或“不合格”。

施工单位和项目监理机构对同一个检验项目进行验收,对检验项目中的性能进行量测、检查、试验等,并将检验结果与国家标准规范进行比较,以确定此项目性能是否合格。因此,“平行检验”的结论是“合格”或“不合格”。

4. 注意事项

(1)工程质量的结论由“平行检验”的数据决定。

工程监理人员对施工单位报验的隐蔽工程、检验批、分项工程、分部工程的质量检查评定,不能完全依据施工单位报来的数据进行签认。工程质量的结论应该是项目监理机构在“平行检验”复核后,在验证数据正确的基础上作出的。这样的质量结论才具有真实性、可靠性,才是真正对工程质量负责,对国家和人民的生命财产负责。没有“平行检验”得出的第一手现场数据,最终的工程质量是不受控的。

(2)“平行检验”是施工过程控制的重要环节。

监理规范中规定项目监理机构应在竣工预验收的基础上提出“工程质量评估报告”。实际上“竣工预验收”是整个工程质量控制过程中的最后阶段,而“平行检验”是施工过程控制的重要环节,项目监理机构不但要对材料、构配件和设备进行“平行检验”,而且对建设工程的工序、检验批、分项工程、隐蔽工程更要加强“平行检验”。在“平行检验”过程中,监理工程师应该留下具体的记录(包括填表格、小结、照片等),形成系统的、完整的、真实的监理资料。“平行检验”的资料是工程竣工资料的重要组成部分。

7.3.7.4 不符合要求时的处理

当某一分项工程中的一个工序或一个检验批或该分项工程的质量不符合设计图纸、技术规范、合同要求时，监理人员首先应判断其合格与否和严重程度，其次根据严重程度采取相应的处理措施。

(1)签发《监理工程师通知单》要求整改或返工处理

对可以通过整改、修补或返工弥补的质量问题，监理工程师应签发《监理工程师通知单》，要求施工单位提交质量问题调查报告和处理方案，填写《监理通知回复单》。监理工程师收到后审核并批复，督促施工单位予以处理和验收。

(2)下达《工程暂停令》，停止施工并按设计处理方案进行处理。

对需要加固补强的质量问题，或因此而影响下道工序和分项工程质量的，监理工程师应签发《工程暂停令》，指令施工单位停止施工，并要求其提交质量问题调查报告。监理工程师审核质量问题调查报告并报建设单位，建议建设单位要求设计单位提出处理方案。之后，监理工程师指令施工单位按批复的处理方案进行整改并进行跟踪检查。质量问题处理完毕，监理工程师应组织检查、鉴定和验收，向建设单位提交质量问题处理报告。

7.4 见证人员的见证取样和见证检验行为

7.4.1 见证的含义

7.4.1.1 《现代汉语词典》中的有关解释

【见证】《现代汉语词典》中收录了“见证”一词。在《现代汉语词典》中的解释是：①当场目睹可以作证的。例如：见证人。②指见证人或可作证据的物品。

可见，“见证”一词是行为动词，强调行为人必须在特定的现场、全过程地目睹某一行为的实施过程、结果、参加人员等情况。

7.4.1.2 工程监理规范中的有关解释

1. 国家标准中的有关解释

《建设监理规范》第2章“术语”中给出了“见证”一词，即：

【见证】由监理人员现场监督某工序全过程完成情况的活动。

同时，规定了监理人员应实施的见证行为。例如：第5.4.6条规定“专业监理工程师应对进场的工程材料、构配件和设备等实物按照委托监理合同的约定或有关工程质量管理文件规定的比例采用平行检验或见证取样的方式进行抽检”。

2. 行业标准中的有关解释

(1)《公路监理规范》的解释

在其第2章“术语”中没有给出“见证”一词，其条文中也没有书面规定监理人员应实施的见证行为。

(2)《铁路监理规范》的解释

在其第2章“术语”中给出“见证检验”一词，即：

【见证检验】监理人员对施工人员材料取样、送检、检验或某项工程的测试、试验过程进行的监督活动。

同时，规定了监理人员应实施的见证行为。例如：第5.3.3条规定项目监理机构应按工程

施工质量验收标准要求进行见证检验或平行检验。

(3)《水利监理规范》的解释

在其“术语”中没有给出“见证、见证取样、见证检验”等词的定义。其条文中也没有书面规定监理人员应实施的见证行为。但是，在第6.2.11条第3款中规定项目监理机构可采用跟踪检测、平行检测方法对施工单位的检验结果进行复核。

(4)国家建设部“建[2000]211号”文件的解释

国家建设部以“建[2000]211号”文件印发的《关于印发房屋建筑工程和市政基础设施工程实行见证取样和送检的规定的通知》第三条给出了“见证取样和送检”的定义，其中指出“见证取样和送检是指在建设单位和工程监理单位人员的见证下，由施工单位的现场试验人员对工程中涉及结构安全的试块、试件和材料在现场取样，并送至经过省级以上建设行政主管部门对其资质认可和质量技术监督部门对其计量认证的质量检测单位进行检测”。可见，见证取样和送检是国家建设部规定的房屋建筑工程和市政基础设施工程的重要的质量管理制度之一。

7.4.2　监理见证行为的内涵及其行为人、责任主体

7.4.2.1　监理见证行为的内涵

“见证”，是工程监理人员在工程项目施工阶段的重要岗位工作行为之一，也是项目监理机构的重要工作内容之一。“见证”活动贯穿于整个施工监理过程，只要存在施工生产活动和自检活动。

见证取样送检是房屋建筑工程和市政基础设施工程行业的一项管理制度。见证取样送检制度是指在项目监理机构或建设单位见证下，施工单位对进入施工现场的有关建筑工程材料，由施工单位专职试验人员在现场取样或制作试件后，送至符合资质资格管理要求的检测单位进行试验检测的一项制度。

对项目监理机构而言，“见证”是项目监理机构依据监理规划、监理实施细则、履行监理合同过程中应尽的主要义务之一；对施工单位而言，“见证”是见证人员监督施工承包合同执行过程中应有的监理权力之一，施工单位应为监理见证人员实施质量“见证”提供工作方便。

7.4.2.2　监理见证行为的行为人、责任主体

作为监理见证行为的行为人，应具备以下5个基本要求：

(1)见证人员应是本工程建设单位或工程监理单位的工作人员。

(2)见证人员必须具备初级及其以上技术职称。

(3)见证人员必须具备建筑施工的试验知识且经培训考试合格，取得《见证人员证书》。

(4)必须具有建设单位或工程监理单位的见证人书面授权书，并将授权书提交给工程质量监督机构和检测单位。

(5)必须在获得授权后承担所授权工程的见证工作。

“见证”活动可以作为一种行为，其行为人是持有《见证人员证书》的监理人员，总监理工程师、专业监理工程师可以参加见证工作过程，但不能在见证记录上签字。

在见证的具体实施过程中，项目监理机构的负责人——总监理工程师、驻地监理工程师负责组织、安排、监督、检查；见证监理人员应为项目监理机构负责和服务，具体完成见证取样和见证检测工作任务，见证监理人员的见证行为不代表个人行为。

见证行为的不作为、不良行为引起的后果及其责任由项目监理机构和见证人员共同承担，见证行为不作为的责任主体是项目监理机构。

7.4.3 监理见证行为的相近行为、实施手段

7.4.3.1 监理见证行为的相近行为

监理见证行为不具有唯一性，其相近行为有跟踪检测行为、旁站行为。其行为的内涵、行为的实施主体、行为结果的不作为责任的承担者等与见证行为相似，但有区别。

"见证"与"旁站"的区别包括以下几点：

1. 词语的常见性不同

见证一词是常见词，见证行为包括监督行为和证明行为；在工程上，见证过程包括见证取样、见证送样、见证试验过程，是对涉及结构安全的试块、试件和材料进行见证。而旁站一词也是专业词，专指施工现场的旁站监理，是对关键部位、关键工序的旁观和判断，指示他人纠偏，旁站行为包括目睹行为和语言指示行为。见证行为的实施方式包括旁站方式。

2. 是否参与其中

见证多指亲眼目睹且能够证实某事或者其过程，并且亲身参与其中，是实践者或目睹者。旁站多对活动或过程进行监视，一般不参与其中，是旁观者、目睹者，发现问题时指示他人解决并进一步监督他人解决、而不是自己去解决。

3. 活动对象不同

见证主要是对原材料及有关试验取样、送样的监督、作证，建设部规定必须对涉及结构安全的试块、试件和材料进行见证。取样人员应在试样或包装上做出标识、密封标志。标识和密封标志应包括工程名称、取样部位、取样日期、样品名称和样品数量，并由见证人员和取样人员签字，否则，质量检测单位不得对试样进行检测。而旁站是对工程关键部位、关键工序的监督、检查、管理，凡旁站监理人员和施工单位的现场质检人员未在旁站监理记录上签字的，不得进行下一道工序的施工。

4. 行为人的资格不同

见证工作，一般由具有工程试验专业知识、持有《见证人员证书》的试验检测专业技术人员执行，如试验专业工程师、检测专业工程师、试验员负责进行和完成。旁站工作，一般由经过监理综合业务培训合格、持有《监理培训合格证》的监理员负责进行和完成。旁站行为由一人独自进行，见证行为可以多人同时进行。

7.4.3.2 监理见证行为的实施手段

见证人员一般应依据编制的见证监理方案、监理细则或见证工作计划，借助通知、测量、试验、旁站、记录、报告、总结等监理手段实施见证行为。例如，根据审查原材料的进场计划编制见证监理方案文件，通知施工单位需要进行见证取样；根据旁站试验情况记录试验结果，决定是否认可试验结论并对见证行为进行总结等。

7.4.4 监理见证行为的实施阶段、行为方式

7.4.4.1 监理见证行为的实施阶段

监理见证行为的实施阶段，一般处于工程的施工准备阶段，重点处于施工阶段。只要有工程项目的施工，工程监理人员就必须履行原材料见证职责、混合料见证职责等。

监理见证行为的主要行为对象是工程施工过程中的原材料、混合料配合比、工程试件等的

取样、送样、检测、试验、数据记录、书面报告、资料存档等内容。

7.4.4.2 监理见证行为的行为方式

监理见证行为主要为工程施工单位的施工现场质量控制服务，也为质量事故的处理服务。监理见证行为的行为方式，主要包括一级项目监理机构独立进行的见证和两级项目监理机构联合进行的见证；制度规定性见证和合同规定性见证；监理见证人员独立见证和工程监理单位的见证人员与建设单位的见证人员联合见证等。

7.4.5 监理见证行为的表达方式

见证，既可以作为行为的实施过程，又可以作为行为的实施结果。

作为见证行为的结果的表达方式，一般包括红头文件形式、非红头文件的表格资料形式等两种，主要采用专用的见证表格形式。

7.4.5.1 采用红头文件表达

监理的见证行为的实施结果，应该采用红头文件的形式表达的，主要包括项目监理机构编制、印发的见证方案、见证报告、见证通知类文件。

7.4.5.2 采用专用见证表格形式表达

《建设监理规范》和《水利监理规范》、《公路监理规范》、《铁路监理规范》没有给出监理见证专用的、固定格式的表格形式。但是，各省市、各工程建设单位或工程监理单位均在多年的见证实践中形成了一些可操作性强的见证记录表格、见证台账。

7.4.6 监理规范中关于监理见证行为的规定内容

根据《建设监理规范》和《水利监理规范》、《公路监理规范》、《铁路监理规范》的规定，监理见证行为的规定内容如表7-7所示。

监理见证行为的主要规定内容 表7-7

序 号	规定的具体内容	依据的监理规范			
		国标规范	公路规范	铁路规范	水利规范
1	见证取样检验	第5.4.6条	—	第5.3.3条	—
2	其他	—	—	—	—

7.4.7 监理见证行为的规范化实施要点

7.4.7.1 实施监理见证行为应达到的目标或要求

持有《见证人员证书》的工程监理人员在进行工程施工见证过程中，在时间上应达到及时见证、按时完成见证工作的要求；在主观上应达到认真、到位、公正，为工程质量和费用、安全、环保负责的要求；在客观上应达到见证指标符合规定，见证方法科学，见证数据真实可靠，见证记录规范，发现问题、解决问题或及时报告。

对进入施工现场的所有建筑材料，必须按规范要求实行见证取样和送检试验，试验报告纳入质保资料，见证记录归入施工技术档案。

7.4.7.2 见证人员的职责

见证人员应是工程建设单位或工程监理单位的人员。具备见证员资格的见证人员应履行以下职责：

(1)取样时，见证人员必须在现场进行见证。

(2)见证人员必须对试验样品进行监护，包括试件制作、养护期间的监护。

(3)见证人员必须和施工人员一起将试样送至检测单位。

(4)有专用送样工具的工地,见证人员必须亲自封样,应在试样或其包装上做出标识、封志。应标明工程名称、取样部位、取样日期、样品名称和样品数量,并由见证人员和取样人员共同签字。

(5)见证人员必须在检验委托单上签字,并出示《见证人员证书》。

(6)见证人员对试样的代表性和真实性负有法定责任。见证人员应完成见证记录,并将见证记录归入施工技术档案。

7.4.7.3　见证取样送检的范围

取样是指按有关技术标准、规范的规定,对建设工程可用的原材料、半成品、构配件和涉及结构安全的质量项目从检测对象中抽取试验样品的过程。送检是指取样后将试样从现场移交持有检测资质的检测单位试验检测的过程。

(1)涉及结构安全的试块、试件和材料,见证取样的比例不得低于有关技术标准中规定取样数量的30%,并送至经过省级以上建设行政主管部门对其资质认可和质量技术监督部门对其计量认证的质量检测单位进行检测。

(2)下列试块、试件和材料,必须实施见证取样和送检:

①用于承重结构的混凝土试块。

②用于承重墙体的砌筑砂浆试块。

③用于承重结构的钢筋及连接接头试件。

④用于承重墙的砖和混凝土小型砌块。

⑤用于拌制混凝土和砌筑砂浆的水泥。

⑥用于承重结构的混凝土中使用的掺加剂。

⑦地下、屋面、厕浴间使用的防水材料。

⑧国家规定必须实行见证取样和送检的其他试块、试件和材料。

7.4.7.4　见证取样送检的程序与要点

见证取样送检涉及三方行为,即涉及工程建设项目的施工方、见证方(如项目监理机构)、试验检测方(如具有国家规定的资质条件的第三方试验室、检测机构)。

1. 制订见证取样和送检计划

见证人员应督促施工单位根据工程施工技术规范、工程施工形象进度计划等资料编制需要监理人员见证取样和送检的工作计划,并及时审批。也可以由监理方的见证人员编制该计划。

2. 见证取样

施工单位的试验室、试验人员负责材料取样和试件制作。见证监理人员有督促和纠偏职责,负责对材料取样和试件制作的见证;负责在试件或试样包装上作标记、装箱上锁、贴封标志等;负责审核和填写"见证记录";负责全过程监护。

3. 见证送检

取样后将试件从现场移交给具备试验验证资质的试样检测单位。见证监理人员检查第三方试验室的计量认证书、CMA(中国计量认证/认可)章;检查附件等。CMA是依据《中华人民共和国计量法》为社会提供公正数据的产品质量检验机构。计量认证分为两级实施:一级为

国家级,由国家认证认可监督管理委员会组织实施;一级为省级,实施的效力均完全是一致的。

4. 收件

第三方试验室在监理人员、施工单位试样人员的见证下开箱检查试样,三方无异议时签收试样,填写“试样送达签收记录单”。

5. 试验检测的旁站与见证报告的编制

试样的试验必须在见证监理人员的见证下进行试验,试验的依据、步骤、方法、条件等内容见有关试验规范、教材和参考书。

编制试验报告时,注意试验报告应采用电脑打印方式;试验报告的格式采用统一表式;试验报告签名必须是手签;试验报告应有“有见证检验”的专用章;必须注明见证单位和见证人的姓名。

6. 见证试验报告的领取

见证试验报告的领取有两种情况,第一种情况:检验结果合格,由施工单位领取报告,办理签收登记。第二种情况:检验结果不合格,试验单位通知见证人上报监督站,由见证人领取试验报告。

在见证取样和送检试验报告中,试验室应在报告备注栏中注明见证人,加盖有“见证检验专用章”,不得再加盖“仅对来样负责”的印章,一旦发生试验不合格情况,应立即通知监督该工程的建设工程质量监督机构和见证单位,有出现试验不合格而需要按有关规定重新加倍取样复试时,还需按见证取样送检程序来执行。

未注明见证人和无“有见证检验”章的试验报告,不得作为质量保证资料和竣工验收资料。

7. 建立见证台账

见证人对所见证的事情的过程、结果应建立见证台账。台账的内容包括项目名称、进场日期、进场数量、取样时间、代表批量、会同取样人员、使用部位、合格结论、不合格的处理意见与结果等。

7.4.7.5 房屋建筑、市政工程主要材料的见证取样

见证取样材料包括水泥、钢筋、碎石、砂、沥青、石灰、粉煤灰、预应力钢绞线、各种外加剂等。今以水泥、钢筋、砂石材料为例介绍见证取样的有关事项。

1. 水泥的见证取样

(1) 取样前的检查。水泥取样前,首先检查水泥的出厂合格证、生产日期、批号及等级,认可后及时要求施工单位共同取样送检。见证监理人员应要求施工单位出示每批水泥的 3 天或 28 天抗压强度报告,报告合格之后方可同意该批水泥用于施工。

(2)检测项目。水泥的检测项目一般包括细度、凝结时间、安定性、胶砂强度。

(3)取样的频率。以同一品种、同一强度等级、同一出厂批号为一个验收批,每批总质量不大于 200t 复检一次。随机从不少于 20 袋装中抽取等量水泥,经拌和均匀后,再从中称取不少于 12 kg水泥,用留样筒包装送检。

(4)检测要求。水泥的凝结时间分初凝和终凝。初凝为水泥加水拌和时起至标准稠度净浆开始失去可塑性所需的时间,终凝为水泥加水拌和时起至标准稠度净浆完全失去可塑性并开始产生强度所需的时间。安定性指水泥在凝结硬化过程中体积变化的均匀性。当水泥浆体

硬化过程发生了不均匀的体积变化，会导致水泥膨胀、开裂、翘曲，即安定性不良。安定性不良的水泥会降低建筑物的质量，所以，规范规定体积安定性不良的水泥应作废品处理，不能用于施工。当在使用中对水泥质量有怀疑或水泥出厂超过三个月（快硬硅酸盐水泥超过一个月）时，应复查试验，并按其结果使用。钢筋混凝土结构、预应力混凝土结构中，严禁使用含氯化物的水泥，不同品种的水泥不得混合使用。凡氧化镁、三氧化硫初凝时间、安定性中的任一项不符合标准规定时均为废品。凡细度、终凝时间、不溶物和烧失量中的任一项不符合标准规定或混合材料掺加量超过最大限量和强度低于商品强度等级规定的指标时称为不合格品。水泥包装标志中水泥品种、强度等级、出厂名称和出厂编号不全的也属不合格品。

2. 钢筋的见证取样

（1）原材料的见证取样数量。每批应由同厂别、同炉号、同一级别、同一规格为一个取样单位，每批质量不大于60t复检一次。冷拉钢筋以同一级别、同直径为一批，每批质量不大于20t复检一次。

（2）原材料的见证取样方法。每一验收批从两根钢筋中截取各2根为一组（两根拉力，两根冷弯试件），低碳热轧盘条取拉力一根，冷弯两根，截取试样时在距钢筋端头不小于50cm处截取。

（3）原材料的见证取样长度。直径大于20mm的钢筋取得45cm两根、30cm两根，直径16mm、18mm和20mm的钢筋取得40cm两根、25cm两根，直径小于16mm的钢筋取35cm两根、20cm两根。

（4）钢筋焊接（包括双面、单面搭接焊、电渣压力焊和闪光对焊）的试件应从成品中切取。见证取样数量是同一钢筋级别规格，同一焊接参数，每200个接头为一验收批，不足200个接头时的按一验收批。见证取样方法是每一验收批取样三组，一组进行拉伸试验，一组进行闪光对焊，一组进行弯曲试验。

3. 砂石料的见证取样

（1）见证取样方法。以同一产地、同一规格、同一进场时间，每批不大于400m^3为一验收批。在料堆上取样时，取样时先将取样部位表层铲除，然后由料堆的顶部、中部、底部抽取大致相等的试件8份（石子为15份）组成一组试样。

（2）见证取样数量。砂30kg、石子80kg。

（3）见证砂必须试验项目包括筛分析、含泥量、泥块含量。见证石料必须试验项目包括筛分析、含泥量、泥块含量、针状和片状颗粒的总含量、压碎指标值等。

7.4.7.6 见证取样试验的注意事项

1. 见证人员必须持有《见证人员证书》

项目监理机构应配备足够的、持有《见证人员证书》的见证监理人员。工程监理单位应轮流对工程试验监理人员进行见证员培训，并取得岗位证书。

2. 见证监理人员的职业道德必须良好

（1）工程监理人员要有良好的职业道德，不刁难施工单位，更不能与施工单位恶意串通，弄虚作假等来损害建设单位的利益，做到客观、公正。项目监理机构的见证监理人员必须坚持现场取样见证，要求取样方法按规定进行操作，使样品具有较充分的代表性。

（2）见证监理人员必须在委托单上签名，对于重要的试件如钢筋、水泥等，见证监理人员

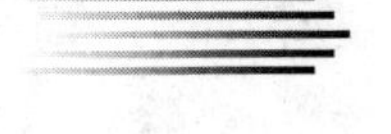

必须见证施工单位取样和送检,并做好记录以便归档。试验报告出来后,经见证监理人员审核合格和加盖项目监理机构公章后才能存档;并由见证监理人员做好试验记录登记表,内容包括取样日期、使用部位、取样人、见证人、试验报告编号、报告返回日期、试验结果等。

(3)较大的工程,应防止施工单位在混凝土试块、砂浆试块上弄虚作假,如特制试块、更换试块、多做试块张冠李戴等。

(4)项目监理机构应在工程施工监理现场建立自己的试验室、养护室,随时抽取混凝土及砂浆试块进行检测。若检测结果与施工单位的试块检测结果出入较大时,应进行分析,搞清原因。

3. 编制监理见证制度、见证计划或见证工作方案

项目监理机构的负责人应根据工程的具体情况组织、指导工程见证取样送检工作制度、办法的编制工作。将材料进场报验、见证取样送检的范围、工作程序、见证人员和取样人员的职责、取样方法等内容可写到监理细则中去;并由总监理工程师或驻地监理工程师主持召开见证取样和送样工作的专题会议,要求参建各方在施工中必须严格按制定的工作程序执行,对违反操作程序的责任单位制定具体的处罚办法,以便有章可循、有据可依,只有这样才能充分发挥见证人员的作用,真正起到提高工程质量的作用。

4. 见证取样及其试验的频率问题

需要进行见证取样及其试验的项目多指原材料及其混合料,原材料及其混合料不存在见证频率为多少的问题,监理规范或招标文件规定见证的项目必须见证,施工过程中需要见证的材料必须见证,不同于监理抽检、平行检验、跟踪检验。

8 指令行为

8.0.1 工程监理指令的含义

8.0.1.1 《现代汉语词典》中的有关解释

【指令】《现代汉语词典》中收录了“指令”一词。①指示;命令。②旧时公文的一种,上级机关因下级机关呈请而有所指示时称为指令。“指”是给人以方向,“示”是指点、示意。③现代公文处理办法中,党的机关公文将“指令”列为法定公文之一。

1981年2月,国务院办公厅发布的《国家行政机关公文处理暂行办法》将国家行政机关的公文种类归纳为九类十五种,即命令、令、指令、决议、决定、指示、布告、公告、通告、通知、通报、报告、请示、批复、函。其中,具有强制执行性的文件就有命令、令、指令、指示、决定、决议等六种。

可见,“指令”曾经是一种法定公文,使用于20世纪80年代,其含义为“指令,是国家行政机关发布经济、科研等方面的指导性和规定性相结合的措施或要求而使用的一种公文”。

监理工程师指令,又称为监理工作指令或工程监理指令、监理工作指示、监理指示等。

8.0.1.2 工程监理规范中的有关解释

1. 国家标准中的有关解释

《建设监理规范》第2章“术语”中没有给出“指令”一词,但在有关条文中给出了监理工程师下达监理指令的规定。例如:第5.4.12条规定监理人员发现施工存在重大质量隐患,可能造成质量事故或已经造成质量事故,应通过总监理工程师及时下达工程暂停令,要求施工单位停工整改。整改完毕并经监理人员复查,符合规定要求后,总监理工程师应及时签署工程复工报审表。总监理工程师下达工程暂停令和签署工程复工报审表,宜事先向建设单位报告。

2. 行业标准中的有关解释

(1)《公路监理规范》的解释

在其第2章“术语”中没有给出“指令”一词,但在有关条文中给出了监理工程师下达监理指令的规定。例如:第4.2.13条规定监理工程师收到施工单位提交的合同工程开工申请后,应对合同工程的开工条件进行核查。具备开工条件的,由总监理工程师签发合同工程开工令,并报建设单位备案。再如:第5.5.5条规定对总体工程进度起控制作用的分项工程的实际工程进度明显滞后于计划进度且施工单位未获得延期批准时,监理工程师必须签发监理指令,要求施工单位采取措施加快工程进度。

(2)《铁路监理规范》的解释

在其第2章“术语”中也没有给出“指令”一词,但书面明确规定项目监理机构、监理工程师应该认真实施“指令”行为,并在其他条文中给出了具体规定。例如:第5.3.12条规定监理人员发现承包单位有违反工程建设强制性标准的行为,应责令承包单位立即整改;发现其施工活动可能或已经危及工程质量的,应采取应急措施,必要时由总监理工程师下达暂停施工

指令。

(3)《水利监理规范》的解释

在其第2章“术语”中没有给出“指令”一词，但书面明确规定现场项目监理机构、监理工程师应该认真实施“指示”行为，并在其他条文中给出了“监理指示”这一监理工作行为的具体规定。例如：第6.2.10条第6款规定项目监理机构发现施工环境可能影响工程质量时，应指示施工单位采取有效的防范措施。必要时，应停工整改。

8.0.2 监理指令行为的内涵及其行为人、责任主体

8.0.2.1 监理指令行为的内涵

国际咨询工程师联合会制定的《FIDIC土木工程施工合同条件》(第四版)中规定，施工单位应严格执行“工程师”对工程事项发出的“指令”。“工程师指令”应采用书面形式，即称之为“指令性文件”。采用指令性文件对施工单位的履约情况、施工质量等进行有效控制，这是FIDIC合同条件下工程监理的特点。

对项目监理机构而言，下达监理“指令”是监理工程师依据监理规划、履行监理合同过程中应尽的主要义务之一；对施工单位而言，监理工程师下达监理“指令”是项目监理机构应有的监理权力之一，施工单位应予以接受和落实并回复执行情况。

8.0.2.2 监理指令行为的行为人、责任主体

监理工程师的指令活动可以作为一种执业行为，其行为人是专业监理工程师、驻地监理工程师和总监理工程师，以总监理工程师、驻地监理工程师为主。其行为的不良后果的责任主体是项目监理机构，由项目监理机构和监理工程师共同承担指令行为不作为的责任。

在指令的具体实施过程中，项目监理机构的负责人——总监理工程师、驻地监理工程师负责签发指令并安排监理人员监督执行，监理员无权签发监理指令，但有义务执行或监督执行，可以建议总监理工程师、驻地监理工程师适时签发监理指令。专业监理工程师可以下达《工地监理工作指示》、《工程现场指示》，在未经总监理工程师确认前，施工单位应根据自己的判断进行实施；一旦经总监理工程师确认后，施工单位必须实施。

为确保监理指令的落实，避免错误的监理指令发出后施工单位不敢申诉，监理工程师下达监理指令文件时，宜在文件最后一段书明“收件各方，如对本监理指令有异议，请7天之内(或请于××年××月××日××时之前)书面提出；否则，视为有效监理指令”等字样。

8.0.3 监理指令行为的相近行为、实施手段

8.0.3.1 监理指令行为的相近行为

监理指令行为不具有唯一性，存在着相近的行为。其相近行为包括监理工作提示、监理通知行为、责令行为、警告行为，其行为的内涵、行为的实施主体、行为结果的不作为责任的承担者等与指令行为相似，只是约束性、强制性、时限性上略有不同。

提示、通知、指令不得混淆。监理工作提示，是预防性的、工程施工之前的或者问题出现之前的建议。监理工作指令，是出现了问题必须立即进行处理的要求。不论什么情况下，对同一具体事项，绝不能先下达了监理指令，后又发出工作提示。也就是说，事前可以不提示，但事中可以有指令。监理工程师的指令可以一次、再次，却不可以三次及其以上。

监理工作通知单或监理工程师通知(红头)文件中的通知事项、内容具有普遍性，需要面上解决，被通知的施工单位至少是一个。对通知的落实执行情况，下属单位应接受上级检查，

但不一定要书面报备。而指令的事项、内容具有特别性,而且具有严肃性,非这样、这时解决不行,被指令的单位一般为一个,可以抄送其他下属单位注意。但面上存在的问题,因其重要,非严肃指出并强制执行不行,也可以指令所有下属单位,签发指令者关注落实结果,被指令者必须将落实结果书面上报备查。

《建设监理规范》规定的总监理工程师职责中,包括签发项目监理机构的文件和指令等。第5.4.12条规定监理人员发现施工存在重大质量隐患,可能造成质量事故或已经造成质量事故,应通过总监理工程师及时下达工程暂停令,要求承包单位停工整改。整改完毕并经监理人员复查,符合规定要求后,总监理工程师应及时签署工程复工报审表。总监理工程师下达工程暂停令和签署工程复工报审表,宜事先向建设单位报告。

项目监理机构、工程监理人员必须明确监理工作提示、监理工作通知、监理工作指令三者的区别,做到该提示的用提示、该通知的用通知、该指令的用指令。

8.0.3.2 监理指令行为的实施手段

监理工程师实施指令行为,一般应依据监理规范、监理规划文件、监理合同文件,借助检查、审查、测量、试验、计量、巡视、抽检、见证等监理手段实施。例如,根据对实际工程施工进度统计报表文件的审查意见下达加快工程施工进度的监理指令,根据计量的结果考虑规范工程计量程序的问题,根据见证取样情况指令施工单位加强见证取样试验工作、更换见证取样人员等。

8.0.4 工程监理指令的分类、特点

8.0.4.1 工程监理指令的分类

1. 按表达方式的不同分类

按表达方式,监理指令有两种,即现场口头指令和书面指令文件。根据《FIDIC 土木工程施工合同条件》(第四版)第2.5节的规定,监理工程师发出的指令应是书面的,在第1.1节中将"书面"规定为"手写、打印或印刷的通信函电,包括传真、电报和电子邮件"。但是,由于某种原因,监理工程师可在工地现场先发出口头指令,事后应立即以书面确认。

2. 按指令的内容不同分类

(1)工程开工令

应该说,合同工程开工命令是监理工程师在工程施工阶段监理工作中发出的第一个书面指令。《公路监理规范》明确规定总体工程具备开工条件时由总监理工程师发出开工命令。《水利监理规范》规定项目监理机构首先签发"进场通知",之后签发"合同项目开工令",由总监理工程师签发、施工单位项目经理签收。

(2)工程暂时停工令与复工指令

《建设监理规范》第6.1节规定总监理工程师签发工程暂停令。为保证工程质量或工程安全、环保,由于某种原因监理工程师可以指令施工单位于何时对某某工程暂停施工;待停工整顿合格或影响安全、环保的因素消除后施工单位应申请复工,监理审查合格后可下达复工指令。《水利监理规范》称为"停止施工通知、复工通知"。

(3)停止与恢复工程支付的指令

合同条件规定,施工单位任何工程款项的支付均需要由"工程师"确认并签署证明(即支付证书)。如果施工单位的工程质量没有达到合同文件规定的标准或者施工单位没有全面履

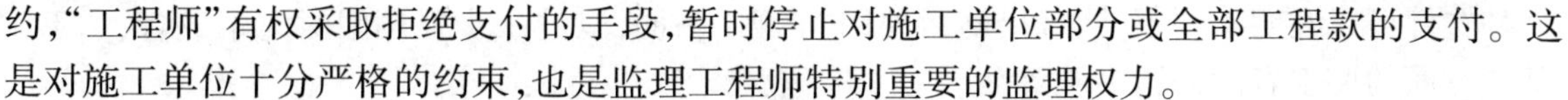

约,“工程师”有权采取拒绝支付的手段,暂时停止对施工单位部分或全部工程款的支付。这是对施工单位十分严格的约束,也是监理工程师特别重要的监理权力。

(4)工程变更指令

合同条件规定,没有“工程师”的指令,施工单位不得变更任何工程的设计而进行施工。《水利监理规范》称为“变更指示、变更通知”,由总监理工程师签发、施工单位项目经理签收。

(5)工地现场指令

上面所述四种指令不能包括而又必须要求施工单位去做、做到何种标准、何时做完的事项,尤其是工地巡视发现的、需要向施工单位说明并要求其处理的问题,均应以《监理工作指令》的形式发出,有的工程项目建设单位、有的监理规范或监理书刊亦称之为“监理工地指示、监理现场指示或工地现场指令”。《水利监理规范》称为“工程现场书面指示”,由监理工程师签发、施工单位现场负责人签收。

8.0.4.2 工程监理指令的特点

1. 签发者的唯一性

发送给施工单位的工作指令,只能由具有监承关系的项目监理机构发出,而且是由总监理工程师和经总监理工程师授权的驻地监理工程师、专业监理工程师等三类监理人员发出。

2. 指令运作时间的全过程性

监理工程师有权根据工程施工项目的《合同条件》、《技术规范》的规定及时向施工单位发出指令,其签发时间贯穿于合同工程的整个施工过程,包括开工前施工准备阶段、施工阶段、交工试运行阶段、缺陷责任期阶段等。

3. 指令内容的广泛性

监理工程师指令施工单位处理工程问题的内容广泛,包括处理某一技术问题的工作指令及工程暂时停工指令、复工指令、机械设备到达现场指令、防止环境污染指令,加快施工进度指令、增加施工资源投入指令,施工安全管理指令、环保管理指令等等。

4. 指令表格的专用性

监理工程师向施工单位下达工程开工命令、暂时停工指令/复工指令、停止工程支付指令/恢复工程支付指令、工程变更(设计)指令、监理工作指令时,涉及内容特别重要的监理工作指令可以使用红头文件的方式印发。涉及内容不是特别重要的监理工作指令而且有规范的、通用的表格时,应使用专用或统一的表格,以提高指令下达的效率和准确性。《建设监理规范》中规定了“监理工程师通知单”、“工程暂停令”等专用表格。《公路工程施工监理规范》(JTJ 077—95)规定了监理工作指令的专用表格,《公路监理规范》进行了调整,在附录 C 中只将《监理工作指令单》列为规范表格。

5. 执行指令的强制性

监理工程师编写的工作指令一经发出,即具有强制性和约束力,施工单位无权拒绝而且必须立即落实,除非监理工作指令错误、要求事项超出合同规定等。监理工作指令用词严谨,一般用“必须、严禁、杜绝、不得、立即、限期、否则”等,原则上不用“应、应该、宜、或者”等,不得使用“建议”一词,用“请”、“希”时后要加“必须、严格”等词。

指令文件写作中的要求必须具体,规定必须明确,措施必须有力。在“命令、令、指令、指示、决定、决议”等强制执行性的文件和“通知、通报、批复”等指导性的文件中,只有“指令”这一种文件可以在明确要求、明确措施后使用“否则”一词,以进一步强调限时完不成者、达不到某一方面的要求者的处罚措施等。

6. 执行指令的期复性

《建设监理规范》在施工阶段监理工作的基本表式中给出了18个固定表格,供施工单位、工程监理单位专用或共同使用。其中,明确给出了“监理工程师通知回复单”,要求施工单位完成了“第××号监理工程师通知单”的指令内容后应及时自检和回复,要求项目监理机构进行复查并填写监理意见。《公路工程施工监理规范》(JTJ 077—95、JTG G10—2006)规定了监理工作指令表格,但没有规定监理工作指令的回复单。在公路工程施工监理的实际工作中,大部分公路监理工程师、项目监理机构均要求施工单位落实监理工作指令后进行书面回复,且各个工程项目监理机构均制定了各自的“监理指令回复单”等表式。实践证明,监理工作指令必须具有回复性,只有要求施工单位回复“××号监理工作指令”的执行情况,才能保证监理工作指令的落实。落实的结果如何,还要求监理工程师现场进行复查签证。

8.0.5 监理指令行为的实施阶段、行为方式

8.0.5.1 监理指令行为的实施阶段

监理指令行为的实施阶段,处在工程的施工准备阶段、施工阶段、交工缺陷责任期阶段等施工全过程中,只要施工单位存在不按照规范、不按照合同规定施工的行为,就存在监理指令行为。

监理指令行为的主要行为对象是工程施工行为,包括工程施工质量、进度、费用、安全、环保等合同管理问题的指令事项。监理工程师发出的监理指令,在工程施工阶段最多。

8.0.5.2 监理指令行为的行为方式

监理指令行为主要指向工程施工单位。但是,有时也存在着项目监理机构上下级之间的指令问题,如总监办指令下级项目监理机构(如驻地办)处理某些事项。

监理指令行为的行为方式,主要包括以红头文件形式下达的监理指令和非红头文件形式的专用监理指令单;暂时停工指令和复工指令;现场口头指令和书面指令;暂时停止支付指令;加快工程施工进度的监理指令和其他纠偏指令;季节性停工指令(如冬、雨季)和特殊时期的临时停工指令(如发生工程质量、安全、环保事故时期)等等。

8.0.6 监理指令行为的表达方式

指令,可以作为行为的过程(即指令这一动作),又可以作为行为的结果(即指令文件)。

作为指令行为的结果的表达方式,一般包括红头文件形式的指令性文件、非红头文件形式的指令表格等两种,主要采用指令表格形式。

8.0.6.1 采用红头文件表达

监理的指令行为的过程和最终结果,应该采用红头文件的形式表达的,主要包括项目监理机构编制、印发的各种请示、通知要求类、报告类文件,如指令下达时机的请示、指令执行情况的专题报告。

8.0.6.2 采用专用监理表格形式表达

《建设监理规范》中规定了专用的、固定格式的《工程暂停令》表格。《公路监理规范》中规定了监理指令行为的固定格式,如监理指令单。

监理工程师向施工单位下达工程开工命令、暂时停工指令/复工指令、停止工程支付指令/

恢复工程支付指令、工程变更(设计)指令、监理工作指令时,涉及内容特别重要的监理工作指令可以使用红头文件的方式印发。

涉及内容不是特别重要的监理工作指令而且有规范的、通用的表格时,应使用原国家建设部或所属专业部门印发的专用或统一表格,以提高指令下达的效率和准确性。

(1)《建设监理规范》规定的"监理工程师通知单"、"工程暂停令"专用表格,如表8-1、表8-2所示。

监理工程师通知单(B1表) 表8-1

工程名称: 编号:

致:________ 事由: 内容: 项目监理机构:________总/专业监理工程师:________日　期:________

工程暂停令(B2表) 表8-2

工程名称: 编号:

致:(施工单位) 由于________的原因,现通知你方必须于____年____月____日____时起,对本工程的________部位(工序)实施暂停施工,并按下述要求做好各项工作: 项目监理机构:________总监理工程师:________日　期:________

(2)《公路工程施工监理规范》(JTJ 077—95)规定了监理工作指令的专用表格,《公路监理规范》进行了调整,在其附录C中只将"监理指令单"列为规范表格,如表8-3所示。

________工程项目

监 理 指 令 单 表8-3

编号:________

施工单位		合同号	
监理单位		监理机构	
签发人		日期	
致:________: (阐述指令依据、施工单位不符合规定的事实及整改要求等) 请于______年____月____日前回复。 抄报(送):			
签收人		日期	

(3)《水利监理规范》规定了项目监理机构的工作用表计48个,涉及"监理工程师通知单"、"监理指示"类的专用表格计10个,具体包括进场通知、合同项目开工令、工程现场书面

指示、警告通知、整改通知、新增或紧急工程通知、变更指示、变更通知、暂停施工通知、复工通知。从中可以看出,《水利监理规范》多用“通知、指示”代替 FIDIC 合同条件中的“指令”。“工程现场书面指示”、“整改通知”、“变更指示”如表 8-4、表 8-5、表 8-6 所示。

工程现场书面指示

（监理[ ]现指 号） 表 8-4

合同名称： 合同编号：

<table>
<tr><td>致:(施工单位)
请你方执行本指示内容。本指示单你方签名后即时生效。
指示内容与要求:

发布指示依据:

监 理 机 构:(全称及盖章)
监理工程师:(签名)
日 期: 年 月 日</td></tr>
<tr><td>我方将:
☐ 按指示执行
☐ 按指示执行,并提出我方意见(另行报请审核)

承 包 人:(全称及盖章)
现场负责人:(签名)
日 期: 年 月 日</td></tr>
<tr><td>说明:本表一式____份,由项目监理机构填写。施工单位签署意见后,施工单位、项目监理机构各 1 份。</td></tr>
</table>

整 改 通 知

（监理[ ]整改 号） 表 8-5

合同名称： 合同编号：

<table>
<tr><td colspan="2">致:(施工单位)
由于本通知所述原因,通知你方对________工程项目应按下述要求进行整改,并于______年______月______日前提交整改措施报告,确保整改的结果达到要求。</td></tr>
<tr><td>整改原因</td><td>☐ 施工质量经检验不合格
☐ 材料、设备不符合要求
☐ 未按设计文件要求施工
☐ 工程变更
☐</td></tr>
<tr><td>整改要求</td><td>☐ 拆除 ☐ 返工
☐ 更换、增加材料、设备 ☐ 修补缺陷
☐ 调整施工人员 ☐</td></tr>
</table>

续上表

<table>
<tr><td>☐ 整改所发生的费用由施工单位承担
☐ 整改所发生的费用可另行申报
☐

监 理 机 构:(全称及盖章)
总监理工程师:(签名)
日　　期:　　年　月　日</td></tr>
<tr><td>现已收到整改通知,我方将根据通知要求进行整改,并按要求提交整改措施报告。

承 包 人:(全称及盖章)
项目经理:(签名)
日　期:　　年　月　日</td></tr>
<tr><td>说明:本表一式________份,由项目监理机构填写。施工单位签收后,施工单位、项目监理机构、发包人各1份。</td></tr>
</table>

变更指示

(监理[　]变指　号)　　表8-6

合同名称:　　　　合同编号:

<table>
<tr><td colspan="2">致:(施工单位)
现决定对本合同项目作如下变更或调整,你方应根据本指示于________年________月________日前提交相应的施工技术方案、进度计划。</td></tr>
<tr><td>变更项目名称</td><td></td></tr>
<tr><td>变更内容简述</td><td></td></tr>
<tr><td>变更工程量</td><td></td></tr>
<tr><td>变更技术要求</td><td></td></tr>
<tr><td>其他内容</td><td></td></tr>
<tr><td colspan="2">附件:变更文件、施工图纸。

监 理 机 构:(全称及盖章)
总监理工程师:(签名)
日　　期:　　年　月　日</td></tr>
<tr><td colspan="2">接受变更指示,并按要求提交施工技术方案、进度计划。

承 包 人:(全称及盖章)
项目经理:(签名)
日　　期:　　年　月　日</td></tr>
<tr><td colspan="2">说明:本表一式________份,由项目监理机构填写。施工单位签收后,施工单位、项目监理机构、发包人、设计机构各1份。</td></tr>
</table>

8.0.7 监理规范中关于监理指令行为的规定内容

根据《建设监理规范》和《水利监理规范》、《公路监理规范》、《铁路监理规范》的规定，监理指令行为的规定内容如表8-7所示。

监理指令行为的主要规定内容 表8-7

序号	规定的具体内容	依据的监理规范			
		国标规范	公路规范	铁路规范	水利规范
1	指令暂时停工、下达暂停通知	第5.4.12条	第5.1.13条	第5.3.12条	第6.3.5条
2	指令复工、签发复工通知	第6.1.5、6.1.6条	第5.1.13条	第10.1.3条	第6.3.5条
3—1	指令报送工程质量事故调查报告	第5.4.13条	—	—	—
3—2	指令处理质量事故	—	—	第5.5.2条	—
4	指令调整施工计划、编制赶工措施报告，解决进度滞后问题	第5.6.3条	第5.5.5条	—	第6.3.6条
5	责令改正工艺过程问题、施工工法、违章作业行为	—	第5.1.10条	—	第6.2.10条
6	指令整改环保问题	—	第5.3.3条	—	—
7	指令施工单位纠正非法分包、转包问题	—	第5.6.7条	—	—
8	指令整改质量缺陷、重新检验	—	—	第5.5.1条	第6.2.6条
9	指示使用计日工	—	—	—	第6.4.7条
10	指示停工处理重大安全隐患	—	—	—	第6.5.1条
11	指示保护文物、化石等	—	—	—	第6.6.7条
12	其他	—	—	—	—

8.0.8 监理指令行为的规范化实施要点

8.0.8.1 实施监理指令行为应达到的目标或要求

当监理工程师必须下达监理指令时，在时间上应达到及时指令、随时指令、按时完成指令文件的编发工作的要求；在主观上应达到依据正确、符合合同、符合规范、重在解决问题，为工程施工质量和安全、环保负责的要求；在客观上应达到指令整改的问题清楚、指令要求明确，具有针对性、可操作性，指令文件编写符合规定，抄送备案手续完备的目标。

8.0.8.2 工程监理指令文件的正确下达

由于监理指令具有强制执行性，往往涉及工程质量、安全、环保、进度、人员、机械设备以及工程费用，必须认真而有针对性地正确下达。

1. 指令的内容必须明确

监理工作指令中的内容必须明确且符合实际，应明确存在什么问题、何处存在等，应明确问题的解决要求、完成时限、达到何种标准等。

2. 指令的内容必须正确

监理工作指令中的内容除了明确之外，还必须正确。监理工作指令正确的含义包括格式正确、引用条款正确、指出的事实客观存在、指令要求适当等，指令的用语、口气、标点符号等都要合乎语法逻辑，指令的签认手续齐全等。

另外,监理工程师应胸怀坦荡、光明磊落,敢于接受批评、勇于改正错误,针对施工单位对某一个监理工作指令提出的异议,善于倾听对方意见、认真分析、正确判断。经判定属于正确的监理工作指令,应耐心细致地做好施工单位特别是有抵触情绪的施工队伍的工作,把监理指令落实好。经判定是不完全正确的、不符合实际的监理指令,应立即修改或者撤回,并适当向施工单位致歉。

3. 指令的编写依据必须准确

监理指令必须充分依据本工程的"合同条件"、"技术规范"和国家工程主管部门颁发的现行的工程质量检验评定标准等,引用标准、规范条文时应加强校对,做到引之有据、用之无误,不可想当然,不可引用过时的质量检验评定标准。

4. 指令下达的时间必须及时

监理指令必须及时下达,要注意时效性,防止指令延误。《建设监理规范》第 5.4.12 条规定"监理人员发现施工存在重大质量隐患,可能造成质量事故或已经造成质量事故时,应通过总监理工程师及时下达工程暂停令,要求施工单位停工整改"。假若一段路基第 5 层填土的压实度不合格,监理没有及时指令继续碾压,而施工单位却又上了第 6 层土且已开始整平碾压,这时监理工程师才指令第 5 层土重新碾压,监理工程师就有失职之嫌。

《建设监理规范》第 6.1.2 条规定"在发生下列情况之一时,总监理工程师可签发工程暂停令:①建设单位要求暂停施工且工程需要暂停施工;②为了保证工程质量而需要进行停工处理;③施工出现了安全隐患,总监理工程师认为有必要停工以消除隐患;④发生了必须暂时停止施工的紧急事件;⑤施工施工单位未经许可擅自施工或拒绝项目监理机构管理"。

5. 指令文件的文字必须简练、明确

监理指令的文字必须言简意赅,字清词准,不得发生歧义。同时,不得在指令中埋怨、指责、辱骂施工单位,推脱监理责任。

6. 监理指令的下达方式应首先选用监理规范中的专用表式

因为工程行业的不同、建设单位招标文件的不同、项目监理机构管理层次的不同,也可以使用红头文件的形式下达监理工作指令。无论如何,监理指令必须加盖项目监理机构的公章,必须经总监理工程师签字或经授权的驻地监理工程师、专业监理工程师签字,两者不得缺一,而且不得代签,不得加盖手章。

8.0.8.3 关于工程暂时停工与复工的指令

《建设监理规范》和三大行业监理规范均规定了工程暂停与恢复施工的处理要求。其中,《建设监理规范》第 6.1.1 ~ 6.1.7 条明确规定了工程暂停与复工条件、指令签发人等。下达暂停指令或通知的原因可能来自施工单位、建设单位、天气或气温等方面。监理指令的要点包括:

1. 监理指令的签发人

《建设监理规范》第 6.1.7 条明确规定,工程暂停令由总监理工程师签发,其他人无权签发。

2. 暂停指令的签发规定与注意事项

(1)签发工程暂停令的根据。总监理工程师应根据暂停工程的影响范围和影响程度,按照施工合同和委托监理合同的约定签发。

(2)《建设监理规范》规定在发生下列情况之一时，总监理工程师可签发工程暂停令：建设单位要求暂停施工，且工程需要暂停施工；为了保证工程质量而需要进行停工处理；施工出现了安全隐患，总监理工程师认为有必要停工以消除隐患；发生了必须暂时停止施工的紧急事件；承包单位未经许可擅自施工，或拒绝项目监理机构管理。

《水利监理规范》规定发生下列情况之一时，项目监理机构可视情况决定是否下达暂停施工通知：建设单位要求暂停施工时；施工单位未经许可即进行主体工程施工时；施工单位未按照批准的施工组织设计或工法施工，并且可能会出现工程质量问题或造成安全事故隐患时；施工单位有违反施工合同的行为时。同时规定发生下列情况之一时，项目监理机构应下达暂停施工通知：工程继续施工将会对第三者或社会公共利益造成损害时；为了保证工程质量、安全所必要时；发生了必须暂停施工的紧急事件时；施工单位拒绝服从项目监理机构的管理，不执行项目监理机构的指示，从而将对工程质量、进度和投资控制产生严重影响时；其他应下达暂停通知的情况发生时。

(3)确定工程项目停工范围。总监理工程师在签发工程暂停令时，应根据停工原因的影响范围和影响程度，确定工程项目停工范围。

(4)非建设单位原因引起的工程施工暂停，事先征得建设单位同意。国标监理规范按照施工合同和委托监理合同的约定签发。三大行业监理规范均规定下达工程施工暂停指令或签发暂停通知之前应征得建设单位同意。其中，《水利监理规范》规定建设单位应在收到项目监理机构的暂停施工通知报告后，在约定时间内予以答复；如果建设单位逾期未答复，则视为同意，项目监理机构可据此下达暂停施工通知。

(5)建设单位原因引起的暂停，监理应仔细判断，是否确需停工。国标监理规范要求监理工程师经过独立的判断，慎重决定。《水利监理规范》规定由于建设单位的责任引起的、确需暂停施工时，项目监理机构应及时下达暂停通知；如项目监理机构未及时下达，在施工单位提出暂停施工的申请后，项目监理机构应在施工合同约定的时间内予以答复和确认。

(6)指示或要求施工单位照管工程。不论暂停施工的原因来自施工单位，还是来自建设单位，监理工程师下达暂停指令或项目监理机构下达暂停通知时，第一应明确要求施工单位妥善照管工程，第二应明确要求施工单位及早采取有效措施，排除影响因素，为尽早恢复正常施工创造条件。

(7)签署工程复工报审表或复工通知。由于建设单位原因，或其他非承包单位原因导致工程暂停时，项目监理机构应如实记录所发生的实际情况。总监理工程师应在施工暂停原因消失，具备复工条件时，及时签署工程复工报审表，指令承包单位继续施工。由于承包单位原因导致工程暂停，在具备恢复施工条件时，项目监理机构应审查承包单位报送的复工申请及有关材料，同意后由总监理工程师签署工程复工报审表，指令承包单位继续施工。

(8)工程暂停引起的有关工期和费用索赔处理。由于非承包单位原因导致的工程施工暂停，总监理工程师在签发工程暂停令之前，应就有关工期和费用等事宜与承包单位进行协商。总监理工程师在签发工程暂停令到签发工程复工报审表之间的时间内，宜会同有关各方按照施工合同的约定，处理因工程暂停引起的与工期、费用等有关的问题。

8.0.8.4　关于指令施工单位采取调整措施解决进度滞后的问题

《建设监理规范》和三大行业监理规范均规定了调整进度计划、指令加快工程进度的要求。其中,《建设监理规范》第5.6.3条规定专业监理工程师应签发监理工程师通知指令施工单位采取调整措施。《公路监理规范》第5.5.5条规定实际进度明显滞后时应指令加快进度。《水利监理规范》第6.3.6条规定项目监理机构应指示施工单位调整施工进度计划、编制赶工措施报告。监理指令的要点包括:

1. 监理指令的下达人

指令施工单位采取调整措施解决进度滞后问题的行为人,不同的监理规范规定不一样。《建设监理规范》第5.6.3条规定由总监理工程师签发监理通知指令施工单位采取调整措施。《公路监理规范》第5.5.5条规定实际进度明显滞后时应指令加快进度。《水利监理规范》第6.3.6条规定由项目监理机构指示施工单位调整施工进度计划、编制赶工措施报告,由项目监理机构中的总监理工程师签发指示或通知文件。

2. 指令的签发规定与注意事项

(1)跟踪实际施工进度。统计分析实际施工进度、发现实际施工进度滞后于计划进度、发布赶工指示是项目监理机构控制施工进度以实现合同工期目标或建设单位要求目标的重要手段。

(2)进度严重滞后的处理程序。项目监理机构的计划合同工程师发现实际进度严重滞后于计划进度(如月计划滞后40%、累计计划滞后20%)时,应立即报告总监理工程师,总监理工程师应及时报告建设单位,与建设单位商定处理措施。

(3)注意使用“合同进度”评估实际进度的滞后程度。所谓工程建设施工项目的合同进度,就是合同工程开工以来,累计完成的实际工作量占有效合同价的百分比与已经累计占用的施工时间(工期)进度百分比的比值。该比值,若等于1,说明工作量进度与时间进度同步;若小于1,说明工作量进度落后于时间进度;若大于1,说明工作量进度超前于时间进度。有的工程施工合同规定,该比值若小于0.8即为工程施工进度严重滞后。

(4)履行告知义务。项目监理机构发现施工单位某一时刻的合同进度严重滞后时,应立即书面通报施工单位,履行一个公民、一名监理工程师的告知义务。当然,监理工程师也有警告施工单位的权力。

(5)指令调整进度计划,指令加快施工进度。项目监理机构审查施工单位编制的加快施工进度的措施,审批施工单位编报的调整计划,监督执行新的施工计划。

9 记录行为和日记(志)填写、台账建立行为

9.1 项目监理机构的记录行为

9.1.1 工程监理记录的含义

9.1.1.1 《现代汉语词典》中的有关解释

【记录】《现代汉语词典》中收录了“记录”一词。①把听到的话或发生的事写下来;②当场记录下来的材料。

可见,“记录”一词可以作为行为动词,强调行为人把听到的话写下来、把发生的事写下来,作为文字材料存档。

9.1.1.2 工程监理规范中的有关解释

1. 国家标准中的有关解释

《建设监理规范》第2章“术语”中没有给出“记录”一词,但给出了“记录”的有关规定。例如:第3.2.6条监理员应履行的职责中规定,监理员应检查施工单位投入工程项目的人力、材料、主要设备及其使用、运行状况,并做好检查记录。

2. 行业标准中的有关解释

(1)《公路监理规范》的解释

在其第2章“术语”中没有给出“记录”一词,但给出了“记录”的有关规定。例如:第5.1.9条规定监理人员每天对每道工序的巡视应不少于1次,并按附录B.1(见《公路监理规范》)格式详细做好巡视记录。再如:第7.1.2条“工地会议记录”规定,工地会议应由主持单位做好记录,会议形成的纪要应由参加单位确认,并可作为合同文件的一部分。

(2)《铁路监理规范》的解释

在其第2章“术语”中也没有给出“记录”一词,但书面明确规定现场项目监理机构、监理工程师应该认真实施“记录”行为,并在其他条文中给出了具体规定。例如:第5.5.3条规定项目监理机构应将质量事故处理记录整理归档。

(3)《水利监理规范》的解释

在其第2章“术语”中也没有给出“记录”一词,但书面明确规定现场项目监理机构、监理工程师应该认真实施“记录”行为。例如:第6.2.10条规定项目监理机构应对施工过程中出现的质量问题及其处理措施或遗留问题进行详细记录和拍照。

9.1.2 监理记录行为的内涵及其行为人、责任主体

9.1.2.1 监理记录行为的内涵

对项目监理机构而言,“监理记录”是监理人员实施监理规划、监理实施细则,履行监理合同过程中应尽的主要义务之一,是必须实施的最基本的、最原始的岗位工作行为之一,同时也是监理工程师、项目监理机构履行监理合同过程中应尽到的义务,而不是监理权力。

对施工单位而言,“监理记录”是相对保密的工程管理资料,未经总监理工程师、驻地监理工程师同意,施工单位不得查看、不得复制。

监理记录是指监理工作的各项活动的全面记录,是监理工作的基本工作。监理记录的及时性、全面性、质量高低,在很大程度上反映着监理工作的质量水平和监理工程师的责任意识、风险意识。监理记录可用来评估工程施工、施工监理进行的情况;或作为判断依据,解决各种纠纷和索赔;对做出的产品质量评价有据可查,还可为设计人员及工程验收提供详实的资料。

9.1.2.2 监理记录行为的行为人、责任主体

“监理记录”行为的行为人是项目监理机构中的专业监理工程师,也可以是专职文秘人员。

“监理记录”行为是以监理工程师个人的智慧、个人的活动来表现的,也就是说,“监理记录”行为的性质是个人行为。但是,经过项目监理机构负责人——总监理工程师、驻地监理工程师审查或签字的“监理记录”,则表现为集体行为,而非监理工程师个人的行为。

“监理记录”行为的行为后果的责任,由项目监理机构的相应监理工作人员来承担。但是,经过总监理工程师审查或签字的“监理记录”,其行为不作为的责任,由项目监理机构和总监理工程师来承担。

9.1.3 监理记录行为的分类

监理记录的形式多种多样,包括书面文字记录、图片记录、音像记录,正式文件记录、专业表格记录、非固定格式记录,工程质量监理记录、安全管理记录、环保控制记录、进度监理记录、计量管理记录、支付控制记录和合同管理其他事宜的记录,天气情况记录、旁站情况记录、巡视情况记录、会议情况记录、廉政建设情况记录等。

1. 按照监理工作职责的内容分类

按照监理工作职责的内容分类,可将监理记录分为工程质量监理记录(如图纸校对找出问题的记录;参加图纸会审及审核,图纸会审纪要的记录)、工程质量监理记录、工程安全管理记录、工程环保控制记录、工程进度监理记录、工程费用监理记录和合同其他事项管理记录等7种监理规范规定的监理记录行为。

2. 按照监理记录存档的时间长短分类

按照监理记录存档的时间长短分类,可将监理记录分为暂时性存档记录、长期性存档记录、永久性存档记录等。

3. 按照监理记录的形成阶段分类

按照监理记录存档的形成阶段分类,可将监理记录分为施工准备阶段的监理记录、施工阶段的监理记录、交工验收与缺陷责任期阶段的监理记录等。

4. 按照监理活动行为的不同分类

按照监理活动行为的不同分类,可将监理记录分为旁站监理记录、巡视监理记录、试验监理记录、测量监理记录、见证监理记录、监理验收记录、监理通知记录、监理指令记录、监理报告记录、监理检查记录、监理审核记录、监理会议记录、监理协调记录等等。

9.1.4 监理记录行为的相近行为、实施手段

9.1.4.1 监理记录行为的相近行为

记录行为具有唯一性,不存在相近的行为。

需要指出的是,项目监理机构建立台账的行为、编写日志的行为,监理人员填写统计表格的行为、编写日记的行为,均属于监理记录行为。

9.1.4.2 监理记录行为的实施手段

项目监理机构实施记录行为,一般应依据现场调查、检查、审查、测量、试验、计量、旁站、巡视、抽检、见证和参加会议、召开会议的情况,借助速记、录音、回忆、汇总、筛选、判断等监理手段。例如,根据审查会议的情况记录审查记录,根据测量的结果记录测量数据表,根据会议发言情况通过判断记录讲话要点等。

9.1.5 监理记录行为的表达方式

记录,是人的有意识的一种工作行为。监理记录行为的表达方式,可以采用红头文件的形式和非红头文件的表格资料形式,主要采用专用监理表格形式。

9.1.5.1 采用红头文件表达

监理的记录行为,可以采用红头文件的形式进行印发。例如,印发某索赔事件的调查记录,印发某工序的旁站记录作为记录的示范等。

9.1.5.2 采用专用表格形式表达

《建设监理规范》中没有规定专用的、固定格式的监理记录表式。《公路监理规范》等三大行业监理规范的附录中均给出了监理人员的旁站记录表式、巡视记录表式。另外,《水利监理规范》附录中还给出了项目监理机构的备忘录表式。

9.1.6 监理规范中关于监理记录行为的规定内容

根据《建设监理规范》和《水利监理规范》、《公路监理规范》、《铁路监理规范》的规定,监理记录行为的规定内容如表9-1所示。

监理工程师记录行为的主要规定内容　表9-1

序号	规定的具体内容	依据的监理规范			
		国标规范	公路规范	铁路规范	水利规范
1	记录工程质量事故处理情况	第5.4.13条	—	第5.5.3条	—
2	记录工程质量问题、缺陷的检查、处理情况	第5.8.2条	—	第5.3.6条	—
3	记录工程暂停施工时及其以后的实际情况	第6.1.5条	—	—	—
4	旁站记录	—	第5.1.10条	第5.3.9条	监理用表JL35
5	巡视记录	—	第5.1.9条	—	监理用表JL36
6	工地会议记录	—	第7.1.2条	—	第6.7.5条
7	质量验收记录	《建筑工程施工质量验收统一标准》(GB 50300—2001)			
8	项目监理机构备忘录	—	—	—	监理用表JL44
9	记录进度情况	—	—	第7.2.3条	—
10	文件签发记录、收发文记录	—	—	—	第6.7.2条
11	其他	—	—	—	—

9.1.7 工程监理记录行为的规范化实施要点

9.1.7.1 实施监理记录行为应达到的目标或要求

项目监理机构在实施监理行为的记录过程中,在时间上应达到及时记录、按时记录、随时

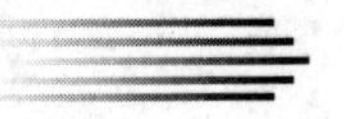

记录的要求;在主观上应达到认真、准确、公正、公平的要求;在客观上应达到内容全面、数据真实、要点简明准确、字迹工整清晰、签字认可手续完备、存档及时的目标。上级监理人员有权利和义务检查下一级监理人员的监理记录;施工单位的任何工作人员未经项目监理机构负责人的同意,不得查看、复印监理记录。

旁站记录必须使用专业术语,不用过多的修饰词语,更不要夸大其词。涉及到工程数量、位置顺序的地方,应写清准确的数字。

9.1.7.2　旁站监理记录

1. 旁站记录的依据

《建设监理规范》没有书面给出旁站记录的明确要求,在第 3.2.6 条监理员职责中要求监理员应做好监理日记和有关的监理记录。

《公路监理规范》第 5.1.10 条规定旁站监理人员应如实、准确、详细地做好旁站记录,并在“附录 B 监理记录”中给出了《旁站记录》的表式,如表 9-2 所示。

＿＿＿＿＿＿工程项目旁站记录　　表 9-2

项目监理机构名称:＿＿＿＿＿＿＿＿＿＿＿＿　　编号:＿＿＿＿＿＿＿＿

施工单位		合同号	
旁站监理人		日　期	
到场时间		离场时间	
质检人员		部位或桩号	
天气情况			
旁站工序或主要工作内容			
施工过程简述			
监理工程简述			
主要数据记录			
发现问题及其处理结果			

2. 旁站记录的要点

旁站部位往往是那些施工难度大,技术要求高,难以检查,出现问题后难以处理的关键部位或关键工序。因此,真实、准确地记录好旁站情况,对于每一位监理人员来说至关重要。

(1)基本情况

基本情况包括天气情况、现场人员情况、施工起止时间、施工部位、完成的工程量等。天气情况包括阴、晴、雨、雪和温度变化(最高气温、最低气温)、风力。准确的天气情况,可以使监理人员判断旁站部位是否具备作业的天气条件或根据天气情况要求施工单位采取相应的作业措施，如防水卷材 SBS 改性沥青油毡严禁在雨天、雪天和 5 级风及以上条件下施工，温度低于 0℃时也不宜施工；若施工遇雨，应做好已铺卷材周边的保护工作。再如，电渣压力焊在雨、雪天不宜进行施焊，必须施焊时，应采取有效的遮蔽措施，焊后未冷却的接头，应避免碰到冰雪。如果施工过程中发生天气的骤然变化，这些情况也应真实记录下来，如施工遇雨、风力增大。

对于现场人员情况，应真实记录现场与旁站有关的建设单位人员，施工单位的技术、管理人员。对于施工起止时间，应记录施工开始时间和结束时间。对于施工部位，应写清工程项目所在部位的具体位置。对于完成的工程量，应写清准确的数值，以便为造价控制提供依据。

(2)施工情况

施工情况包括关键部位或关键工序的施工过程情况、试验与检验情况、设备、材料的使用情况、质量保证体系运行情况等。

对于关键部位或关键工序的施工过程情况，主要记述关键部位或关键工序的施工方法、施工工艺及施工前施工单位制定的质量保证措施的执行情况。如电渣压力焊旁站记录应记述焊接时的电流、电压、通电时间及防止出现轴线偏移而采取的矫直钢筋端部、正确安装夹具和钢筋、避免过大的顶压力等质量保证措施的执行情况。

对于试验与检验情况，主要记述旁站过程中所做的与旁站有关的试验与检验情况，如人工挖孔灌注桩混凝土坍落度的测定、混凝土试块的取样、混凝土原材料的计量、钢筋焊接件的取样等。

对于机械设备使用情况，主要记述施工时使用的主要设备名称、规格、数量，与施工单位报验并经监理工程师审批的设备是否一致，施工机械设备运转是否正常。

对于材料使用情况，主要记录关键部位或关键工序实用的主要材料的名称、型号、厂家、实用数量及其与施工报验并经监理工程师审批的材料是否一致，如混凝土旁站记录“材料使用情况”应写清水泥生产厂家、强度等级、出厂编号、使用数量，若采用外加剂，还应写清外加剂名称、生产厂家、掺量；地下室防水工程旁站记录“材料使用情况”应写清防水材料的名称、生产厂家、规格、使用数量、出厂编号，若是防水卷材还要写清使用的胶黏剂名称、厂家。

对于质量保证体系运行情况，主要记述旁站过程中施工单位质量保证体系的管理人员是否到位，是否按事先的要求对关键部位或关键工序进行检查，是否对不符合工作要求的施工人员进行督促，是否对出现的问题进行纠正。

若工程因意外情况发生停工，应写清停工原因及监理发出的处理指令、施工单位所做的处理情况。

(3)监理工作情况

监理工作情况包括旁站过程中监理人员向施工单位技术员、质检员、安全员提出的要求、发出的指令，包括施工单位提出的问题及监理人员的回复，还包括各方指示，如建设单位、总监理工程师或驻地监理工程师、专业监理工程师对旁站监理人员的指示，这一切都要记录在旁站记录中。

3. 旁站记录的注意事项

(1)旁站记录作为旁站监理工作的真实记载，应与“监理日志”有所区别，因此，除在监理日志中有所记载外，还应单独记录，这是监理规范的规定行为。

(2)由驻地监理工程师或总监理工程师通过对旁站记录的审阅,可以从中掌握关键部位或关键工序的有关情况,针对出现的问题,分析原因,制定措施,保证关键部位或关键工序质量,同时这也是监理工作的责任要求。

(3)旁站监理人员应及时、准确地记录旁站监理内容,施工单位应在旁站监理记录上签字确认。

(4)总监理工程师或驻地监理工程师、专业监理工程师可以依据旁站监理记录确认其部位或工序的工程质量。

9.1.7.3　监理巡视记录

《建设监理规范》没有书面给出巡视记录的明确要求,在第3.2.6条监理员职责中要求监理员应做好监理日记和有关的监理记录。

《公路监理规范》第5.1.9条规定监理人员应如实、准确、详细地做好巡视记录,并在"附录B 监理记录"中给出了"巡视记录"的表式,如表9-3所示。《水利监理规范》附录的监理用表中也给出了巡视记录表。

________工程项目巡视记录　　表9-3

编号:________

施工单位		合同号	
巡视监理人		日期	
初始时间		终止时间	
巡视范围、主要部位、工序			
施工单位主要设施项目、人员到位、工艺合规性简述			
巡视人主要巡检数据记录			
巡视人发现的问题及处理情况简述			

《建设监理规范》第5.4.8条的条文说明给出了监理巡视检查的内容。《公路监理规范》第5.1.9条规定了监理人员应重点巡视的内容。《水利监理规范》第4.2.4条的条文说明给出了监理巡视检查的内容。综合国标监理规范、行业监理规范关于监理巡视记录的规定,巡视记录至少应包括以下内容:

(1)正在施工的分项、分部工程是否已批准开工。

(2)是否按照设计文件、施工规范和批准的施工方案、工法施工。

(3)现场施工管理人员,尤其是质量检测、安全管理人员是否按规定到岗,是否到位。

(4)施工操作人员的技术水平、操作条件是否满足工艺操作要求;特种作业人员是否持证上岗。

(5)工程施工现场使用的原材料或混合料、外购产品、施工机械设备是否与批准的一致,是否合格。

(6)质量、安全及环保措施是否实施到位。

(7)试验检测仪器、设备是否按规定进行了校准。

(8)是否按规定进行了施工自检和工序交接。

(9)施工环境是否对工程质量、安全产生不利影响。

(10)已经完成的部位、工程项目是否验收;验收是否合格;是否存在质量缺陷等。

另外,巡视过程中发现施工现场存在较大的质量问题或质量隐患,监理工程师宜采用照相、摄影等手段予以记录。

9.1.7.4　工地会议记录

关于工地会议记录,《建设监理规范》没有给出书面规定,《公路监理规范》第7.1.2条给出了书面规定。

会议记录是一种具有法律效力或者合同效力的记录和凭证。会议主持者可据此形成会议纪要,没有参加会议者可以从中了解会议内容。会议记录的格式有叙述式、一问一答式、结论式、纲领式。

(1)会议记录应使用第三人称的手法,运用记录性口吻,而不是直接记录发言人在会议上的原话。

(2)会议议程是会议的骨架,记录者应根据会议议程的内容记录。

(3)记录者不能只是站在自己的角度,应以第三者的角度公正、客观地记录会议讨论的事实和形成的结论。

(4)记录会议概况,包括召开会议的目的、时间、地点、会议名称、会议的主持单位和主持人、会议的参加单位和主要参加人、会议的主要议程、讨论的主要问题、取得的主要成果等。

(5)记录会议成果或者会议议定事项。会议成果或者会议议定事项部分是会议记录的核心部分、主体部分,会议的主要精神、会议议定的事项、会议上达成的共识、会议对与会单位布置的工作和提出的要求、会议上各种主要观点及争鸣情况等等,都在这一部分予以表达。这部分的写法有两种常见形式:

①条文式写法。根据与会各方的发言、讨论等形成的一致意见或分歧意见,用概括性的语言一条一条地分类整理,用数字小标题标明次序和内容。办公会议和专业会议,多用“条文式”写法。

②综述式写法。将会议内容综合归类,逐一分析、解决,既反映全面,又突出重点。表述时常用“会议”作主语,多用“会议要求”、“会议讨论了”、“会议决定”、“会议通过了”等惯用语作为各层意思的开头语,以体现内容的层次感。综述式写法适用于政策性较强的会议、涉及事项多又复杂的会议,如工作研究会议、经验交流会议、学术研讨会议、技术研讨会议等。

(6)会议记录的结尾,一般另起一行,写“散会”两字,有时也不写。

9.1.7.5　工程质量验收记录

关于工程质量验收记录,《建设监理规范》没有给出书面规定,《公路监理规范》也没有给出书面规定。《建筑工程施工质量验收统一标准》(GB 50300—2001)中给出了明确的规定,规定工程质量验收应形成验收记录。质量验收记录的要点包括:

1. 工程质量验收记录的表式

工程质量验收记录包括的记录表，具体有施工现场质量管理检查记录、检验批质量验收记录、分项工程质量验收记录、分部工程质量验收记录、单位工程质量竣工验收记录。其中，单位工程质量竣工验收记录包括四个附表，即单位工程质量竣工验收记录、单位工程质量控制资料核查记录、单位工程安全和功能检验资料核查及主要功能抽查记录、单位工程观感质量检查记录。

房屋建筑、市政工程的分部工程质量验收记录表，如表9-4所示。

分部工程质量验收记录表 表9-4

工程名称			结构类型		层数	
施工单位			技术部门负责人		质量部门负责人	
分包单位			分包单位负责人		分包技术负责人	
序号	分项工程名称		检验批数	施工单位检查评定	验收意见	
1						
2						
3						
4						
5						
6						
质量控制资料						
安全和功能检验报告						
观感质量验收						
验收单位	分包单位			项目经理	年 月 日	
	施工单位			项目经理	年 月 日	
	勘察单位			项目负责人	年 月 日	
	设计单位			项目负责人	年 月 日	
	监理（建设）单位			总监理工程师 建设单位项目负责人	年 月 日 年 月 日	

2. 工程质量验收记录的要点

工程质量验收记录由施工单位、项目监理机构的技术人员填写或审核，重点记录的内容包括：

(1)工程名称、分项工程名称、分部工程名称、单位工程名称、验收的部位；

(2)施工单位、分包单位、工程监理单位、勘察单位、设计单位、建设单位的名称;

(3)主控项目及其检查记录、一般项目及其检查记录;

(4)检验批的部位、区段,检验批数量;

(5)施工单位的自我检查评定结论,监理工程师的评定意见;

(6)质量控制资料核查记录,安全和功能核查项数、合格项数,观感质量验收项数、符合项数、不符合项数;

(7)建设单位意见,综合验收结论等。

9.2 监理人员的日记填写行为

9.2.1 工程监理日记的含义

9.2.1.1 《现代汉语词典》中的有关解释

【日记】《现代汉语词典》中收录了"日记"一词。商务印书馆2005年6月出版的、第5版《现代汉语词典》关于日记的释义如下:日记,每天所遇到的和所做的事情的记录,有的兼记对这些事情的感受。

语文出版社2004年1月出版的,由李行健、吕叔湘主编的《现代汉语规范词典》关于日记的释义如下:日记,关于每天工作、生活或感想的书面记录,多指个人的。

可见,"日记"一词是行为动词,强调行为人对每一天所做的、看到的、听到的、想到的事情的真实记录。

9.2.1.2 工程监理规范中的有关解释

1. 国家标准中的有关解释

《建设监理规范》第2章"术语"中没有给出"监理日记"一词,但在其他条文中给出了做好监理日记的具体规定。例如:第3.2.5条规定专业监理工程师应根据本专业监理工作实施情况做好监理日记。

2. 行业标准中的有关解释

(1)《公路监理规范》的解释

在其第2章"术语"中没有给出"监理日记"一词,也没有规定监理人员应做好监理日记。但是,规定监理人员应做好旁站、巡视、抽检记录,要求项目监理机构做好监理日志。例如,附录B(见《公路监理规范》)就明确地给出了项目监理机构编写"监理日志"的表式和内容。

(2)《铁路监理规范》的解释

在其第2章"术语"中没有给出"监理日记"一词,但在第13章"监理资料管理"中专门用第13.1节规定了"监理日记",规定监理人员应做好监理日记。

(3)《水利监理规范》的解释

在其第2章"术语"中也没有给出"监理日记"一词,但明确规定现场项目监理机构、监理工程师应该认真实施"监理日记"行为,并在附录的项目监理机构用表中给出了"监理日记"的具体表式。这是国标版监理规范、三大行业监理规范中给出的唯一的"监理日记"表式。

9.2.2 监理日记填写行为的内涵及其行为人、责任主体

9.2.2.1 监理日记行为的内涵

所谓工程监理日记,就是工程监理人员的每天监理工作的记录。日记就是把一天中所遇

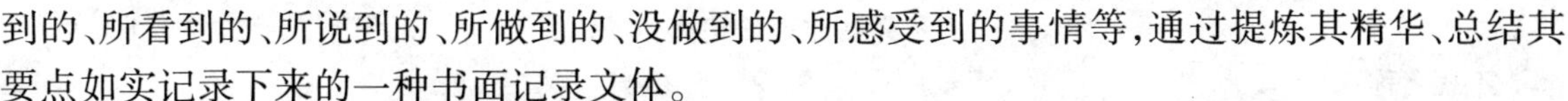

到的、所看到的、所说到的、所做到的、没做到的、所感受到的事情等,通过提炼其精华、总结其要点如实记录下来的一种书面记录文体。

9.2.2.2 监理日记行为的行为人、责任主体

综合目前正在执行的国标监理规范和公路、铁路、水利三大行业监理规范,可以肯定地说全体监理人员特别是专业监理工程师、监理员必须做好监理日记。记录、填写好监理日记是项目监理机构在工程项目施工阶段的岗位义务、执业行为之一,是做好监理工作的手段之一,由专业监理工程师、监理员承担日记填写行为不作为的责任。

对项目监理机构而言,“监理日记”是监理人员实施监理规划、监理实施细则,履行监理合同过程中应尽的主要义务之一。对施工单位而言,“监理日记”是相对保密的监理资料,未经总监理工程师、驻地监理工程师同意不得查看和复制。

9.2.3 监理日记填写行为的相近行为、实施手段

9.2.3.1 监理日记行为的相近行为

日记行为存在着相近的行为。其相近行为是日志行为。

日记,专指个人的每日工作或学习或生活记录。日志,多指集体的、非个人的每日工作或学习记录。

9.2.3.2 监理日记行为的实施手段

监理人员做好监理日记的行为,一般应依据每天开展的调查、检查、审查、测量、试验、计量、旁站、巡视、抽检、见证和会议讨论的情况进行记录和分析、总结。例如,根据审查的工程施工文件、计量的结果、现场旁站的情况记录当天完成的审查、计量、旁站日记内容。

9.2.4 监理日记填写行为的实施阶段、行为方式

9.2.4.1 监理日记行为的实施阶段

监理人员填写工程监理日记的行为贯穿于工程的施工准备阶段、施工阶段、交工验收和缺陷责任期阶段,只要施工监理委托合同没有终止,监理人员就应该做好监理日记工作。

9.2.4.2 监理日记行为的行为方式

监理人员的工作日记行为,一般应按照人人记录、天天记录的形式进行。同时,项目监理机构的负责人还应月月进行检查,确保日记的日期连续、内容真实、保存妥当等。

9.2.5 监理日记填写行为的分类

工程监理人员的监理工作日记,主要有5种:监理员的监理日记(包括现场监理、试验监测员的);专业监理工程师的监理日记;驻地监理工程师(驻地监理组组长或高级驻地监理工程师、总监代表)的监理日记;总监理工程师的监理日记;监理办主任的监理日记(如设此岗时)。

9.2.6 监理日记填写行为的表达方式

记录日记的活动是人的行为方式之一。日记,是记录行为的结果。作为监理日记行为的结果只有一种,那就是日记的内容。

《建设监理规范》和《公路监理规范》中没有给出工程监理日记的表式。但是,有关监理业务的书籍中对此有所介绍,如中国建筑工业出版社2005年7月出版的王立信专家的著作《建设工程监理工作实务应用指南》中就介绍了建设工程的监理日记的表式,如表9-5所示。

《水利监理规范》的附录E项目监理机构用表中的JL37表即为“监理日记”,如表9-6所示。

旁站监理日记表

表 9-5

工程名称：　　　　　　　　　　　　　　　　编号：

<table>
<tr><td colspan="2">日期:20　年　月　日　　　　　　　　天气情况：</td></tr>
<tr><td colspan="2">工程地点：</td></tr>
<tr><td colspan="2">旁站监理的部位或工序：</td></tr>
<tr><td>旁站监理的开始时间：</td><td>旁站监理的结束时间：</td></tr>
<tr><td colspan="2">施工情况：</td></tr>
<tr><td colspan="2">监理情况：</td></tr>
<tr><td colspan="2">发现问题：</td></tr>
<tr><td colspan="2">处理意见：</td></tr>
<tr><td colspan="2">其他说明：</td></tr>
<tr><td>签字确认
项目经理部：

质检员签字：

年　月　日</td><td>

项目监理机构：

旁站监理员签字：

年　月　日</td></tr>
</table>

监 理 日 记

（监理[20××]日记 ×× 号）

表 9-6

合同名称：　　　　　　　　　　　　　　　　合同编号：

天气	气温：　　风力：　　风向：
人员、材料、施工设备动态	
主要施工内容	
存在的问题	
施工单位处理意见及处理措施、处理效果	
项目监理机构签发的意见、通知	
会议情况	
发包人的要求或决定	
其他	
记录人：(签名) 年　月　日	责任监理工程师：(签名) 年　月　日

9.2.7 监理规范中关于监理日记填写行为的规定内容

根据《建设监理规范》和《水利监理规范》、《公路监理规范》、《铁路监理规范》的规定，监理日记填写行为的规定内容如表9-7所示。

监理日记行为的主要规定内容　　表9-7

序　号	规定的具体内容	依据的监理规范			
		国标规范	公路规范	铁路规范	水利规范
1	旁站监理员的监理日记	第3.2.6条	—	第13.1.1条	—
2	专业监理工程师的监理日记	第3.2.5条	—	—	—
3	监理人员的监理日记	—	—	第13.1节	第6.7.5条
4	其他(备忘录、大事记)	—	—	—	—

9.2.8 工程监理日记的规范化填写要点

9.2.8.1 监理日记的填写、记录原则

监理工程师实施有效监理过程中涉及书面文字的工作主要包括监理通知、提示、指令、请示、批复、报告、证书、总结、备忘录、会议纪要等方面。其中，有些是报给建设单位或上级项目监理机构审看的，有的是发给施工单位或下属监理执行的，而"监理日记"主要是写自己的工作情况，写给自己看的，以备后查，既为自我总结提高、自我保护服务，也为监理群体佐证服务。因此，一篇好的监理日记必须掌握以下的填写、记录原则：

1.必须用第一人称来写

日记的特点是记录者自己记录自己一天内的工作、学习、生活及其体会。这就决定了工程监理日记的内容必须用第一人称来写，自述自己一天内看到的、听到的、遇到的、说到的、做到的(包括没做到的)、想到的、悟到的一切一切，不能用第二人称"你怎么样怎么样"，也不能用第三人称"他怎么样、该同志怎么样"，只是可以省略主语"我"而已。

2.必须实事求是，语言必须朴实无华

遵守"守法、诚信、公正、科学"的监理从业准则，客观公正地记录工地施工、监理情况，既不可无中生有，也不可隐瞒事实。即便是追记，也要凭超常的记忆力和别人提供的真实材料认真填写而非编造。

工程监理日记仅供本部门的上级检查、处理合同纠纷、佐证费用增减和资料存档使用，不该用华丽的词语去渲染，不能用晦涩的字句去描绘。因为它不是文学作品，不具有社会读者群。监理日记的"读者"是你自己或者是自己的领导，"读者"在阅读时不是饱含着欣赏愉悦的心态，而是充满着评审求证的心思，注重的是工程监理日记的真实性、科学性、规范性、全面性、实用性、可追溯性和相互闭合性。

3.必须条理清晰，字迹工整

工程监理日记应反映监理活动的具体内容及其深度、广度，体现出时间、地点、有关的人以及事情的起因、经过和结果等写作要素。工程监理日记应使用黑色墨水钢笔书写，可使用碳素签字笔签字，不过分追求美丽的字迹，但不可潦草、生涩，难于辨认。

4.必须言简意赅，重点突出，使用专业术语和规范数据

记录的内容要全面，以备忘、纪实为目的，不可白描简写，不可夸张比拟、排比假设，也不可长篇大论、事无巨细、拖泥带水。必须体现监理行业特点、技术要求和岗位职责履行情况，文字

与数字相结合，检测数据及其单位要符合技术规范和质检评定标准。

5. 问题的发现和处理，必须有始有终、前后闭合

记录的问题，要有发现的时间、发现的过程、问题的程度、问题的原因、监理的要求和施工单位的整改措施、承诺的完成时间和处理的结果等。当天发现的问题，当天不一定力求闭合，但一个阶段内必须有闭合的记录。

6. 多级监理之间的监理日记必须互补、互证，体现闭合性

总监理工程师或驻地监理工程师、专业监理工程师、监理员三级的监理日记应互补、互证，相互对应达到闭合，尤其是在恶劣天气、施工资源（人、料、机、时间等）的投入、质量问题或事故、工程停工、工程变更、工程索赔、民事纠纷与合同争议等方面的处理情况。

7. 必须体现监理职业的正直性和对他人的公正性

记录的内容必须实事求是，禁止作假，不贬低他人。严禁为推脱责任、为自我保护或者为施工单位的利益而修改、编造、补写监理日记。

8. 适当关心国家大事，体现监理人员既重视技术又重视政治

可以结合党和国家的时势以及监理总公司的时事，在监理日记中写上参加党员活动日的情况。当国庆节到来之际，整个监理组织机构的监理日志中应当记录这样的内容“今日，全体监理人员以饱满的热情、辛勤的劳动、全过程的旁站、全方位的巡视庆祝国庆节”。

9. 必须连续，记录今天发生的事情、处理的事情、体会到的事情

昨天做了没记全的、明天计划要做的，都可以在今天的日记中来表达，但总要以记录当天的监理活动为主线。日记的连续性表现在两个方面，即日记的日期应连续，日记本的册数编号也应连续，万万不可编错或者丢失。另外，休班时也应记录，只是记录为“今日休班，由某某代班，工作已交接，交接情况为……”

10. 必须坚持及时送审、签认、封存制度

要把监理日记的送审、签认、封存当作一项制度去执行，也要注意防止丢失、缺损，加强监理日记的档案管理，提高监理日记的档案使用价值。

9.2.8.2　监理日记的主要记录内容

工程施工阶段的监理日记，要求工程监理人员记录日记当天的天气情况、监理活动的工程现场部位、质量检测试验情况、施工单位提出的工程问题及其监理答复、解决情况、上级的通知或指示情况、监理过程中发现的问题及其要求处理情况、对前几天提出问题的复查情况、重点部位和关键部位的旁站巡视记录、安全文明施工的监理情况、参加会议的记录、当日监理的体会与思考等等。

关于一篇标准的、规范的工程监理日记应该记录的主要内容，国标监理规范和三大行业监理规范中只有《铁路监理规范》进行了明确，在第 13.1.1 条中要求监理人员应详细、真实记录，监理日记应包含以下内容：

（1）时间、地点、气候记录；

（2）施工进展情况；

（3）巡视检查及旁站过程中发现的问题及处理情况；

（4）工程试验或检测记录；

（5）发生索赔、合同争议及纠纷时施工单位的实际情形和处理意见；

(6)向施工单位发出的通知或口头指示,施工单位提出的问题及答复意见;

(7)上级指示或指令,建设单位的有关要求,质量监督机构的检查意见;

(8)尚需要解决的问题。

一般来讲,监理日记的主要记录内容,按照监理职责规定的内容记录时,至少包括下列8个大方面内容中的部分内容,只是监理岗位职责的不同而有所侧重而已。

1.每日天气情况的记录

(1)当日天气的阴晴,气温的最低、最高是多少;

(2)当日雨、雪、雾、冰雹及其大小和开始的、持续的影响时间;

(3)当日风力、沙尘的大小及其影响时间;

(4)当日自然灾害情况,如台风、洪水、海啸、雷击、泥石流、地震等。

2.每日工程质量监理的记录

(1)当日批准开工和持续施工的分项工程的质量自检情况及其监理旁站、巡视情况;

(2)当日工程测量放样复核、试验检测、与工程质量监控有关的"监理工作提示"下达情况;

(3)当日督促施工单位工序检查、分项工程报验认可及其质量评定情况;

(4)当日中间交工证书的审查、验收、签认情况,尤其隐蔽工程;

(5)当日发现的质量缺陷及其处理记录,是否发出暂停指令或复工令,返工、加固、修补的情况如何等;

(6)当日发生的工程质量事故和工程安全事故的报告、处理情况等。

3.每日施工安全监理的记录

(1)当日施工单位安全生产责任制、安全操作规程的执行情况;

(2)当日施工单位的安全生产专职管理人员的到岗情况和现场监督情况;

(3)当日施工的各分项工程是否按照规范操作,是否在施工现场入口处、基坑边沿、高空作业处、爆破作业处等设置了安全警示标志;

(4)当日施工单位的消防安全操作情况;

(5)当日分包单位的安全生产管理情况;

(6)当日发生安全事故时的处理情况。

4.每日施工环境保护监理的记录

(1)当日施工单位对施工人员环保教育的情况;

(2)当日新设的施工场地是否达到环评报告书的要求;

(3)当日桥梁水下作业施工是否选择在枯水期或平水期;

(4)当日路基施工中是否按照规范先铺过水涵管,然后填筑路基;

(5)当日施工引起的粉尘、废水、泥浆、生活污水、垃圾的处置情况;

(6)当日野生动植物的保护情况,是否有破坏草原植被的情况,是否有毁林、乱采石砂、乱砍滥伐、乱占耕地行为;

(7)当日强噪声、强震动作业施工是否避开了夜间,对强噪声、强震动施工机械采取的减噪、减震措施情况;

(8)当日取土场的使用及取土完工后对取土场采取的排水防护及植被恢复情况;

(9)当日施工单位在河道内是否弃置堆放阻碍行洪的物体,是否有破坏河道的其他活动;

(10)当日施工中发现地下文物古迹的处置情况;

(11)当日施工机械设备的各类废油料及润滑油分类回收情况,固体废弃物的处理情况;

(12)当日材料存储场地设置的环境合理性,原材料、混合料运输车辆是否加盖了篷布以减少洒落等。

5. 每日工程费用监理的记录

(1)当日完成的分项工程质量验收合格后的工程计量及其审查签认情况;

(2)当日进场的永久性工程材料的质量、数量、存储及发票复印记录;

(3)当日指令按计日工完成的变更及附加工程情况;

(4)当日签发工程变更指令、索赔费用审批表情况;

(5)当日是否发生合同纠纷、合同争端及其原因、处理情况;

(6)当日签发工程支付证书、分包支付表的情况等。

6. 每日工程进度监理的记录

(1)当日开工或持续施工的分项工程的名称、地点、部位;

(2)当日完成的分项工程的工程量及其累计值和占总量的多少;

(3)当日施工单位投入的工、料、机数量及停滞、发生故障的时间与数量情况;

(4)当日批复的旬、月工程进度计划及调整计划情况,指令加快进度或暂停施工的情况;

(5)当日发生的影响工程进度的特殊事件,如停水、停电、征地拆迁、村民干扰、资金短缺、机械设备维修、气候异常等。

7. 每日工程合同其他事项管理的记录

(1)当日工程变更的受理、评估、协商及签发工程变更指令情况;

(2)当日工程延期的受理、审查、协商及签发索赔时间审批表情况;

(3)当日工程费用索赔的受理、审查、协商及签发索赔费用审批表情况;

(4)当日发生的合同争端与仲裁情况;

(5)当日施工单位发生的违约事件;

(6)当日发生的劳务协议、工程分包、指定分包和合同转让事件的审查、报批、报告情况;

(7)当日工程保险、发生的风险事件及其调查、评估、协商和签认情况等。

8. 每日审批文件、下达指令、召开会议和验收活动及体会思考的记录

(1)当日项目监理机构审批文件、下达指令、召开监理会议、工作安排情况;

(2)当日召开的工地会议、监理例会情况及会议纪要签发情况;

(3)当日参加建设单位、总监办及其他部门召集的会议情况及其传达落实情况;

(4)当日建设单位、质监站、设计单位、监理总公司等单位的领导和专家视察工地、检查回访情况;

(5)当日有关问题的处理体会、第二天及今后一阶段时间的工程监理计划和可能发生的问题的预防措施与思考等。

9.2.8.3 填写监理日记的注意事项

工程监理的特点之一就是要体现诚信、公正原则。监理工程师在执业过程中不能损害工程建设任何一方的权利,必须按照"守法、诚信、公正、科学"的准则执业,要求"该说到的说到、

说到的要做到、做到的和没有做到的都要记到"。就监理工程师的"工程监理日记"、项目监理机构的"工程监理日志"而言,尤其应注意以下几个方面:

1. 要确保监理日记的可追溯性

在推行无纸化办公的21世纪,每一个正在从事监理工作而且从心底里把工程监理作为一个职业来做的人还要强化纸面办公,该及时印发的文件要及时印发,该天天记的日记要天天记,该月月报的月报要月月报,确保工程监理与管理资料的可追溯性。

2. 要与其他监表、试表等联合使用

监理日记应与常用监表、支付表、质检表、试验表以及旁站记录表、工程进度统计台账、工程计量台账、工程变更台账、工程索赔台账等联合使用,互为记录、互为补充,既提高监理工作效率又减轻监理劳动强度。

3. 要随监理岗位不同而作不同的监理记录

监理工作的力度、深度和广度决定着监理日记的记录数量和记录质量,监理日记内容的侧重点因监理岗位的不同而不同。

(1)作为项目总监理工程师、驻地监理工程师,应侧重对监理工作的安排、指导、督促、检查,对监理工作和监理人员的监督考核奖惩,对施工单位的提示、指令、审批、巡查,对建设单位的请示配合、工作报告、征求意见以及落实建设单位工作要求情况等。

(2)作为专业监理工程师,应侧重安排、指导、督促检查监理员开展工作的情况,落实总监或高级驻地交办工作的情况,开展专业监理工作的具体情况以及自己解决不了的问题的报告情况等。

(3)作为监理员,应侧重落实专业监理工程师交办工作的完成情况以及自己在工程现场发现、解决的问题及其解决的措施、结果,还有哪些问题有待解决,哪些事项需要向上级请示和报告等等。

4. 要注意监理日记与监理日志的内容包含关系

集体的监理日志一定包含着个人监理日记中的部分内容,某一天某一个监理人员的监理日记的内容不一定都汇编进集体的监理日志。

9.3 项目监理机构的日志填写行为

9.3.1 工程监理日志的含义

9.3.1.1 《现代汉语词典》中的有关解释

【日志】《现代汉语词典》中收录了"日志"一词。日记,每天所遇到的和所做的事情的记录,有的兼记对这些事情的感受。日志,同日记,多指非个人的。

可见,"日志"一词属于记录行为的一种结果,强调行为主体机关或单位对每一天所做的、看到的、听到的、想到的事情中的重要事情的真实汇总、真实记录。项目监理机构每天的工作记录不能称之为"项目监理机构的监理日记",而应准确地称为"项目监理机构的监理日志"。

9.3.1.2 工程监理规范中的有关解释

1. 国家标准中的有关解释

《建设监理规范》第2章"术语"中没有给出"监理日志"一词,在其他条文中给出了做好监理日记的具体规定,但是没有给出做好“监理日志”的具体规定。例如:第3.2.5条规定专业监理工程师应根据本专业监理工作实施情况做好监理日记。再如:第7.1.1条规定施工阶段的监理资料包括“监理日记”。

2. 行业标准中的有关解释

(1)《公路监理规范》的解释

在其第2章“术语”中没有给出“监理日志”一词,也没有规定项目监理机构应做好监理日志。但是,在第8.2.1条中将“监理日志”列为项目监理机构的日常文件与资料之一,要求项目监理机构在日常监理工作中注意对监理归档文件与资料的积累与管理,避免竣工验收时再补资料。在附录中给出了5个监理记录表,其中记录表3就是“××工程项目监理日志”,明确地给出了项目监理机构编写“监理日志”的表式和内容。

(2)《铁路监理规范》的解释

四大工程监理规范中,只有《铁路监理规范》明确给出了“监理日志”一词的定义。在其第2章“术语”中给出了17个名词解释,其中将“监理日志”定义为:

【监理日志】项目监理机构记录每天监理工作实施情况的文件。

在第13章“监理资料管理”中专门用第13.2节规定了“监理日志”,规定项目监理机构应做好监理日志,总监每月检查一次,按月整理装订成册。

(3)《水利监理规范》的解释

在其第2章“术语”中没有给出“监理日志”一词,但明确规定现场项目监理机构应该认真实施“日志填写”行为,并在其他条文中给出了这一监理行为的具体规定。例如:第6.7.5.1条规定监理人员应及时、认真地按照规定格式与内容填写好监理日志,总监理工程师应定期检查。

9.3.2 监理日志填写行为的内涵及其行为人、责任主体

9.3.2.1 监理日志行为的内涵

所谓项目监理日志,就是针对一个具体的工程施工监理项目,由项目监理机构记录每天监理工作实施情况的文件。项目监理机构的负责人应安排专人、固定的人每一天都负责汇总和积累、整理,而且应经过总监理工程师、驻地监理工程师的审核签认。

9.3.2.2 监理日志行为的行为人、责任主体

综合目前正在执行的国标监理规范以及公路、铁路、水利三大行业监理规范,可以肯定地说,项目监理机构为实施监理合同、向建设单位提供优质服务,应该填写好监理日志,也就是说监理日志的行为人是项目监理机构,是项目监理机构在工程项目施工阶段的岗位义务、执业行为之一,是做好监理工作的手段之一、保护监理的手段之一。由项目监理机构和项目监理机构负责人共同承担监理日志填写行为不作为的责任。

对项目监理机构而言,“监理日志”是项目监理机构实施监理规划、监理实施细则,履行监理合同过程中应尽的主要义务之一。对施工单位而言,“监理日志”是相对保密的监理资料,未经总监理工程师、驻地监理工程师同意不得查看和复制,因为施工单位的社会纠纷、合同纠纷较多,时常需要佐证资料,尤其是监理的资料。

9.3.3 监理日志填写行为的相近行为、实施手段

9.3.3.1 监理日志行为的相近行为

日志行为存在着相近的行为。其相近行为是日记行为。日记与日志互为相近行为。

9.3.3.2 监理日志行为的实施手段

项目监理机构做好监理日志的行为，一般应依据每天开展的调查、检查、审查、测量、试验、计量、旁站、巡视、抽检、见证和会议讨论等情况进行记录和分析、总结。例如，根据审查的工程施工文件、计量的结果、现场旁站的情况记录当天完成监理日志的内容。

9.3.4 监理日志填写行为的实施阶段、行为方式

9.3.4.1 监理日志行为的实施阶段

监理日志行为的实施阶段贯穿工程施工准备阶段、施工阶段、交工验收和缺陷责任期阶段，只要施工监理委托合同没有结束，只要有施工活动和监理活动，项目监理机构就应该做好监理日志。

9.3.4.2 监理日志行为的行为方式

项目监理机构的监理日志行为，一般应按照天天记录的形式进行；同时，项目监理机构的负责人还应月月进行检查，确保日志的日期连续、内容真实、保存妥当。

9.3.5 监理日志的分类及其重要性

9.3.5.1 监理日志的分类

项目监理机构的监理日志可分为三种，即专业监理组（或者驻地监理组）的监理日志、驻地监理办的监理日志、总监办的监理日志。

9.3.5.2 记录监理日志的重要性

项目监理机构必须编写监理日志，已经写进现行的国标监理规范和行业监理规范之中。也就是说，编写或填写监理日志是项目监理机构的规定性动作，而不是可有可无的自选动作，关系到项目监理机构和全体监理人员的监理职责履行和到位问题。

9.3.6 监理日志填写行为的表达方式

《建设监理规范》、《铁路监理规范》中均没有给出工程监理日志的表式，只有《公路监理规范》、《水利监理规范》给出了工程监理日志的表式。其中，公路工程监理日志的记录表式，如表9-8所示；水利工程监理日志的记录表式，如表9-9所示。

________工程项目监理日志　　表9-8

编号：________

项目监理机构		合同号	
记录人		日期	
审核人		日期	
天气			
各合同段主要施工项目简述			
项目监理机构主要工作简述（审批、验收、旁站、指令、会议等）			
就有关问题与建设单位、施工单位等进行澄清或处理的情况简述			

监 理 日 志 表 9-9

填写人：________ 日期：______年____月____日

天气	白天		夜 晚	
施工部位、施工内容、施工形象				
施工质量检验、安全作业情况				
施工作业中存在的问题及处理意见				
施工单位的管理人员及主要技术人员到位情况				
施工机械投入运行和设备完好情况				
其他				

9.3.7 监理规范中关于监理日志填写行为的规定内容

根据《建设监理规范》和《水利监理规范》、《公路监理规范》、《铁路监理规范》的规定，监理日志行为的规定内容如表 9-10 所示。

监理日志行为的主要规定内容 表 9-10

序 号	规定的具体内容	依据的监理规范			
		国标规范	公路规范	铁路规范	水利规范
1	填写监理日志	—	第 8.2.1 条	第 13.2 条	第 6.7.5 条
2	其他（备忘录、大事记）	—	—	—	—

9.3.8 工程监理日志的规范化填写要点

9.3.8.1 监理日志的填写、记录原则

1. 必须用第三人称来写

这是不同于监理人员个人的监理日记的地方。监理日志的定义就是一个项目监理机构、一个工程监理单位把每一天监理工作中的所行、所见、所闻、所思、所感，通过提炼精华、总结要点、记录下来的一种书面文体，所以，监理日志内容中的主人翁就是这个项目监理机构、工程监理单位指派的记录者，记录者代表项目监理机构、单位。这就决定了工程监理日志的内容必须用第三人称来写，不能用第二人称“你怎么样怎么样”。不同于监理人员的监理日记，不能用第一人称“我怎么样怎么样”。

2. 必须实事求是，语言必须朴实无华

工程监理日志供本部门的上级检查、处理合同纠纷、佐证费用增减和资料存档使用，不该用华丽的词语去渲染，不能用晦涩的字句去描绘。注重的是工程监理日记的真实性、科学性、规范性、全面性、实用性、可追溯性和相互闭合性。

3. 必须条理清晰,字迹工整

工程监理日志应反映监理活动的具体内容及其深度、广度,体现出时间、地点、有关的人以及事情的起因、经过和结果等写作要素。

4. 必须言简意赅,重点突出,使用专业术语和规范数据

工程监理日志必须体现监理行业特点、技术要求和岗位职责履行情况,文字与数字相结合,检测数据及其单位要符合技术规范和质检评定标准。

5. 问题的发现和处理,必须有始有终、前后闭合

记录的问题,要有发现的时间、发现的过程、问题的程度、问题的原因、监理的要求和施工单位的整改措施、承诺的完成时间和处理的结果等。当天发现的问题,当天不一定力求闭合,但一个阶段内必须有闭合的记录。

6. 上下级项目监理机构之间的监理日志必须互补、互证,体现闭合性

总监办、驻地办之间的监理日志应互补、互证,相互对应达到闭合,尤其是在恶劣天气、施工资源(人、料、机、时间等)的投入、质量问题或事故、工程停工、工程变更、工程索赔、民事纠纷与合同争议等方面的处理情况。

7. 必须体现监理职业的正直性和对他人的公正性

记录的内容必须实事求是、禁止作假。严禁为了推脱责任、为了自我保护或者为了施工单位的利益而修改、编造、补写监理日志。

8. 贵在坚持

日记日记,日日记;日志也是如此。

9. 由专人填写

总监理工程师、驻地监理工程师应指定专人填写项目监理日志。

10. 必须坚持封存制度

要把监理日志的送审、签认、封存当作一项制度去执行,也要注意防止丢失、缺损,加强监理日志的档案管理,提高监理日志的档案使用价值。

9.3.8.2 监理日志的主要记录内容

项目监理机构的监理日志的记录内容同监理人员的工程监理日记 。综合目前正在执行的国标监理规范以及公路、铁路、水利三大行业监理规范,只有《铁路监理规范》进行了明确。其第 13.2.1 条规定项目监理机构应建立项目监理日志,由总监理工程师指定专人(专业监理工程师)负责记录每天监理工作的实施情况。第 13.2.2 条规定监理日志应记录下列内容:当日施工情况;当日主要监理工作;其他有关情况。第 13.2.3 条规定总监理工程师应每月检查一次项目监理日志,按月整理,装订成册。第 13.2.4 条规定项目监理机构如有分支机构,宜按对应的施工标段分别记录或按专业记录。

一篇标准的、规范的工程监理日志,应该记录的主要内容,至少包括下列 8 个大方面内容中的部分内容,只是监理岗位职责的不同而有所侧重而已。

(1)每日天气情况的记录;

(2)每日工程质量监理的记录;

(3)每日施工安全监理的记录;

(4)每日施工环境保护监理的记录;

(5)每日工程费用监理的记录;

(6)每日工程进度监理的记录;

(7)每日工程合同其他事项管理的记录;

(8)每日审批文件、下达指令、召开会议和验收活动及体会思考的记录。

其中的记录内容可参考本书第9.2节“监理人员的日记填写行为”。

9.3.8.3 监理日志与监理日记、旁站记录与巡视记录的关系

1.旁站记录与巡视记录的关系

旁站多由监理员进行,巡视多由专业监理工程师、监理工程师、总监理工程师等高级监理人员进行。旁站的对象是关键工程、重点工序、隐蔽工程等,巡视的对象是局部工程、总体工程、整个施工现场(包括施工作业现场和与施工有关的其他现场)。旁站不一定每天都要进行,巡视必须每天都要进行。因此,旁站记录与巡视记录之间是没有直接的、必然的联系。但不是一点关系也没有。例如,经过巡视发现某一隐蔽工程项目正在施工,但施工现场没有旁站监理员,巡视记录中应记录这一问题,并通知监理员立即前往旁站,责令施工单位提交原因分析和整改措施。同样,在旁站记录中应记录巡视人的通知情况,记录赶往旁站现场的时间和旁站情况。这样,问题才能闭合,这时项目监理机构的旁站记录和巡视记录才具有相关性。

2.监理日记与旁站记录、巡视记录的关系

有的监理规范要求监理人员旁站要做好旁站记录,巡视要做好巡视记录,同时还要求每位监理人员都要填写当天的、个人的监理日记。有的监理规范没有规定每位监理人员都要填写当天的、个人的监理日记。无论如何,监理日记与旁站记录、巡视记录是有关系的。如果监理规范规定填写个人的监理日记,那么,旁站监理员旁站后不但要填写旁站记录,还要填写个人的监理日记,将旁站的多个工程项目、工序摘要记录或汇总在自己的监理日记中;监理工程师巡视工地后不但要填写巡视记录,还要填写个人的监理日记,将巡视的多个工程项目、工点、加工车间等摘要记录或汇总在自己的监理日记中。

3.监理日志与监理日记的关系

监理日记是个人的监理工作记录,监理日志是项目监理机构集体的监理工作记录。项目监理机构应注意监理日志与监理日记的内容包含关系。项目监理机构的监理日志一定包含着个人监理日记的部分内容,某一天某一个监理人员的监理日记的内容不一定汇编进集体的监理日志。但是,如果这一天的集体的监理日志中的某一条内容从所有的个人的监理日记中找不到,要么是集体的监理日志编造了这一条,要么是某个监理人员记录的监理日记中遗漏了这一条。

9.4 项目监理机构建立监理台账的行为

9.4.1 监理台账的含义

9.4.1.1 《现代汉语词典》中的有关解释

【台账】《现代汉语词典》中没有收录“台账”一词。根据台历一词的释义,可将“台账”解释为摆在桌子上的账本,现多指明细记录表。

可见,“台账”一词是名词。建立台账是一种行为。建立台账的目的是即时记录有关情况和数据、随时查阅和分析有关情况和数据。

9.4.1.2 工程监理规范中的有关解释

1. 国家标准中的有关解释

《建设监理规范》第2章"术语"中没有给出"监理台账"一词,在其他条文中也没有给出做好"监理台账"的具体规定,即没有将"项目监理机构建立台账"列为监理行为之一。

2. 行业标准中的有关解释

(1)《公路监理规范》的解释

在其第2章"术语"中没有给出"监理台账"一词。但是,在有关条文中给出了监理做好监理台账的规定内容。例如:第5.2.5条规定项目监理机构应建立施工安全监理台账,并由专人负责。

(2)《铁路监理规范》的解释

在其第2章"术语"中也没有给出"监理台账"一词,但书面明确规定项目监理机构、监理工程师应该认真建立监理工作台账,并在其他条文中给出了具体规定。例如:第8.0.5条规定专业监理工程师应建立月完成工程量和支付统计台账。

(3)《水利监理规范》的解释

在其第2章"术语"中没有给出"监理台账"一词,也没有书面明确规定项目监理机构、监理工程师应该认真实施建立"监理台账"的行为。

9.4.2 监理建立台账行为的内涵及其行为人、责任主体

9.4.2.1 监理建立台账行为的内涵

所谓工程监理台账,就是项目监理机构将工程监理项目的某一具体工作的实施情况记录在事先制定的专业的、固定的表格中而形成的监理文件。项目监理机构的负责人应安排专人、固定的人每一天都负责汇总和积累、整理,而且应经过总监理工程师、驻地监理工程师(总监办分支机构负责人)的审核签认。

9.4.2.2 监理建立台账行为的行为人、责任主体

综合目前正在执行的国标监理规范以及公路、铁路、水利三大行业监理规范,可以肯定地说,项目监理机构为实施监理合同、向建设单位提供优质服务,应做好监理台账,也就是说建立监理台账的行为人是项目监理机构,是项目监理机构在工程项目施工阶段的岗位义务、执业行为之一,是做好监理工作的手段之一、保护监理的手段之一。由项目监理机构和监理负责人共同承担监理台账建立行为不作为的责任。

对项目监理机构而言,"建立监理台账"是项目监理机构实施监理规划、监理实施细则,履行监理合同过程中应尽的主要义务之一。对施工单位而言,"监理台账"是相对保密的监理资料,未经总监理工程师、驻地监理工程师同意不得查看和复制。

9.4.3 监理建立台账行为的相近行为、实施手段

9.4.3.1 监理建立台账行为的相近行为

建立台账行为存在着相近的行为。其相近行为是汇总统计行为、备忘录行为。

台账,多用表格的形式,与统计表格相似,多保留一定的时间备查。备忘录,多用文字记录,有时也用表格记录,不一定保存一定时间。

9.4.3.2 监理建立台账行为的实施手段

项目监理机构建立监理台账的行为,一般应依据每天开展的调查、检查、审查、测量、试验、

计量、旁站、巡视、抽检、见证和会议讨论等情况进行记录和分析、总结。例如,根据现场旁站、巡视的情况记录当天施工安全管理的台账内容。

9.4.4 监理建立台账行为的实施阶段、行为方式

9.4.4.1 监理建立台账行为的实施阶段

监理建立台账行为的实施阶段贯穿工程的施工准备阶段、施工阶段、交工验收和缺陷责任期阶段,只要施工监理委托合同没有结束,只要有施工活动和监理活动,项目监理机构就应该建立监理台账。

9.4.4.2 监理建立台账行为的行为方式

项目监理机构建立台账的行为,一般应按照天天记录的形式进行;同时,项目监理机构的负责人还应月月进行检查,确保台账的日期连续、内容真实、保存妥当。

9.4.5 工程监理台账的种类

根据《公路监理规范》的规定,项目监理机构的监理台账包括三种,即质量事故处理台账、安全施工监理台账、工程计量支付台账。另外,还应建立工程开工报告报批台账、工程施工进度台账、工程试验管理台账等。

9.4.6 监理建立台账行为的表达方式

台账本身不是一种行为,是人的管理行为的结果之一。

项目监理机构建立监理台账行为的结果,一般非红头文件的表格形式表示。《建设监理规范》、《铁路监理规范》中均没有给出工程监理台账的表式。《公路监理规范》给出了建立监理台账的要求,但也没有给出监理台账的表式。

但是,各工程项目的项目监理机构均自行编制了行之有效的安全监理表式和安全监理台账格式。下面给出一个示例,如表9-11所示。

专项安全施工方案报审台账 表9-11

序　号	专项安全施工方案名称	方案报审表编号	送审时间	审查结论简述	审查人	审批时间

9.4.7 监理规范中关于建立监理台账行为的规定内容

根据《建设监理规范》和《水利监理规范》、《公路监理规范》、《铁路监理规范》的规定,项目监理机构建立台账行为的规定内容如表9-12所示。

建立监理台账行为的主要规定内容 表9-12

序　号	规定的具体内容	依据的监理规范			
		国标规范	公路规范	铁路规范	水利规范
1	工程质量事故处理台账	—	第5.1.13条	—	—
2	施工安全监理台账	—	第5.2.5条	—	—
3	计量与支付台账	第5.5.6条	第5.4.4条	第8.0.5条	—
4	工程变更处理台账	—	—	—	监理用表32

续上表

序 号	规定的具体内容	依据的监理规范			
		国标规范	公路规范	铁路规范	水利规范
5	工程索赔处理台账	—	—	—	—
6	分项工程开工报审台账	—	—	—	—
7	分部工程开工报审台账	—	—	—	—
8	单位工程开工报审台账	—	—	—	—
9	工程环保监理台账	—	—	—	—
10	监理抽检样品月登记表	—	—	—	监理用表33
11	监理抽检试验登记表	—	—	—	监理用表34
12	其他(如原材料试验台账)	—	—	—	—

9.4.8 建立监理台账行为的规范化实施要点

9.4.8.1 建立监理台账行为应达到的目标或要求

项目监理机构在日常监理工作中必须按照监理规范的规定、按照建设单位或上级项目监理机构的要求建立工程监理工作台账。在建立监理工作台账的过程中,时间上应达到及时或按时的要求,做到随时建立和填写;内容上应包括监理规范的规定内容和项目建设单位或上级项目监理机构的要求内容;格式上达到规范的规定或项目建设单位或上级项目监理机构的要求;在台账的种类、数量方面尽量多建立,多记录,以便于工程管理和备忘、查阅。

9.4.8.2 建立安全监理工作台账

1. 建立台账的依据

根据《公路监理规范》第5.2.5条的规定建立安全监理台账。

2. 建立台账的监理要点

总监理工程师负责组织和指导、检查,专职安全监理工程师负责完成安全监理台账的建立与送审工作。总监理工程师、驻地监理工程师应定期检查安全监理人员的监理日记和项目监理机构的安全监理日志、安全监理台账和安全监理月报。

安全监理台账应由项目监理机构保存,上一级项目监理机构或建设单位要求上交的及时地、完整地报送。

每一个工程项目的项目监理机构均应建立安全监理台账。安全监理台账应包括若干个记录表格,分别记录施工安全方案的审查情况、施工安全的每次检查情况、发现的安全问题、监理的指令和要求、施工单位的处理情况和处理结果等。具体记录的内容包括:

(1)施工组织设计中的安全技术措施的逐级审查、报备情况;

(2)需要编制专项安全施工方案的专项工程名称、编制情况、审批情况等;

(3)与施工安全有关的主要施工机械、设备的到场情况、检查情况、使用时间、运转情况等;

(4)安全隐患、事故整改处理的监理通知单、整改复查回复单的编号、传递时间、签收人和闭合情况;

(5)安全事故的发生报告、处理报告的编制、上报、存档等情况。

9.4.8.3　建立工程计量支付台账

1. 建立台账的依据

根据《公路监理规范》第 5.4.4 条的规定建立计量支付台账。

2. 建立台账的要点

土木工程露天作业，分项工程多，子分项工程更多，要进行多次计量，只有完善计量记录、做好计量台账，才能保证计量工作的准确性，才能保护建设单位和施工单位的合法权益。计量工程师应绘制一套计量图表，上墙张贴和标涂，用彩笔将已经施工完成的工程、计量的工程、支付的工程进行表示，并加强工程计量分析，以便于发现计量问题，掌握工程进度。

工程计量人员应做好计量记录，每一个项目监理机构均应建立计量支付台账，具体记录的内容包括：

(1)工程项目名称及其计量单位、原合同数量、核定数量、单价、原合同价；

(2)上期末已经计量的工程量、本月实际计量的工程量、本月末累计计量的工程量；

(3)本月末累计计量的工程量占核定数量的百分比，并判断是否大于 100%；

(4)工程计量的工程地点、工程部位、施工单位等；

(5)记录已经计量的工程有哪些、尚未计量的工程有哪些、哪些计量单没有进入支付证书。

10　调解、协商、主持会议行为

10.1　监理工程师的调解行为

10.1.1　调解的含义

10.1.1.1　《现代汉语词典》中的有关解释

【调解】《现代汉语词典》中收录了“调解”一词，指劝说双方消除纠纷。

可见，“调解”一词是行为动词，强调行为人以第三者的身份对纠纷的双方当事人进行劝说、协调，从而促使双方互相谅解，达成解决纠纷协议。

10.1.1.2　工程监理规范中的有关解释

1. 国家标准中的有关解释

《建设监理规范》第2章“术语”中没有给出“调解”一词，但给出了监理调解义务的规定。例如：第6.5.1条规定项目监理机构接到合同争议的调解要求后应进行调查和取证、调解工作。

2. 行业标准中的有关解释

(1)《公路监理规范》的解释

在其第2章“术语”中没有给出“调解”一词，但给出了监理调解的有关内容。例如：第5.6.10条规定了“争端协议”的处理，规定要求监理工程师应受理争端一方或双方提出的协调申请，并及时调查和收集相关资料，提出解决建议，对双方进行调解。

(2)《铁路监理规范》的解释

在其第2章“术语”中也没有给出“调解”一词，但书面明确规定现场项目监理机构、监理工程师应该认真实施“调解”行为，并在其他条文中给出了具体规定。例如：第8.0.7条规定在工程项目初验合格、费用索赔处理完毕、无合同纠纷或合同纠纷已得到调解后，总监理工程师应对竣工结算资料进行审查并签认，报建设单位。

(3)《水利监理规范》的解释

在其第2章“术语”中也没有给出“调解”一词，但书面明确规定现场项目监理机构、监理工程师应该认真实施“调解”行为，并在其他条文中给出了这一监理行为的具体规定。例如：第6.6.3条规定项目监理机构应及时查证和认定施工单位违约的事实，当发包人向施工单位发出解除合同通知后，项目监理机构应协助发包人按照合同约定派员进驻现场接收工程，处理解除合同后的有关合同事宜。

10.1.2　监理调解行为的内涵及其行为人、责任主体

10.1.2.1　监理调解行为的内涵

参加合同纠纷的调解，是项目监理机构、监理工程师的重要监理行为之一。

对项目监理机构而言，“参加调解”是监理工程师依据监理规划、监理实施细则，履行监理

合同过程中应尽的主要义务之一。项目监理机构和监理工程师为履行监理合同、监督执行施工合同,作为公正的、独立的第三方会经常参加合同纠纷调解活动。

10.1.2.2 监理调解行为的行为人、责任主体

调解行为是监理执业行为之一,其行为人是总监理工程师、总监代表及经授权的专业监理工程师。项目监理机构必须注意,其他人员无权主持调解活动。

《建设监理规范》第3.2.4条明确规定总监理工程师不得将调解建设单位与施工单位的合同争议工作委托给总监代表。其行为的不良后果的责任主体是项目监理机构,由项目监理机构和监理负责人共同承担监理调解行为不作为的责任。

在调解行为的实施过程中,项目监理机构的负责人——总监理工程师、驻地监理工程师应负责组织、安排、监督、检查工作并亲自参加,专业监理工程师和监理员应服从总监理工程师的安排,该参加的参加。总监理工程师、驻地监理工程师、专业监理工程师和监理员之间有相互监督的权利和义务。

10.1.3 监理调解行为的相近行为、实施手段

10.1.3.1 监理调解行为的相近行为

调解行为是一种独立行为,不存在相近的行为。

10.1.3.2 监理调解行为的实施手段

项目监理机构实施调解行为,一般应依据调查、检查、审查、测量、试验、计量、巡视、抽检和会议讨论的情况,借助调查、审查、测量、试验、计量、巡视、抽检、协商、座谈、沟通、对话等监理手段。

10.1.4 监理调解行为的实施阶段、行为方式

10.1.4.1 监理调解行为的实施阶段

调解,作为监理执业过程中偶尔发生的一种工作行为,具有被动实施性,监理工程师不可能时时刻刻地充当调解人,只有施工单位或建设单位的一方或双方向项目监理机构提出要求后方可实施。但是,需要调解的事件一旦发生,监理工程师必须有所作为,立即进入角色,查明事实,分清责任,约见施工单位的负责人进行沟通、协调,进行说服或法制宣传与教育,根据需要主动与项目建设单位沟通、协调,需要做单方工作的做通单方的工作,需要做双方工作的做双方的工作。

10.1.4.2 监理调解行为的行为方式

合同争议的调解方式,主要包括以下四种:

(1)当事人的上级主管机关的调解;

(2)律师事务所的调解;

(3)工商行政管理部门的调解;

(4)人民法院的调解。

实施工程监理制度的施工项目,根据合同条件的规定,当事人双方在对承包合同的争端提交仲裁之前,应首先提交监理工程师进行裁决,这种裁决实质上就是调解。

在工程施工合同中,一般应当明确规定合同纠纷的处理方式,可以选择两种甚至两种以上的解决方式,并且应当在合同中明确规定合同纠纷的处理顺序。在合同纠纷的处理方式中,监理工程师的裁定、双方友好协商或上级调解是一种非对抗性的处理方式(不属于法律程序),

仲裁和诉讼则属于正式的法律程序,是一种对抗性的处理方式。

10.1.5 监理调解行为的表达方式

作为参加调解行为的结果的表达方式,一般包括监理备忘录形式、非监理备忘录的表格资料形式等两种,主要采用监理备忘录形式。

10.1.5.1 采用监理备忘录表达

参加调解行为的过程和最终结果,应采用监理备忘录的形式表达。

10.1.5.2 采用专用表式表达

《建设监理规范》中没有规定专用的、固定格式的参加调解表格。《公路监理规范》中也没有规定监理参加调解行为的固定表式。但是,当调解行为为法律行为时,应注意使用或者服从法庭、法院、律师方面要求的专用表式。

10.1.6 监理规范中关于监理调解行为的规定内容

根据《建设监理规范》和《水利监理规范》、《公路监理规范》、《铁路监理规范》的规定,经统计,监理调解行为的规定内容如表10-1所示。

监理调解行为的主要规定内容 表10-1

序 号	规定的具体内容	依据的监理规范			
		国标规范	公路规范	铁路规范	水利规范
1	调解合同争议、纠纷	第6.5.1条	第5.6.10条	第8.0.7条	第6.6.3条
2	其他(如分包纠纷)	—	—	—	—

10.1.7 工程合同争议、中止、终止的调解要点

10.1.7.1 实施监理调解行为应达到的目标或要求

监理工程师在进行合同争议、工程纠纷的调解过程中,在时间上应达到及时进行调解、随时进行调解的要求;在主观上应达到公正、公平、维护工程建设各方的利益或权益的要求;在客观上应达到充分协商、合理解决、继续履行合同、友好合作的目标。

10.1.7.2 关于合同争议的调解

1.调解的主要依据

《建设监理规范》第6.5.1条规定项目监理机构接到合同争议的调解要求后应进行调查和取证、双方磋商、争议调解工作。

《公路监理规范》第5.6.10条规定监理工程师应受理争端一方或双方提出的协调申请,并及时调查和收集相关资料,提出解决建议,对双方进行调解。

2.监理进行调解的要点

(1)调解的实施人

国标监理规范规定合同争议、纠纷应由总监理工程师负责进行调解。

(2)调解的注意事项

项目监理机构接到合同争议的调解要求后,应进行以下工作:

①及时了解合同争议的全部情况,包括进行调查和取证;

②及时与合同争议的双方进行磋商;

③在项目监理机构提出调解方案后,由总监理工程师进行争议调解;

④当调解未能达成一致时,总监理工程师应在施工合同规定的期限内提出处理该合同争

议的意见；

⑤在争议调解过程中，除已达到了施工合同规定的暂停履行合同的条件之外，项目监理机构应要求施工合同的双方继续履行施工合同。

(3)监理工程师调解的规定时间与生效条件

《FIDIC 土木工程施工合同条件》(第四版)规定在工程施工过程中或工程竣工之后，如果建设单位和施工单位之间就本合同文件的条款、规定、规范、图纸、质量与进度要求、支付与扣除、延期与索赔、价格调整发生任何法律上、经济上、技术上的纠纷，包括监理工程师发出的指示、指令、决定、评定、认证和估价发生纠纷，则纠纷中的问题，首先应提交监理工程师解决，并抄送另一方。监理工程师在收到此调解请求后的 42 天内应将自己的裁决通知建设单位和施工单位。施工单位和建设单位应实施监理工程师的裁决，除非监理工程师在收到此调解请求后的 42 天内没有发出自己的裁决通知。

如果监理工程师将裁决通知抄送给了建设单位和施工单位，而建设单位和施工单位在收到该通知之日起的 42 天之内，任何一方均未提出友好协商或通过双方上级主管部门进行调解的要求或者在上述协商或调解并未达成协议后的 42 天内，任何一方也未通知另一方进行仲裁的意向，那么，监理工程师的上述调解通知应是最后的裁定，对建设单位和施工单位均有约束力。

如果建设单位或施工单位有一方对监理工程师的裁定有异议，则双方可就纠纷事项进行友好协商或通过双方上级主管部门进行调解。通过协商或调解，如能达成书面协议，应将协议抄送监理工程师一份，同时双方都应执行；如不能达成协议，任何一方可以在未达成协议后的 42 天内通知另一方说明提交仲裁的意向，并抄送监理工程师一份。之后，进入合同纠纷的仲裁程序。

10.1.7.3　关于合同中止的调解

合同中止是指签订合同的双方因一方或双方的原因、或者第三者原因导致原合同暂时不能继续履行，必须中间临时停止，但是，引起暂停的原因消除后还可以恢复执行的合同行为。

1. 调解的主要依据

《建设监理规范》没有书面规定项目监理机构进行合同中止的调查和取证、双方磋商、争议调解工作。

《公路监理规范》第 5.6.10 条规定监理工程师应受理争端一方或双方提出的协调申请，并及时调查和收集相关资料，提出解决建议，对双方进行调解。

2. 监理进行调解的要点

(1)调解的实施人

国标监理规范规定合同争议、纠纷由总监理工程师进行调解。

(2)调解的注意事项

施工合同中止也是合同争议纠纷的一种。不论项目监理机构是否接到合同中止的调解要求，均应如处理合同争议一样进行以下工作：

①及时了解合同中止的全部情况，包括进行调查和取证；

②及时与合同中止相关的一方或者双方进行磋商；

③在项目监理机构提出调解方案后，由总监理工程师进行争议调解；

④当调解未能达成一致时,总监理工程师应在施工合同规定的期限内提出处理该合同中止的处理意见;

⑤在合同中止事件的调解过程中,除已达到了施工合同规定的暂停履行合同的条件之外,项目监理机构应要求施工合同的双方继续履行施工合同。

10.1.7.4 关于合同终止的调解

合同终止是指签订合同的双方因一方或双方的原因、或者第三者的原因导致原合同不能继续履行,必须停止而且不会再恢复执行的合同行为。

1. 调解的主要依据

施工合同终止行为的处理,应参照《建设监理规范》第6.5.1条的规定进行,即不论项目监理机构是否接到合同终止的调解要求,均应进行调查和取证、双方磋商、调解工作。

《公路监理规范》第5.6.10条规定,监理工程师应受理争端一方或双方提出的协调申请,并及时调查和收集相关资料,提出解决建议,对双方进行调解。

2. 监理进行调解的要点

(1)调解的实施人

国标监理规范规定合同争议、纠纷由总监理工程师进行调解,合同终止事件的调解人也应是总监理工程师。

(2)调解的注意事项

不论项目监理机构是否接到合同终止的调解要求,均应如处理合同争议一样进行以下工作:

①及时了解合同终止的全部情况,包括进行调查和取证;

②及时与合同终止的双方进行磋商;

③在项目监理机构提出调解方案后,由总监理工程师进行合同终止调解;

④当调解未能达成一致时,总监理工程师应在施工合同规定的期限内提出处理该合同终止的意见;

⑤在合同终止的调解过程中,项目监理机构应要求施工合同的双方继续履行施工合同规定的义务,保护工程成品和施工现场、原材料、施工机械;

⑥监理工程师应注意搜集合同资料,包括施工照片和音像资料,为工程合同终止的费用结算做好监理准备。

10.2 监理工程师的协商行为

10.2.1 协商的含义

10.2.1.1 《现代汉语词典》中的有关解释

【协商】《现代汉语词典》中收录了“协商”一词,指共同商量以便取得一致意见。商量就是交换意见的意思。例如:有问题可以协商解决。

可见,“协商”一词是行为动词,强调行为人为了取得一致意见而共同商量,通过交换自己的意见和对方的意见以取得一致意见,确定这个一致的意见并实施。

10.2.1.2 工程监理规范中的有关解释

1. 国家标准中的有关解释

《建设监理规范》第 2 章“术语”中没有给出“协商”一词,但给出监理进行协商的书面规定。例如:第 6.6.2 条“合同的解除”规定当建设单位违约导致施工合同最终解除时,项目监理机构应就施工单位按施工合同规定应得到的款项与建设单位和施工单位进行协商,并应按施工合同的规定确定施工单位应得到的全部款项,并书面通知建设单位和施工单位。

2. 行业标准中的有关解释

(1)《公路监理规范》的解释

在其第 2 章“术语”中没有给出“协商”一词,但给出了监理进行协商的义务规定。例如:第 5.6.1 条“工程变更”规定施工单位要求工程变更时,应提交变更申报单,报监理工程师审核,按施工合同要求须由建设单位批准的隐蔽工程的变更,还应会同建设、设计、施工等单位现场共同确认。变更费用应按施工合同约定计算,合同未约定的应由合同双方协商确定。

(2)《铁路监理规范》的解释

在其第 2 章“术语”中也没有给出“协商”一词,但书面明确规定现场项目监理机构、监理工程师应该认真实施“协商”行为,并在其他条文中给出了具体规定。例如:第 10.1.4 条规定由于非承包单位的原因导致暂停施工时,总监理工程师在签发“工程暂停令”之前应就有关工期和费用等事宜与承包单位进行协商,如实记录所发生的实际情况。

(3)《水利监理规范》的解释

在其第 2 章“术语”中也没有给出“协商”一词,但书面明确规定现场项目监理机构、监理工程师应该认真实施“协调”行为,将“协调”列在现场记录、发布文件、旁站监理、巡视检验、跟踪检测、平行检测、协调等 7 种主要监理工作方法之中,并解释为:

【协调】项目监理机构对参加工程建设各方之间的关系以及工程施工过程中出现的问题和争议进行的调解。

同时,在其他条文中给出了“协调”这一监理工作行为的具体规定。例如:第 6.1.2.5 条规定由于发包人原因使工程未能按施工合同约定时间开工的,项目监理机构在收到施工单位提出的顺延工期要求后,应立即与建设单位和施工单位共同协商补救办法。

10.2.2 监理协商行为的内涵及其行为人、责任主体

10.2.2.1 监理协商行为的内涵

协商是一种能力,监理工程师应具备协商、协调的能力,特别是协调复杂问题的能力。协商是项目监理机构、监理工程师的日常监理行为之一。监理工程师应与建设单位、施工单位保持良好的工作关系,及时处理施工中出现的问题,确保工程施工的顺利进行。

项目监理机构和监理工程师为履行监理合同、监督执行施工合同,作为公正的、独立的第三方应经常进行多方协商、协调、沟通活动。

10.2.2.2 监理协商行为的行为人、责任主体

监理主动协商的行为,其行为主体是监理工程师,尤其是专业监理工程师、驻地监理工程师和总监理工程师,以总监理工程师、总监代表、驻地监理工程师为主。由项目监理机构和监理负责人共同承担监理协商行为不作为的责任。

在进行协商的具体过程中,项目监理机构的负责人——总监理工程师、驻地监理工程师参加或负责组织、安排、监督工作,专业监理工程师和监理员应服从总监理工程师的安排,该参加的参加,该旁听的旁听。

10.2.3 监理协商行为的相近行为、实施手段

10.2.3.1 监理协商行为的相近行为

协商行为存在着若干相近的行为。其相近行为主要包括沟通行为、交流行为、座谈行为，其行为的内涵、行为的实施主体、行为结果的不作为责任的承担者等与协商行为相似。

10.2.3.2 监理协商行为的实施手段

工程监理人员实施协商行为，一般应借助约见、邀访、沟通、会议讨论和调查、审查、测量、试验、计量、旁站、巡视、抽检、见证等监理手段。例如，通过约见施工项目经理交换意见，根据审查的初步结论进行协商以形成最终的、进一步的处理意见等。

监理的协商行为包括与建设项目的建设单位、施工单位、材料设备供应单位和上级项目监理机构、监理法人单位、本项目监理机构内部的协商行为等。

10.2.4 监理协商行为的实施阶段、行为方式

10.2.4.1 监理协商行为的实施阶段

监理协商行为的实施阶段，主要处于工程的施工阶段、交工缺陷责任期阶段。只要有工程项目的施工，监理工程师就必须履行工程监理协商沟通职责。

10.2.4.2 监理协商行为的行为方式

工程监理人员作为工程项目建设的公正的、独立的第三方，就某一具体的合同管理事宜进行协商、实施协商行为，一般采用书面协商法、约见(邀访)面谈法、电话交流法、会议交谈法、电子邮件交流法、宴会方式等。

从参加问题协商的单位组成、人员构成角度讲，监理协商行为的实施可以采用双方、三方、多方共同进行协商，可以采用两人、三人、多人共同进行协商。

10.2.5 监理协商行为的表达方式

10.2.5.1 采用红头文件表达

监理工程师主动进行的协商、被动参加的协商，其行为的过程和最终结果，特别是协商一致的事项，可以采用红头文件的形式予以表达，主要包括印发和抄送工程监理工作提示、监理通知、批复文件和签发工程款结算证书，签署会议纪要、监理备忘录等。

10.2.5.2 采用专用表格形式表达

《建设监理规范》中没有规定专用的、固定格式的监理协商行业的专用表格。《公路监理规范》等三大行业监理规范中没有规定监理协商行为的专用表式。但是，协商的结果可以用监理指令单、监理通知单、监理日志、工程审批表等形式表达。

10.2.6 监理规范中关于监理协商行为的规定内容

根据《建设监理规范》和《水利监理规范》、《公路监理规范》、《铁路监理规范》的规定，监理协商行为的规定内容如表 10-2 所示。

监理协商行为的主要规定内容 表 10-2

序 号	规定的具体内容	依据的监理规范			
		国标规范	公路规范	铁路规范	水利规范
1	协商确定工程变更的价款	第 5.5.4 条	第 6.6.1 条	—	第 6.6.1 条
2	协商确定工程竣工结算的价款总额	第 5.5.8 条	第 6.0.7 条	—	—

续上表

序 号	规定的具体内容	依据的监理规范			
		国标规范	公路规范	铁路规范	水利规范
3	协商工程暂停施工期间的工期、费用事宜	第6.1.4条	—	第10.1.4条	—
4	协调工程变更费用及工期的评估情况	第6.2.1条	—	—	—
5	协调工程质量、费用、工期方面的变更事宜	第6.2.2条	—	—	第6.3.3条
6	协商双向费用索赔事宜	第6.3.3、6.3.5条	—	第10.3.5条	第6.6.2条
7	协商工程延期批准事宜	第6.4.3条	—	—	第6.1.2条
8	协商因建设单位违约导致合同解除的有关事宜	第6.6.2条	—	—	—
9	协商因施工单位违约导致合同终止的有关事宜	第6.6.3条	—	—	—
10	商定实际进度严重滞后于计划的处理措施	第5.6.3条	—	—	—
11	协商处理因赶工引起的费用	—	—	—	第6.3.6条
12	协商工程单价、合价的调整	—	—	—	第6.4.12条
13	其他	—	—	—	—

10.2.7 监理协商行为的规范化实施要点

10.2.7.1 实施监理协商行为应达到的目标或要求

监理工程师在参加工程建设有关问题的协商过程中,在时间上应达到及时或按时的要求,在主观上应达到公正、公平、合理的要求,在客观上应达到充分协商、协商一致、解决问题的目标。

通过协调,使参建各方减少摩擦,消除对抗,树立整体思想和全局观念,最大限度地调动各方面的积极性、主动性,使大家能够协同作战,创造出“天时、地利、人和”的良好环境,确保工程监理的总目标顺利实现。

10.2.7.2 监理工程师应与工程建设各方进行协商的主要内容

由于招标工程项目存在三方关系,即建设单位、工程监理单位、施工单位等三方,三个行为人的行为内容不同、方式不同、目标不尽相同,但是必须把同一个工程建设项目建设好,这其中必然存在对立的方面、统一的方面,必然涉及协调、沟通、平衡问题。作为工程监理一方,在工程监理过程中监理工程师应与工程建设其他各方进行协商的内容有很多,可以说是事事都要协商,时时都离不开协商。今列举监理规范中明确规定的需要监理工程师进行协商的主要内容:

(1)协商确定工程变更的价款;

(2)协商确定工程竣工结算的价款总额;

(3)协商工程暂停施工期间的工期、费用事宜;

(4)协调工程变更费用及工期的评估情况;

(5)协调工程质量、费用、工期方面的变更事宜;

(6)协商双向费用索赔事宜;

(7)协商临时延期批准事宜;

(8)协商因建设单位违约导致合同解除的有关事宜;

(9)协商因施工单位违约导致合同终止的有关事宜;

(10)商定实际进度严重后于计划的处理措施等。

10.2.7.3 监理工程师实施协商行为的依据

在工程监理过程中,项目监理机构、监理工程师实施协商行为的主要依据包括:

(1)国家和地方法律、法规,包括《建筑法》、《安全生产法》、《环境保护法》、《公路法》、《建设工程质量管理条例》、《建设工程安全生产管理条例》等;

(2)国家和行业、地方有关标准、规范、规程,包括《建设监理规范》、《公路监理规范》、《铁路监理规范》、《水利监理规范》以及各种工程施工技术规范等;

(3)工程监理合同;

(4)工程施工合同、分包合同,材料机械供应合同;

(5)工程建设项目前期有关文件;

(6)工程建设项目设计文件和图纸;

(7)工程实施过程中工程建设三方发出的有关管理办法、制度、通知、指令等函件。

10.2.7.4 项目监理机构内部的组织协调

总监理工程师、驻地监理工程师是监理项目的带头人,总监真心诚意地与监理人员交朋友,尊重他们,关心他们,爱护他们,对于全体监理人员就有号召力;总监的实干精神、敬业精神、团结精神、奉献精神,为大家作出了榜样,就会影响监理人员的思想和行为。

1.项目监理机构的内部人际关系协调

(1)人员的安排要量才用人。对每位监理人员,要根据专长进行安排,做到人尽其才、才尽其用;人才要合理匹配,扬长避短,做到能力互补、性格互补,充分发挥所有人员的积极性。

(2)工作委任上要职责分明。每个监理岗位,都应明确责任、目标和岗位职责,做到事事有人管,人人有专责,职责不重不漏。

(3)工作的绩效评价上,要实事求是。评价每位监理人员的绩效要实事求是,工作成绩的取得,不仅需要主观努力,而且需要同志们的相互配合,需要一定的工作条件。谁都希望自己做出成绩,受到组织的肯定,评价恰当以免无功自傲和有功受屈。

(4)调解矛盾要恰到好处。调解矛盾要不计恩怨,要顾全大局,要尊重当事人,平等待人;不要恃强凌弱,以权压人,要有理有据,有章有法,有的放矢;要采取主动、宽容、友善的态度,通过及时沟通、个别谈话、会议和必要的批评等灵活的方式方法,使全体监理人员处于团结、和谐、热情高涨的气氛中工作。

2.项目监理机构的内部协调要做到巧分工、细安排、制度严

(1)巧分工。工程监理项目的总监,要根据工作的特点,根据每位监理人员的专业技术、工作经验、监理素质、性格特点、工作特点,进行巧分工。巡视、旁站、计量、检验和资料管理等工作,做到任务到人,责任到人。大中型监理项目的总监,主要是对各个工程监理部的合理组合,做到扬长避短,能力互补,性格互补,使每个监理部都能志同道合,思想统一,彼此间都有合作的愿望和诚意,充分发挥组织中每个监理人员的主动性、积极性和潜能,以创造出优秀的业绩。

(2)细安排。要明确各监理部之间的相互关系。在监理过程中,有许多工作不是一个人或一个监理部可以完成的,监理工作的完成,要靠分工合作,其中有主办、牵头、协作、配合之分。总监要根据监理规划和各专业部的专业特点,事先约定各个部之间的相互关系,不致出现误事、脱节等耽误工作。

(3)制度严。项目监理机构除了贯彻公司的各项管理制度外,总监还应根据本工程的特点、本项目监理机构的组织和人员情况,制订具体的、有针对性的、行之有效的管理制度。严格执行制度,做到不偏不倚、始终如一,不手软、不留情。避免工作中扯皮,越级和指令冲突;避免工作无序和混乱,树立实事求是、清正廉洁的工作作风,保证监理工作的规范化实施。

10.2.7.5　项目监理机构与工程参建各方的工作协调

1. 与建设单位、施工单位的协调

建设单位、监理单位与施工单位的关系贯穿于工程建设的全过程,工作往来频繁,对一些具体问题产生意见分歧是常有的事,但是,项目监理机构必须本着“为工程负责、为业主负责”的原则开展监理工作,首先维护国家利益,其次维护业主和监理利益,之后维护施工单位的合法权利。施工单位要向工程监理单位、建设单位及时地提供项目管理规划、生产计划、技术措施、统计资料、工程事故报告等。建设单位除了抓资金的落实外,应按时向施工单位提供地质资料、设计图纸等有关资料,积极配合施工单位解决问题,排除障碍。

监理工程师应鼓励施工单位,将工程实施状况、实施结果、遇到的困难及时向项目监理机构反映,以寻找工程施工过程中可能出现的干扰。双方联系得越紧,了解得越深,监理过程中的对抗和争执就越少。对工程施工准备、施工过程、竣工验收等不同阶段的变化,采用不同的方式方法,耐心细致地协调处理好各种不和谐因素甚至矛盾。

2. 与设计单位的协调

监理单位与设计单位的协调,主要是地基处理、设计交底、图纸会审、修改设计、隐蔽工程、竣工验收环节上要密切配合。如设计遗漏、图纸差错等问题,要解决在施工前;施工阶段严格按图施工;结构工程、专业工程、竣工验收要请设计单位参加。若发生质量事故,要听取设计单位的处理意见;施工中发现设计问题,项目监理机构应及时报告建设单位要求设计单位修改,以免造成大的损失;若工程监理单位掌握比原设计更先进的新技术、新工艺、新材料、新结构、新设备时,要主动向建设单位建议,支持设计单位技术创新。

3. 与设备、材料供应单位的协调

要充分依靠供应合同,运用竞争机制、价格机制、供求机制搞好协作配合,还要充分发挥企业法人的社会地位和作用。

4. 与工程跟踪审计部门的协调

有的工程建设项目,项目业主自工程开工之日起即聘用某会计事务所或审计机构对工程施工特别是计量支付、工程设计变更等进行跟踪检查、审核,如在中间计量单上签字、在设计变更文件上签字确认等。项目监理机构应根据业主的要求与跟踪审计部门配合,需要变更设计的工程变更前一起现场查看、一起记录、协商一致,做到主动邀请、主动交换意见。隐蔽工程和其他工程的计量,监理工程师应主动约请审计人员一起现场测量、计算、复核、签认。

10.2.7.6　监理组织协调中应注意的几个问题

1. 公平、公正是协调的原则,必须坚持

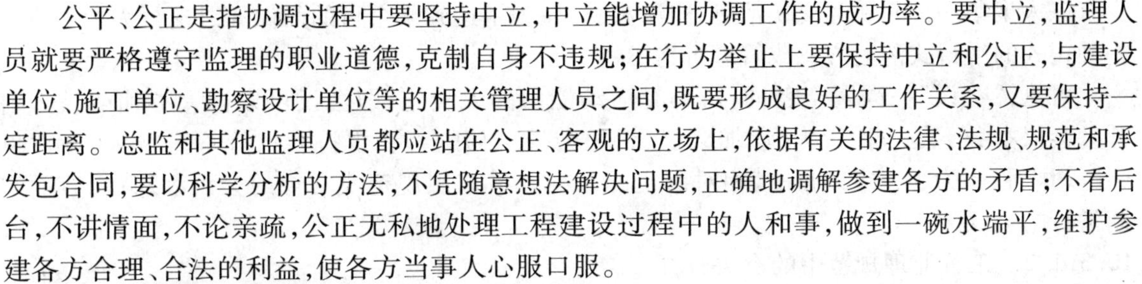

公平、公正是指协调过程中要坚持中立,中立能增加协调工作的成功率。要中立,监理人员就要严格遵守监理的职业道德,克制自身不违规;在行为举止上要保持中立和公正,与建设单位、施工单位、勘察设计单位等的相关管理人员之间,既要形成良好的工作关系,又要保持一定距离。总监和其他监理人员都应站在公正、客观的立场上,依据有关的法律、法规、规范和承发包合同,要以科学分析的方法,不凭随意想法解决问题,正确地调解参建各方的矛盾;不看后台,不讲情面,不论亲疏,公正无私地处理工程建设过程中的人和事,做到一碗水端平,维护参建各方合理、合法的利益,使各方当事人心服口服。

2. 知情是做好协调的基础

知情,要了解和熟悉与监理有关各主要管理人员的性格、爱好、工作方式、方法等。知情,要及时了解和掌握有关各方当事人之间利益关系,做到心中有数,头脑清醒。知情,要借助信息的发布、信息接收,及时掌握和跟踪各方信息,应用正确的信息,在有限的时间内,有的放矢地协调好内外关系。知情,总监和监理人员对重大工程建设活动情况,进行严格监督和科学控制,认真分析各家的情况,搞清来龙去脉,不马虎从事;对出现的问题,要分析原因,对症下药,恰当地协调好各方关系。

3. 正确的工作方法,是搞好协调的重要手段

组织协调的方法很多,如对话、谈判、发文件、督促、监督、召开会议、发布指示、修改计划、进行咨询、提出建议、交流信息等。协调要注意原则性、灵活性、针对性、群众性。

(1)原则性是指监理人员的清正廉洁、作风正派、办事公平、公正、讲求科学、坚持原则、严格监理;坚持按照国家有关的法律、法规、规范、标准,严格检查、验收,对于各方的违规行为不姑息,不迁就,一抓到底。

(2)灵活性是指工作方法上和为人处事方面,要因人、因事、因地而宜,根据实际情况随机应变,灵活应用协调的各种方法,切忌生搬硬套;在众多的矛盾中,要突出重点,分清主次,抓主要矛盾,关键问题解决了,其他问题便可以迎刃而解。

(3)针对性是指协调要有针对性、有目的。在协调前要对所了解和掌握的情况,进行分析、归纳,理清头绪,找准问题,做到有的放矢;在协调前要多设想几种情况,尽可能考虑到各方可能提出的问题,多准备几套解决方案,做到有备无患;在协调前要明确协调对象、协调主体、协调问题的性质,然后选择适用的手段,以提高协调效率。协调中拿不准、考虑不成熟的问题,不急于表态,协调争取做到有理、有利、有节。

(4)群众性是指协调过程中注意走群众路线,让大家献计献策、群策群力,激发群众的创造热情,充分发挥集体的智慧和力量,与各方同舟共济,解决问题战胜困难。

10.3 监理工程师主持会议的行为

10.3.1 会议的含义

10.3.1.1 《现代汉语词典》中的有关解释

【会议】《现代汉语词典》中收录了"会议"一词。①有组织有领导地商议事情的集会。例如:工作会议。②一种经常商讨并处理重要事务的常设机构或组织。例如:部长会议。③例会,指按照规定程序定期召开的会议。例如:每月办公会议、每周质量报告会。

在现代秘书学、礼仪沟通学中,会议的基本概念是指人们集中起来讨论议题的情形,是至

少有三人聚集在一起相互交换信息、想法和意见，为了达到某个目的而做的讨论行为。会议是一种正式的平行式沟通方式或管理行为。

可见，“会议”一词属于名词，由具有活动能力的人实施，即会议可以被人参加或被人召开。会议本身不是一种行为，参加会议、组织会议、召开会议、主持会议等均是行为。而“例会”一词，强调为了一定的目的，相对固定的入会人员按照规定或常规的会议程序、内容而定期举行的会议。

10.3.1.2　工程监理规范中的有关解释

1. 国家标准中的有关解释

《建设监理规范》第2章“术语”中给出了“工地例会”一词，即：

【工地例会】由项目监理机构主持的，在工程实施过程中针对工程质量、造价、进度、合同管理等事宜定期召开的、由有关单位参加的会议。

例如：第5.3.1条规定项目监理人员应参加建设单位组织的设计技术交底会，总监理工程师应对设计技术交底会议纪要进行签认。再如：第5.3.1条规定在施工过程中，总监理工程师应定期主持召开工地例会。会议纪要应由项目监理机构负责起草，并经与会各方代表会签。

2. 行业标准中的有关解释

(1)《公路监理规范》的解释

在其第2章“术语”中没有给出“会议”一词，但在其他条文中给出了监理工程师参加会议或主持召开会议的类型及其具体事项。例如：第4.2.11条规定总监理工程师应在合同工程开工前主持召开由施工单位项目经理、技术负责人及相关人员参加的监理交底会，介绍监理计划的相关内容。再如：第7.3.1、7.3.2条规定工地例会应由总监理工程师或驻地监理工程师主持，宜每月召开一次，建设单位代表和施工单位现场主要负责人及三方有关人员参加。会议应检查上次会议议定事项的落实情况，并就工程质量、安全、环保、费用、进度及合同管理其他事项等进行讨论，提出解决问题的措施并确定下一步工作的具体安排和要求。

(2)《铁路监理规范》的解释

在其第2章“术语”中也没有给出“会议”一词，但书面明确规定现场项目监理机构、监理工程师应该参加有关工程建设会议。例如：第12.1.1条规定在工程正式开工之前的适当时间，由建设单位主持，承包单位、项目监理机构、设计单位参加，召开第一次工地例会。与会人员应在“会议签到表”(附录A中TC4表，见《铁路监理规范》)上签字。

(3)《水利监理规范》的解释

在其第2章“术语”中也没有给出“会议”一词，但书面明确规定了现场项目监理机构、监理工程师应该参加或主持召开“会议”的行为。例如：第4.3.5条规定项目监理机构应建立会议制度，包括第一次工地会议、监理例会、监理专题会议。会议由总监理工程师或由其授权的监理工程师主持，工程建设有关各方应派员参加。第一次工地会议可由总监理工程师主持或由总监理工程师与发包人的负责人联合主持。

10.3.2　监理工程师主持会议行为的内涵及其行为人、责任主体

10.3.2.1　监理工程师主持会议行为的内涵

会议，本身只是人的行为对象、不是一种行为方式。但是，会议，可以被单位组织召开，可以被人参加，也可以被人主持召开。参加会议是一种行为，召开会议也是一种行为。会议，可

以由某个单位、机构组织召开；会议，可以由某个领导、特殊身份的人主持召开。

项目监理机构组织有关会议是项目监理机构的正常监理工作之一；监理工程师主持有关监理工作会议是工程监理执业行为之一。

项目监理机构和监理工程师为履行监理合同、监督执行施工合同，必须按照施工监理规范的规定定期、不定期地召开工地例会、专题工地会议等。对施工单位而言，应参加项目监理机构组织召开的各种工作会议。

10.3.2.2　监理工程师主持会议行为的行为人、责任主体

主持监理会议行为的行为人，是项目监理机构中的负责人，多为总监理工程师、总监代表、驻地监理工程师。由项目监理机构及其负责人向建设单位、施工单位承担主持会议行为的不作为责任。

主持监理工作会议可以作为一种执业行为，其行为人是监理工程师，尤其是专业监理工程师和总监理工程师，以总监理工程师、驻地监理工程师为主。在主持监理工作会议的具体实施过程中，项目监理机构的负责人——总监理工程师、驻地监理工程师负责组织、安排、监督、检查工作，专业监理工程师和监理员应服从总监理工程师的会议安排，该参加的参加，该主持的主持，该记录的会议内容做好记录。专业监理工程师和监理员有建议总监理工程师主持召开监理会议的权力。

10.3.3　监理工程师主持会议的行为结果表达方式

作为主持会议行为的结果，其表达的方式不同于其他监理工作行为，不使用红头文件的形式，一般用非红头文件的会议记录表、会议纪要的形式。

《建设监理规范》中没有规定监理主持会议行为的固定表式。《公路监理规范》等三大行业监理规范中也没有规定专用的、固定格式的会议表格。但是，在实际监理工作过程中多用会议记录、会议纪要、会议备忘录等表达。

10.3.4　监理规范中关于监理主持会议行为的规定内容

根据《建设监理规范》和《公路监理规范》、《铁路监理规范》的规定，监理主持会议行为的规定内容如表10-3所示。

《水利监理规范》中将监理工程师在设计交底会议、第一次工地会议中的行为方式界定为“主持或与建设单位联合主持”，而不是“独自主持”。

监理主持会议行为的主要规定内容　　表10-3

序　号	规定的具体内容	依据的监理规范			
		国标规范	公路规范	铁路规范	水利规范
1	主持监理交底会	—	第4.2.11条	—	—
2	主持技术交底会	—	—	—	第5.2.4条
3	主持召开第一次工地会议	—	第7.2.1条	—	第4.3.5条
4	主持召开工地例会、监理例会	第5.3.1条	第7.3.1条	第12.2.2条	第4.3.5条
5	组织召开专题会议	第5.3.3条	第7.4.1条	—	第4.3.5条
6	其他	—	—	—	—

10.3.5　监理工程师主持会议行为的规范化实施要点

10.3.5.1　监理工程师主持会议应达到的目标或要求

监理工程师有权主持召开工程监理会议，在组织工程的第一次工地会议、工地例会、专题会议或工程协调会议的过程中，应选择好会议召开的时间，做到及早组织、按时召开、定期召开或适时召开；应确定好会议召开的地点，以方便与会者为原则；布置好会议室，需要沟通的用圆桌，需要说明和通报的用马蹄形桌子；拟定好会议议程，会议主持人认可后分发；提前三到七天发送会议通知。

另外，在主观上应达到认真主动、注重效果、既要务实也要务虚的要求；在客观上应达到精心准备会议材料、控制会议议程和会场秩序、讲话清楚、组织讨论交流、做好会议记录和会议纪要的目标。会议主持方应负责编写、分发会议纪要。

10.3.5.2　关于主持监理交底会

1. 主持会议的依据

根据《公路监理规范》第 4.2.11 条的规定主持监理技术交底会。

2. 主持会议的注意事项

(1)监理交底会议由项目监理机构的总监理工程师主持。

(2)监理交底会议应在合同工程开工前进行。对公路工程监理而言，可以单独进行，也可以与第一次工地会议一起进行。

(3)监理交底会议的参加人员包括施工单位的项目经理、技术负责人及专业监理工程师。

(4)监理交底会议的主要内容是介绍工程监理规划、监理程序、工程施工检验用表、监理人员分工及其岗位职责等相关内容。

10.3.5.3　关于主持第一次工地会议

第一次工地会议，是项目监理机构正式接触施工单位和全面开展监理工作的起点。

1. 主持会议的依据

《公路监理规范》第 7.2.1 条规定，第一次工地会议由总监理工程师主持召开。公路工程的项目监理机构是公路工程第一次工地会议的组织者，其中的监理负责人是主持者。也就是说，项目监理机构是第一次工地会议的组织者，总监理工程师是主持者。

2. 主持会议的规定与注意事项

(1)《公路监理规范》规定，第一次工地会议由项目监理机构的总监理工程师主持。《建设监理规范》规定，第一次工地会议由项目建设单位主持。

(2)第一次工地会议应在合同工程正式开工前的适当时间召开。

(3)第一次工地会议的参加人员，建设单位、施工单位法定代表人或授权代表必须出席。各方在工程项目中担任主要职务的人员(如项目经理、副经理、总工、部室负责人)及分包单位负责人应参加会议。项目监理机构应注意，《公路监理规范》规定第一次工地会议应邀请质量监督部门参加。

(4)第一次工地会议，项目监理机构或总监理工程师应事先将会议议程及有关事项通知建设单位、施工单位及其他有关单位并做好会议准备。

(5)第一次工地会议的会议内容包括六大项：

①工程建设三方应介绍各自的主要人员、组织结构、职责范围及联系方式。建设单位应宣

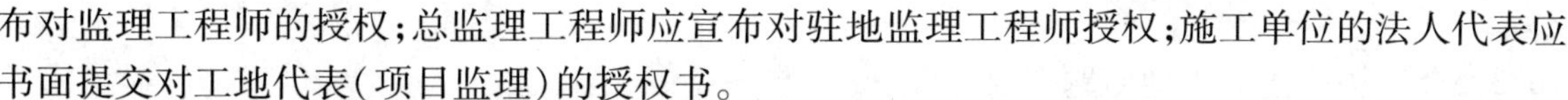

布对监理工程师的授权;总监理工程师应宣布对驻地监理工程师授权;施工单位的法人代表应书面提交对工地代表(项目监理)的授权书。

②施工单位应陈述开工的各项准备情况;监理工程师应就施工准备以及安全、环保等予以评述。

③建设单位应就工程占地、临时用地、临时道路、拆迁、工程支付担保情况以及其他与开工条件有关的内容及事项进行说明。

④工程监理单位应就监理工作准备情况以及有关事项作出说明。

⑤监理工程师应就主要监理程序、质量和安全事故报告程序、报表格式、函件往来程序、工地例会事项等进行说明。

⑥总监理工程师应进行会议小结,明确施工准备工作还存在的主要问题及解决措施。

(6)工地会议应由主持单位做好记录,会议形成的纪要应由参加单位确认。会议中决定执行的有关事项,仍应按规定的监理程序办理。

(7)经共同审查、讨论,认为具备开工条件的,可由总监理工程师下达合同工程开工令。

(8)与建设单位联合主持第一次工地会议的注意事项。联合主持会议,会议之前必须召开一个小型会议,研究讨论并决定会议的议程、主持人的分工等,并严格按事先议定的事项进行。

10.3.5.4 关于主持工地例会

所谓例会,是指在一定时间跨度周期范围内、参加人员相对固定的、按时参加的、定期召开的工作会议。所谓监理工地例会,是指监理工程师在施工工地现场定期主持召开的有关工程施工管理、协调的工作会议。

《建设监理规范》中没有给出“工地例会”的定义。《铁路监理规范》第2章“术语”中给出了“工地例会”一词,即:

【工地例会】由项目监理机构定期主持召开,有关单位参加,研究落实委托监理合同中相关事宜的会议。

1. 主持会议的依据

《建设监理规范》第5.3.1条的规定,在施工过程中,总监理工程师、驻地监理工程师应定期主持召开工地例会。《公路监理规范》第7.3.1条规定,总监理工程师或驻地监理工程师主持工地例会。《水利监理规范》第4.3.5条规定项目监理机构应建立会议制度,包括第一次工地会议、监理例会、监理专题会议。会议由总监理工程师或由其授权的监理工程师主持。

2. 主持会议的注意事项

(1)工地例会应由项目监理机构的总监理工程师或驻地监理工程师主持。

(2)工地例会宜每月召开一次,特殊情况也可以增加次数。

(3)建设单位代表和施工单位现场主要负责人及三方有关人员应参加工地例会。

(4)工地例会的会议内容包括检查上次会议议定事项的落实情况,通报工程进展情况,并就工程质量、安全、环保、费用、进度及合同其他事项等进行讨论,提出解决问题的措施或建议,并确定下一步工作的具体安排和要求等。

(5)工地会议应由项目监理机构安排的专人做好记录,并编写会议纪要。

(6)会议形成的纪要应由参加单位负责人签字确认,并分发与会各方,注意不要加盖单位公章。

10.3.5.5　关于主持工地专题会议

1. 主持会议的依据

《建设监理规范》第5.3.3条的规定,总监理工程师、驻地监理工程师或专业监理工程师应根据需要及时组织召开专题会议,解决施工过程中的各种专项问题。

《公路监理规范》第7.4.1条规定,由监理工程师主持工地专题会议。

2. 主持会议的注意事项

(1)专题工地会议由项目监理机构的监理工程师主持,根据工程需要及时召开。

(2)专题工地会议的参加人员包括建设单位代表和施工单位代表及其他有关人员参加,必要时应邀请有关专家参加。

(3)专题工地会议的内容包括对施工期内出现的工程质量、安全、环保、费用、进度及合同管理等方面的重点、难点和需要协调的问题进行研讨,并提出明确的解决方案和落实措施。重点研究解决施工中出现的涉及施工质量、施工方案、施工进度、工程变更和索赔、合同争议等方面的专门问题。

(4)工地会议应由主持单位做好记录,会议形成的纪要应由参加单位确认。会议中决定执行的有关事项,仍应按规定的监理程序办理。

10.3.6　会议记录、会议纪要的编写

项目监理机构组织或监理工程师主持召开的监理工作会议、工地会议等会议,在会议进行过程中应有专人负责会议记录。怎样做好会议记录见第9.1节。

《建设监理规范》第5.2.11条和第5.3.1条、《公路监理规范》第7.1.2条规定项目监理机构应起草、编写工地会议纪要,并报送建设单位、上级项目监理机构。可见,编写会议纪要是项目监理机构的岗位职责之一,是若干监理工作行为中的一种重要行为,是现行工程施工监理规范的规定监理行为。下面结合其有关规定介绍工程监理会议纪要的含义、特点、编写时间、编写人、编写内容及其审核等。

10.3.6.1　会议纪要的含义、特点、报送方式

1. 会议纪要的含义

会议纪要是1987年2月才被列入法定公文文种的。国家行政机关公文和党的机关公文,都有会议纪要这一主要的、法定的公文文种。

2001年版《国家行政机关公文处理办法》将“会议纪要”释义为:适用于记载和传达会议情况和议定事项。1996年版《中国共产党机关公文处理条例》将“会议纪要”释义为:用于记载会议主要精神和议定事项。

2. 会议纪要与会议记录的区别

会议纪要容易和会议记录相混淆。按照《辞海》中的解释,“纪”有“找出散乱的头绪”,有“整理、综合”的意思;而“记”是“记录、记载”、“思念、不忘”的意思。可见,二者有着本质的不同,主要体现在以下4个方面:

(1)从文体性质上看,会议纪要是法定的公文文种,而会议记录是会议情况的记录,只是原始材料,不是正式公文。

(2)从内容上看,会议记录无选择性,会议上的情况都要一一记录下来,与会者的言论原

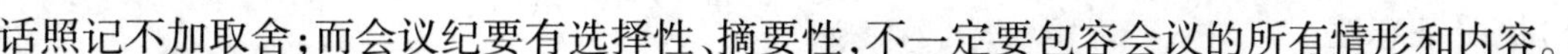

话照记不加取舍;而会议纪要有选择性、摘要性,不一定要包容会议的所有情形和内容。

(3)从形成的时间方面看,会议记录是随着会议的进行同步产生的,而会议纪要则要在会议后期,甚至会议结束后通过选择归纳、加工提炼之后才能形成。

(4)从内容是否公开方面看,会议纪要具有公开性,一般情况是向外印发,还可公开发表在报刊上,带有"版头"的会议纪要可以直接印发有关部门、单位或个人。而会议记录是内部资料,甚至是保密资料,不外传,作为机关单位的内部档案材料,供内部查阅参考使用。

会议纪要基本上是下行文,但与会单位不一定都是召集会议机关的下属单位,主要是为着某一个共同事件而能够坐在一起磋商并形成了一致的意见或看法,需要大家回去执行和共同遵守。与会的单位,有时是协作单位,有时是平行的或不相隶属的单位,有时是开会时无工作关系,但过一阶段后可能成为合同关系或者上下级关系(如公路建设的招投标开始和结束后的有关单位),它作为下行文是相对而言的。

事实上,会议纪要可以借助于"通知"载体向上级机关呈报,向同级机关发送,向下级单位印发,向为着某一个共同事件而发生工作关系的单位印发。

3. 会议纪要的特点

(1)纪实性

会议纪要是根据会议的宗旨、议程、决议等整理而成的公文,它是对会议基本情况的纪实。会议纪要的撰写者,不能改动会议议论的事项,更不能改动会议上达成的共识和形成的决定。除此之外,撰写者也不能对会议内容进行评论。总之,会议纪要必须忠实反映会议的基本情况,传达会议议定的事项和形成的决议。会议纪要的纪实性特点,使得它具有凭证作用和资料文献价值。特别是一些重要的会议纪要,多年后还会作为人们确认那段历史的依据。

(2)概括性

会议纪要是根据会议记录(大型会议还有会议中间的会议简报等)整理而成,不是有闻必录,不是把会议的所有内容都原原本本地、一字不落地记录下来,它要有所综合、有所概括、有所选择、有所强调地择其要点,即其纪要性。在一个会议上,与会代表的话题涉及面是宽泛的,观点也是多种多样的,水平也是有高有低的,这些内容全部进入会议纪要,不现实也不必要。会议纪要重点说明会议的主要参加者,基本议程,与会者有哪些主要观点,最后达成了什么共识,形成了什么决定或决议,就可以把会议的基本情况如实反映出来,不必像记流水账那样事无巨细一律照录。所以,会议纪要需要在会议后期甚至会议结束之后通过概括整理才能写出,而不像会议记录那样随着会议的进行自然而然地产生。

(3)指导性

除凭证作用、资料作用之外,多数会议纪要具有指导工作的作用。它要传达会议情况、会议精神,要求与会单位和相关部门以此为依据展开工作,落实会议的议定事项。但是,它不是法规性文件,对公民、法人和其他组织不具有普遍约束力。

(4)约束性

有的会议纪要的内容具有"决议"的性质,要求与会单位、人员贯彻执行或遵守。若需要在更大的范围内发挥作用,则要由主持会议机关用"通知"文件印发。监理规范中明确规定会议纪要不作为实施依据的除外,如《水利监理规范》第6.7.5.6条规定监理会议纪要不作为实施的依据。

(5)执照备忘性

有的会议纪要并不要求有关单位执行,只是为了通报会议情况,使有关人员了解知道。

4. 会议纪要的报送方式

带有专门版头的会议纪要可以直接印发,没有专门版头的会议纪要应使用报告文件向上级单位报送或使用通知文件向平级、下级单位印发。工程监理工地会议的会议纪要,按照多年来的习惯做法,在工程建设三方签字认可后可以直接印发。

10.3.6.2 会议纪要的种类

会议的内容和目的不同,产生的会议纪要也有所不同。每一份会议纪要都可以从不同的角度进行不同的分类:

1. 按会议类型的名目来称呼会议纪要

按会议类型的名目来称呼会议纪要,将会议纪要分为办公会议纪要、座谈会议纪要、专题会议纪要、经验交流会纪要、学术会议纪要等等。这种分法重复了会议名称,对写作来说并无太大意义。

2. 根据会议是否作出决定或决议分类

根据会议的任务,会议是否作出决定或决议,是交流为主还是研讨为主,将会议纪要分为决策型纪要、通报交流型纪要、研讨型纪要。

3. 根据会议议定的内容划分

按会议议定的内容,分为综合性会议纪要和专题性会议纪要。专题会议是为解决具体的问题而专门召开的会议,会议专门研究、讨论、解决实际工作中的重点、难点、需要协调的问题。

4. 监理工程师主持召开的监理会议纪要的种类

在工程监理工作中,常见的监理会议纪要有第一次工地会议纪要、工地例会纪要、专题工地会议纪要和座谈会议纪要、经验交流会议纪要、现场会议纪要、约见会议纪要等。

监理工地会议是工程监理项目管理过程中常用的会议形式,包括第一次工地会议和经常性工地会议、专题工地会议三种。

(1)第一次工地会议

第一次工地会议是一个专用词,专用在工程建设项目施工阶段的监理工作中,是在工程施工项目正式开工前召开的、具有特定议程的、只有一次的工地会议。在《建设监理规范》、《公路监理规范》中均未给出定义。

(2)工地例会

工地例会也是一个专用词,专用在工程建设项目施工阶段的监理工作中,是指在工地上定时召开的、议程相对固定的会议。在《建设监理规范》中定义为“由项目监理机构主持的,在工程实施过程中针对工程质量、造价、进度、合同管理等事宜定期召开的,由有关单位参加的会议”。《公路监理规范》中未给出定义。

(3)专题工地会议

专题工地会议是一个专用词,专用在工程建设项目施工阶段的监理工作中,是在工程施工项目的施工过程中随时召开的、没有特定议程的、议题单一的工地会议。在《建设监理规范》、《公路监理规范》中均未给出定义。

10.3.6.3 会议纪要的版头

一般来说,行政机关的会议纪要由版头、标题、正文、落款四部分组成。业务部门包括工程建设项目的建设单位、施工单位、工程监理单位的会议纪要由标题、正文、落款三部分组成。

1. 行政机关的会议纪要的版头

工程建设管理机关日常工作会议、机关办公会议的版头是固定的,一般由会议纪要的种类名称、期数、制发单位名称和时间四部分组成,只是排列的方式不一定。例如:

××高速公路工程建设有限公司

工程协调会议纪要

第9期(总第12期) 2008年12月28日

2. 项目监理机构的会议纪要的版头

(1)《建设监理规范》中没有规定项目监理机构工地会议纪要的专用表式。但是,在房建等城市建设工程监理过程中,许多优秀的监理公司创造和积累了一些好的做法。例如,监理会议纪要文件的格式如表10-4所示。

监理________会议纪要(第____次) 表10-4

时间: 地点: 主持人: 与会单位及其人员:
会议主要议题:
通报上次会议议定事项的落实情况: 本次会议解决和议定的事项: 尚未解决的问题与初步处理意见: 与会单位负责人签字确认: 建设单位:____________ 20 年 月 日 工程监理单位:____________ 20 年 月 日 施工单位:____________ 20 年 月 日 其他单位:____________ 20 年 月 日

(2)《公路工程施工监理规范》中的"监表10"。在高速公路或一般工程项目的监理工作中,总监办或驻地监理办召开的工地会议形成的会议纪要,一般用《公路工程施工监理规范》(JTJ 077—95)中的"监表10"作为版头。《公路工程施工监理规范》(JTG G10—2006)中没有刊印"监表10"等常用监理用表。"监表10"如表10-5所示。

工 地 会 议 纪 要 表10-5

施工单位: 合同号:

监理单位: 编 号:

<table>
<tr><td colspan="3">时间:
地点:
主持人:</td></tr>
<tr><td colspan="3">参加者</td></tr>
<tr><td>工程监理单位</td><td>施工单位</td><td>其他单位</td></tr>
<tr><td></td><td></td><td></td></tr>
<tr><td colspan="2">记录整理人:</td><td>本次会议纪要共 页</td></tr>
<tr><td colspan="3">抄送:</td></tr>
<tr><td colspan="2">监理工程师签字:</td><td>日期:</td></tr>
<tr><td colspan="2">承包人签字:</td><td>日期:</td></tr>
</table>

10.3.6.4 会议纪要的编写要点

1. 会议纪要的标题

会议纪要的标题与一般公文不同,因为会议纪要是以会议的名义发出的,而不是以领导机关的名义发出的,所以,会议纪要的标题多是以会议名称或会议性质加文种(纪要)两个要素构成。例如,《全省在建高速公路工程质量管理研讨会议纪要》。

也有采用一般公文标题写法的,由制发机关、主要内容(事由)加文种(纪要)组成。例如,《总监办交工初验准备工作的会议纪要》。

另外,还有"三要素"齐全的标题,由介词"关于"、主要内容(事由)加文种(纪要)组成。例如,《总监办关于加强桥涵施工工程质量控制的研讨会议纪要》。

还有的会议纪要有正题和副题,正题提炼标明会议的主要精神,副题标注会议名称和文种(纪要)。

2. 会议纪要的成文日期

会议纪要的成文日期一般加括号标写于标题之下正中位置,以会议通过日期或领导人签发日期为准,也有的写在正文之后。

3. 会议纪要的正文

会议纪要的正文分为会议概况、会议成果、结尾三大部分。

(1)会议概况

会议概况的写法与一般公文区别较大,主要用来记述会议的基本情况。包括以下基本情况:召开会议的目的、时间、地点、会议名称、会议的主持单位和主持人、会议的参加单位和主要参加人、会议的主要议程、讨论的主要问题、取得的主要成果等。该部分也称为导言。

对会议基本情况的介绍,要根据需要把握好详略。这部分表达完毕后,可用"今将会议内容纪要如下"、"现纪要如下"或"会议确定了如下事项"为过渡,转入主体部分。

(2)会议成果或者会议议定事项

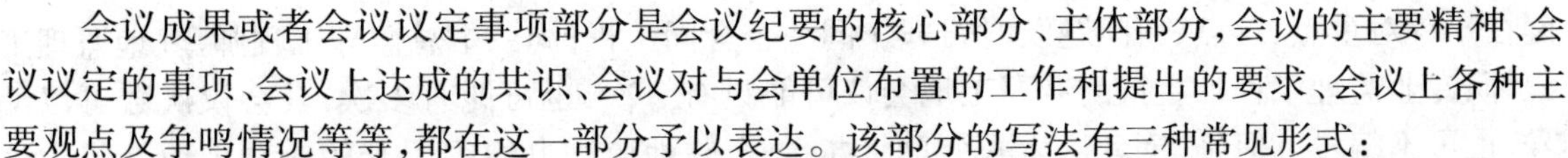

会议成果或者会议议定事项部分是会议纪要的核心部分、主体部分,会议的主要精神、会议议定的事项、会议上达成的共识、会议对与会单位布置的工作和提出的要求、会议上各种主要观点及争鸣情况等等,都在这一部分予以表达。该部分的写法有三种常见形式:

①条文式写法。根据与会各方的发言、讨论等形成的一致意见或分歧意见,用概括性的语言一条一条地分类整理,用数字小标题标明次序和内容。办公会议和专业会议,多用"条文式"写法。

②综述式写法。将会议内容综合归类,既反映全面,又突出重点。表述时常用"会议"做主语,多用"会议认为"、"会议指出"、"会议提出" 、"会议要求"、"会议讨论了"、"会议决定" "会议通过了"等惯用语作为各层意思的开头语,以体现内容的层次感。

综述式写法适用于政策性较强的会议、涉及事项多又复杂的会议,如工作研究会议、经验交流会议、学术研讨会议、技术研讨会议等。

③摘记式写法。按发言人的顺序、发言内容的要点进行归类,特点是保留各发言人的观点,让读者了解不同观点。或者按发言单位的顺序整理,如监理召开的工地会议,有的驻地监理办就是按照施工单位的汇报、监理发言、建设单位强调、讨论的顺序写了会议纪要。摘记式写法适用于各种座谈会、专题研讨会。

(3)结尾

结尾有时也可不写。但大多比较简短地写,通常用来强调意义,提出希望和号召等。结尾处还可以对会议的情况作一些补充说明。

注意,在不影响全文结构完整的前提下,有的会议纪要还写上对会议召开做了大量准备工作的单位和个人表示感谢等,有的会议纪要也可以不写专门的结尾部分。另外,会议纪要应签字确认,不应加盖组织会议单位的公章。

10.3.6.5 监理工地会议的次数及其会议纪要的正确编号

1. 第一次工地会议的编号

第一次工地会议应在合同工程正式开工之前召开,是有固定的、专用的会议议程的唯一的一次会议。一个合同工程项目、一个总监办只能组织召开一次第一次工地会议,只能有一个第一次工地会议纪要。

应该注意的是,总监理工程师必须保证第一次工地会议的一次召开成功,不能组织召开第二次"第一次工地会议",也不能召开第二次工地会议,不能有第二次工地会议纪要;因为监理规范规定的"第一次工地会议"之后的一次监理工地会议是"第一次工地例会"。

2. 工地例会的编号

工地例会不论是总监理工程师主持,还是驻地监理工程师主持,都是"宜每月召开一次"。因此,同一个合同工程,同一个总监理工程师(或驻地监理工程师)主持召开的工地例会有若干次。其正确的编号应从第一次工地例会、第二次工地例会、第三次工地例会至第 N 次工地例会,其会议纪要就有第一次工地例会纪要、第二次工地例会纪要、第三次工地例会纪要和第 N 次工地例会纪要等。

3. 专题工地会议的编号

专题工地会议由监理工程师主持,根据工程需要及时召开,建设单位代表和施工单位代表及其他有关人员参加,必要时邀请有关部门专家参加。可见,专题工地会议具有不定期性,关键在于针对重点、难点、新问题及时召开。同一个合同工程,同一个总监理工程师、驻地监理工程师、专业监理工程师主持的专题工地会议可能只有一次,也可能有多次,其会议次数可以编号,也可不编号。但是,笔者认为一个总监办、一个驻地监理办组织召开的专题工地会议应该统一编号,以便于存档和查找,如第一次专题工地会议纪要、第二次专题工地会议纪要、第三次专题工地会议纪要和第 *N* 次专题工地会议纪要等。

10.3.6.6 会议纪要是否作为合同文件的一部分,因监理规范的不同而不同

《水利监理规范》第 6.7.5 条第 6 款明确规定项目监理机构主持召开的各类监理会议的会议纪要不作为实施的依据,项目监理机构及与会各方应根据会议决定的各项事宜,另行发布监理指示或履行相应文件程序。在条文解释中,又进一步说明会议纪要仅为会议的原始记录之一,不具备约束力,不能作为文件执行。

《建设监理规范》和《公路监理规范》中没有给出明确的规定,但习惯做法是会议决定执行的事项,会议之后仍应按合同条件、监理程序的规定办理。

11 档案移交行为

11.0.1 移交的含义

11.0.1.1 《现代汉语词典》中的有关解释

【移交】《现代汉语词典》中收录了“移交”一词。①把事物转移给有关方面。②原来负责经管的人离职前把所管的事物交给接手的人。例如,工程监理单位把工程监理资料移交给建设单位。

可见,“移交”一词是行为动词,强调行为人把事物转交给接手的人或有关方面。项目监理机构应整理监理资料,向有关部门移交监理资料档案,监理资料档案的移交是项目监理机构的工作行为之一。

11.0.1.2 工程监理规范中的有关解释

1. 国家标准中的有关解释

《建设监理规范》第2章“术语”中没有给出“档案移交”一词,但给出了监理文件与资料整理、归档的书面规定。例如:第7.4.3条规定监理资料应在各阶段监理工作结束后及时整理归档。第7.4.4条规定监理档案的编制及保存应按有关规定执行。

2. 行业标准中的有关解释

(1)《公路监理规范》的解释

在其第2章“术语”中没有给出“档案移交”一词,但给出了监理文件与资料整理、归档的书面规定。例如:第8.3.3条规定与工程直接相关的文件资料,竣工后移交建设单位保管。

(2)《铁路监理规范》的解释

在其第2章“术语”中没有给出“档案移交”一词,但书面明确规定项目监理机构、监理工程师应该移交监理资料。例如:第3.2.8条规定建设单位向项目监理机构提供办公、生活设施的,项目监理机构应妥善使用和保管,并在完成监理工作后移交建设单位。

(3)《水利监理规范》的解释

在其第2章“术语”中也没有给出“档案移交”一词,但书面明确规定项目监理机构、项目监理机构应该认真实施“移交”行为,并在其他条文中给出了具体规定。例如:第6.7.6条规定在监理服务期满后,应对由项目监理机构负责归档的工程资料档案逐项清点、整编、登记造册,向发包人移交。

(4)《档案工作基本术语》的解释

在2000年12月6日国家档案局发布的行业标准《档案工作基本术语》中,给出了档案、归档、移交、接收等术语。

【档案】国家机构、社会组织或个人在社会活动中直接形成的有价值的各种形式的历史记录。

【整理】按照一定原则对档案实体进行系统分类、组合、排列、编号和基本编目,使之有序化的过程。

【归档】办理完毕且具有保存价值的文件经系统整理交档案室(馆)保存的过程。

【移交】档案室(馆)等按照国家规定把档案交给接收方档案馆保存的过程。

【接收】档案室、档案馆按照国家规定收存档案的过程。

(5)《国家重大建设项目文件归档要求与档案整理规范》的解释

国家档案局发布的行业标准《国家重大建设项目文件归档要求与档案整理规范》(DA/T 28—2002)中,给出了档案移交的术语:

【项目监理文件】指监理单位对项目工程质量、进度和建设资金使用等进行控制的文件。

【项目档案移交】项目竣工验收后,建设单位根据合同、协议和规定向业主单位、生产使用单位、项目主管部门及有关档案管理部门移交有关项目档案。

11.0.2 监理档案移交行为的内涵及其行为人、责任主体

11.0.2.1 监理移交行为的内涵

监理移交档案是工程监理单位、项目监理机构、监理工程师根据《中华人民共和国档案法》和行业标准《国家重大建设项目文件归档要求与档案整理规范》(DA/T 28—2002)、工程施工监理规范的规定必须实施的重要监理行为之一。

对项目监理机构而言,"移交监理档案"是工程监理单位履行项目监理合同过程中应尽的主要义务之一,特别是监理服务合同即将结束的阶段。

11.0.2.2 监理移交行为的行为人、责任主体

《中华人民共和国档案法》第十条规定"对国家规定的应当立卷归档的材料,必须按照规定定期向本单位档案机构或者档案工作人员移交,集中管理,任何个人不得据为已有"。

监理档案移交的行为人是全体监理人员,尤其是专业监理工程师和总监理工程师,以总监理工程师为主,由项目监理机构及其负责人共同承担移交档案行为不作为的责任。

在移交监理档案的具体实施过程中,项目监理机构的负责人——总监理工程师、驻地监理工程师应负责组织、安排、监督、交接工作,专业监理工程师应服从总监理工程师的安排,参加并移交好。

11.0.3 监理档案移交行为的实施阶段、行为方式

11.0.3.1 监理档案移交行为的实施阶段

监理档案移交行为的实施阶段,集中在工程建设项目的施工后期,主要是竣工验收合格之后。对于公路工程的分段交工、区段交工的单位工程的监理档案,应随着其交工验收的结束立即移交。

11.0.3.2 监理档案移交行为的行为方式

监理档案移交行为的实施方式,一般是一对一的交接或逐级移交,也可以是多方移交、另一方同时接收,也可以是一方移交、多方同时接收。

11.0.4 监理档案移交行为的表达方式

《建设监理规范》中没有具体规定监理档案移交的细节,第7.4.4条规定监理档案的编制及保存应按有关规定执行。

《公路监理规范》中也没有规定监理档案移交的细节,第8.3.2条规定监理文件归档与保存应符合国家及部、省主管部门的有关规定。不论如何移交,移交的双方均应严格验收,验收

合格后填写交接单各执一份。也就是说,监理档案移交行为的实施结果以“档案交接单”表达。

11.0.5 监理规范中关于监理移交行为的规定内容

根据《建设监理规范》和《水利监理规范》、《公路监理规范》、《铁路监理规范》的规定,经统计,项目监理机构的移交行为的规定内容如表11-1所示。

监理移交行为的主要规定内容　　表11-1

序　号	规定的具体内容	依据的监理规范			
		国标规范	公路规范	铁路规范	水利规范
1	移交建设单位提供的监理实施	第3.3.1条	—	第3.2.8条	第7.2.6条
2	移交工程设计文件、图纸	—	—	—	第3.2.6条
3	监理资料档案的移交	第7.4.4条	第8.3.3条	—	第6.7.6条
4	移交安全生产监理技术资料	—	—	第6.2.4条	—
5	其他	—	—	—	—

11.0.6 监理档案移交行为的规范化实施要点

11.0.6.1 监理移交行为应达到的目标或要求

项目监理机构在工程建设的档案移交、财产移交过程中,在时间上应达到及时或按时的要求;在主观上应达到公正、公平、依据合理的要求;在客观上应达到质量合格、数量满足规定目标。坚持保存原件为主、复印件为辅和按照一定顺序归档的原则,如有作废或遗失情况,应查清原因、记录过程。

档案资料文件应达到完整、准确、系统和满足生产使用、管理维护、改建续建需要的要求。完整是指工程档案资料的收集应与工程施工同步进行,在项目的立项到工程竣工验收投产的全过程中各种应该归档的文件资料均要编制、归档、移交。准确是指归档文件资料的记载必须与实际相符,准确地反映工程建设管理各项活动中的真实情况和历史过程。系统是指归档的文件资料,同一卷文件要按文件资料形成的时间顺序排列,做到层次分明,有机联系,符合其形成的规律。

11.0.6.2 监理移交行为的实施内容

1. 审核施工单位的竣工文件

根据《国家重大建设项目文件归档要求与档案整理规范》(DA/T 28—2002)第6.1.2条的规定,工程竣工文件由施工单位负责编制,监理单位负责审核。监理工程师应重点审核竣工图的完整、准确、清晰、规范、真实等情况,审核工程变更图纸的绘制情况,发现不准确或短缺时应要求施工单位立即修改补充。

2. 编制并移交工程监理的竣工文件

项目监理机构应根据《国家重大建设项目文件归档要求与档案整理规范》(DA/T 28—2002)附录A中监理文件归档范围随施工随监理随整理监理方面的文件档案。

项目监理机构的移交行为是客观存在的,工程施工后期特别是竣工验收结束时,监理合同的履行接近结束,项目监理机构就应做好有关交接工作:

(1)向建设单位移交工程监理资料档案,包括工程质量、安全、环保、进度、费用监理资料和监理月报、会议纪要、监理工作总结、监理日志等资料。

(2)向项目监理机构的母体单位——工程监理单位移交工程监理资料档案,项目监理机构根据工程监理单位的管理办法编制、整理、装订、移交重要的方案审批、混合料配合比试验资料、质量事故处理资料、监理工作总结、重要会议纪要等。

(3)向建设单位移交建设单位提供的监理办公、生活、试验等设施。20世纪八九十年代利用世界银行贷款的公路、水电建设项目,项目监理机构的办公、交通、生活、试验、气象测量等设施、仪器由建设单位免费提供,在施工招标文件的第100章中由施工单位报价,规定由监理人员使用,工程竣工验收后移交建设单位。国标监理规范和铁路、水利监理规范均规定在施工准备阶段建设单位应向项目监理机构提供桌椅、通信、交通、试验等办公、生活实施,在施工监理工作结束时由项目监理机构应向建设单位移交。

11.0.6.3 建设单位提供的监理设施的移交

《建设监理规范》第3.3.1条规定建设单位应提供委托监理合同约定的满足监理工作需要的办公、交通、通信、生活设施。

对建设单位提供的监理设施,要求项目监理机构登记造册,妥善保管,合理使用,在完成监理工作后移交建设单位,签认移交记录。

11.0.6.4 监理档案资料的移交

1. 监理资料档案的移交方向

项目监理机构的工程监理档案资料的移交,一般情况包括两个方面的移交行为,即首先向建设单位移交监理资料档案,再根据本工程监理单位的内部管理规定向监理公司移交监理资料档案。

2. 向建设单位移交的监理资料档案内容

(1)《国家重大建设项目文件归档要求与档案整理规范》(DA/T 28—2002)附录A中规定的监理文件归档内容,包括施工监理文件、资料和设备采购、监造工作监理资料,以及监理工作声像材料3大部分26个:

6 监理文件

6.1 施工监理文件、资料

6.1.1 监理合同协议、监理大纲、监理规划、细则及批复。建设单位长期保存,工程监理单位长期保存。

6.1.2 施工及设备器材供应单位资质审核,设备、材料报审。建设单位长期保存,工程监理单位长期保存。

6.1.3 施工组织设计、施工方案、施工计划、技术措施审核、施工进度、延长工期、索赔,及付款报审。建设单位长期保存,工程监理单位长期保存。

6.1.4 开(停、复、返)工令、许可证、中间验收证明书。建设单位长期保存,工程监理单位长期保存。

6.1.5 设计变更、材料、零部件、设备代用审批。建设单位长期保存,工程监理单位长期保存。

6.1.6 监理通知、协调会审纪要、监理工程师指令、指示、来往函件。建设单位长期保存,工程监理单位长期保存。

6.1.7 工程材料监理检测、复检、试验记录、报告。建设单位长期保存,工程监理单位长

期保存。

6.1.8　监理日志、监理周(月、季、年)报、备忘录。建设单位长期保存,工程监理单位长期保存。

6.1.9　各项测控成果及复核文件、外观、质量、文件等检查、抽查记录。建设单位长期保存,工程监理单位长期保存。

6.1.10　施工质量检查分析评估、工程质量事故、施工安全事故报告。建设单位长期保存,工程监理单位长期保存。

6.1.11　工程进度计划、实施、分析、统计文件。建设单位长期保存,工程监理单位长期保存。

6.1.12　变更价格审查、支付审批、索赔处理文件。建设单位长期保存,工程监理单位长期保存。

6.1.13　单元工程检查及开工(开仓)签证、工程分部、分项质量认证、评估。建设单位长期保存,工程监理单位长期保存。

6.1.14　主要材料及工程投资计划、完成报表。建设单位长期保存,工程监理单位长期保存。

6.2　设备采购、监造工作监理资料

6.2.1　设备采购委托监理合同、采购方案、监造计划。建设单位长期保存,工程监理单位长期保存。

6.2.2　市场调查、考察报告。建设单位长期保存,工程监理单位长期保存。

6.2.3　设备制造的检验计划和检验要求、检验记录及试验报告、分包单位资格报审表。建设单位长期保存,工程监理单位长期保存。

6.2.4　原材料、零配件等的质量证明文件和检验报告。建设单位长期保存,工程监理单位长期保存。

6.2.5　开工、复工报审表、暂停令。建设单位长期保存,工程监理单位长期保存。

6.2.6　会议纪要、来往文件。建设单位长期保存,工程监理单位长期保存。

6.2.7　监理工程师通知单、监理工作联系单。建设单位长期保存,工程监理单位长期保存。

6.2.8　监理日志、监理月报。建设单位长期保存,工程监理单位长期保存。

6.2.9　质量事故处理文件、设备制造索赔文件。建设单位长期保存,工程监理单位长期保存。

6.2.10　设备验收、交接文件支付证书和设备制造结算审核文件。建设单位长期保存,工程监理单位长期保存。

6.2.11　设备采购、监造工作总结。建设单位长期保存,工程监理单位长期保存。

6.3　监理工作声像材料

(2)房屋建筑、市政工程监理资料,根据《建设工程文件归档整理规范》(GB /T 50328—2001)的规定,工程监理文件有10大类27个:

1.监理管理文件

(1)监理计划(建设单位长期保存,工程监理单位短期保存,送城建档案管理部门保存);

(2)监理细则(建设单位长期保存,工程监理单位短期保存,送城建档案管理部门保存)。

2. 监理月报中的有关质量问题

建设单位长期保存,工程监理单位长期保存,送城建档案管理部门保存。

3. 监理会议纪要中的有关质量问题

建设单位长期保存,工程监理单位长期保存,送城建档案管理部门保存。

4. 进度控制

(1)工程开工/复工审批表(建设单位长期保存,工程监理单位长期保存,送城建管理部门保存);

(2)工程开工/复工申请及工程暂停令(建设单位长期保存,工程监理单位长期保存,送城建档案管理部门保存)。

5. 质量控制

(1)不合格项目通知(建设单位长期保存,工程监理单位长期保存,送城建档案管理部门保存);

(2)质量事故报告及处理意见(建设单位长期保存,工程监理单位长期保存,送城建档案管理部门保存)。

6. 造价控制

(1)预付款报审与支付(建设单位短期保存);

(2)月付款报审与支付(建设单位短期保存);

(3)设计变更、洽商费用报审与签认(建设单位长期保存);

(4)工程竣工决算审核意见书(建设单位长期保存,送城建档案管理部门保存)。

7. 分包资质

(1)分包单位资质材料(建设单位长期保存);

(2)供货单位资质材料(建设单位长期保存);

(3)试验等单位资质材料(建设单位长期保存)。

8. 监理通知

(1)有关进度控制的监理通知(建设单位、工程监理单位长期保存);

(2)有关质量控制的监理通知(建设单位、工程监理单位长期保存);

(3)有关造价控制的监理通知(建设单位、工程监理单位长期保存)。

9. 合同与其他事项管理

(1)工程延期报告及审批(建设单位永久保存,工程监理单位长期保存,送城建档案管理部门保存);

(2)费用索赔报告及审批(建设单位、工程监理单位长期保存);

(3)合同争议、违约报告及处理意见(建设单位永久保存,工程监理单位长期保存,送城建档案管理部门保存);

(4)合同变更材料(建设单位、工程监理单位长期保存,送城建档案管理部门保存)。

10. 监理工作总结

(1)专题总结(建设单位长期保存,工程监理单位短期保存);

(2)月报总结(建设单位长期保存,工程监理单位短期保存);

(3)工程竣工总结(建设单位、工程监理单位长期保存,送城建档案管理部门保存);

(4)质量评估报告(建设单位、工程监理单位长期保存,送城建档案管理部门保存)。

(3)公路工程监理资料,根据交通部2004年8月13日印发的“交公路发〔2004〕446号”文件《关于贯彻执行公路工程竣交工验收办法有关事宜的通知》附件二“公路工程竣工档案目录”的规定,工程监理资料包括五大部分,其中,第三部分“监理资料”包括:

一、监理管理文件

二、工程质量控制文件

1.质量控制措施、规定及往来文件

2.材料试验、检测资料

3.监理独立抽检资料

4.交工验收工程质量评定资料

三、工程进度计划管理文件

四、工程合同管理文件

五、其他文件

六、其他资料

监理日志,会议记录、纪要,工程照片,音像资料

监理机构及人员情况,各级监理人员的工作范围、责任划分、工作制度

(4)《铁路监理规范》第13.5.1条规定施工阶段项目监理机构应向建设单位报送的资料包括下列内容:

13.5.1 报送建设单位的资料应包括:

1 监理规划;

2 监理工作总结(专题、阶段和竣工总结报告);

3 质量、安全事故处理资料;

4 竣工报验单及验收记录;

5 竣工结算审批表;

6 年季验工计价汇总表;

7 监理月报;

8 工程质量评估报告。

(5)《水利监理规范》第6.7.6条规定档案资料管理应符合归档要求,项目监理机构应按有关规定及监理合同约定,做好监理资料档案管理工作。凡要求立卷归档的资料,应按照规定及时归档。在监理服务期满后,对应由项目监理机构负责归档的工程资料档案逐项清点、整编、登记造册,向发包人移交。

3.向工程监理单位移交监理资料档案

项目监理机构根据母体工程监理单位的内部管理要求,按时、按程序、按规定内容、按规定格式和份数移交。

4.移交监理资料档案的格式

一个完整的案卷的格式依次为:

①封面;

②总目录;

③卷内目录;

④文件材料;

⑤卷内备考表;

⑥封底。

其中,卷内目录即本册目录,应按规定格式打印,并应保持“卷内目录(本册目录)”的格式;卷内目录的填制包括顺序号(用阿拉伯数字从1起依次标注卷内文件材料数的顺序)、文件编号(填写文件的文号或图样的图号、设备代号、项目代号)、责任者(填写文件材料的形成部门或主要责任者,即监理合同中所用法人单位的名称)、文件材料题名也称文件标题、日期(填写文件材料编制的年月日)、页次(填写每一份文件材料首页上标注的页码,最后一份文件材料为其首页至尾页)。

5.移交监理资料档案的时间

项目监理机构应根据工程监理项目的档案资料管理办法的要求,在工程项目竣工验收前编制完成监理方面的竣工资料,经竣工档案验收领导小组验收合格后及时移交,一般在工程项目竣工验收结束一个月内移交完毕,有的工程建设项目规定三个月内移交。建设单位向档案馆移交的时间一般为工程竣工验收通过后的三个月至六个月的时间之内。

项目监理机构还应根据母体工程监理单位的规定内容、规定时间向自己所在的工程监理单位档案室移交项目监理档案资料。

附录 A 《中华人民共和国刑法》关于监理行为的规定条文

第一百三十七条 建设单位、设计单位、施工单位、工程监理单位违反国家规定,降低工程质量标准,造成重大安全事故的,对直接责任人员处五年以下有期徒刑或者拘役,并处罚金;后果特别严重的,处五年以上十年以下有期徒刑,并处罚金。

附录B 《中华人民共和国建筑法》关于监理行为的规定条文

(1997年11月1日颁布 国家主席令第91号)

第一条 为了加强对建筑活动的监督管理,维护建筑市场秩序,保证建筑工程的质量和安全,促进建筑业健康发展,制定本法。

第十二条 从事建筑活动的建筑施工企业、勘察单位、设计单位和工程监理单位,应当具备下列条件:

(一)有符合国家规定的注册资本;

(二)有与其从事的建筑活动相适应的具有法定执业资格的专业技术人员;

(三)有从事相关建筑活动所应有的技术装备;

(四)法律、行政法规规定的其他条件。

第十三条 从事建筑活动的建筑施工企业、勘察单位、设计单位和工程监理单位,按照其拥有的注册资本、专业技术人员、技术装备和已完成的建筑工程业绩等资质条件,划分为不同的资质等级,经资质审查合格,取得相应等级的资质证书后,方可在其资质等级许可的范围内从事建筑活动。

第十四条 从事建筑活动的专业技术人员,应当依法取得相应的执业资格证书,并在执业资格证书许可的范围内从事建筑活动。

第三十条 国家推行建筑工程监理制度。

国务院可以规定实行强制监理的建筑工程的范围。

第三十一条 实行监理的建筑工程,由建设单位委托具有相应资质条件的工程监理单位监理。建设单位与其委托的工程监理单位应当订立书面委托监理合同。

第三十二条 建筑工程监理应当依照法律、行政法规及有关的技术标准、设计文件和建筑工程承包合同,对承包单位在施工质量、建设工期和建设资金使用等方面,代表建设单位实施监督。工程监理人员认为工程施工不符合工程设计要求、施工技术标准和合同约定的,有权要求建筑施工企业改正。工程监理人员发现工程设计不符合建筑工程质量标准或者合同约定的质量要求的,应当报告建设单位要求设计单位改正。

第三十三条 实施建筑工程监理前,建设单位应当将委托的工程监理单位、监理的内容及监理权限,书面通知被监理的建筑施工企业。

第三十四条 工程监理单位应当在其资质等级许可的监理范围内,承担工程监理业务。工程监理单位应当根据建设单位的委托,客观、公正地执行监理任务。工程监理单位与被监理工程的承包单位以及建筑材料、建筑构配件和设备供应单位不得有隶属关系或者其他利害关系。工程监理单位不得转让工程监理业务。

第三十五条 工程监理单位不按照委托监理合同的约定履行监理义务,对应当监督检查的项目不检查或者不按照规定检查,给建设单位造成损失的,应当承担相应的赔偿责任。工程监理单位与承包单位串通,为承包单位谋取非法利益,给建设单位造成损失的,应当与承包单位承担连带赔偿责任。

第六十三条 任何单位和个人对建筑工程的质量事故、质量缺陷都有权向建设行政主管部门或者其他有关部门进行检举、控告、投诉。

第六十九条 工程监理单位与建设单位或者建筑施工企业串通,弄虚作假、降低工程质量的,责令改正,处以罚款,降低资质等级或者吊销资质证书;有违法所得的,予以没收;造成损失的,承担连带赔偿责任;构成犯罪的,依法追究刑事责任。

工程监理单位转让监理业务的,责令改正,没收违法所得,可以责令停业整顿,降低资质等级;情节严重的,吊销资质证书。

附录 C 《建设工程质量管理条例》关于监理行为的规定条文

（自2000年1月30日起施行）

第一条 为了加强对建设工程质量的管理，保证建设工程质量，保护人民生命和财产安全，根据《中华人民共和国建筑法》，制定本条例。

第三条 建设单位、勘察单位、设计单位、施工单位、工程监理单位依法对建设工程质量负责。

第三十条 建设单位、勘察单位、设计单位、施工单位、工程监理单位依法对建设工程质量负责。

第三十四条 工程监理单位应当依法取得相应等级的资质证书，并在其资质等级许可的范围内承担工程监理业务。

禁止工程监理单位超越本单位资质等级许可的范围或者以其他工程监理单位的名义承担工程监理业务。禁止工程监理单位允许其他单位或者个人以本单位的名义承担工程监理业务。

工程监理单位不得转让工程监理业务。

第三十五条 工程监理单位与被监理工程的施工承包单位以及建筑材料、建筑构配件和设备供应单位不得有隶属关系或者其他利害关系的，不得承担该项建设工程的监理业务。

第三十六条 工程监理单位应当依照法律、法规以及有关技术标准、设计文件和建设工程承包合同，代表建设单位对施工质量实施监理，并对施工质量承担监理责任。

第三十七条 工程监理单位应当选派具备相应资格的总监理工程师和监理工程师进驻施工现场。

未经监理工程师签字，建筑材料、建筑构配件和设备不得在工程上使用或者安装，施工单位不得进行下一道工序的施工。未经总监理工程师签字，建设单位不拨付工程款，不进行竣工验收。

第三十八条 监理工程师应当按照工程监理规范的要求，采取旁站、巡视和平行检验等形式，对建设工程实施监理。

第五十二条 建设工程发生质量事故，有关单位应当在24小时内向当地建设行政主管部门和其他有关部门报告。对重大质量事故，事故发生地的建设行政主管部门和其他有关部门应当按照事故类别和等级向当地人民政府和上级建设行政主管部门和其他有关部门报告。

特别重大质量事故的调查程序按照国务院有关规定办理。

第五十三条 任何单位和个人对建设工程的质量事故、质量缺陷都有权检举、控告、投诉。

第六十条 违反本条例规定，勘察、设计、施工、工程监理单位超越本单位资质等级承揽工

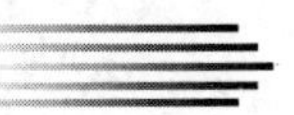

程的，责令停止违法行为，对勘察、设计单位或者工程监理单位处合同约定的勘察费、设计费或者监理酬金1倍以上2倍以下的罚款；对施工单位处工程合同价款2%以上4%以下的罚款，可以责令停业整顿，降低资质等级；情节严重的，吊销资质证书；有违法所得的，予以没收。

未取得资质证书承揽工程的，予以取缔，依照前款规定处以罚款；有违法所得的，予以没收。

以欺骗手段取得资质证书承揽工程的，吊销资质证书，依照本条第一款规定处以罚款；有违法所得的，予以没收。

第六十一条 违反本条例规定，勘察、设计、施工、工程监理单位允许其他单位或者个人以本单位名义承揽工程的，责令改正，没收违法所得，对勘察、设计单位和工程监理单位处合同约定的勘察费、设计费和监理酬金1倍以上2倍以下的罚款；对施工单位处工程合同价款2%以上4%以下的罚款；可以责令停业整顿，降低资质等级；情节严重的，吊销资质证书。

第六十二条 违反本条例规定，承包单位将承包的工程转包或者违法分包的，责令改正，没收违法所得，对勘察、设计单位处合同约定的勘察费、设计费25%以上50%以下的罚款；对施工单位处工程合同价款0.5%以上1%以下的罚款；可以责令停业整顿，降低资质等级；情节严重的，吊销资质证书。

工程监理单位转让工程监理业务的，责令改正，没收违法所得，处合同约定的监理酬金25%以上50%以下的罚款；可以责令停业整顿，降低资质等级；情节严重的，吊销资质证书。

第六十七条 工程监理单位有下列行为之一的，责令改正，处50万元以上100万元以下的罚款，降低资质等级或者吊销资质证书；有违法所得的，予以没收；造成损失的，承担连带赔偿责任：

（一）与建设单位或者施工单位串通，弄虚作假、降低工程质量的；

（二）将不合格的建设工程、建筑材料、建筑构配件和设备按照合格签字的。

第六十八条 违反本条例规定，工程监理单位与被监理工程的施工承包单位以及建筑材料、建筑构配件和设备供应单位有隶属关系或者其他利害关系承担该项建设工程的监理业务的，责令改正，处5万元以上10万元以下的罚款，降低资质等级或者吊销资质证书；有违法所得的，予以没收。

第七十条 发生重大工程质量事故隐瞒不报、谎报或者拖延报告期限的，对直接负责的主管人员和其他责任人员依法给予行政处分。

第七十二条 违反本条例规定，注册建筑师、注册结构工程师、监理工程师等注册执业人员因过错造成质量事故的，责令停止执业1年；造成重大质量事故的，吊销执业资格证书，5年以内不予注册；情节特别恶劣的，终身不予注册。

第七十四条 建设单位、设计单位、施工单位、工程监理单位违反国家规定，降低工程质量标准，造成重大安全事故，构成犯罪的，对直接责任人员依法追究刑事责任。

第七十七条 建设、勘察、设计、施工、工程监理单位的工作人员因调动工作、退休等原因离开该单位后，被发现在该单位工作期间违反国家有关建设工程质量管理规定，造成重大工程质量事故的，仍应当依法追究法律责任。

附录 D 《建设工程安全生产管理条例》关于监理行为的规定条文

（自 2004 年 2 月 1 日起施行）

第一条 为了加强建设工程安全生产监督管理，保障人民群众生命和财产安全，根据《中华人民共和国建筑法》、《中华人民共和国安全生产法》，制定本条例。

第四条 建设单位、勘察单位、设计单位、施工单位、工程监理单位及其他与建设工程安全生产有关的单位，必须遵守安全生产法律、法规的规定，保证建设工程安全生产，依法承担建设工程安全生产责任。

第七条 建设单位不得对勘察、设计、施工、工程监理等单位提出不符合建设工程安全生产法律、法规和强制性标准规定的要求，不得压缩合同约定的工期。

第十四条 工程监理单位应当审查施工组织设计中的安全技术措施或者专项施工方案是否符合工程建设强制性标准。

工程监理单位在实施监理过程中，发现存在安全事故隐患的，应当要求施工单位整改；情况严重的，应当要求施工单位暂时停止施工，并及时报告建设单位。施工单位拒不整改或者不停止施工的，工程监理单位应当及时向有关主管部门报告。

工程监理单位和监理工程师应当按照法律、法规和工程建设强制性标准实施监理，并对建设工程安全生产承担监理责任。

第五十五条 违反本条例的规定，建设单位有下列行为之一的，责令限期改正，处 20 万元以上 50 万元以下的罚款；造成重大安全事故，构成犯罪的，对直接责任人员，依照刑法有关规定追究刑事责任；造成损失的，依法承担赔偿责任：

（一）对勘察、设计、施工、工程监理等单位提出不符合安全生产法律、法规和强制性标准规定的要求的；

（二）要求施工单位压缩合同约定的工期的；

（三）将拆除工程发包给不具有相应资质等级的施工单位的。

第五十七条 违反本条例的规定，工程监理单位有下列行为之一的，责令限期改正；逾期未改正的，责令停业整顿，并处 10 万元以上 30 万元以下的罚款；情节严重的，降低资质等级，直至吊销资质证书；造成重大安全事故，构成犯罪的，对直接责任人员，依照刑法有关规定追究刑事责任；造成损失的，依法承担赔偿责任：

（一）未对施工组织设计中的安全技术措施或者专项施工方案进行审查的；

（二）发现安全事故隐患未及时要求施工单位整改或者暂时停止施工的；

(三)施工单位拒不整改或者不停止施工,未及时向有关主管部门报告的;

(四)未依照法律、法规和工程建设强制性标准实施监理的。

第五十八条 注册执业人员未执行法律、法规和工程建设强制性标准的,责令停止执业3个月以上1年以下;情节严重的,吊销执业资格证书,5年内不予注册;造成重大安全事故的,终身不予注册;构成犯罪的,依照刑法有关规定追究刑事责任。

附录 E 《建设工程质量责任主体和不良记录管理办法(试行)》关于监理行为的规定条文

(2003 年 6 月 4 日　国家建设部建质 113 号)

第一条　为规范建设工程质量责任主体和有关机构从事工程建设活动的行为,强化建设行政主管部门对其履行质量责任的监督管理,根据有关法律法规制定本办法。

第二条　本办法所称的建设工程质量责任主体和有关机构不良记录,是指对从事新建、扩建、改建房屋建筑工程和市政基础设施工程建设活动的建设单位、勘察单位、设计单位、施工单位和施工图审查机构、工程质量检测机构、工程监理单位违反法律、法规、规章所规定的质量责任和义务的行为,以及勘察、设计文件和工程实体质量不符合工程建设强制性技术标准的情况的记录。

已由建设行政主管部门给予行政处罚,按国家建设部《关于加快建立建筑市场有关企业和专业技术人员信用档案的通知》(建市〔2002〕155 号)列入信用档案的,不属于本办法记录和公布之列。

第三条　勘察、设计、施工、施工图审查、工程质量检测、监理等单位的不良记录应作为建设行政主管部门对其进行年检和资质评审的重要依据。

第九条　工程监理单位以下情况应予以记录:

1. 未按规定选派具有相应资格的总监理工程师和监理工程师进驻施工现场的。
2. 监理工程师和总监理工程师未按规定进行签字的。
3. 监理工程师未按规定采取旁站、巡视和平行检验等形式进行监理的。
4. 未按法律、法规以及有关技术标准和建设工程承包合同对施工质量实施监理的。
5. 未按经施工图审查批准的设计文件以及经施工图审查批准的设计变更文件对施工质量实施监理的。
6. 在竣工验收时未出具工程质量评估报告的。
7. 其他可能影响监理质量的违法违背行政法规的行为。

第十二条　本办法自 2003 年 7 月 1 日起施行。

附件　建筑市场责任主体不良行为记录的种类及条款

(一)一般不良行为记录

4. 工程监理单位及注册监理工程师,有下列行为一次,即对责任单位和个人认定一次一般不良行为记录:

(1)在建设单位未取得施工许可证擅自要求开工的情况下,不及时书面报告建设行政主

管部门或质量、安全监督机构而实施监理;

(2)恶意压价,以低于企业成本的价格承担监理业务;

(3)不按规定配备派驻现场的监理人员;

(4)常驻施工现场的监理人员不在现场实施监理的;

(5)必须实施旁站监理的关键工序、关键部位不实施旁站监理;

(6)不依法严格行使监理签字权;

(7)对违反工程建设强制性标准行为不予制止,或制止不力且不及时书面报告质量、安全监督机构;

(8)因监理失职发生四级以下工程质量安全事故;

(9)总监理工程师兼监建筑面积在10 000平方米及以上的工程项目超过3个;

(10)无施工组织设计或未按规定审批合格,同意施工单位建设的;

(11)不按规定组织工程阶段性验收或验收不合格而同意其进入下道工序的;

(12)不配合或阻碍执法部门对发生的工程质量安全事故的调查处理的;

(13)其他一般不良行为。

(二)严重不良行为记录

4.工程监理单位及注册监理工程师,有下列行为一次,即对责任单位和个人认定一次严重不良行为记录:

(1)以欺骗、弄虚作假等手段申请资质或执业资格;

(2)无证或超越资质等级承接监理业务或从事执业活动;

(3)未经注册,以监理工程师的名义从事监理业务的;

(4)以监理工程师个人名义承接工程监理业务的;

(5)超越核定的监理范围或未经批准擅自从事监理活动的;

(6)采用与建设单位勾结、企业之间相互串通、向有关人员行贿、弄虚作假等不正当手段承接监理业务,或在业务活动中与有关方面和人员有受贿、行贿行为;

(7)转让监理业务;

(8)以他人名义或准许他人以本单位名义承接监理业务;

(9)以他人名义或准许他人以本人名义从事监理业务;

(10)伪造、涂改资质、岗位证书或年检记录;

(11)与建设单位、建筑业企业、建筑材料、建筑构配件、设备供应单位串通,弄虚作假,降低工程质量;

(12)对严重违反工程建设强制性标准和安全文明施工的行为不予制止,或制止不力且不及时书面报告质量、安全监督机构;

(13)因监理失职发生四级及以上工程质量安全事故;

(14)违反规定对建筑施工企业指定材料、构配件、设备生产厂家和供应商;

(15)不按规定实施见证取样;

(16)注册监理工程师同时受聘于两个及以上的单位和企业;

(17)常驻现场的监理人员两次以上(含两次)不在施工现场实施监理的;

(18)其他严重不良行为。

参 考 文 献

[1] 国家质量技术监督局，国家建设部. GB 50319—2000 建设工程监理规范. 北京：中国建筑工业出版社，2001.
[2] 国家质量监督检验总局，国家建设部. GB 50300—2001 建筑工程施工质量验收统一标准. 北京：中国建筑工业出版社，2001.
[3] 国家交通部. JTG G10—2006 公路工程施工监理规范. 北京：人民交通出版社，2006.
[4] 国家铁道部，西南交通大学. TB 10402—2007 J269—2007 铁路建设工程监理规范. 北京：中国铁道出版社，2007.
[5] 国家水利部. SL 228—2003 水利工程建设项目施工监理规范. 北京：中国水利水电出版社，2003.
[6] 高拥民，刘兴东. 建设工程监理理论与操作. 北京：中国宇航出版社，1992.
[7] 李治平. 监理概论(2版). 北京：人民交通出版社，2007.
[8] 雒应. 合同管理(2版). 北京：人民交通出版社，2007.
[9] 罗娜. 工程进度监理(2版). 北京：人民交通出版社，2007.
[10] 袁剑波. 工程费用监理(2版). 北京：人民交通出版社，2007.
[11] 李宇峙，秦仁杰. 工程质量监理(2版). 北京：人民交通出版社，2007.
[12] 国家交通部. JTG F80/1—2004 公路工程质量检验评定标准. 北京：人民交通出版社，2004.
[13] 徐占发. 建设工程监理文件编制与实施指导. 北京：人民交通出版社，2005.
[14] 胡保存. 公路工程竣(交)工验收指南. 北京：人民交通出版社，2005.
[15] 孙高磊. 资料员. 北京：中国电力出版社，2008.
[16] 中国建设监理协会. 建设工程监理相关法规文件汇编. 北京：知识产权出版社，2003.
[17] 中国建设监理协会. 建设工程监理概论. 北京：知识产权出版社，2003.
[18] 中国建设监理协会. 建设工程信息管理. 北京：中国建筑工业出版社，2003.
[19] 国家交通部. 公路工程国内招标文件范本(2003年版). 北京：人民交通出版社，2003.
[20] 刘吉士. 公路工程施工监理实务. 北京：人民交通出版社，1993.
[21] 杜逸玲. 监理工程师手册. 太原：山西科学技术出版社，2003.
[22] 苑芳圻. 工程监理文件编写指南. 北京：中国建筑工业出版社，2008.
[23] 刘廷廷，张平津. 建设工程质量检测见证取样手册. 济南：山东科学技术出版社，2004.
[24] 张保忠. 公文写作格式与技巧. 广东：广东经济出版社，2002.
[25] 岳海翔. 公文写作一点通. 北京：中国言实出版社，2004.
[26] 国家质量技术监督局，国家建设部. GB 50026—2007 工程测量规范. 北京：中国计划出版社，2001.
[27] 靳博翔. 职业化——纵横职场第一准则. 北京：金城出版社，2008.